중국공산당은
어떻게 중국을
바꿔놓을 수 있었는가

?

중국공산당은
어떻게 중국을
바꿔놓을 수 있었는가

?

초판 1쇄	인쇄 2022년 11월 26일
초판 1쇄	발행 2022년 11월 30일
발행인	김승일(金勝一)
디자인	조경미
출판사	경지출판사
출판등록	제 2015-000026호

잘못된 책은 바꿔드립니다.
가격은 표지 뒷면에 있습니다.

ISBN 979-11-90159-84-5 (03300)

판매 및 공급처 경지출판사

주소: 서울시 도봉구 도봉로117길 5-14 **Tel:** 02-2268-9410 **Fax:** 0502-989-9415
블로그: https://blog.naver.com/jojojo4

※ 이 도서의 국립중앙도서관 출판시 도서목록(CIP)은 서지정보유통지원시스템 홈페이지(http://seoji.nl.go.kr)와 국가자료공동목록시스템에서
  이용하실 수 있습니다.

중국공산당은
어떻게 중국을
바꿔놓을 수 있었는가

?

셰춘타오(謝春濤) 지음 | 김승일(金勝一)·전영매(全英梅) 옮김

경지출판사 Korea Wisdom China

经典中国国际出版工程
China Classics International

contents

contents

I

사회주의 민주정치를 발전시키다

1

사회주의 민주정치를 발전시키다

마오쩌둥(毛澤東)을 주요 대표주자로 하는 중국공산주의자들은 중국인민을 영도하여 그 어느 것과도 비할 수 없었던 힘들고 어려운 혁명투쟁을 진행하는 과정에서도 마르크스-레닌주의의 기본 원리를 중국혁명의 구체적 실천과 결부시켰다. 나아가 인민민주주의독재의 국가체제와 인민대표대회제도, 중국공산당이 영도하는 다당(多黨)합작 및 정치협상제도, 민족지역자치제도 등 독창적인 성과를 이룩했다. 이러한 성과는 중국공산당이 중국인민을 영도하여 수천 년의 봉건전제정치에서 인민민주주의로의 위대한 도약을 실현했음을 상징하는 것으로서 중국공산당과 중국인민의 위대한 창조이며, 또한 소련과도 다르고 유럽과 아메리카주의 자산계급국가와도 완전히 다른, 완전히 새로운 인민민주주의 정치제도이다.

사물의 여러 가지 명칭은 아무 근거 없이 만들어지는 것이 아니므로 반드시 객관적 사실에 따라야 한다. 2017년 중국공산당 제19차 전국대표대회(19차 당 대회) 보고에서 시진핑(習近平) 총서기는 다음과 같이 지적했다. "중국 특색의 사회주의 정치발전의 길은 근대 이후 중국인민의 장기적 투쟁을 통한 역사적 논리, 이론적 논리, 실천적 논리의 필연적인 결과이며, 당의 본질적 속성을 견지하고 당의 근본 취지를 실천하는 데에 관한 필연적인 요구이다. 세계적으로 완전히 똑같은 정치제도는 존재하지 않는다. 정치제도는 특정 사회의 정치조건과 역사문화의 전통을 떠나 추상적으로 평가할 수 없는 것이다. 어느 한 가지 정치제도를 최고의 권위 있는 제도나 유일한 목표로 하거나 기준으로 삼을 수는 없는 것이며, 외국의 정치제도를 기계적으로 모방해서도 안 된다." 이는 중국 특색의 사회주의 정치제도 및 그 발전법칙에 대한 중국공산당의 인식이 새로운 차원에 올라섰음을 상징하는 것이며, 중국사회주의 민주정치의 발전을 위한 근본적인 지침을 마련해 주는 기준이다.

"반드시 중국공산당이 지도자가 되어야 한다."

혁명에 성공함으로써 정권을 장악하자 어떤 형식을 취해 통치를 공고히 하여 국가와 사회를 관리할 것인가에 대하여 무산계급 혁명지도자들은 이에 상응하는 이론적 토대를 마련하여 실천하기 시작했다. 마르크스와 엥겔스는 모두 혁명 이후 인민대표대회제도와 같은 의행합일(議行合一, 입법권과 행정권을 통합시킴)의 정권 형태를 수립할 것을 주장하면서, 자산계급의 의회제와 삼권분립제도에는 찬성하지 않았다. 10월 혁명 후 레닌의 영도 하에 소비에트 러시아(소련, 소비에트 사회주의공화국연맹)는 소비에트(즉 대표회의)를 토대로 하는 정권조직형태와 정치제도를 확립했다.

중국공산당이 탄생되기 이전에 자산계급 민주주의 혁명가 쑨중산

(孫中山)은 신해(辛亥)혁명을 통해 봉건 군주제를 무너뜨린 다음 중국은 "세계에서 가장 완전한 정당의 나라"가 되기 위해, "영국·미국과 같은 선진국을 본보기로 삼아" 서양의 제도와 입법·행정·사법의 '3권 분립' 원칙에 따라 내각책임제를 실행해야 한다고 제기했다. 그러나 이런 실천은 오래가지 못하고 바로 실패로 돌아갔다. 존 킹 페어뱅크(Fairbank, John King, 중국명 費正淸)은 『미국과 중국』이라는 저서에서 그 실패의 원인에 대해 분석하면서 "가장 중요한 것은 서양을 본받아 입헌의회와 내각을 통해 정부를 구성하려는 중화민국의 구상은 중국 정치의 전통과는 동떨어진 것이었다."라고 지적했다.[1] 그 역사의 당사자인 쑨중산은 오래 전에 "중국이 외국의 민권정치를 배우는 과정에서 잘 배울 수 없었을 뿐만 아니라, 도리어 나쁘게 배워 버렸다!"라면서 한탄했다.[2] 이는 민족의 독립, 인민의 해방과 국가의 부강, 인민의 행복을 실현하려면 반드시 완전히 새로운 인민민주주의 정치제도를 수립해야 함을 설명했던 것이다. 그리하여 1921년 중국공산당은 창립 이후 이를 위해 꾸준한 모색을 진행해 왔다.

중국공산당의 창립과 혁명은 레닌 그리고 그가 이끈 러시아 10월 혁명의 영향을 많이 받았으며, 혁명과정에서 소비에트 러시아가 창립한 소비에트 정권제도도 중국공산당에 중대한 영향을 주었다는 사실은 부정할 수 없다. 1921년 7월 중국공산당이 창립되면서 채택한 첫

1) 존 킹 페어뱅크(Fairbank, John King, 중국명 費正淸): 『미국과 중국』(제4판), 장리징(張理京) 역, 세계지식출판사 1999년판, 208쪽.
2) 『쑨중산전집』 제9권, 중화서국(中華書局) 1986년판, 319쪽.

당 강령에는 "본 당은 소비에트의 관리 제도를 인정하며, 노동자·농민·병사를 조직해야 한다."라고 명시했다.[3] '소비에트'는 순수한 러시아어로서 '회의'라는 뜻이다. 1905년 러시아 혁명 때 파업노동자들이 파업위원회를 결성하여 조직된 대표회의가 나타난 적이 있었는데 이를 '소비에트'라고 약칭했던 것이다. 그 대표회의는 노동자 봉기를 이끈 기관과 노동자들에 의한 자치 정부라는 이중성격을 띠었기 때문에, 공산주의자들이 노동자들을 이끌어 정부와 투쟁을 벌이기에 아주 적합했으며, 또 혁명에 승리한 후에는 정부 최고 권력기관의 대명사로 삼아 계급독재의 의도를 관철시키는데 이로웠다.[4]

1927년 대혁명이 실패한 후, 마오쩌둥이 이끈 추수봉기 이후 여러 차례 전전하면서 징강산(井江山)으로 진군한 것을 기점으로 하여 중국혁명은 소비에트 러시아 혁명과는 달리 농촌에서 도시를 포위하는, 무력으로 정권을 탈취하는 길을 개척했다. 1930년 6월까지 중국공산당은 장시(江西)·후난(湖南)·푸젠(福建) 등 성(省)에 잇달아 10여 곳의 근거지를 세우고 그들 지역에 잇달아 각급 소비에트정권을 수립하여 광범위한 노동자·농민 대중의 지지와 옹호를 받았다. '소비에트'라는 말은 러시아어의 음역이다. 그때 당시 중국공산주의자들은 보편적으로 러시아어를 잘 알지 못했기 때문에 '소비에트'라는 뜻을 확실하게 이해하지 못했다. 그래서 '소비에트 대표대회', '소비에트 노동자·농민공화국', '소비에트 인민공화국', '소비에트주의', 소비에트주의자' 등의

---

3) 『창당 이래 중요 문헌 선집』(1921~1949) 제1권, 중앙문헌출판사 2011년판, 1쪽.
4) 선즈화(沈志華) 책임편집, 『중·소 관계사 개요』, 신화(新華)출판사 2007년판, 41쪽.

명사들을 장기간 사용하기까지 했다.

1931년 11월 7일 중화소비에트 제1차 전국대표대회가 장시성의 루이진(瑞金)에서 열렸다. 이 대회에서 「중화소비에트공화국 헌법대강」을 채택하고 다음과 같이 명확하게 규정지었다. "중국 소비에트정권은 노동자와 농민의 민주주의독재국가를 건설한다. 소비에트의 모든 정권은 노동자·농민·홍군병사 및 모든 근로 민중에게 속한다. 소비에트정권 하에서 모든 노동자·농민·홍군병사 및 모든 근로 민중은 모두 대표를 파견하여 정권을 관리할 권리를 가진다. 다만 군벌·관료·지주·토호·자본가·부농·승려 및 다른 사람을 착취하는 모든 착취자와 반혁명분자들만은 대표를 파견해 정권 관리에 참가할 권리와 정치적 자유를 누릴 권리가 없다." "중화소비에트공화국의 최고 권력은 전국공농병(노동자·농민·병사)회의(소비에트)의 대회이다."[5] 대회에서는 중화소비에트공화국의 창립을 선고하고 마오쩌동을 중앙집행위원회 주석과 인민위원회 주석으로 선거했다. 그러나 제5차 '포위토벌'에 대한 반격에 실패함으로 인해 중앙 소비에트구역과 남방의 기타 소비에트구역을 잇따라 빼앗기고 홍군은 장정의 길에 오르는 수밖에 없었다. 장정을 거쳐 산뻬이(陝北, 산시[陝西]성 북부)에 도착한 후, 항일전쟁에 대한 전 민족의 필요성과 항일민족통일전선 결성의 필요성에 부응하기 위해 중국 공산주의자들은 정권조직형태에 대한 새로운 실천과 탐색을 계속했다. 그 시기 정권 건설 경험을 좁합

---

5) 중앙당안관(中央檔案館, 기록보관소) 편찬, 『중공중앙문건선집』 제7권(1931), 중공중앙당학교출판사 1983년판. 464~465쪽.

한 토대 위에서 1940년 1월 마오쩌둥은 「신민주주의론」에서 신민주주의국가의 국가체제와 정치체제 문제에 대해 집중적으로 논했다. 그는 '국가체제'문제는 "바로 국가 내에서 사회 각 계급의 지위문제"라며 "현재 세우고자 하는 중화민주주의공화국은 반드시 무산계급 지도하의 모든 반제국주의·반봉건주의 민중이 연합하여 집권하는 민주주의공화국이어야만 한다."라고 명확하게 지적했다. '정치체제'문제는 곧 '정권 구성의 형태 문제'이다. "적절한 형태의 정권기관이 없이는 국가를 대표할 수 없다. 현재 중국은 전국 인민대표대회, 성(省) 인민대표대회, 현(縣) 인민대표대회, 구(區) 인민대표대회, 향(鄕) 인민대표대회에 이르는 시스템을 취할 수 있으며, 각급 인민대표대회가 정부를 선출하도록 할 수 있다."[6] 마오쩌둥은 민주집중제(민주적 중앙집권제)라는 당의 조직원칙을 국가정권기관의 건설에 적용하여 인민대표대회제도의 정권조직형태를 확립하는 동시에 국가정권의 민주집중의 조직지도원칙도 확립했다. 그는 "여러 혁명계급의 연합 집권을 수립하고 민주집중제도를 실시하는 것이 바로 신민주주의정치"라면서 "오로지 민주집중제 정부만이 모든 혁명 인민들의 의지를 충분히 살릴 수 있고, 혁명의 적에 가장 유력하게 저항할 수 있으며", "만약 진정한 민주제도가 없다면 그 목표를 이룰 수 없으며, 이를 가리켜 정치체제와 국가체제가 서로 맞물리지 않는 것이라고 한다."[7] 라고 지적했다. 항일전쟁의 승리를 앞둔 1945년 4월 마오쩌둥은 「연합정부에 대하여」라는

---

6) 『마오쩌둥선집』 제2권, 인민출판사 1991년판, 675, 676, 677쪽.
7) 『마오쩌둥선집』 제2권, 인민출판사 1991년판, 677쪽.

글에서 "신민주주의 정권조직은 마땅히 민주집중제를 취하여 각급 인민대표대회에서 기본 방침을 결정하고 정부를 선출해야 한다. 그것은 민주적인 동시에 집중적인 것이다. 다시 말하면 민주의 토대 위에 수립된 집중제이며, 집중적 지도하에서의 민주주의이다. 오직 그 제도만이 폭넓은 민주를 표현할 수 있고, 각급 인민대표대회가 고도의 권력을 가지게 할 수 있으며, 국가 사무를 집중적으로 처리할 수 있고, 각급 인민대표대회가 위임한 모든 사무를 각급 정부가 집중적으로 처리할 수 있게 하고, 또 인민의 모든 필요한 민주 활동을 보장할 수 있게 한다."[8]라고 다시 한 번 설명했다.

국가체제와 정치체제의 수립은 중국혁명의 승리에 의지해야 한다. 중국혁명은 도대체 어떠한 혁명인가? 1948년 4월 마오쩌둥은 중국혁명의 경험에 대한 종합을 토대로 신민주주의혁명의 총체적 노선을 완전하게 제기했다. 그는 신민주주의혁명은 "무산계급이 이끄는 혁명, 인민대중의 혁명, 제국주의와 봉건주의 및 관료자본주의에 반대하는 혁명"이라고 지적했다. 마오쩌둥은 또 한 걸음 더 나아가 "이 혁명은 다른 어떤 계급이나 정당이 지도자가 될 수 없다. 오직 무산계급과 중국공산당만이 지도자가 될 수 있을 뿐이다. 이는 혁명에 참가한 사람들로 구성된 통일전선이 매우 광범위함을 의미한다. 여기에는 노동자·농민·독립근로자·자유직업자·지식인·민족자산계급 및 지주계급에서 갈라져 나온 일부 진보적인 신사들이 포함된다. 이들이 바로 우리가 말하는 인민대중이다. 그 인민대중에 의하여 수립된 국가와 정

---

8) 『마오쩌둥선집』 제3권, 인민출판사 1991년판, 1057쪽.

부가 바로 중화인민공화국이고, 무산계급이 이끄는 여러 민주계급이 연합한 민주연합정부이다. 이 혁명이 무찔러야 하는 적은 반드시 제국주의, 봉건주의, 관료자본주의여야 한다. 이들 적들의 집중적인 표현이 바로 장제스(蔣介石) 국민당의 반동통치인 것이다."⁹ 라고 설명했다. 이는 마오쩌둥이 전 당의 20여 년에 걸친 혁명투쟁경험에 대한 종합을 거쳐 얻어낸 정확한 노선이었다.

1948년 9월 중앙정치국회의에서 신(新)중국은 어떠한 정치체제를 취해야 하느냐는 문제에 대해 의논할 때, 마오쩌둥이 인민대표대회제도를 수립하는 문제에 대해 전문적으로 논술하면서 소련의 것을 그대로 답습했던 과거의 방식에 대해 비판했다. 그는 다음과 같이 말했다. "우리 정권의 제도는 의회제를 취할 것인가, 아니면 민주집중제를 취할 것인가? 이전에 우리는 소비에트대표대회제도라고 불렀는데, 소비에트가 곧 대표회의라는 말이다. 우리는 '소비에트'와 '대표대회'를 붙여서 '소비에트대표대회'라고 불렀는데 결국 '대표대회대표대회'가 되어버렸다. 이는 외국의 명사를 기계적으로 옮겨온 것이다. 이제 우리는 '인민대표회의'라는 명사를 사용할 것이다. 우리는 자산계급의 회제를 취하지 않고 민주집중제를 취할 것이다. 의회제는 위안스카이(袁世凱)·차오퀀(曹錕)이 모두 실시했던 적이 있는데 이미 썩어버렸다. 중국에서는 민주집중제를 취하는 것이 아주 적절하다. 우리는 인민대표대회를 열 것을 제기했다. 쑨중산은 유언장에 국민회의를 열어야 한다고 썼다. 날마다 유언장을 외우곤 하는 국민당이니까 반대할 수

9) 『마오쩌둥선집』 제3권, 인민출판사 1991년판, 1313쪽.

는 없을 것이다. 외국 자산계급도 반대할 수 없을 것이다. 장제스가 '국민대회'를 두 차례 열었어도 그들은 반대하지 않았다.……나는 우리가 그렇게 결정해도 된다고 본다. 자산계급의 의회제와 삼권분립 등을 실시할 필요가 없다."[10]

중국공산당의 주장 및 그 지도적 지위는 여러 민주당파의 뜨거운 옹호와 지지를 받았다. 1949년 1월 리지선(李濟深)·선쥔루(沈鈞儒)·마쉬룬(馬叙倫)·궈뭐뭐(郭沫若)·탄핑산(譚平山) 등이 연명으로 「시국에 대한 의견」이라는 글을 발표하여 "중국공산당의 지도하에, 미력이나마 함께 대책을 세워 중국 인민민주주의혁명이 성공을 거두어 독립·자유·평화·행복을 누릴 수 있는 새로운 중국이 하루 빨리 실현될 수 있기를 바란다."라고 공개적으로 밝혔다.

1949년 3월 시바이퍼(西柏坡)에서 열린 신중국 창립을 위한 토대를 마련한 중국공산당 중앙위원회(이하 중공중앙) 제7기 제2차 전체회의에서 마오쩌둥은 다음과 같이 명확히 지적했다. 우리가 수립하고자 하는 국가체제는 "무산계급 지도하의 노동자·농민동맹을 토대로 하는 인민민주주의독재"이다. 그 신형의 국가체제를 토대로 하여 "중국을 농업국가에서 공업국가로 안정적으로 전환시키며, 중국을 위대한 사회주의국가로 건설해야 한다." 정치체제에 대해 마오쩌둥은 전체회의 결론에서 "자산계급공화국의 국회제도는 인민들 속에서 이미 썩어서 악취가 풍기고 있다. 우리는 그 제도를 채용하지 않을 것이

---

10) 『마오쩌둥문집』 제5권, 인민출판사 1996년판, 136쪽.

다.""라고 지적했다. 전체회의에서는 또 여러 민주당파의 역할을 살릴 것을 강조했으며 중국공산당의 지도하에 여러 민주당파·인민단체 및 민주인사들과 협동해 반동분자가 참가하지 않은 새로운 정치협상회의를 소집하고, 민주연합정부를 출범시키는 데에 관한 건의를 비준했다. 마오쩌둥은 중국공산당이 "수많은 적들의 다중 압박을 받으며 단련되어 중국의 인민혁명을 지도할 수 있는 자격을 갖추었다."고[12] 지적했다.

1949년 6월 30일 마오쩌둥은 「인민민주주의독재에 관하여」라는 글에서 '인민'에 대한 정의를 내리고, 바야흐로 탄생할 신중국의 국가체제와 정치체제 문제에 대해 다시 구체적으로 논했다. "인민은 무엇인가? 현 단계의 중국에서는 노동자계급·농민계급·도시 소자산계급 및 민족자산계급을 가리킨다. 이들 계급이 노동자계급과 공산당의 지도하에 단합하여 자기 나라를 세우고 자기 정부를 선출하는 것이다." 그는 다음과 같이 지적했다. "인민 내부에 대한 민주와 반동파에 대한 독재를 서로 결합시킨 것이 바로 인민민주주의독재이다." "우리의 경험을 종합해보면 한 곳에 집중시킬 수 있다. 바로 노동자계급이(공산당을 통해) 지도하는 노동자·농민의 동맹을 토대로 하는 인민민주주의독재이다."[13]

인민정권 건설에 관한 마오쩌둥의 사상은 여러 민주당파와 여러 민

11) 『마오쩌둥문집』 제5권, 인민출판사 1996년판, 265쪽.
12) 『마오쩌둥선집』 제4권, 인민출판사 1991년판, 1430쪽.
13) 『마오쩌둥선집』 제4권, 인민출판사 1991년판, 1475, 1480쪽.

족 대표의 보편적인 찬성을 얻었다. 1949년 9월 21일부터 30일까지 중국인민정치협상회의 제1기 전체회의가 열렸다. 회의에서 채택된 임시 헌법의 역할을 하는 「중국인민정치협상회의 공동 강령」에서는 다음과 같이 명확히 규정했다. "중화인민공화국은 신민주주의 즉 인민민주국가로서 노동자계급이 지도하는, 노동자·농민의 동맹을 토대로 하는 여러 민주 계급과 여러 민족을 단합한 인민민주주의독재이다", "중화인민공화국의 국가 정권은 인민에게 속한다. 인민이 국가정권을 행사하는 기관은 각급 인민대표대회와 각급 인민정부이다. 각급 인민대표대회는 인민이 총선거의 방법으로 선출한다. 각급 인민대표대회는 각급 인민정부를 선출한다. 각급 인민대표대회 휴회기간에는 각급 인민정부가 각급 정권을 행사하는 기관이 된다. 국가 최고 정권기관은 전국인민대표대회이다. 전국인민대표대회 휴회기간에는 중앙 인민정부가 국가권력을 행사하는 최고 기관이다." [14]

중국인민정치협상회의 제1기 전체회의의 성대한 개최는 위대한 의의를 가지는 역사적 성회였다. 그 회의의 개최는 중국공산당 통일전선정책의 위대한 성과로서 중국공산당이 지도하는 다당합작제도와 정치협상제도의 기반을 닦아놓은 것이다. 그 회의의 개최는 중화인민공화국의 창건을 위한 토대를 마련했으며, 1949년 10월 1일의 개국대전을 위한 전면적인 준비를 해놓은 것이다.

---

14) 『건국이래 중요 문헌 선집』 제1권, 중앙문헌출판사 2011년판, 3쪽.

근본 정치의 전제와 제도를 위한 토대를 마련하다.

중화인민공화국의 창건과 더불어 인민민주주의독재의 국가체제가 확립되었으며, 인민대표대회제도라는 근본적인 정치제도, 중국공산당 지도하의 다당합작제도와 정치협상제도라는 기본제도도 전국적 범위에서 실시되기 시작했다. 이와 동시에 민족구역자치제도라는 기본제도도 여러 소수민족이 집거하는 지역에서 실시되기 시작했다.

(1) 인민대표대회제도의 수립 및 초보적 실시

신 중국이 창건된 특정 역사 환경과 중앙정부가 탄생된 특수한 절차로 말미암아 중화인민공화국 창건 당시에는 각급 인민대표대회로 구성된 국가권력시스템이 형성되지 않았다. 그러나 「공동 강령」에는 "총선거를 위한 지방인민대표대회가 열리기 전에는 지방 각계 인민대표회의가 점차 인민대표대회의 직권을 대행하면서 지방 국가권력기관이 되어 인민정부위원회(정부)를 선출하고, 인민정부의 사업보고와 예산·결산에 대해 심사할 권한을 가지며, 또 결정을 내린 사안을 인민정부위원회에 맡겨 집행하게 할 수 있다."라고 규정지었다. 이에 근거하여 전국 각지에서 각계 인민대표회의가 잇따라 소집되었는데, 1952년 말까지 인민대표회의 대표가 이미 1,300여 만 명에 달했다. 그 중 직접 또는 간접적인 선거를 통해 선출된 대표가 80%이상을 차지했다. 전국 여러 성과 직할시, 3분의 2 이상을 차지하는 시, 3분의 1 이상을 차지하는 현(縣), 그리고 절대다수의 향(鄕)에서는 모두 인민대표회의가 인민대표대회의 직권을 대행했으며, 해당 급별의 인민정부를 선출했다.[15] 그 토대 위에서 1952년 11월에 중공중앙은 즉각 전국인민대표대회를 열어 헌법을 제정키로 결정했다.

1953년 1월 중앙인민정부위원회는 제20차 회의를 열었다. 회의에서 저우언라이(周恩來)가 전국인민대표대회와 지방 각급 인민대표대회를 개최하는 문제에 대한 보고를 했다. 보고에서는 다음과 같이 지적했다. "제때에 전국인민대표대회와 지방 각급 인민대표대회를 개최할 필요가 있다. 필요가 있을 뿐만 아니라 충분한 조건도 갖추었다. 전국인민대표대회를 개최하고 정부를 선출하게 되는 이상 공동강령이 더는 국가의 근본 법률이 될 수 없다. 당초 공동 강령이 임시헌법이 된 것은 정치협상회의 전체회의가 전국인민대표대회의 직권을 집행했기 때문이다. 이제는 그 직권을 집행하지 않고, 그 직권을 전국인민대표대회에 되돌려주게 되었으니 전국인민대표대회는 마땅히 자체 법률인 헌법이 있어야 한다." "헌법의 주요 내용에는 국가제도·사회구조·인민의 권리 세 부분이 반드시 포함되어야 한다. 그런데 이러한 내용은 공동 강령에 이미 포함되어 있다. 공동 강령 중 이미 실행되고 있거나 앞으로 실행될 것이거나 그리고 반드시 실행될 관련 규정은 헌법으로 옮겨올 수 있다."[16] 마오쩌동은 회의에서 이렇게 지적했다. "민주를 발양하기 위해서는 정권조직, 특히 현과 향 두 급에서 전국 총선거를 한 차례 치르는 것이 매우 필요하다." "그저께 아이젠

---

15) 링펑(凌風), 「5년래 인민민주주의정권 건설사업의 성과」, 『광명일보(光明日報)』, 1954년 9월 15일 자.
16) 저우언라이, 「전국인민대표대회는 마땅히 자체 법률, 헌법이 있어야 한다」, 『당의 문헌』 1997년 제1기.

하워가 한 연설문을 보았다. 그는 '중국에서 민주선거를 실시하는 것은 불가능한 일'이라고 말했다.……민주를 발양하고, 경제건설을 강화하며, 제국주의에 반대하는 투쟁을 강화하기 위해서는 선거를 거쳐야 하며 헌법을 제정해야 한다."[17] 토론이 끝날 때 마오쩌둥은 제시된 의견을 종합한 발언에서 다음과 같이 말했다. "전국적 범위에서 말하면 대륙에서의 군사행동은 이미 끝났다. 토지개혁을 이미 거의 완수했고, 각계 인민들이 이미 조직되었다. 따라서 중국인민정치협상회의 공동강령의 규정에 따라 전국인민대표대회 및 지방 각급 인민대표대회 개최 조건이 이미 성숙되었다. 이는 중국인민이 피를 흘리며 희생하고 민주를 위하여 수십 년간 분투한 뒤에야 비로소 이룩한 위대한 승리이다. 인민대표대회를 개최하면 인민민주주의를 더욱 발양할 수 있고 국가건설을 더욱 강화하고 항미원조 투쟁을 더욱 강화할 수 있다. 인민대표대회제도의 정부는 여전히 전국 여러 민족, 여러 민주 계급, 여러 민주당파 및 여러 인민단체의 통일전선 정부가 될 것이며, 이는 전국 인민 모두에게 이로운 것이다."[18]

그 회의에서는 「전국인민대표대회 및 지방 각급 인민대표대회를 개최하는 데에 관한 결의」를 채택하고 1953년에 총선거를 실시하기로 했으며, 인민의 총선거를 통해 선출된 지방 각급 인민대표대회를 소집하고, 그다음 이를 토대로 하여 전국인민대표대회를 개최하며, 대회에서 헌법을 제정하고, 국가 건설 5년 계획요강을 비준하며, 새로

---

17) 『마오쩌둥문집』 제6권, 인민출판사 1999년판, 258~259쪽.
18) 『건국 이래 마오쩌둥의 원고』 제4권, 중앙문헌출판사 1990년판, 20쪽.

운 중앙인민정부를 선출키로 결정했다. 후에 여러 성에 수재와 가뭄 피해가 심각하고 가오라오사건(高饒事件, 가오강[高崗]·라오수스[饒漱石]의 당 분열활동을 가리킴)의 영향 등 원인으로 말미암아 전국적 범위에서의 기층선거시간이 변동되어 결국 1954년 6월에 가서야 끝이 났다.

여러 방면의 면밀한 준비를 거쳐 제1기 전국인민대표대회 제1차 회의가 열리게 되었다. 1954년 9월 3일 덩샤오핑(鄧小平)이 중앙선거위원회 제5차 회의에서 「중화인민공화국 제1기 전국인민대표대회 대표 선거업무 완수상황에 관한 보고」를 했다. 그는 다음과 같이 지적했다. 1954년 6~7월 사이에 전국 150개 성 관할시, 2064개 현, 자치현 및 현급 단위, 170개 중앙 직할시의 구(區)에서 모두 인민대표대회 회의를 소집했다. 잠시 기층선거를 진행하지 않은 일부 소수민족지역의 특별구급(專區, 성 [1급 행정구역]과 현[2급 행정구역] 사이의 행정구역 유형)지구급, 현급 단위에서도 인민대표회의를 소집했다. 그 회의 기간에 여러 지역에서는 무기명투표의 방법으로 각각 성·직할시·자치구 인민대표대회 대표 총 1만 6,680명을 선출했다. 7월 말부터 8월 중순까지 여러 성·직할시와 네이멍구(內蒙古)자치구에서 잇달아 인민대표대회 회의를 소집했다. 회의 기간에 중화인민공화국 헌법초안에 대해 토론하고 정부업무보고에 대해 심사하는 등의 의정을 제외하고는 모두 전국인민대표대회 대표를 각각 선출했다. 시짱(西藏)지역과 창두(昌都)지역에서는 대표회의 형식을 취하여 전국인민대표대회 대표를 선출했다. 전국의 25개 성·네이멍구자치구·시짱지역·창두

지역 및 14개 직할시에서 총 1,136명의 전국인민대표대회 대표를 선출했다. 군대에서는 군인대표대회를 소집하고 전국인민대표대회 대표 60명을 선출했다. 화교사무위원회는 해외 화교대표가 참가한 화교사무확대회의를 소집하고, 전국인민대표대회 대표 30명을 선출했다. 여러 지역과 여러 단위에서 선출된 전국인민대표대회 대표를 합쳐서 총 1,226명에 달했다. 이밖에 대만(臺灣)성에서 선출해야 할 전국인민대표대회 대표는 그 성이 아직 해방되지 않았기 때문에 잠시 결원이 되었다. 전국인민대표대회 대표 가운데서 여성대표가 147명으로 대표 총수의 11.99%를 차지했으며, 소수민족대표는 선거법에 규정된 150명 외에 여러 성과 시에서 27명을 더 선출하여 합쳐서 대표 총수의 14.44%를 차지했다. 전체 대표 정원 중에는 여러 민족, 여러 계층 모두 그 지위에 상당하는 대표가 있다. 이로써 중화인민공화국 제1기 전국인민대표대회 대표 선거사업을 전부 완성했다.[19]

대표 선거과정에서 당선자는 영광을 느끼지 않은 사람이 없었다. 1954년 전국인민대표대회 대표로 당선된 문화계의 명인 쏭윈빈(宋雲彬)은 일기에 이렇게 기록했다. 천수퉁(陳叔通)이 장위안지(張元濟)가 상하이(上海)에서 보낸 편지를 받았는데 편지에는 "전국인민대표에 당선되는 것은 더없는 영광스러운 일이다. 병든 몸을 끌고서라도 꼭 베이징(北京)으로 가서 참석해야 한다. 베이징에서 죽는 한이 있더라도

---

19) 「중화인민공화국 제1기 전국인민대표대회 대표 선거사업 완성에 관한 중앙선거위원회의 보고」, 『인민일보』, 1954년 9월 4일자.

역시 기쁠 것 같다."[20]는 등의 내용이 담겨 있었다. 장위안지는 중국 근대에 영향력이 가장 큰 출판가로서 1949년 중국인민정치협상회의에 참석한 사람 중 유일하게 광서(光緖)황제·쑨중산·위안스카이·장제스·마오쩌둥 등 "중국 1인자 5명"을 만난 사람이다. 그때 당시 그는 이미 88세 고령이었고 반신불수로 병상에 누워 있는 상황이었다. 전국인민대표대회에 참가할 수 있기를 바라는 그의 간절한 마음이 참으로 감동적이었다.

민주선거는 인민대표대회제도의 토대이다. 중화인민공화국 제1기 전국인민대표대회 대표 선거사업의 완성은 전국인민대표대회의 개최와 새 헌법의 제정 및 채택을 위한 조직적 조건을 마련해 주었다.

1954년 9월 15일 베이징 중난하이(中南海) 화이런탕(懷仁堂)에서 1,200여 명의 인민대표대회 대표가 한자리에 모여 제1기 전국인민대표대회 제1차 회의에 참가했다. 그때 당시 보도에 따르면 대표들이 "선반 옆에서, 논밭에서, 광산에서, 해안 초소에서 각기 모여왔다. 펜치, 쟁기, 괭이, 붓대, 콤파스를 손에서 내려놓고……그들이 우러러 받드는 당과 정부의 지도자들과 함께 국가 대사를 논의하러 왔다." "그들 중에는 인민혁명사업에 걸출한 기여를 한 사람들도 많고, 여러 민주당파와 여러 민주계층의 대표주자도 많다. 그들은 6억 인민의 공동의지를 반영하는 이들이다. 그들 중에는 근대 중국정치의 풍랑을 직접 겪은 백발노인도 있고, 새 시대에 성장하여 이제 막 선거연령이 된

---

20) 쑹윈빈(宋雲彬), 『인간 세상의 차가운 시선』(紅塵冷眼), 산시(山西)인민출판사 2002년판, 340쪽.

선진적인 청년도 있다. 그들은 중국의 여러 성에서 왔고 푸른 바닷가에서, 네이멍구의 초원에서, 해발 5,000미터 이상의 시짱고원에서, 퀀룬산(崑崙山) 눈 덮인 산봉우리 아래의 오아시스에서, 서남 국경의 윈꿰이(雲貴)고원에서 왔다. 카자흐족(哈薩克)·위구르족(維吾爾)·이족(彝)·묘족(苗)·쫭족(壯)……여러 민족의 대표들이다."[21]

산시(山西)에서 온 전국인민대표 선지란(申紀蘭)이 아주 함축된 한 마디 말로 구시대 사회와 가정에서 여성의 지위에 대해 핵심을 찌르는 발언을 했다. "과거에는 여성들이 국가 대사를 관리하는 건 고사하고 집안의 사소한 일도 관리할 권한이 없었다." 구시대 여성들은 하루 종일 세 곳만 에워싸고 맴돌았다. 구들 위에서 바느질을 마치기 바쁘게 연자방아를 찧어야 했고, 이어 또 부뚜막 옆에서 불을 지펴 밥을 지어야 했다. 집밖을 나서면 안 되었으며 솥 앞에서 죽어서 부뚜막 옆에 묻혀야 하는 것이 구시대 수많은 여성들의 운명이었다. 선지란은 "공산당이 온 후 여성들도 남성들과 함께 해방을 맞이했다"며 "토지개혁에서도 남자들과 마찬가지로 토지를 분여 받았으며, 국가에서는 또 남녀평등이라는 법률을 제정하여 여성의 권리를 보호해주고 있다."라고 말했다. 또 "농업생산합작사가 설립된 후 합작사에서는 노동력에 따른 이익분배를 위주로 하고 있는데, 여성들도 남성들과 마찬가지로 노동 일수를 벌고 수당을 받을 수 있게 되었다"며 "그제야 집안에서 여성들의 지위가 비로소 근본적으로 바뀌게 되었다."라고 말했다. 선지란은 "여성들은 여성의 권리와 어머니·아이의 보호에 관

21) 위안수이파이(袁水拍), 「6억 인민의 마음에 꽃이 피다」, 『인민일보』 1954년 9월 16일자.

한 헌법의 규정을 전적으로 지지하며, 헌법에 있는 모든 것을 지지한다. 헌법은 우리나라에서 사회주의사회를 건설할 수 있는 보장이다. 오로지 사회주의만이 여성들의 진정한 해방과 진정한 평등을 이룰 수 있다."[22]

1954년 9월 20일 제1기 전국인민대표대회 제1차 회의에서 「중화인민공화국 헌법」이 채택되었다. 헌법에는 다음과 같이 명확하게 규정했다. "중화인민공화국은 노동자계급이 이끌고, 노동자와 농민의 동맹을 토대로 한 인민민주국가이다. 중화인민공화국의 모든 권력은 인민에게 있다. 인민이 권력을 행사하는 기관은 전국인민대표대회와 지방 각급 인민대표대회이다. 중화인민공화국의 전국인민대표대회는 최고 국가 권력 기관이다. 전국인민대표대회는 국가의 입법권을 행사하는 유일한 기관이다. 각급 인민대표대회는 인민에 의해 선출되며 인민에 대해 책임을 지고 인민의 감독을 받는다. 각급 인민정부, 인민법원, 인민검찰원은 모두 동급 인민대표대회에서 선출되며, 인민대표대회에 책임지고 인민대표대회의 감독을 받는다." 따라서 인민대표대회 제도는 중국의 근본적인 정치제도로서 근본법의 형태로 공식적으로 확립되었다. 인민대표대회제도를 근본적인 정치제도라고 하는 것은 중국공산당 창시자의 한 사람이자 정법계의 원로인 둥삐우(董必武)의 말을 인용한다면 "우리나라에는 많은 제도가 있다. 예를 들면 혼인제도·세수제도·사법제도·군제·학제 등이 있다. 그러나 이들 제도는 모두가 우리 정치생활의 한 단면만을 반영할 뿐이다. 오직 인민대표대회

---

22) 톈류(田流), 「인민들 속에서 와서 인민을 위하여」, 『인민일보』 1954년 9월 18일자.

의 또는 인민대표대회 제도만이 우리의 정치생활을 전면적으로 대표하며, 우리의 정치적 힘의 원천을 반영할 수 있다."[23]

1954년 9월 27일 제1기 전국인민대표대회 제1차 회의에서는 새로운 국가지도자를 선거하기로 결정했다. 마오쩌동을 중화인민공화국 주석으로, 주더(朱德)를 부주석으로 선거하고, 류샤오치(劉少)를 제1기 전국인민대표대회 상무위원회 위원장으로, 쏭칭링(宋慶齡)·린버취(林伯渠)·리지선(李濟深)·장란(張瀾)·뤄룽환(羅榮桓)·선쥔루(沈鈞儒)·궈뭐뤄(郭沫若)·황옌페이(黃炎培)·펑전(彭眞)·리웨이한(李維漢)·천수통(陳叔通)·싸이푸딩 아이저쯔(賽福鼎·艾則孜) 등이 부위원장으로 선출되었으며, 펑전은 비서장을 겸임했다. 그 후로 전국인민대표대회 및 그 상무위원회의 업무가 새로운 단계에 들어섰다.

국가의 중대한 사안을 토론하고 결정하는 것은 헌법이 전국인민대표대회 및 그 상무위원회에 부여한 또 하나의 중요한 직권이다. 우리나라 국민경제발전의 제1차 5개년계획은 신중국 건설의 첫 번째 청사진이었다. 1955년 7월에 열린 제1기 전국인민대표대회 제2차 회의의 가장 중요한 임무가 바로 제1차 5개년계획 초안과 리푸춘(李富春) 부총리의 제1차 5개년계획 관련 보고를 심의하는 것이었다. 7월 7일부터 29일까지 회의에서는 제1차 5개년계획 초안에 대해 진지하게 심의했으며, 147명의 대표가 대회에서 발언하여 훌륭한 의견과 건의를 많이 제기했다. 그 회의에서는 또 황허(黃河)의 물난리를 근본적으로 해결하고 황허 수리사업의 종합계획에 대한 결의를 채택했고, 국무원이

---

23) 『동비우선집』(董必武選集), 인민출판사 1985년판, 298쪽.

제출한 종합계획의 원칙과 기본내용을 비준했으며, 삼문협(三門峽)과 유가협(劉家峽) 두 댐과 수력발전소 공사가 제때에 공사를 진행할 수 있도록 보장하기 위한 조치를 취할 것을 국무원에 요구했다. 이는 전국인민대표대회 역사상 최초로 심의 비준한 중대한 건설 사업이었다. 그때 당시 그 종합계획에 대해 전국인민대표대회에 제출하여 심사비준을 받아야 하는지 여부에 대하여 각기 다른 의견이 있었다. 일부에서는 제1차 5개년계획과 리푸춘 부총리의 제1차 5개년계획 관련 보고에 모두 황허에 대한 근본적 치수와 종합개발에 관한 내용이 포함되어 있기 때문에 전국인민대표대회에 특별보고를 할 필요가 없다는 의견이 나왔다. 그해 5월에 열린 중앙정치국회의에서 류샤오치가 "황허의 근본적 치수는 중대한 사안으로서 마땅히 전국인민대표대회에 제출하여 토론하고 의결해야 한다."라고 지적했다. 그 의견은 사후에 마오쩌동의 동의를 얻었다. 덩쯔훼이(鄧子恢) 부총리는 대회 보고에서 왜 전국인민대표대회에 황허 치수 계획에 대한 특별보고를 해야 하는지에 대해 답변했다. 그는 다음과 같이 말했다. "이 계획이 5년 안에 그치는 것이 아니기 때문이다. 이 계획 1기공사는 1967년에 가서야 완성할 수 있다. 그렇기 때문에 제1차 5개년계획 외의 단독 문제로써 토론할 것이다." 그는 이 계획을 전국인민대표대회에 제출하여 토론해야 하는 이유는 "황허 문제가 전국 인민의 관심사"이기 때문에, "계획을 실현하려면 정부의 노력뿐만 아니라 전국 인민의 노력도 필요하기 때문이다."라고 말했다. 1955년 즉 전국인민대표대회제도가 정식으로 수립된 후인 이듬해에 제1차 5개년계획과 황허 치수 종합계획의 제정과 같은 중대한 사안은 전국인민대표대회에 제출하여 심사 비준을 받게 되었다. 이는 최고 국가권력기관에 대한 당과 정부의 존중을 반영한 것이었고, 법에 따른 사무 처리의 관념을 구현한 것이었으며, 좋은 선례를 개척한 것으로서 인민대표대회가 중대한 사안을 심의, 결정하는데서 시범적인 역할을 했다.

전국인민대표대회 대표는 최고 국가권력기관의 구성원으로서 인민의 위탁을 받았기 때문에 반드시 인민대중과의 연계를 강화해야 한다. 1954년 10월 16일 열린 제1기 전국인민대표대회 상무위원회 제1차 회의에서 장쯔종(張治中) 상무위원회 위원이 모든 위원들에게 지방을 시찰하고 지방상황을 알아보고 대중의 의견을 청취할 것을 건의하는 서면의견서를 제출했다. 마오쩌둥은 그 의견에 찬사를 표하면서 시찰의 참가 범위를 전국인민대표대회 대표들에게까지 확대할 것을 제기했다. 1955년 5월 18일 전국인민대표대회 상무위원회는 류샤오치 위원장과 펑전(彭眞) 비서장의 명의로 「전국인민대표대회 대표들이 사업시찰에 나서는 문제에 관한 통지」를 발부했다. 통지가 발부된 후 전국인민대표대회 대표들은 전국 각지로 나가 시찰하면서 각지의 정치·경제·문화 및 기타 여러 방면의 업무 상황에 대해 널리 알아보고 인민대중의 의견과 요구에 귀를 기울이면서 전국인민대표대회 대표와 인민대중 간의 연계를 밀접히 했다. 이번 시찰활동은 인민대표대회 대표 시찰의 첫걸음을 내디뎠다. 1955년 8월 6일 제1기 전국인민대표대회 상무위원회 제20차 회의에서는 「전국인민대표대회 대표와 성·자치구·직할시 인민대표대회 대표의 시찰업무에 관한 결정」이 채택되었다. 이때부터 인민대표대회 대표의 시찰은 하나의 제도로서 정식 확립되었다. 인민대표대회 대표 시찰제도의 수립은 인민대표대회 대표와 광범위한 대중들의 옹호를 받았고, 당 내외 각계 인사들의 충분한 긍정을 얻었다. 그때 당시 전국인민대표대회 대표였던 마인추(馬寅初) 베이징대학 교장은 1955년 5~6월 사이의 첫 대표 시찰 과정에서 농촌인구의 성장이 너무 빠른 상황을 파악하고 '신인구론'의 형성을 준비하기 시작했다. 1957년 3월 12일 동삐우 최고인민법원 원장이 제2기 전국정치협상회의 제3차 회의 발언에서 다음과 같이 지적했다. "전국인민대표대회가 대표들에게 1년에 두 차례씩 정기적으로 시찰을 진행하게 하는 업무제도를 실시한 이후, 1년 동안에 여러 성·자치구·직할시 인민대표대회 대표들의 시찰사업도 상시제도가 형성되었다. 많은 기층단위의 인민대표들은 고정적으로 분담하는 식으로 일정한 선거민들과 연계를 취해오고 있고, 많은 도시들에서는 또 선거민들을 개별 방문했으며, 선거민 좌담회를 정기적으로 개최하고, 선거민 접견실 및 선거민 게시판을 설치하는 등의 방법으로 선거민들과 연계를 취해오고 있다. 적지 않은 지방에서는 또 정부가 대표와 연계를 취하는 제도를 채택하고, 정부책임자가 정기적으로 방문하는 대표들을 접견하고, 대표좌담회 등을 진행하고 있다. 이런 제도의 수립으로 각급 인민대표대회 대표들의 회의 이외의 활동을 확대하고, 대표와 선거민 간의 연계를 밀접히 하며 정부업무에 대한 대표와 인민대중의 감독을 강화하는데서 모두 훌륭한 역할을 발휘하고 있다."[24]

---

24) 『동비우선집』, 인민출판사 1985년판, 433~434쪽.

인민대표대회제도가 수립된 후 일정한 기간의 실천을 거쳐 이 나라의 근본적인 정치제도가 나라 국정에 어울리는 훌륭한 제도임이 증명되었다. 당과 국가 지도자들도 인민대표대회 업무를 크게 중시하고 있다. 무릇 국가의 중대한 문제는 모두 전국인민대표대회 또는 전국인민대표대회 상무위원회에 회부하여 토론 결정해야 한다. 마오쩌동은 인민대표대회를 '인민의 국회'로 간주했다.[25] 마오쩌동과 저우언라이는 헌법에 부합되는지, 법적 절차에 부합하는지를 자주 묻곤 하면서 "헌법을 어겨서는 안 된다!"라고 일깨우곤 했다. 1956년 9월에 열린 8차 당 대회에서는 인민민주를 확대하고 사회주의 법제를 보완하는 방침을 확정했다. 류샤오치는 8차 당 대회 정치보고를 통해 국가기관에 대한 개선을 진지하고 체계적으로 전개해야 하며, 정부에 대한 각급 인민대표대회의 감독을 강화해야 한다고 제기했다.

(2) 중국공산당 영도하의 다당합작과 정치협상제도의 발전

민주연합정부 수립 과정에서 민주당파 인사들을 존중하고 그들이 충분한 권리를 누릴 수 있도록 하는 것은 중국공산당 중앙위원회와 마오쩌동이 매우 관심을 두는 대사였다. 신중국 창건 전야에 열린 중국공산당 제7기 중앙위원회 제2차 전체회의에서 마오쩌동은 여러 민주당파 인사들과 협력하여 함께 일하는 관계를 정확히 처리하는 원칙과 정신을 제기했다. 그는 다음과 같이 지적했다. "우리 당이 당 외의 민주인사들과 장기적으로 합작하는 정책은 반드시 전 당 내에서

---

25) 『마오쩌동문집』 제7권, 인민출판사 1999년판, 54쪽.

사상적 업무적으로 확정되어야 한다. 우리는 반드시 당 외의 대다수 민주인사들을 당 내 간부와 마찬가지로 간주해야 하며, 그들과 상의하고 해결해야 하는 문제에 대해서 성실하고 솔직하게 상의하고 해결해야 하며, 그들에게 업무를 맡겨주어 그들이 일터에서 직권을 가지도록 하고 업무에서 성과를 올리도록 해야 한다."[26]

　1949년 10월 1일 개국대전에서 신중국의 탄생을 선언했지만, 새 정권이 이미 구성된 것은 아니다. 사실상 10월 1일 당시 중앙인민정부는 텅 빈 껍데기일 뿐 여러 부서와 위원회 등 기구가 아직 정식으로 설립되지 않았다. 그래서 건국대전이 있은 후에야 여러 기관의 설립에 착수했던 것이다. 새 정부를 조직하는 과정에서 마오쩌동과 저우언라이는 민주인사들의 직무 배치에 대해 매우 주도면밀하게 배려하여 그들의 신분과 위망·특기·국가에 대한 공헌 등에 따라 적절한 직무를 배치하고, 중앙인민정부 부주석·위원·정무원 부총리·정무위원 등 중요한 직무를 맡게 했다. 중앙인민정부의 부주석 6명 중 민주당파와 무소속인사가 3명(쏭칭링·리지선·장란)이었다. 중앙인민정부 정무원의 부총리 4명 중 민주당파와 무소속인사가 2명(궈뭐뤄·황옌페이[黃炎培])가 포함되었다. 중앙인민정부위원회의 56명 위원 중 민주당파와 무소속 민주인사가 27명 포함되었다.

　15명 정무위원 중 민주당파와 무소속 민주인사가 9명에 달했다. 제1기 정부의 정무원에 민주당파와 무소속인사 14명이 15개 부서의 부장·주임 직무를 맡았다.(그중 궈뭐뤄는 문화교육위원회 주임 겸 중국

---

26) 『마오쩌동선집』 제4권, 인민출판사 1991년판, 1437쪽.

과학원 원장에 임명됨) 그들로는 황옌페이 경공업부 부장, 주쉐판(朱學范) 체신부 부장, 장 쥔(章伯鈞) 교통부 부장, 리수청(李書城) 농업부 부장, 푸쭤이(傳作義) 수리부 부장, 량시(梁希) 임간부(林墾部, 조림개간부) 부장, 장나이치(章乃) 식량부 부장, 史良(스량) 사법부 부장, 마쉬룬(馬叙倫) 교육부 부장, 리더취안(李德全) 위생부(보건부) 부장, 선옌빙(沈雁氷) 문화부 부장, 궈뭐뤄 문화교육위원회 주임 겸 과학원 원장, 탄핑산 인민감찰위원회 주임, 허샹닝(何香凝) 화교사무위원회 주임, 후위즈(胡愈之) 출판총서 서장 등이다. 이밖에 또 지방정부에서는 가오총민(高崇民)·마인추(馬寅初)·청첸(程潛)·장난셴(張難先)·장쯔종(張治中)·룽윈(龍雲)·류원훼이(劉文輝)·푸쭤이·동치우(董 기 武) 등 민주인사와 무소속 민주인사들이 동북인민정부위원회와 화동(華東)·중남(中南)·서북(西北)·서남(西南) 등 4개 군정위원회 부주석에 각각 임명되었다. 동치우·덩바오산(鄧寶珊)·우한(吳晗) 등이 성 정부 주석·부주석 혹은 부시장에 각각 임명되었다.[27]

정무원 여러 부서와 위원회가 설립된 지 얼마 안 되어 바로 여러 부서와 위원회의 당조(黨祖, 국가 기관이나 민간단체 지도부 내의 당 조직으로, 그 부서에 관련된 당의 방침·정책을 실시하는 책임을 짐)로 하여금 통일전선정책의 집행상황에 대해 검사하고 당 외 인사들과 협력하고 함께 업무를 보는 관계를 개선했다. 예를 들면 천윈(陳雲)이 주관하는 중앙재정경제위원회에서는 부장을 맡은 비당원 인사에게 보고토록 했고, 경공업부에서는 황옌페이에게 보고토록 했으며,

27) 쇼차오란(蕭超然): 『중국 정치발전과 다당합작제도』, 베이징대학출판사 1991년판, 162쪽.

수리부에서는 푸쮀이에게 보고토록 했다. 정무원의 정무회의는 매주 한 번씩 열리곤 했는데 관련 서류 등도 비당원 인사들에게 심사를 맡겼으며, 모든 지시와 법령에 대한 수정도 그들에게 맡겼다. 마오쩌둥은 매월 몇 번씩 민주당파 인사들과 좌담회를 열고 그들의 의견을 청취하는 한편 그들을 통해 중국공산당의 정책방침을 전달하곤 했다. 저우언라이와 리웨이한은 자주 여러 민주당파와 널리 접촉하면서 서로 의견을 교환하고 문제를 협의했다. 저우언라이는 여러 민주당파의 초청을 받아 회의에 참가할 때마다 언제나 자신은 전우와 우호당(우호적 관계에 있는 당파)의 입장에서 말하는 것이라고 하면서 참고로만 삼아달라고 말하곤 했다. 중국 국민당혁명위원회('민혁'으로 약칭) 지도자 주쉐판은 이렇게 회억했다. "그때 당시 리지선·허샹닝·청첸·장쯔종 등 중국 국민당혁명위원회 지도자들과 일부 중앙위원회 위원과 공청단위원회 위원들은 모두 고위층과 직접 통할 수 있는 간부들이었기에, 그들은 모두 저우 총리, 마오 주석 등 중국공산당 지도자를 직접 찾아가서 상황을 반영하고 의견을 교류할 수 있었다. 더구나 리웨이한 등 통일전선사업부 지도자들은 자주 그들을 찾아가 의견을 수렴했으며, 저우 총리도 가끔 그들의 집을 방문하곤 했다."[28] 중국공산당의 영도 하에 여러 민주당파 책임자 및 그 구성원들은 적극적으로 정치에 참여하여 정무를 논의하면서 국가의 정치·경제·문화건설에서 중요한 역할을 했다.

---

28) 주쉐판(朱學范), 『나와 민혁 40년』(민혁은 중국국민당혁명위원회의 준말), 단결출판사 1990년판, 278쪽.

1954년 9월에 중화인민공화국 제1기 전국인민대표대회가 열리고 제1부 「중화인민공화국 헌법」이 반포됨에 따라 중국인민정치협상회의는 전국인민대표대회의 직권을 대행하는 역사적 사명을 완수했으며, 중국인민애국통일전선의 조직과 중국공산당 영도하의 다당합작과 정치협상의 중요한 기구가 되었다.

　　1956년 중국이 사회주의사회에 진입함에 따라 새로운 역사적 조건에서 다당합작과 정치협상제도를 어떻게 발전시킬 것이냐 하는 문제가 하나의 중대한 정치적 선택 사항으로 되었다. 1956년 4월 마오쩌둥은 「10대 관계에 대하여」라는 연설에서 이렇게 지적했다. "도대체 하나의 당이 좋을까? 아니면 여러 개의 당이 좋을까? 지금 와서 보면 당이 여러 개 있는 것이 좋을 것 같다. 과거에도 그랬었고 앞으로도 그럴 수 있을 것 같다. 바로 장기적으로 공존하면서 서로 감독하는 좋다고 생각하기 때문이다." 그는 민주당파의 적극성을 동원하여 사회주의 건설을 위하여 힘써줄 것을 희망했던 것이다. 이에 따라 8차 당 대회 정치보고에서는 "공산당과 여러 민주당파가 장기적으로 공존하며 서로 감독하는 방침을 취할 것"[29]이라고 최초로 당의 문건 형태로 확정지어 놓았다. 1957년 2월 마오쩌둥이 "장기공존, 상호감독(長 共存, 互相監督)"이라는 8자 방침에 대해 구체적으로 논술하면서 "당도 사람과 마찬가지로 각기 다른 목소리를 들어야 한다."고 주장했다.

　　"장기공존, 상호감독" 방침의 제기는 공산당 영도하의 다당합작과

---

29) 『류샤오치선집』 하권, 인민출판사 1985년판, 246쪽.

정치협상이 장기적인 기본제도가 될 수 있는 이론적·정책적 토대를 닦아놓았으며, 여러 민주당파 인사들이 사회주의건설에 참가하고자 하는 열성을 크게 북돋우고 동원했다.

(3) 민족구역자치제도의 확립과 실시

중국공산당은 창당하고부터 민족문제를 해결하고 민족평등과 단결을 실현하는 것을 중국 신민주주의 혁명의 중요한 내용의 하나로 삼고 장기적으로 탐색을 진행해 왔다. 레닌의 민족 자결 이론, 소련 연방제의 실천 및 국제 공산당(코민테른)의 영향을 받아 일정한 시기 내에 당 내에 민족 자결주의와 연방제국가의 창립을 주장하는 의견이 객관적으로 존재했음은 부정할 수 없다. 그러나 결국 중국공산당은 소련의 경험을 그대로 따르지 않고, 창조적으로 민족구역자치제도를 확립해 신중국을 통일된 다민족 인민공화국으로 확정했다. 이는 "역사상 유례가 없는 독창적인 쾌거였다."[30]

1949년 10월 5일 중공중앙은 한 전보에서 다음과 같이 설명했다. "내전시기에 당은 소수민족을 쟁취하고 국민당의 반동통치에 저항하고자(당은 여러 소수민족에 대해 특히 대한족주의[大漢族主義]를 보여줌) '민족 자결'을 강조했는데, 그때 당시로서는 전적으로 옳은 결정이었다. 그러나 국민당의 반동통치가 무너지고 신중국이 이미 탄생됨에 따라 국가의 통일대업을 이루고, 중국의 민족 단합을 분열시키려는 제국주의 및 그들 앞잡이의 음모에 저항하기 위해서는 국내 민족

---

30) 『저우언라이선집』 하권, 인민출판사 1984년판, 258쪽.

문제에서 더 이상 그러한 구호를 강조하지 말아야 한다. 그렇지 않으면 '제국주의 및 국내 여러 소수민족의 반동세력에 이용당할 수 있어 우리는 피동적 지위에 처하게 된다. 오늘날은 마땅히 중화 여러 민족의 우애와 협력, 상부상조와 단합을 강조해야 한다.'"[31] 전반적인 국면에 관계되는 이 중대한 역사적 선택에서 마오쩌동은 결정적인 역할을 했다. 1950년 11월 24일 저우언라이는 정무원 제63차 정무회의에서 이렇게 회억했다. "쑨중산 선생이 국민당 제1차 대표대회에서 '민족자결'이란 구호를 제기하여 이를 인정했다. 우리가 「공동강령」을 제정할 때 마오 주석은 민족자치로 민족자결을 대체하는 원칙을 제기했는데, 그렇게 하는 것이 민족들 간의 단합과 협력을 강화하는데 이롭기 때문이다. 현재 1년간의 소수민족을 위한 사업과정에서 그때 당시 마오 주석의 예견이 참으로 옳았음을 알 수 있다."[32]

마오쩌동은 「공동강령」에서 민족구역자치를 우리나라에서 민족관계문제를 처리하는 제도로 선택하여 법률형태로 확정지었을 뿐만 아니라 「공동강령」의 관련 규정을 성실하게 관철 이행할 것을 요구하면서 민족구역자치를 널리 실시하는 것을 민족사무의 중심 임무의 하나로 삼아야 한다고 강조했다. 그는 여러 소수민족에 대한 업무를 성실하게 전개하여 구역자치를 실시하고 소수민족 내에서 자체적으로 간부를 양성할 것을 요구했다. 그는 민족구역자치를 공고히 하고 강화하여 계속 새로운 성과를 이룰 것을 강조했다. 1950년부터 신중국

31) 『건국 이래 중요 문헌 선집』 제1권, 중앙문헌출판사 2011년판, 20쪽.
32) 『마오쩌동전(1949~1976)』 상, 중앙문헌출판사 2003년판, 23~24쪽.

은 소수민족집거구역에서 민족구역자치를 시행하기 시작했다. 1952년 8월 중앙정부는 신중국 첫 민족문제 관련 법규 「중화인민공화국 민족구역자치 실시요강」을 반포하여 민족자치지방의 수립, 자치기관의 구성, 자치기관의 자치권리 등 중요한 문제에 대하여 명확하게 규정함으로써 민족구역자치사업이 전국범위에서 질서 있게 전개되도록 강력하게 추진했다. 1954년에 반포된 「헌법」에서는 민족구역자치에 대해 전면적이고 구체적인 규정을 내림으로써 민족구역자치제도를 위한 중요한 한걸음을 내디딜 수 있게 되었다. 그 후 국무원이 1955년 12월에 「구(區)에 해당하는 민족자치구를 변경하는데 대한 국무원의 지시」, 「민족 향(鄕) 설립과 관련된 몇 가지 문제에 대한 국무원의 지시」, 「지방 민족민주연합정부를 변경하는데 대한 국무원의 지시」를 발표하여 소수민족이 집거하는 지방에서 민족구역자치를 전면적으로 보급 실시했다. 중국 5개 자치구 중에서 네이멍구자치구가 가장 일찍 설립되었는데, 설립 년도는 1947년이었다. 1955년 10월에 신장(新疆)위구르(維吾爾)자치구가 설립되고, 1958년 3월에 광시(廣西)쫭족(壯族)자치구가 설립되었으며, 1958년 10월에 닝샤(寧夏)회족(回族)자치구가 설립되었다. 이로써 중국에 4개 자치구, 29개 자치주(州), 54개 자치현(縣)이 설립되었다. 1965년 9월에 시짱(西藏)자치구가 설립되면서 전국적 범위에서 민족구역자치구도가 형성되었음을 상징적으로 보여주었다. 민족구역자치제도를 실천하는 과정에서 마오쩌동은 시종일관 민족단합이라는 기치 하에 민족지구의 실제 사무를 일관토록 했다. 그는 민족관계의 강화와 개선을 중시하고, 민족단합을 강화토록 했으며, 소수민족의 간부를 양성케 했고, 소수민족지역의 경제와 문화를 발전시켰다. 나아가 소수민족을 영도하는 상층인사들에 대해 통일전선업무를 잘 실천하면서 역사적으로 내려온 민족의 불평등과 갈등의 불씨를 제거하는데 힘써 민족 간의 단합과 협력을 실현시켰다. 마오쩌둥은 1956년 「10대 관계에 대하여」라는 중요한 연설에서 "한족과 소수민족의 관계"를 따로 언급했다. 그는 다음과 같이 지적했다. 소련에서 러시아민족과 소수민족 간의 관계는 아주 비정상적이다. 우리는 그 교훈을 받아들여야 한다. "한족과 소수민족 간의 관계를 반드시잘 처리하여 여러 민족의 단합을 공고히 해야 한다." "소수민족의 경제건설과 문화건설을 성심으로 적극 도와야 한다." "소수민족지구에서는 도대체 어떤 경제관리 체제와 재정체제가 적합할지를 잘 연구토록 해야 한다."[33] 이러한 마오쩌둥이 제기한 임무는 민족구역자치제도의 발전과 보완을 추진하는데 있어서 중요한 과제가 되었다.

요약하면 신중국 창립 당시 수립된, 중국 실제에 부합되는 선진적인 사회제도에 힘입어 "당대 중국의 모든 발전과 진보를 위한 근본적인 정치적 전제와 제도적 기반을 마련했고, 중화민족이 근대 들어 쇠퇴해오던 국면에서 운명을 근본적으로 바꿔 지속적인 번영과 부강의 길로 나아가는 위대한 비약을 실현할 수 있었다."[34] 당은 사회주의건설의 길을 이끌고 모색하는 과정에서 우여곡절을 겪기도 했지만, 이들 제도 자체는 단 한 번도 부정당한 적이 없었다. 예를 들어, 1964년

---

33) 『마오쩌둥문집』 제7권, 인민출판사 1999년판, 32쪽.
34) 『중국공산당 제19차 전국대표대회 문건 집성』, 인민출판사 2017년판, 12쪽.

12월부터 1965년 1월에 열린 제3기 전국인민대표대회 제1차 회의에서 제기된 '4가지 현대화' 목표는 1975년 1월 제4기 전국인민대표대회 제1차 회의에서 다시 한 번 강조되었으며, 중국 인민의 투지를 크게 북돋우어주었다. 전국인민대표대회는 1975년과 1978년에 걸쳐 중화인민공화국 제2부, 제3부의 헌법을 개정하고 채택했다. 비록 그때 당시 '문화대혁명' 시기와 '문화대혁명' 이후 방황하는 시기에 있었지만, 헌법에는 여전히 "중화인민공화국의 모든 권리는 인민에게 속하며, 인민이 권력을 행사하는 기관은 각급 인민대표대회"라고 명확하게 규정해 놓았다.

중국 특색의 사회주의 정치 발전의 길을 걷다

인민대표대회제도 등 중국의 실제에 부합하는 선진적인 사회제도를 수립했다고 해서 중국의 정치제도가 완전무결하여 한 번 수립한 뒤 영원히 더 발전시킬 필요가 없다는 뜻은 아니다. 실제로 1957년 2월에 마오쩌둥이 발표한 「인민 내부의 모순을 정확히 처리하는 문제에 관하여」라는 연설에서 "국가 제도 중 일부분에 결함이 존재한다."고 지적하면서 조정할 구상을 초보적으로 제기했었다.

'문화대혁명'이 끝난 후, 1980년 8월에 덩샤오핑이 중앙정치국 확대회의에서 「당과 국가 지도제도의 개혁」이라는 제목으로 유명한 연설을 했다. 덩샤오핑은 "사회주의 민주정치의 건설은 당의 지도, 법제, 규율, 질서 하에서 진행되어야 한다."고 지적했다. 이를 상징하는 것으로 중국 정치체제개혁이 의사일정에 오르고 '중국 특색'을 지침으로 삼기 시작했다.

1987년에 열린 13차 당 대회에서는 정치체제개혁을 전략적 과업으로 내세웠다. 그러나 국문개방과 개혁개방의 조건하에서 진행되는 정치 민주의 탐구는 개혁개방과 외부환경의 시련을 피해가기가 어려웠다. 1989년 미국 학자 프랜시스 후쿠야마(Francis Fukuyama)는 '역사의 종말'이라는 이론을 내놓았다. 그는 "소련의 해체, 동유럽의 급변, 냉전의 종식이 공산주의의 종식을 상징한다"며 "역사의 발전은 오직 한 갈래의 길, 즉 서양의 시장경제와 민주정치뿐"이라고 주장했다. 그는 인류사회 발전사는 "자유민주제도를 방향으로 한 인류의 보편사"라고 생각했다. 자유민주제도는 "인류 이데올로기 발전의 종점"이자 "인류의 마지막 통치형태"라는 것이었다. 그러나 실천이 증명하다시피 후쿠야마의 염원은 무산되었다. 이어서 19말에 일기 시작한 "제3의 길" 사조가 또 중국에 파급되었다. 그 길은 신자유주의 경제학과 사회민주주의 사회정책의 혼합물로서 그 출발점과 지향점은 모두 구미의 것을 사회적으로 실천하자는 것이었다.

"자기의 본분을 잊고 함부로 남의 흉내를 내면 제 재간까지 다 잃는다(邯鄲學步)", "동시가 서시의 눈살 찌푸리는 것을 본뜬다는 뜻으로, 옳고 그름의 판단 없이 남의 흉내를 냄(東施效颦)", "서로의 차이를 이해하지 못한 채 한 쪽으로만 치우친다면 오래 지속될 수 없다(同則不繼)", "회남(淮南)에 심으면 귤이 나지만 회북(淮北)에 심으면 탱자가 난다(橘生淮北則爲枳)……"는 말처럼 민주를 포함한 제도와 길의 선택에 있어서 중국인들은 자신의 인식과 철학을 가지고 있다. 중국은 소련과 동유럽이 급변하는 가운데 이들 도미노 골패 중의 하나가 되지 않았으며, 또 맹목적으로 남의 장단에 맞춰서 '제3의 길'을 찾아 헤매지도 않을 것이다.(사실 중국혁명 과정에 이른바 '제3의 길'도 있었지만 결국 실패하고 말았다)

비바람이 몰아치고 파도가 일어도 한적한 정원에서 발길이 내키는 대로 걷는 것보다는 낫다. 중국 특색의 사회주의 정치 발전의 길을 걸으려는 중국공산당의 결심은 결코 뒤흔들 수 없으며 신심은 더욱 확고해졌다. 14차, 15차, 16차, 17차 당 대회에서는 각각 "정치체제 개혁을 적극 추진", "정치체제 개혁을 계속 추진", "정치체제 개혁을 계속 적극적이고 안정적으로 추진", "정치체제 개혁을 심화" 등의 임무를 제시했다.

18차 당 대회 보고에서는 "정치체제 개혁은 중국이 내세우는 전면적 개혁의 중요한 구성부분이다. 정치체제 개혁을 반드시 계속해서 적극적이고 안정적으로 추진하여 더욱 광범위하고, 더욱 충분하며, 더욱 건전한 인민민주주의로 발전시켜야 한다."고 지적했다. 18차 당 대회 보고에서는 또 처음으로 '인민대표대회제도'를 '근본 정치제도'로, "중국공산당이 영도하는 다당합작과 정치협상제도, 민족구역자치제도 및 기층대중자치제도 등"을 '기본 정치제도'로 명시했다. 19차 당 대회 보고에서는 "중국사회주의 민주정치를 장기적으로 견지하고, 꾸준히 발전시키고, 정치체제개혁을 적극적이고 안정적으로 추진하며, 사회주의 민주정치의 제도화·규범화·절차화를 추진해야 한다." 라고 재천명했다. 이는 정치체제 개혁을 추진하는 중국공산당의 노력이 중단된 적이 없으며, 중국 특색의 사회주의 민주정치가 이미 자체 논리의 진척에 따라 움직이고 있음을 표명한 것이다.

(1) 인민대표대회제도를 보완하다

인민이 주인이 되어 권리를 행사할 수 있도록 보장하는 근본적인 정치제도로서 "인민대표대회의 권력이 어디에서 오는가?"라고 사람들이 묻곤 한다. 이 말은 간단히 말해서 인민으로부터 권한을 부여받는다는 것이다. 현행「중화인민공화국 헌법」제1장 총강 제1조는 "중화인민공화국은 노동자계급이 영도하는, 노동자와 농민의 연맹을 토대로 한 인민민주주의독재의 사회주의국가"라고 명확하게 규정했다. 이어지는 제2조와 제3조는 다음과 같이 명시했다. "중화인민공화국의 모든 권력은 인민에게 속한다. 인민이 국가권력을 행사하는 기관은 전국인민대표대회 및 지방 각급 인민대표대회이다. 인민은 법률의 규정에 따라 여러 가지 경로와 형태로 국가사무를 관리하고 경제와 문화 사업을 관리하며 사회사무를 관리한다." "전국인민대표대회 및 지방 각급 인민대표대회는 모두 민주선거를 통해 출범하며 인민에게 책임지고 인민의 감독을 받는다. 국가 행정기관·심판기관·검찰기관은 모두 인민대표대회를 통해 출범하며 인민대표대회에 책임지고 인민대표대회의 감독을 받는다."

헌법과 인민대표대회 선거법, 그리고 인민대표대회법의 규정에 따라 인민대표대회 대표는 광범위한 대표성을 띠며 정치적 권리를 박탈당한 자를 제외한 중화인민공화국의 만 18세 공민은 민족·종족·성별·직업·가정출신·종교 신앙·교육정도·재산상황·거주기간을 불문하고 모두 선택권과 피선거권이 있다. 인민대표대회 대표는 광범위한 대표성을 띠며 각 방면마다 모두 국가와 사회에서 자신의 지위와 역할에 어울리는 대표들이다.

중국공산당 제11기 중앙위원회 제3차 전체회의(당의 제11기 3중전회) 이후 시대 발전의 변화에 따라 인민대표대회와 관련된 제도도 중요한 개정과 보완을 거쳤다. 매우 중요한 한 가지는 바로 대표 정원과 분배를 규범화한 것이다. 농촌과 도시의 전국인민대표대회 대표 1명당 대표하는 인구의 비례를 원래 8:1로 규정했던 것을 4:1로 점차 개정했으며, 2010년 3월 제11기 전국인민대표대회 제3차 회의에서는 그 비례를 1:1로 개정하여 도시와 농촌이 동일한 인구비례로 인민대표대회 대표를 선거할 수 있도록 했다. 그렇게 한 목적은 모든 사람이 평등하고, 모든 지역이 평등하며, 모든 민족이 평등하도록 하는 원칙을 더욱 잘 구현하고, 인민민주를 한층 더 확대하며, 인민이 주인이 되어 권리를 행사하도록 보장하는데 있는 것이다.

선거법 등 법률의 규정에 따라 제11기 전국인민대표대회 상무위원회의 주최 하에 2012년 12월 중순부터 2013년 1월까지 전국적으로 총 2,987명의 제12기 전국인민대표대회 대표를 선거했다.

이번 선거는 2010년 선거법 개정 이후 처음으로 도시와 농촌에서 동일한 인구비례에 따라 전국인민대표대회 대표를 선거한 것으로, 전국 도시와 농촌 인구 약 67만 명에 대표 1명씩 대표 인원수를 분배했다. 제12기 전국인민대표대회 대표 2,987명 중 당정지도간부대표가

1,042명으로 대표 총 인원수의 34.88%를 차지했는데, 이는 제11기에 비해 6.93% 낮아진 인원수였다. 관원 대표의 비례가 줄어든 것과는 대조적으로 일선의 노동자와 농민 대표수가 401명으로 전체 대표수의 13.42%를 차지해 제11기에 비해 5.18% 상승했다. 그중 농민공 대표수가 대폭 증가했다. 광동(廣東) 한 성에서만 3명의 농민공 전국인민대표대회 대표가 선출되었다. 그리고 2008년 3월 제11기 전국인민대표대회 제1차 회의가 열렸을 때는 상하이(上海)·광동·총칭(重慶)의 농민공 전국인민대표대회 대표 3명이 처음으로 선보였다. 그들은 전국 1억 명이 넘는 농민공의 정치적 주장을 대변했다.

2017년 12월 중순부터 2018년 1월까지 선출된 2,980명의 제13기 전국인민대표대회 대표들은 전국인민대표대회 대표의 광범위한 대표성을 더욱 잘 구현했다. 각 지역, 각 민족, 각 방면에 모두 적당한 인원수의 대표가 있었고, 일선 노동자·농민대표와 여성대표의 비례가 다소 상승했으며, 당정 지도간부대표의 비례가 다소 줄어들었다. 통계에 따르면 선출된 대표 중 소수민족대표가 438명으로서 대표 총수의 14.7%를 차지했으며, 전국 55개 소수민족 모두가 자체적인 민족대표를 갖게 되었다. 그리고 귀국 화교 대표가 39명이고, 연임한 대표가 769명으로 대표 총수의 25.81%를 차지했다. 제12기와 비교했을 때, 여성 대표가 742명으로 대표 총수의 24.90%를 차지했는데, 이는 1.5% 향상된 비례였다. 그리고 일선 노동자와 농민 대표가 468명(그중 농민공 대표가 45명)으로 대표 총수의 15.70%를 차지했으며 이는 2.28% 향상된 것이었다. 또 전문기술 일꾼 대표가 613명으로 대표 총

수의 20.57%를 차지했으며, 이는 0.15%포인트 향상된 숫자였다. 당정
지도간부 대표는 1,011명으로 대표 총수의 33.93%를 차지했으며, 이
는 0.95% 낮아진 비례였다.[35]

선출된 인민대표대회 대표는 광범위한 대표성을 띠고 있어 모든 계
층·모든 집단의 목소리와 의지가 모두 최고 권력인 당에 전해지고 회
답을 받을 수 있게 되었다. 인민이 주인으로서의 권리를 행사하는 것
이 바로 여기에서 구현되는 것이다. 대표의 광범위성 속에서 그들이
가지고 있는 공통성도 반영되었다. 그 공통성이란 바로 "중국공산당
의 용도를 옹호하고, 중국 특색의 사회주의제도를 옹호하며, 정치의
식·대국의식·핵심의식·일치성의식을 확고히 수립하고, 헌법과 법률
을 모범적으로 준수하고, 대중과 밀접히 연계하며, 맡은 바 업무에서
솔선수범 역할을 발휘하고, 사회 공중도덕을 자발적으로 준수하고,
청렴자율하며, 공정하고 성실하며, 부지런하고 맡은 바 책임을 다하
며, 직무수행 의향과 직무수행 능력을 갖추고, 양호한 사회적 이미지
를 갖추어 대중들로부터 광범위하게 인정을 받고 있다는 것"이다. 현
재 전국인민대표대회 대표를 포함하여 중국에는 260여 만 명의 각급
인민대표대회 대표가 있다. 그들 모두가 겸직이다. 그들은 억만 인민
대중 속에서 일하고 생활하면서 인민대중과 밀접한 연계를 유지하고
있어 인민대중의 의견과 요구를 진정으로 이해하고 헌법과 법률, 당
과 국가의 국정 방침을 관철시켜 실시하는 상황에 대한 이해가 가장

---

35) 왕치(王기): 「2980명 제13기 전국인민대표대회 대표의 대표 자격 전부 유효한 것으로 확인」,
『인민일보』 2018년 2월 25일자.

깊으며, 현실생활에 존재하는 실제문제에 대해 가장 깊이 파악하고 있고, 민생문제의 이모저모에 대해서도 가장 직접적으로 느끼고 있기 때문에, 인민대중의 의견과 염원, 그리고 그들의 목소리를 더욱 전면적으로 이해하고 반영할 수 있는 것이다.

물론 보완해야 할 부분도 있다. "선거인은 누구를 뽑았는지 모르고, 대표도 누가 뽑았는지 모르는 것"이 문제라 할 수 있다. 이는 수년간 인민대표대회 업무를 괴롭혀온 두 가지 "모름"인 것이다. 특히 현(縣)급, 향(鄉)급의 인민대표대회 대표가 총 250여 만 명으로 각급 인민대표대회 대표 총수의 95%를 차지하는데, 이들은 당과 국가가 광범위한 인민대중과 연계토록 하는 중요한 매개체이다. 그런데 한시기 동안 "대표 대표 하지만 회의만 끝나면 끝"이라는 것이 기층 인민대표대회 대표가 사람들에게 주는 인상이었다.

이를 위해 2013년 전국인민대표대회 상무위원회는 위원장회의 구성원과 상무위원회 위원이 대표와 연계하는 제도를 수립하여 실행에 들어갔으며, 대표가 대중과 연계하는 제도를 보완했다. 중국의 인민대표대회 대표는 서양의 의원들과는 상황이 다르다. 절대다수의 인민대표대회 대표는 겸직이어서 평소에는 각기 다른 지역, 각기 다른 전선, 각기 다른 부서에서 근무하고 있으며, 개인적으로는 전문 업무팀과 조수를 두고 있지 않다. 그렇기 때문에 인민대표대회 대표가 법에 따라 직책을 이행할 수 있도록 서비스 보장을 제공하고, 대표가 대중과 연계할 수 있는 방식과 경로를 넓히며, 사회의 실태와 민의를 표현하고 반영할 수 있는 경로를 원활히 하고, 선거인의 감독을 받을 수 있는 인민대표대회 대표 연락기관의 설립이 객관적으로 반드시 필요한 것이다. 그래서 18차 당 대회 보고와 18기 3차 전체회의에서는 인민대표대회 대표 연락기관 설립을 명확히 제기하기로 결정했다. 이는 인민이 인민대표대회를 통해 국가권력을 행사할 수 있도록 지지하고 보장하는 실질적이고 구체적인 조치이며, 인민대표대회 대표의 역할을 더 잘 발휘할 수 있는 중요하고도 기초적인 업무이다. 이 방면에서 전국 각지의 당조직은 적극적으로 모색하고 실천했으며 좋은 효과를 거두었다.

예를 들면 장시(江西)성 상라오(上饒)시 칭윈진(青雲鎭) 인민대표대회 주석 황여우창(黃有昌)은 약 8년을 향진(鄕鎭) 인민대표대회 주석으로 근무했다. 그 이전에 그는 부 진장, 상무 부 진장, 기율검사위원회 서기 등 여러 직위에서 두루두루 많은 경험을 쌓았다. 그는 기층 인민대표대회의 역할에 대해 깊이 느끼고 있었다. "이전에는 당위와 정부가 제1선이고, 인민대표대회는 제2선이라고 생각했다. 그러나 지금은 달라졌다. 인민대표대회도 제1선이다." 라고 황여우창은 말했다. 그는 최근 2년여 동안 향진 인민대표대회는 조직기관으로서도 경제보장과 인원배치 면에서도 모두 이전보다 좋아졌다고 말했다. 황여우창의 인상 속에는 이전에 현지 인민대표대회는 "회의나 하고 손이나 들었을 뿐 특별한 역할이 없었다."는 것이었다. 2015년 이후 현지에서는 대표가 대중과 연계하는 플랫폼을 구축하는 일을 중시하기 시작했고, 기층 인민대표대회 대표들도 역할을 더욱 잘 발휘하기 시작했다. 황여우창은 이런 이야기를 들려주었다. 칭윈진 츠탕완(祠堂灣)촌에 촌민들의 생산과 생활에 심각한 영향을 주는 위험한 다리가 하나 있었다. 현지의 한 주민이 문제를 반영하려고 인민대표대회 연락소를 찾아왔다. 그때 방문한 주민을 접대했던 사람은 마침 현지의 한 기업가 대표였다. 그 대표는 진 인민대표대회 주석단에게 상황 설명을 들은 후 자진하여 자금을 기부했고, 진 정부도 현(縣) 교통당국에 자금을 신청하여 공동으로 새 다리를 건설하여 179명의 촌민의 어려웠던 출행 문제를 해결해주었다. 문제가 해결된 후, 촌민들은 "대표님, 대표님, 작지 않은 권력으로 법에 따라 직책을 수행하니 모두가 갈채를 보내네."라고 노래까지 지어 불렀다. 황여우창의 소개에 따르면, 칭윈진에는 모두 57명의 인민대표대회 대표가 있는데 그들은 동급 당위원회의 지지 하에 "대표 연락소"를 설립하고, 촌에는 "인민대표대회 대표 연락 업무실"을 설립했다. 이를 통해 57명의 향진 인민대표대회 대표들은 6개 대표 활동 팀으로 나뉘어 번갈아 가며 '연락소'로 돌아와 '집'에서 선거인들과 직접 만나 교류하곤 하고 있다.[36]

또 다른 예를 들면, 상하이시 사구(社區, 街道, 한국의 동사무소 격)에 인민대표대회 대표 연락실을 설립함으로써 마치 지렛대의 받침대와 같은 역할을 하여 각급 인민대표대회 대표들의 업무 수행의 적극성을 불러일으켜 민의가 최저기층에서 제때에 관리 층으로 전해질 수 있도록 했다. 상하이시 인민대표대회 류정동(劉正東) 대표는 "우리는 간접 선거를 치르지만 그렇다고 간접적으로 연계할 필요는 없다.

---

36) 자스위(賈世煜), 「'2선'과 작별, 여러 지역 현·향 인민대표대회의 새로운 실천」, 『신경보(新京報)』 2018년 3월 4일자.

어느 계층의 대표든 일반 대중과 거리를 두지 말고 가까워져야 한다. 그렇지 않으면 대중들은 대표들이 하는 말에 거리감을 느끼게 된다." 라고 말했다. 대표 연락실 외에도 상하이시 각급 인민대표대회는 대표들이 선거인과 대중과 연락할 수 있는 많은 특색 경로를 만들었다. 예를 들면 인민대표대회 상무위원회, 전문위원회 대표연계제도처럼 정기적으로 대표들을 조직해 사구(지역사회)에 내려가 인민대중과 접촉하는 등의 경로가 있다. "이전에는 인민대표대회 대표가 어디에 있는지를 대중들이 몰랐지만, 지금은 곳곳에서 대표의 모습을 볼 수 있으며, 인민대표대회 대표는 대중과 아주 가까이에 있게 되었다." 대중들의 평가는 대표들의 직책 수행에 대해 알 수 있는 가장 유력한 증거인 것이다.[37]

역사는 발전하고 시대도 발전한다. 시진핑 총서기는 전국인민대표대회 창설 60주년 경축대회 연설에서 "중국에서 인민대표대회제도를 실행하는 것은 인류의 정치제도역사에서 중국인민의 위대한 창조"라고 말했다. 그는 "새로운 정세에서 우리는 인민대표대회제도를 확고부동하게 견지해야 하고, 또 시대와 더불어 인민대표대회제도를 보완해야 한다."라고 지적했다. 이를 위해서는 반드시 중국공산당의 영도를 확고부동하게 견지해야 하고, 반드시 인민의 주인적 지위를 보장하고 발전시켜야 하며, 반드시 의법치국을 전면적으로 추진해야 하

---

37) 셰쑤팡(謝素芳) 루샤오쥔(陸曉鈞) 차이쉬쟈오(蔡旭姣), 「지역사회를 벗어나지 않고도 언제든지 대표를 찾을 수 있어 상하이 시 지역사회(가도) 인민대표대회 대표 연락실 이야기」, 『중국인대』(中國人大) 2013년 제14기.

고, 반드시 민주집중제를 견지해야 한다. 그는 현 시기와 향후 한시기 동안은 다음과 같은 몇 가지 중요한 업무를 중점적으로 확고하게 실천해야 한다고 지적했다. 즉 입법업무를 강화하고 개선해야 하고, 법률실시업무를 강화하고 개선해야 하며, 감독업무를 강화하고 개선해야 하고, 인민대표대회 대표 및 인민대중과의 연계를 강화해야 하며, 인민대표대회 업무를 강화하고 개선해야 한다.

19차 당 대회 보고에서는 다음과 같이 지적했다. "인민대표대회제도는 당의 영도와 인민의 주인과 같은 지위, 의법치국의 유기적 통일을 견지하는 근본적인 정치제도로서 반드시 장기적으로 견지하고 꾸준히 보완해나가야 한다." "당의 영도, 인민의 주인적 지위, 의법치국의 유기적인 통일을 견지해야 한다. 당의 영도는 인민의 주인과 같은 지위와 의법치국의 근본적인 보장이다. 인민의 주인과 같은 지위는 사회주의 민주정치의 본질적 특징이며, 의법치국은 당이 인민을 영도하여 나라를 다스리는 기본 방식이다. 3자는 중국사회주의 민주정치의 위대한 실천 과정에서 유기적인 통일을 이룬다." 공산당의 영도, 인민의 주인적 지위, 의법치국의 유기적인 통일은 중국에서 사회주의 민주정치를 건설하는 내적 법칙성을 깊이 있게 반영하고 있다. 그 법칙에 따라 일을 처리한다면 반드시 중국의 민주정치를 훌륭하게 건설하고 발전시킬 수 있을 것이다. 그러지 않고 3자를 분리시키고 심지어 대립시키게 되면, 인민의 주인적 지위라는 명목 하에 무정부주의를 행하고, 당의 영도를 강화한다는 명목 하에 개인이나 소수인의 독단 행위를 은폐하며, 의법치국의 명목 하에 서양의 헌정주의를 실시하는 등의 잘못된 경향이 나타나게 될 것이다.

(2) 협상민주를 발전시키다

협상민주는 중국공산당이 영도하는 다당합작과 정치협상제도와 갈라놓을 수 없는 단어이다. 1978년 중국공산당 제11기 중앙위원회 제3차 전체회의 이후, 어지러운 국면을 바로잡아 정상을 회복하는 과정을 거쳐, 덩샤오핑이 1979년 6월에 열린 전국정치협상회의에서 여러 민주당파는 "모두 이미 각자 연계가 있는 일부 사회주의 노동자와 사회주의를 옹호하는 일부 애국자의 정치연맹이 되었으며, 모두 중국공산당의 영도 아래 사회주의를 위해 봉사하는 정치세력"이라고 지적했다. 그는 "중국공산당의 영도 아래 여러 당파의 합작을 실행하는 것은 중국의 구체적인 역사 조건과 현실 조건에 의해 결정된 것이며, 중국 정치제도의 특징과 장점이기도 하다."라고 지적했다. 이에 근거하여 1982년 중국공산당 12차 당 대회 보고에서는 중국공산당과 각 민주당파의 관계를 지도하는 근본 방침을 제기했다. 이 근본 방침은 "장기적으로 공존하고, 서로 감독하며, 서로 진심으로 대하고, 영욕을 함께 해야 한다(長共存, 互相監督, 肝膽相照, 榮辱與共)"는 것이다. 이 "16자 방침"은 마오쩌동이 제기한 "8자 방침"을 발전시킨 것이다. 1989년 12월 중공중앙은 「중국공산당이 영도하는 다당합작과 정치협상제도를 견지하고 보완하는 데에 관한 의견」을 제정하여 "중국공산당은 사회주의사업의 영도핵심이며 집권당"이라고 명확히 밝혔다. 여러 민주당파는 "중국공산당의 영도를 받고, 중국공산당과 힘을 합쳐

협력하며, 사회주의사업을 위해 함께 힘쓰는 친밀한 우의당이자 참정당(參政黨, 야당)"이다. '집권당'과 '참정당'의 관계에 대해 청쓰웨이(成思危) 중국민주건국회 중앙위원회 전 주석이 다음과 같이 비유했다. "한 합창단 내부에는 남성부도 있어야 하고 여성부도 있어야 하며, 고음부도 있어야 하고 저음부도 있어야 하며, 가수도 있어야 하고 지휘자도 있어야 한다. 그래야만 아름다운 노래를 부를 수 있다. 그렇지 않으면 잡음이 되고 말 것이다. 중국공산당과 여러 민주당파의 관계는 합창단 내부의 관계와 같다. 여러 민주당파는 가수이고 중국공산당은 지휘자이다. 그렇지 않으면 중국처럼 큰 나라가 모래알처럼 산산이 흩어지고 말 것이다.[38]

중국경제사회와 정치민주가 발전함에 따라 중국공산당은 갈수록 정치협상을 중시하여 정치협상을 과학적이고 민주적인 의사결정을 실시하는 중요한 부분으로, 당의 집권능력을 제고시키는 중요한 경로로 간주하고 있다. 1991년 3월 23일 장쩌민(江澤民)이 제7기 전국인민대표대회 제4차 회의와 전국인민정치협상회의 제7기 제4차 회의 당원 책임자 회의에서 발표한 연설에서 "중국의 사회주의 민주에는 선거민주와 협상민주 두 가지 중요한 형태가 있다."라고 지적했다. 그는 다음과 같이 말했다. "인민이 선거·투표를 통해 권리를 행사하는 것과 인민 내부의 여러 방면이 선거·투표에 앞서 충분히 협상을 통해 공통성을 띤 문제에 대해 가능한 한 의견 일치를 이루는 것은 중국

---

38) 판웨(潘躍), 『「중국의 정당제도」 백서와 관련하여 중앙통일전선사업부 뉴스대변인이 기자의 질문에 답변』, 『인민일보』 2007년 11월 17일자.

사회주의 민주의 두 가지 중요한 형태이다. 이는 서양의 민주와는 비할 바도 없는 것이며, 또 그들이 이해할 수 없는 것이다. 두 가지 형태는 한 가지 형태보다 낫고, 더구나 사회주의사회에서 인민의 주인 권리를 더 진실하게 구현할 수 있는 것이다."[39] 1993년 3월 중국민주건국회 중앙위원회의 제안에 따라 중국공산당 중앙위원회가 전국인민대표대회에 제청하여 토론을 거쳐 제8기 전국인민대표대회 제1차 회의에서 채택된 헌법개정안에서 "중국공산당이 영도하는 다당합작과 정치협상제도가 장기적으로 존재하고 발전할 것"이라는 내용이 헌법 서문에 포함되면서 전국 인민이 공동으로 의지하는 제도가 되었다.

21세기에 들어선 후 정치적 실천과 이론적 혁신의 추진 하에 정치 협상은 민주의 길에서 한층 더 비약적으로 발전했다. 협상민주는 중국 정치 사전에 새롭게 추가된 새로운 단어가 되었다. 2006년 중공중앙이 반포한 「인민 정협 업무를 강화하는 데에 관한 의견」에서는 "인민이 선거와 투표를 통해 권리를 행사하는 것과 인민 내부 여러 방면이 중대한 결정에 앞서 충분히 협상하여 가능한 한 공통성을 띤 문제에서 의견일치를 이루는 것은 우리나라 사회주의민주의 두 가지 중요한 형태이다."라고 재차 명확히 지적했다. 2007년 10월 17차 당 대회에서는 "정치협상을 의사결정 절차에 포함시켜야 한다."라는 요구를 명확히 제시했다. 2007년 11월 「중국의 정당제도」 백서에서는 처음으로 "선거민주와 협상민주"라는 개념을 정식으로 제기했다. "선거민

---

39) 중공중앙 문헌연구실 편찬, 『장쩌민, 중국 특색의 사회주의에 대해 논함』 (주제 발췌 편집), 중앙 문헌출판사, 2002년판, 347쪽.

주와 협상민주를 결합시키는 것은 중국사회주의 민주의 일대 특징이다.""선거민주와 협상민주를 결합시켜 사회주의 민주의 깊이와 폭을 넓혔다."[40] 2011년 중공중앙은 '협상민주'라는 개념을 중판(中辦)11호 문건에 기입했다. 2012년 중국공산당 제18차 전국대표대회에서는 "사회주의 협상민주제도 보완" 관련 개혁임무를 명확히 제시하면서 "협상민주의 중요한 수단으로서의 인민 정협의 역할을 충분히 발휘해야 한다."라는 내용을 처음으로 보고서에 써넣었다. 이는 중국 정치민주의 발전과정에서 획기적인 상징이다. 중국공산당 제18기 중앙위원회 제3차 전체회의에서는 "협상민주는 우리나라 사회주의 민주정치 특유의 형태이자 독특한 장점이며 정치영역에서 당의 대중노선의 중요한 구현"이라고 재차 명확히 했다.[41]

인민정협이 진정으로 협상민주의 중요한 플랫폼 역할을 발휘하려면, 전국정치협상회의의 솔선수범이 필요하다. 제11기 전국정치협상회의에서는 이를 위해 많은 노력과 시도를 했다. 5년간 상무위원회 주제 학습강좌 12차, 베이징위원 학습보고회 11차, 전국정협위원 학습연구토론반과 정협 간부 양성반 총 37기 개최했고, 인민정협의 협상민주 실천을 적극 전개했으며, 전체회의·상무위원회의·주석회의 등 기존의 협상 형태를 보완하고, 주제별협상·유별(界別)협상·부문별협상·제안처리협상 등 협상플랫폼을 혁신하여 5년간 총 420여 차에

---

40) 국무원 뉴스판공실: 『중국의 정당제도』(백서), 2007년 11월 15일.

41) 「개혁을 전면적으로 심화하는 데에 대한 몇 가지 중대한 문제 관련 중공중앙의 결정」, 인민출판사 2013년판, 29쪽.

이르는 다양한 유형의 협상활동을 전개했고, 각 지역 정치협상규정의 제정에서 성공적인 방법을 총결하고 보급했으며, 협상의제를 과학적으로 확정하고 협상절차를 효과적으로 규범화했으며, 성과의 실용화를 추진하여 협상의 질을 높였다. 제11기 정치협상회의 기간에 정협위원, 정협의 여러 참가단위 및 정협의 여러 전문위원회는 경제와 사회발전 중 중대한 문제와 대중의 실제 이익과 관련되는 실제적인 문제를 둘러싸고 총 2만 8,930건의 제안을 제출했으며 그중 2만 6,699건이 입안되었다. 그중 위원의 제안이 2만 5,114건이고, 8개 민주당파 중앙위원회와 전국상공업연합회의 제안이 1,347건이며, 인민단체의 제안이 26건이고, 유별 및 소조의 제안이 190건이며, 정협 전문위원회의 제안이 22건이다. 2013년 2월 20일까지 처리하여 회답한 제안이 2만 6,583건으로 회답률은 99.57%에 달했다.[42]

협상민주의 성과는 국가의 관련 정책 결정, 발전계획 또는 부서의 업무에서 구현되었으며, 경제의 안정적이고 빠른 발전, 민생의 개선과 사회의 조화로움에서 구현되었다. 이에 근거하여 2013년 11월 중국공산당 제18기 중앙위원회 제3차 전체회의에서는 한 걸음 더 나아가 "협상민주의 광범위하고 다차원적이며 제도화된 발전을 추진할 것"을 제기했다. '광범위'·'다차원'·'제도화' 등 이처럼 세밀하게 협상민주에 대해 규정한 것은 중국정치의 민주적 발전과정에 있어서 획기적인 지표라 할 수 있다.

---

42) 완강(萬鋼), 「중국인민정치협상회의 전국위원회 상무위원회의 제안업무상황 관련 보고 정협 제12기 전국위원회 제1차 회의에서 (2013년 3월 3일)」, 「인민일보」 2013년 3월 13일자.

'광범위'·'다차원'·'제도화'로써 협상민주의 발전을 추진하는 과정에서 매우 중요한 한 가지는 중국공산당이 영도하는 다당 합작과 정치협상제도를 중요한 지주로 삼는 것이다. 중국의 정치에 관심을 가지는 많은 사람들이 모두 이러한 세부적인 사실을 발견했을 것이다. 즉, 매번 중공중앙이 중대한 정책을 결정하기에 앞서 언제나 먼저 민주당파와 협상하고 먼저 인민정협에서 협상한다는 사실이다. 이는 업무상의 관행이자 전통의 계승이다. 저우언라이는 우리 "의사 결정의 특징 중 하나가 바로 회의에 앞서 여러 방면으로 협상과 준비를 거쳐 모두가 사전에 의논하여 결정할 사항에 대해 미리 인식하고 이해하도록 한 뒤 회의에 교부하여 의논하고 결정하여 공동 합의를 이루는 것"이라고 강조한 바 있다.[43]

무슨 일이든 좋게 의논할 수 있고, 여러 사람의 일은 여러 사람이 의논하여 해결할 수 있다. 통계에 따르면 2002년 11월 16차 당 대회가 열려서부터 2012년 4월까지 중공중앙과 국무원 및 관련 부서에 위탁하여 개최한 민주협상회의·좌담회·상황통보회의가 총 189차례에 이르며, 회의 내용은 정치·경제·사회 발전의 중대한 문제를 다루었다.[44] 중공중앙은 「당의 집권 능력 건설을 강화하는 데 관한 중공중앙의 결정」, 「사회주의의 조화로운 사회를 구축하는데서의 몇 가지 중대한 문제에 관한 중공중앙의 결정」 등 많은 중요한 문건의 의견에 대한

43) 『저우언라이 통일전선문집』, 인민출판사, 1984년판, 129쪽.
44) 퉁이(佟一), 「중국공산당 제16차 전국대표대회 이래 우리나라 다당 합작 관련 이론·정책 및 실천」, 『중공중앙당학교 학보』, 2012년 제4기.

수렴안, 전국인민대표대회·전국정치협상회의의 지도자 인선, 헌법 개정 및 입법·반국가분열법·감독법·물권법 등 여러 법률문건의 초안, 「중화인민공화국 국민경제 및 사회발전 제12차 5개년 계획 요강」 등 국민경제와 사회발전의 중장기계획, 사회주의 새 농촌건설·국가금융체제개혁·위생(보건)체제개혁 및 교육체제개혁 등 국가경제와 국민생활에 관계되는 중대한 문제에 대해 여러 민주당파와 무소속인사들의 제안에 귀를 기울였으며, 그중 많은 제안이 중공중앙과 국무원 및 관련 부서에 의해 채택되었다.

18차 당 대회 개최 이래, 시진핑 동지를 핵심으로 하는 당 중앙은 협상민주의 발전에 대해깊은 관심을 기울였다. 2013년 2월 28일 시진핑 총서기는 중공중앙에서 개최한 민주협상회의에서 발표한 연설을 통해 다음과 같이 지적했다. "여러 민주당파 중앙위원회와 전국상공업연합회 책임자, 그리고 무소속 대표인사들을 초청하여 국가기관 지도자 인선을 포함한 국가 정치생활에서 중대한 문제에 대해 협상하는 것은 다당합작과 정치협상제도의 내적 요구이자 우리나라 사회주의 민주의 구체적인 구현이며, 또 우리 당의 훌륭한 전통과 일관된 방식이다. 이 자리에 계신 여러 동지들은 다년간 우리 당과 긴밀히 합작하면서 적극적으로 의견을 내놓고 책략을 내놓으면서 우리 당의 업무와 국가의 제반 사업의 발전에 많은 정확하고 투철한 견해를 내놓았다." 2014년 9월 중국인민정치협상회의 창설 65주년 경축대회에서 발표한 연설에서 시진핑 총서기는 "사회주의 협상민주는 중국사회주의 민주정치 특유의 형태이자 독특한 장점이며, 정치 분야에서 중국공산당 대중노선의 중요한 구현"이라고 재차 강조하여 지적했다. 중국사회주의제도 하에서 무슨 일이든 좋게 의논하고, 여러 사람의 일은 여러 사람이 상의하여 전 사회의 염원과 요구의 최대 공약수를 찾아내는 것이 인민민주주의의 참뜻이다.

2015년 1월 중공중앙은 「사회주의 협상민주의 건설을 강화하는 데에 관한 의견」을 인쇄 발부하여 새로운 정세에서 정당협상·인민대표대회협상·정부협상·정치협상회의협상·인민단체협상·기층협상·사회조직협상 등을 전개하는 것에 대해 전면적으로 배치했다. 「사회주의 협상민주의 건설을 강화하는 데에 관한 의견」을 이행하기 위해 2015년 5월 「중국공산당 통일전선사업조례(시행)」가 정식으로 반포되고 실시되었다. 「조례」는 여러 민주당파가 "중국 특색의 사회주의 참정당"이라는 성격적 포지셔닝을 명확히 했다. 「조례」는 또 "민주당파의 기본 직책기능은 참정의정과 민주감독이며, 중국공산당이 영도하는 정치협상에 참가하는 것"이라고 밝혔다. 이로써 처음으로 "중국공산당이 영도하는 정치협상에 참가하는 것"을 민주당파의 기본 직책기능 중 하나로 확정함으로써 민주당파의 기존의 두 가지 직책기능을 3가지 기본 기능으로 확대시켰다. 2015년 10월 중공중앙 판공청이 「정당 협상을 강화하는 데에 관한 실시 의견」을 인쇄 발부하여 정당 협상에 대한 정의를 명확히 했다. 즉 정당 협상은 중국공산당이 민주당파에 함께 공동의 정치적 목표를 바탕으로 당과 국가의 중대한 방침·정책과 중요한 사무에 대해 정책을 결정하기 전과 정책을 결정 실시하는 과정에서 직접 정치협상을 진행하는 중요한 민주 형태라고 정의했다. 정당 협상과 관련해 시진핑 총서기는 "정당 협상을 전개함에 있어서 중국공산당과 여러 민주당파의 공동 노력이 필요하다"고 거듭 강조했다. 정당 협상에서는 중국공산당이 가장 중요한 책임을 진다. 민주당파는 정당 협상의 참여자, 실천자, 추진자로서의 정치적 책임을 진다. 시진핑 총서기는 격언 두 구절을 사용해 정당 협상에서 집권당과 참정당 각자의 역할을 형상적으로 표현했다. "'여러 사람의 의견을 겸허하게 공청하고 그 말이 귀에 거슬리든 듣기 좋든 옳은 의견이면 따라야 한다.(虛心公聽, 言無逆遜, 唯是之從)' 이는 집권당이 마땅히 갖춰야 하는 도량이다. '무릇 국사를 논함에 있어서는 옳고 그름에 근거하여 결정해야지 개인의 호불호에 따라 결정해서는 안 된다.(凡議國事, 惟論是非, 不徇好惡)' 이는 참정당이 마땅히 짊어져야 할 책임이다."

2017년 10월 19차 당 대회 보고에서는 한발 더 나아가 "장기적으로 공존하고, 서로 감독하며, 서로 진심으로 대하고, 영욕을 함께 하는(長共存, 互相監督, 肝膽相照, 榮辱與共) 원칙을 견지하고, 민주당파가 중국 특색의 사회주의 참정당의 요구에 따라 직능을 더 잘 이행할 수 있도록 지지해야 한다."고 지적했다. 2017년 말 여러 민주당파와 상공연합회가 잇달아 전국대표대회를 성공적으로 개최하고, 새 일대 지도부와 지도기관을 선출함으로써 다당합작사업의 원대한 발전에 새로운 활력을 주입했다.

2018년 2월 6일 시진핑 총서기는 당 외 인사들과 좌담하고 함께 춘제(春節, 음력설)를 맞이하는 자리에서 다음과 같이 강조했다. "중국 특색의 사회주의가 새로운 시대에 접어들었으니 다당 합작도 새로운 기상을 갖추어야 하고, 사상적 공감대가 새로운 차원으로 올라서야 하며, 맡은 바 직무를 다해야 하는 면에서 새로운 성과를 이루어야 한다. 참정당은 새로운 면모를 갖추고 광범위한 구성원들을 인도하여 중국공산당과 중국 특색의 사회주의에 대한 정치적 동질감을 증진시켜 새 시대의 다당 합작에서 왕성한 생기를 보여주어야 한다." "새로운 기상, 새로운 발전, 새로운 성과, 새로운 면모"를 "4가지 새로운"이라고 하며, 이는 새 시대 다당 합작제도의 발전과 민주당파 자체 건설의 새로운 요구로서, 다당 합작제도의 효능을 더 잘 발휘케 하기 위한 중요한 지침을 제공했다. 3월 4일 시진핑 총서기는 전국정치협상회의 제13기 제1차 회의에 참석한 중국민주동맹(民盟), 치공당(致公党), 무소속인사, 귀국화교연합계 위원들을 방문한 자리에서 중요한 연설을 했다. 그는 "중국공산당이 영도하는 다당 합작과 정치협상제도는 중국의 기본 정치제도로서 중국공산당·중국인민과 여러 민주당파·무소속인사들의 위대한 정치적 창조물이며, 중국 토양에서 생겨난 신형의 정당제도"라고 지적했다. 신형의 정당제도에는 중국공산당이 여러 민주당파와 무소속 인사들의 "생각을 한 곳으로 모으고, 지혜를 한데 모으며, 함께 힘쓸 수 있는" 키워드가 들어있고, 높은 이론적 자각과 확고한 제도적 자신감을 보여주고 있으며, 새 시대에 중국공산당이 영도하는 다당합작과 정치협상제도를 견지하고 보완하여 중국 특색이 있는 사회주의 참정당을 건설하는 방향을 명시해주었다.

(3) 민족구역자치제도를 견지하고 보완하다

중국공산당 제11기 중앙위원회 제3차 전체회의가 개최되고 어지러운 국면을 바로잡아 안정을 회복한 후, 당과 국가의 지도자들은 민족구역의 자치는 중국이 민족문제를 해결하는 기본 정책이라고 거듭 천명했다. 덩샤오핑은 "민족문제를 해결하기 위해 중국은 민족공화국연방제도를 취한 것이 아니라 민족구역자치제도를 채택했다. 우리는 이 제도가 중국의 상황에 맞는 좋은 제도라고 보고 있다."라고 말했다.[45]

어지러운 국면을 바로잡아 안정을 회복한 토대 위에서 1984년 5월, 제6기 전국인민대표대회 제2차 회의에서 「중화인민공화국 민족구역자치법」을 심의 채택했고, 같은 해 10월 1일부터 실행에 들어갔다. 「민족구역자치법」 서문에서는 "민족구역자치를 실행하는 것은 여러 민족 인민이 주인으로서의 권리행사를 적극적으로 발휘하여 평등·단결·공조의 사회주의 민족 관계를 발전시키고, 국가의 통일을 공고히 하며, 민족자치지방과 전국 사회주의 건설사업의 발전을 촉진시키는 데에 막대한 역할을 했다."고 강조했다. 그리고 앞으로도 계속하여 "민족구역자치제도를 견지하고 보완하여 국가의 사회주의 현대화 건설에서 이 제도가 더 큰 역할을 발휘할 수 있게 해야 한다."라고 지적했다. 이를 상징으로 하여 민족구역자치는 법제화의 궤도에 들어섰다. 실천은 발전하고 있고 인식 또한 심화되고 있다. 1997년 9월 15차 당 대회 보고에서는 민족구역자치제도를 견지하는 것과 보완하는 것

---

45) 『덩샤오핑문선』 제3권, 인민출판사 1993년판, 257쪽.

을 인민대표대회제도, 공산당이 영도하는 다당 합작 및 정치협상제도를 견지하고 보완하는 것과 함께 중국사회주의 민주제도의 3대 형식으로 표현하면서 사회주의 초급단계의 당의 기본 강령에 포함시켰다. 이는 장기간 중국이 실행해온 민족구역자치제도의 가장 주요한 경험에 대한 과학적인 종합으로서 민족구역자치제도가 중국 국가형태에서 차지하는 지위를 한층 부각시켰다. 1999년 9월에 열린 중앙민족사업회의 및 국무원 제3차 전국민족단결진보 표창대회에서 장쩌민 동지가 "민족구역자치는 우리나라의 기본정치제도이며, 국가의 집중 통일 영도와 소수민족집거구역의 구역자치를 긴밀히 결합시킨 것으로서 막강한 정치적 생명력을 갖추었다"며 "우리는 변함없이 견지하면서 꾸준히 보완해야 한다."[46]고 재차 강조했다.

개혁개방과 사회주의 현대화건설사업의 발전과 더불어 21세기에 들어선 후 2001년에 새로 개정한 「민족구역자치법」이 반포 실시되었다. 이 개정은 서부 대 개발 실시에 대한 요구를 실천하고, 사회주의 시장경제를 발전시키는 시대적 특색을 구현했으며, 민족자치지방에 대한 투입을 확대하고, 민족자치지방의 발전을 가속화하기 위한 몇 가지 새로운 규정을 수립했으며, 경제와 사회의 발전에 관한 내용을 늘리고, 민족자치지방의 자주권을 확대했으며, 지방에 관련 법률과 법규를 제정할 것을 요구한 등의 내용이 포함되었다. 이로써 민족구역자치제도를 더욱 보완하고 발전시켰으며, 서부대개발 전략의 실시와

---

46) 장쩌민, 「중앙민족업무회의 및 국무원 제3차 전국민족단결진보표창대회에서 한 연설」, 『인민일보』 1999년 9월 30일자.

여러 소수민족의 번영 및 샤오캉(小康)사회의 전면적 건설에 대해 모두 중요한 의의를 가갖게 되었다.

2005년 5월 중앙민족사업회의가 베이징에서 열렸다. 이는 21세기에 들어선 후 열린 첫 민족사업회의였다. 회의에서 후진타오 동지가 "민족구역자치는 당이 우리나라 민족문제를 해결함에 있어서 쌓은 기본으로 의심할 여지가 없다"며 "우리나라의 기본 정치제도로서 동요해서는 안 되며, 우리나라 사회주의의 정치적 장점으로 약화시켜서도 안 된다"고 지적했다. 사회주의 민족관계와 관련한 대회의 보고에서는 "평등·단결·공조" 이외에 '조화'라는 두 자를 추가했다. 이는 새로운 역사시기에 중국공산당이 시대와 더불어 발전하는 민족관계에 대해 깊이 파악하고 있음을 보여주었다. 이와 동시에 당 중앙은 제5차 시짱(西藏)사업좌담회·신장(新疆)사업좌담회·서부대개발사업회의를 열고 서부 민족지역 특히 시짱과 신장의 비약적 발전과 장기적 안정의 목표·임무·요구에 대해 배치했다. 제4차·제5차 전국민족단결진보 표창대회를 열어 여러 민족 간부와 대중들이 한마음 한뜻으로 샤오캉사회의 전면 건설을 위해 새로운 승리를 쟁취하고 중화민족의 위대한 부흥을 실현하는데 분투하도록 격려했다.

18차 당 대회 이래 시진핑 총서기는 민족 사업을 크게 중시하여 여러 차례 여러 장소에서 민족 사업을 잘해야 한다고 강조했다. 2013년 3월 전국 양회(兩會, 전국인민대표대회와 전국인민정치협상회의를 통틀어 일컬음) 기간, 제12기 전국인민대표대회 제1차 회의에서 시짱 대표단 심의에 참가하여 시진핑 총서기는 다음과 같이 지적했다. "시짱은 우리나라의 중요한 국가 안전 보호벽이자 생태 안전 보호벽으로서 당과 국가전략의 전반적인 국면에서 중요한 지위를 차지하고 있다. '나라를 다스리려면 반드시 국경지대를 잘 다스려야 하고, 국경지대를 잘 다스리려면 우선 시짱지역의 안정부터 수호해야 한다(治國必治邊, 治邊先穩藏.)"는 이 열 자는 치국(治國, 나라를 다스리는 것)·치변(治邊, 국경지대를 다스리는 것)·온장(溫藏, 시짱지역의 안정을 수호하는 것)의 내재적 관계에 대해 과학적으로 설명했고, 시짱의 발전과 안정을 촉진시키기 위한 몇 세대 중앙지도집단의 공동의 지혜를 모았으며, 시진핑 동지를 핵심으로 하는 당 중앙의 시짱 관리 방략의 창조적인 발전을 구현했다. 2015년 8월 중앙 제6차 시짱사업좌담회에서 시진핑 총서기는 당의 시짱 관리 방략을 "반드시 해야 할 6가지"로 개괄했다. 첫째는 반드시 중국공산당의 영도, 사회주의제도, 민족구역자치제도를 견지해야 한다. 둘째는 반드시 '치국필치변, 치변선온장'의 전략적 사상과 "법에 따라 시짱을 다스리고 인민이 부유한 삶을 살게 하며, 시짱을 진흥시키고 시짱을 장기적으로 건설하며, 민심을 모으고 기반을 튼튼히 다지는" 중요한 원칙을 견지해야 한다. 셋째는 반드시 시짱 사회의 주요 모순과 특수 모순을 확실하게 파악하여 민생을 개선하고 민심을 모으는 것을 경제와 사회 발전의 출발점과 입각점으로 삼아야 하며, 달라이집단과의 투쟁 방침과 정책을 확고부동하게 견지해야 한다. 넷째는 반드시 당의 민족정책과 종교정책을 전면적으로 정확하게 관철시키고, 민족단결을 강화하며, 위대한 조국, 중화민족, 중화문화, 중국공산당, 중국특색의 사회주의에 대한 여러 민족 대중들의 동질감을 꾸준히 증진시켜야 한다. 다섯째, 반드시 중앙의 관심과 전국의 지원을 시짱 여러 민족 간부와 대중들의 고군분투와 긴밀히 결부시켜 국내와 국제의 두 가지 큰 국면을 총괄하여 시짱에 대한 사업을 잘해나가야 한다. 여섯째, 반드시 각급 당 조직과 간부와 인재의 대오를 건설하는 일을 강화하여 시짱에서 당의 집권 기반을 공고히 다져야 한다. 이 "반드시 해야 할 6가지"는 시짱 사업의 규칙성에 대한 우리 당의 인식이 새로운 차원에 이르렀음을 말해주었다.

2014년 4월 시진핑 주석이 신장을 시찰하면서 "신장 사업의 착안점과 역점을 사회 안정과 장기적 안정에 두어야 한다."고 말했다. 2014년 5월 26일에 열린 중앙정치국회의와 5월 28일 열린 제2차 중앙 신장사업좌담회에서도 시진핑 주석은 "사회 안정과 장기적 안정이라는 전반적 목표를 중심으로" 제반 사업을 전개해야 한다고 강조했다.

2008년 라싸 '3·14'사건과 2009년 우루무치 '7·5'사건이 있은 뒤 일부 사람들은 이런 사건의 근원을 민족구역자치를 실시한 데서 찾는 등 모호하고 심지어 잘못된 인식까지 갖게 되었다. 2014년 9월에 열린 중앙민족사업회의에서 시진핑 총서기는 다음과 같이 지적했다. "민족구역자치제도는 우리나라의 기본정치제도의 하나이며, 중국 특색으로 민족문제를 해결하는 바른 길이고 제도적 보장이다. 이 제도를 소련모델라고 주장하는 사람도 있다. 지금도 국내에 그렇게 말하는 사람이 있고, 소련과 동유럽이 급변을 겪은 후 서양에서도 그렇게 말하는 사람이 있었다. 이런 주장은 사실과 부합하지 않는다. 중국의 격언으로 표현하면 '장가의 갓을 이가가 쓴 격'인 것이다. 어떤 사람은 민족구역자치제도를 실시하지 말자며 민족자치구를 다른 성·시와 같은 체제로 운영하여도 된다고 말한다. 그러나 이러한 견해는 옳지 않다. 정치적으로 해로운 것이다. 민족구역자치제도를 취소한다는 생각은 이제 끝내야 한다." 시진핑 총서기의 이 중요한 결론은 최종 결정을 낸 것이다. 시진핑 총서기는 다음과 같이 지적했다. "민족구역 자치는 당의 민족정책의 근원이다. 우리 민족정책은 모두 이를 원천으로 하며 이에 의지하여 존재한다. 이 근원이 바뀌면 뿌리가 흔들리게 되고 민족이론·민족정책·민족관계 등의 문제에서 도미노 효과가 생기게 된다. 민족구역자치는 어느 한 민족이 단독으로 누리는 자치가 아니며, 민족자치지방은 더욱이 어느 한 민족이 단독으로 향유하는 지역도 아니다." 그는 민족구역자치제도를 견지하고 보완하려면 "두 가지 결합"을 실행해야 한다고 강조했다. 첫째, 통일과 자치의 결합을 견지해야 하고, 둘째, 민족 요소와 지역 요소의 결합을 견지해야 한다. 중앙민족사업회의가 열린 지 얼마 안 되어 중공중앙과 국무원은 「새로운 형세에서 민족사업을 강화하고 개진하는 데에 관한 의견」을 인쇄 발부하여 새로운 형세에서 민족사업이 반드시 지켜야 할 중요한 방침과 주요 과업을 제시했다. 이에 대해 시진핑 총서기가 직접 나섰다. 2014년 설 전야에, 심산협곡에 위치한 윈난(雲南) 꽁산(貢山)의 더롱(獨龍)족과 누(怒)족 자치현의 간부와 대중들이 시진핑 총서기에게 편지를 써 현지의 경제사회 발전과 인민의 생활개선 상황에 대해 보고하고, 다년간 기대하던 까오리(高黎) 꽁산 더롱강(獨龍江)의지하도가 곧 개통된다는 소식을 전했다. 시진핑 총서기는 편지를 받자마자 "더룽족 마을 주민들에게 축하한다!"는 답장을 보냈다. 그는 더룽족 대중들이 "빈곤에서 벗어나 부유의 길로 향하는 발걸음에 더욱 박차를 가해 전국의 기타 형제 민족들과 함께 샤오캉생활을 누릴 수 있는 아름다운 꿈을 하루빨리 실현하길" 희망했다. 2015년 초 시진핑 총서기는 윈난을 시찰하는 빡빡한 일정 속에서 특별히 시간을 내어 편지를 쓴 5명의 간부와 대중, 2명의 더룽족 여성을 특별히 쿤밍(昆明)으로 초대하여 접견했다. 그들을 접견하는 자리에서 시진핑 총서기는 처음으로 "샤오캉사회를 전면적으로 실현하는 데 있어서 어느 한 민족도 빠져서는 안 된다!"라고 처음으로 제기했다. 꽁산현 더룽장향 대중들이 2018년에 빈곤에서 벗어났다는 소식을 들은 후 2019년 4월 10일 시진핑 총서기는 더룽장향 대중들에게 축하와 기대하는 마음을 담아 답장을 보냈다. "빈곤에서 벗어난 것은 단지 첫 걸음을 뗀 데 불과하며 앞으로 더 좋은 날이 올 것이다. 마을 주민들이 더욱 분발하여 일심협력으로 고향을 잘 건설하고, 국경을 잘 지켜나가면서 더룽족의 더 나은 아름다운 내일을 창조하기 위해 노력하기 바란다."라고 했다. 여러 민족 인민이 단합하여 샤오캉사회를 향해 나아가고 한마음 한뜻으로 함께 중국의 꿈을 이뤄야 한다. 2015년 9월 위정성(俞正聲) 전국 정협 주석이 인솔한 중앙 대표단이 시짱자치구 창립 50주년을 축하하여 증정한 편액에 시진핑 총서기가 "민족단결을 강화하고 아름다운 시짱을 건설하자"라고 제사(題詞)를 썼다. 2015년 10월 신장위구르자치구 창립 60주년을 축하하여 증정한 편액에 시진핑 총서기는 "아름다운 신장을 건설해 조국의 꿈을 함께 이루자"라고 제사했다. 중앙 대표단이 증정한 선물 중에 석류 모양의 "국태'류'방'존(國泰 '榴' 芳尊)이라는 글자가 유난히 눈에 띄는데 "여러 민족이 마치 석류 씨처럼 서로 단단히 껴안고 있다"는 의미를 나타낸다. 2017년 8월 중앙 대표단이 증정한 네이멍구(內蒙古)자치구 창립 70주년 축하 편액에는 "아름다운 네이멍구를 건설하여 위대한 중국의 꿈을 함께 이루자"라고 쓴 시진핑 총서기의 제사가 적혀 있다. 2018년 9월 왕양(汪洋) 전국 정협 주석이 인솔한 중앙 대표단이 증정한 닝샤(寧夏)회족자치구 창립 60주년 축하 편액에는 시진핑 총서기가 "아름다운 새 닝샤를 건설하여 위대한 중국의 꿈을 함께 이루자"라고 제사했다. 2018년 12월 광시(廣西)좡(壯)족자치구 창립 60주년을 맞이하여 시진핑 총서기는 축하 편액에 "웅장하고 아름다운 광시를 건설해 부흥의 꿈을 함께 이루자"라고 제사했다.

시진핑 동지를 핵심으로 하는 당 중앙의 강력한 지도와 민족단결의 기치 아래 여러 민족이 공동으로 발전하고 공동으로 번영하는 웅장하고 아름다운 화폭이 중국의 대지 위에서 서서히 펼쳐나가소 있는 것이다.

(4) 기층의 민주를 발전시키다

1980년대 중국 농촌에 천지개벽의 변화가 일어났다. 인민공사가 해산되고 향(鄕)·진(鎭)인민정부가 설립되었다. 이에 따라 인민공사 산하의 생산대대는 촌민위원회로 바뀌고 기존의 정사합일(政社合一, 인민공사[人民公社]를 가리킴, 즉 행정기관인 동시에 경제기관이기도 함)의 농촌관리체제가 타파되었다. 1982년 중국이 개정 반포한 「헌법」 제111조에는 "촌민위원회를 기층의 대중 자치조직"이라고 규정지었다. "촌민 자치"라는 표현은 여기서 나온 것이다.

실천이 발전함에 따라 특히 정치경제체제 개혁의 심화에 따라 촌민자치가 점차 규범화되고 제도화로 나아가기 시작했다. 1998년 11월 4일 제9기 전국인민대표대회 상무위원회 제5차 회의에서 「중화인민공화국 촌민위원회 조직법」이 개정되었고 이를 채택했다.(2010년 10월 28일 제11기 전국인민대표대회 상무위원회 제17차 회의에서 개정을 거침) 그 법률 규정에 따르면 "촌민위원회는 촌민 스스로 자기관리·자기교육·자기서비스를 실시하는 기층의 대중적 자치조직으로서 민주선거·민주결정·민주관리·민주감독을 실시한다. 촌민위원회는 본촌의 공공사무와 공익사업을 처리하고, 민간분쟁을 조정하며, 사회치안유지에 협조하고, 촌민의 의견·요구 및 제안을 인민정부에 반영한다. 촌민위원회는 촌민회의와 촌민대표회의에 책임지며 업무를 보고한다."라고 되어 있다. "촌민 자치"에서 "네 가지 민주"에 이르기까지, 당은 농민을 이끌고 중국의 국정에 알맞은 농촌 기층 민주정치 건설을 추진하는 방법을 찾았으며, 기층 대중 자치제도가 국가의 기본 정치제도로 될 수 있도록 추진하는 기반을 마련했다.

중국농촌에서 촌민자치의 실천은 또 국제사회의 눈길을 끌기도 했다. 2000년 1월 선거문제전문가와 언론계 인사들로 구성된 미국 카터 센터 대표단이 중국을 방문, 허뻬이(河北)성 딩싱(定興)현에 가서 꾸청

(固城)진 베이타이핑좡(北太平庄)촌 촌민위원회 선거 예비선거를 참관했다. 엄청나게 추운 날씨임에도 불구하고 1,400여 명의 선거인이 베이타이핑촌 소학교(초등학교)의 드넓은 운동장에 질서정연하게 앉아 있었다. 선거과정은 엄격하게 법정절차에 따라 진행되었다. 회의 투표에 참가한 인원수를 점검하고, 대회 예비선거 방법을 통해 총 감표인과 감표인, 호명인, 계표인 등 선거 업무인원을 선거했다. 1,000여 명의 선거인이 고개를 들고 전 선거과정을 지켜보면서 뜨거운 관심을 보였다. 보스턴대학 소속의 조지프 퓨스미스(Joseph Fewsmith)는 푸스쥐(博士卓)라는 중문 이름을 갖고 있다. 그는 또 하버드대학 페어뱅크(Fairbank)연구소의 중국연구 분야 전문가이기도 하다. 그는 중국연구 분야에서 활약이 크고 여러 차례 중국에 와서 회의도 하고 강연도 했지만, 실제로 중국농촌의 선거를 직접 참관하기는 이번이 처음이었다. 그는 직접 보는 것과 보지 않은 것은 크게 다르다고 주장했다. "일부 보완이 필요한 부분도 있지만, 중국농촌에서 이미 기층선거가 실시되고 있는 것을 보고 정말 큰 발전이라는 느낌을 받았다."고 말했다. 그는 "선거를 통해 백성들은 자치권리를 하게 되었고, 관리들을 감독할 권리도 갖게 되었으며, 게다가 절차에 있어서도 상당히 성숙한 정도에 이르렀다"며 "경제여건이며 풍속 등이 각기 다른 곳을 포함하여 더 많은 곳들을 실제로 다니며 돌아보면서 중국농촌 선거에 대한 인식을 넓혔으면 좋겠다."라고 말했다.[47]

물론 중국농촌의 촌민자치에도 일부 문제들이 존재한다는 사실을

---

47) 왕징(王京)·추이스신(崔士鑫), 「외국인이 본 중국 농촌 선거」, 『인민일보』 2000년 1월 26일자.

인정해야 한다. 예를 들면 선거과정에서 뇌물수수, 절차 위반 등의 문제가 객관적으로 존재하며 어떤 문제는 심지어 꽤 심각하다. 2011년 광동(廣東)성 루펑(陸豊)시에서 발생한 우칸(烏坎)사건이 바로 그중 한 예이다. 2011년 9월 21일과 11월 21일 광동성 루펑시 우칸촌 촌민들이 두 차례에 걸쳐 단체로 현지 지방정부를 찾아가 토지문제와 기층선거 문제에 대한 민원을 넣었다. 그 뒤 만족스러운 답변을 얻지 못하자 촌민들은 촌지부 서기를 쫓아내고 임시대표이사회를 설립하여 밀매된 토지를 '회수'하려 했다. 현지 정부의 부당한 처사로 인해 촌민과 현지 정부 간의 모순이 더욱 격화되었고 사태는 통제할 수 없을 지경까지 악화되었다. 현지 정부의 대응이 효과를 보지 못하게 되자 광동성위원회가 업무 전담팀을 만들어 곧바로 개입하고 나서야 사태가 어느 정도 수습되었다. 2012년 3월 우칸촌에서는 민주선거를 통해 새로운 촌민위원회를 선출했다.

이에 대해 2013년 3월 제12기 전국인민대표대회 제1차 회의에서 열린 기자회견에서 장리(姜力) 민정부 부부장이 "우칸촌의 민주선거는 경제적 이해문제와 관련이 있으며, 민주적으로 선거된 촌민위원회는 촌의 경제문제를 해결하는 데 도움이 되어야 한다."라고 밝혔다. 그는 "우칸촌의 민주선거는 우칸촌이 유일무이한 것이 아니라, 이미 우리나라 농촌의 광범위한 농민이 중국 특색의 사회주의 정치건설에 참여하는 가장 광범위한 실천 형식이 되었다."라고 덧붙였다. 장리 부부장은 "현재 우리나라 농촌에는 58만 9천 개에 이르는 촌민위원회가 있는데 그중 98% 이상이 직접 선거를 실시하고 있으며, 대다수 성에서는 지금까지 이미 8~9차례의 촌민위원회 임기교체선거를 진행했고 촌민들의 평균 선거 참가율이 95% 이상에 달하고 있다."라고 지적했다. "가장 최근 치른 촌민위원회 선거는 2011년에 시작되어 2013년에 끝나게 된다. 전국의 6억 명 농민이 직접 선거에 참가하게 된다. 이는 세계적으로 인원수가 가장 많은 직접선거이다. 민주선거는 이미 우리나라 농촌 기층 민주정치 건설의 중요한 내용이 되었다. 물론 그것이 내용의 전부는 아니다. 촌민 자치에는 또 민주적 정책 결정, 민주적 감독, 민주적 관리도 포함된다. 이 네 가지 민주가 모두 실현되면 중국농촌의 기층민주정치제도가 실현되는 것이다. 무릇 농민 대중 자체와 관련되는 일은, 예를 들어 택지의 조정, 농촌 토지도급의 교환 조정, 농촌의 중대한 공익사항의 확정 등과 같이 농민의 직접적인 이익에 관계되는 문제는 모두 농민들이 광범위하게 참여하여 토론 결정해야 한다. 촌 사무에 대한 공개와 민주적 관리는 일정한 형식을 정해야 하고 민주적 감독을 강화해야 하며 촌사무감독위원회, 촌민민주재정관리소조 건설을 강화하는 것을 통해 촌민의 자기 관리, 자기 교육, 자기 서비스를 실현해야 한다.[48]

장리 부부장이 말한 바와 같이 민주의 바람이 중국의 광범위한 농촌뿐만 아니라 많은 도시에도 불고 있으며 도시와 농촌 기층의 관리 패턴을 조용히 바꿔나가고 있다. 그중 저장(浙江)성 원링(溫嶺)시의 민주간담회는 이미 20년의 실천을 거쳐 뚜렷한 성과를 거두었다.

---

48) 「장리(姜力) 민정부 부부장, 중국 98% 이상 촌민위원회 직선, 우칸촌 민주선거 유일한 것 아냐」, 중국공산당신문망 2013년 3월 13일.

원링시의 "민주간담"은 1999년 6월에 시작되었다. 기층 민주정치 건설을 추진하여 간부와 대중 간 소통을 위하여 쏭먼(松門)진에서는 1999년 6월 25일에 솔선하여 첫 '민주간담' 활동을 개최했다. 150여 명 농민이 자발적으로 활동에 참가했으며, 진 당위원회와 정부의 관계자들은 농민들이 제기한 문제에 대하여 즉석에서 회답하고 약속했으며 해결했다. 또 당장 해결할 수 없는 문제들에 대해서도 설명을 해주었다. 그 한해에 이러한 간담이 쏭먼진에서 4차례나 열렸다. 1999년 말 원링시위원회는 쏭먼진의 방법을 즉시 종합하여 널리 보급하고 점차 제도화·규범화·절차화 했으며, 당의 영도를 견지하고 법에 따른 사무 처리를 견지했으며, 민주집중제를 견지하고 실효 중시 4원칙을 견지하여 기층 민주정치 건설이 정확한 방향을 따라 발전하도록 확보했다.[49]

2012년 6월 33명의 유럽 외교관이 저장성 원링시 신허(新河)진을 방문하여 민주간담회 현장을 참관했다. 그 간담회는 정부부서가 수십 명의 촌민 대표와 함께 옛 마을 철거개조방안에 대해 협상하는 회의였다. 스워보다(sworboda) 체코 외교관은 "원링의 방법은 민주 실현의 한 가지 수단으로서 현지 주민들이 그 방법을 받아들이고 환영하며 인정한다면 그것이 바로 좋은 방법인 것"이라고 말했다.[50] 신허진에서 민주간담의 의제 범위는 갈수록 넓어졌고 대중 참여도도 갈수

---

49) 「저장 원링(浙江溫嶺), 민주간담을 통해 대중의 목소리에 귀 기울인다」, 신화망(新華網) 2018년 6월 26일.
50) 리정(李拯), 「민주 실현의 '중국 방법'」, 『인민일보』 2012년 11월 1일자.

록 확대되었다. "대화형 민주간담, 의사결정형 민주간담, 참여성 예산 민주간담, 임금 단체협상의 네 가지 주요 유형이 형성되었다."라고 현지 관원이 소개했다. 2003년 원링시 신허진에서 중국 첫 임금협상 모델이 탄생했으며, 이 민주간담은 풍성한 성과를 거두었다. 2005년 신허진과 저궈(澤國)진에서 공공예산 민주간담 개혁을 시도하여 민주 간담의 제도화 경로를 모색하기 시작하면서 민주간담을 기층 인민대표대회체제에 도입시키려고 시도했다. 2008년 신허진의 참여성 예산 은 이미 구전한 절차와 광범위한 참여범위를 갖춘 일련의 시범모델을 형성했다. 원링시는 예산간담을 향·진급(級)에서 시급으로 격상시키고, 예산 수정안 제출 후 대표들이 토론하는 절차를 도입했다. "간담 참여→의견 제기→부서 피드백→예산 조정→실행→중간 간담→적정 조정" 이것이 바로 원링의 참여성 예산의 편성과 집행과정이다.[51] 비 공식 통계에 따르면 현재 원링시 전역에서 매년 평균 1,800차의 세미 나가 개최되는데 현지의 학교 건설, 촌민위원회의 재무수지, 촌 모습 등은 모두 간담회의 토론주제가 된다. 현재 "민주 간담" 활동이 원링 시의 진·사구(社區, 도시 구 아래의 행정단위)·촌거 지역주민사회·기 업 및 사업단위·사회단체 및 정부 여러 기능부처에서 보편적으로 전 개되고 있다.[52]

저장성의 원링뿐만 아니라 수도 베이징 차오양(朝陽)구 마이쯔뎬(麥

---

51) 스춘보(史春波), "흙에서 자라난 '민주 매개' "『첸장완바오(錢江晚報)』 2012년 12월 11일자.
52) "저장 원링(浙江溫嶺), 민주간담을 통해 민중의 목소리에 귀 기울인다", 신화망(新華網) 2018
   년 6월 26일.

子店) 사구의 원정회(問政會, 정부의 업무에 대해 자문하고 토론하는 회의)도 성과적으로 전개되어 도시 기층사회 관리의 본보기가 되었다. 그 사구(社區)는 동삼환(東三環)과 동사환(東四環) 사이에 위치하며 관할구역면적이 6.8㎢이고 5개의 주민위원회를 관할하고 있는데 30여 년의 발전을 거쳐 점차 종합적인 국제화 지역주민사회로 되었다. 고밀도의 종합적인 지역주민사회는 인원 구성이 복잡하고 이해관계가 다양한 점이 있는 어려움이 존재한다. 2012년부터 사구에서는 지역주민사회 관리에 대한 탐색을 적극 전개하면서 협상 민주의 이념을 도입, "지역주민 정무 자문 의논 협의회" 성격의 "민중에게 정사에 대해 묻는(문정우민, 問政于民)" 새로운 메커니즘을 수립하여 대중 대표 제안, 상호 변론 협상, 표결을 통한 의제 통과 등 방식으로 사구(社區)의 중점 사업 경비예산 등 중요한 문제를 해결하여 왔다.

'문정우민'이란 지역주민사회의 공공이익에 관계되는 사무에 대하여 광범위한 대중들과 협상하는 것을 가리키며, '문정(問政, 정사를 묻다)'이라고 약칭한다. 마이쯔뎬사구는 효과적인 협상, 과학적인 협상, 제도적인 협상의 원칙을 따르고 협상 전, 협상 중, 협상 후 이 세 중요한 단계를 중심으로 실제적이고 효과적인 협상 메커니즘을 종합 형성했다. '문정'은 "수요에 대해 묻는 것(問需)" "계략에 대해 묻는 것(問計)" "효과에 대해 묻는 것(問效)" 등 세 단계로 나뉜다. '문정'의 토대는 "수요에 대해 묻는 것"이다. 즉 가도 '초선협의회'를 통해 주민의 수요를 수렴하고 사업 안건을 형성하여 "무엇을 할 것인지?"에 대한 문제를 해결한다. '문정'의 핵심은 "계략에 대해 묻는 것"이다. 즉 정부가 주민의 진실한 수요를 수렴한 토대 위에서 자발적으로 대중 속으로 돌아가 주민들과 "어떻게 할 것인지"를 협의한다. '문정'의 관건은 "효과에 대해 묻는 것"이다. 즉 대중이 감독하는 메커니즘을 도입하여 매년 '문정'좌담회를 열어 의사대표가 전해의 실제 업무처리 상황에 대해 평가하고 점수를 매겨 대중의 의견이 심사평가 과정에서 진정으로 감독과 통제하는 역할을 제대로 발휘하도록 하고, 인민대중의 검증을 받는 것이다. 여러 주체의 과정 참여와 결과에 대한 감독을 통해 지역주민과 지역사회의 업무를 대중의 수요와 밀접히 결합시킨다. 이처럼 지역 주민사회 의사협의회의의 설립을 통해 지역주민사회의 의사플랫폼을 구축하고 여러 부류 주체가 지역주민사회의 실제 업무에 대한 제안·선별·논증·의사결정·감독에 참여할 수 있도록 이끌어 민주적 의사결정의 과학성과 민주 감독의 광범위성을 향상시켰고, 주민들의 자기 관리, 자기 서비스, 자기 감독의 적극성도 향상시켰다. 조직화 건설을 통해 지역주민사회의 여러 주체가 협상을 통해 문제를 해결할 수 있도록 충분히 동원하여 한편으로는 정부, 사회 단위, 사회단체, 주민이 공동으로 관리하는 목적을 실현하고 다른 한편으로는 당원 간부들이 그 과정에서 협상민주를 통해 사회 자원을 종합 이용하고, 대중을 동원하여 사회 건설에 참여하도록 하는 업무방법을 배울 수 있도록 함으로써 사회운영관리능력이 뚜렷이 제고되었다.[53] 2013년 11월 중국공산당 제18기 중앙위원회 제3차 전체회의에서

---

53) 베이징 시 시진핑신시대중국특색사회주의사상 연구센터,「협상민주의 독특한 우세를 살려 도시 기층 사회 운영관리를 추진해야」,『광명일보(光明日報)』 2018년 11월 28일자.

는 다양한 형태의 "기층 민주협상"과 "도시와 농촌 지역주민사회 운영관리"를 전개할 것을 제시했다. 2017년 10월 19차 당 대회에서는 한 걸음 더 나아가 "지역주민사회 운영관리체계 건설을 강화하고 사회관리의 중심을 기층으로 하향 이전시키는 것을 추진했으며, 사회조직의 역할을 발휘하여 정부의 국정운영과 사회조정, 주민자치의 양호한 상호 작용을 실현할 것"을 제시했다. 사구(社區)지역주민사회의 "주민 문정 의사협의회"를 플랫폼 매개로 하는 '문정'메커니즘의 구축을 통해 기층 협상민주의 경로를 탐색하고 도시와 농촌의 기층 관리모델을 바꾸고 있으며, 이에 따라 기층관리가 효율적이면서 활기찰 수 있도록 하여 "공동건설·공동관리·공동향유"의 사회 관리구도를 형성하여 국정운영체계와 국정운영능력의 현대화를 추진하는 데 있어서 중요한 현실적 의의가 있도록 했다.

"청산을 단단히 물고 놓아주지 않는다(입장이 확고하여 추호도 흔들리지 않는 정신을 비유적으로 이르는 말)"는 말처럼 70년간 중국 특색의 사회주의 민주정치의 발전은 갈수록 왕성한 생명력과 막강한 우월성을 보여주고 있다. 시진핑 총서기는 "세상에는 완전히 똑같은 정치제도가 존재하지 않으며 모든 나라에 다 적용되는 정치제도 모델도 존재하지 않는다. '천지간에 똑같은 사물이 없는 것은 자연의 이치이다.' 나라마다 국정이 서로 다르고, 나라마다 정치제도가 모두 독특하다. 그것은 그 나라의 국민이 결정하는 것이며, 모두 그 나라의 역사적 전승, 문화 전통, 경제 및 사회 발전을 토대로 장기적으로 발전하고 점진적으로 개선했으며 내생적으로 진화한 결과이다. 중국 특색의 사회주의 정치제도가 실행 가능하고 생명력이 있으며 효율적일 수 있는 이유는 바로 그 제도가 중국의 사회적 토양에서 생겨나고 성장해온 것이기 때문이다. 중국 특색의 사회주의 정치제도는 과거에도 그리고 지금도 중국의 사회적 토양에서 생겨나고 성장해오고 있으며, 앞으로도 계속 힘차게 성장해나가려면, 또 반드시 중국의 사회적 토양에 깊이 뿌리를 내려야 한다."[54] 중국 특색의 사회주의제도에 대한 자신감은 바로 여기에서 온다. 자신감이 있기 때문에 견지해나갈 수 있는 것이다. 2017년 19차 당 대회 보고에서는 새로운 시대에 중국 특색의 사회주의를 견지하고 발전시키는 것에 대한 기본 방략을 제시했는데 다음과 같이 명확히 제시했다. "반드시 중국 특색의 사회주의 정치발전의 길을 견지해야 하고 인민대표대회제도, 중국공산당이 영도하는 다당 합작과 정치협상제도, 민족구역자치제도, 기층 대중 자치제도를 견지하고 보완해야 하며, 가장 광범위한 애국 통일전선을 공고히 하고 발전시켜야 하며, 사회주의 협상민주를 발전시켜야 하고, 민주제도를 건전히 해야 하며, 민주형식을 다양화하고, 민주경로를 넓혀 인민이 주인으로서 권리를 행사하는 것을 국가 정치생활과 사회생활에서 실천할 수 있도록 보장해야 한다."

실천을 통한 발전은 끝이 없으며 제도의 보완은 끝이 없다. 시진핑 신시대 중국 특색의 사회주의사상을 지침으로 "중국 특색의 사회주의 정치발전의 길을 견지하는 기본 방략"은 필연적으로 인류 정치문명의 진보에 큰 기여를 하게 될 것이다!

---

54) 시진핑, 「전국인민대표대회 창설 60주년 대회에서의 연설」, 『인민일보』 2014년 9월 6일자.

2

현대화 경제체계를 건설하다

현대화 경제체계를 건설하다

　　신중국 창건 초기에는 경제적으로 만신창이가 된 난국을 물려받아 생산이 위축되고 교통이 정체되어 있었으며, 민생이 어렵고 실업자가 많은 상황이었다. 게다가 국민당 통치하에서 심각한 인플레이션으로 물가가 폭등하고 시장질서가 어지러웠으며, 투기가 창궐하는 실정이었다. 신중국 창건 초기 마오쩌둥은 "지금 우리는 무엇을 만들 수 있는가? 책상과 의자를 만들 수 있고, 찻잔과 주전자를 만들 수 있으며, 곡물을 재배할 수 있고, 또 밀을 갈아 밀가루도 만들 수 있으며, 종이도 만들 수 있다. 그러나 자동차 한 대도, 비행기 한 대도, 탱크 한 대도, 트랙터 한 대도 만 들 수 없다."라고 비통해하며 말했다. 이러한 마오쩌둥의 비통함은 진실된 내면의 발로였으며, 그때 당시 중국의 낙후한 경제적인 면모에 대한 진실한 표현이기도 했다.

　　70년 동안의 분발을 통해 중국은 "먹을 것조차 부족했던 빈곤한 나라"에서 지금은 세계 2위의 경제체가 되었다. 중국은 긴 시간 동안 가난과 쇠약함이 누적되어 만신창이였던 나라에서 오늘날에는 샤오캉사회의 전면적인 실현을 향해 매진하고 있다. 중국은 경제적으로 폐쇄적이엇던 국가에서 이제는 세계경제의 판도를 좌지우지하는 무시할 수 없는 나라로 발전했다. 2017년 국민 1인당 가처분소득이 2만 5,974위안(元)으로 세계 중·고등 소득수준 국가의 반열에 올랐다. 2012년 이래 세계경제발전에 대한 중국경제의 기여는 갈수록 커져가고 있으며, 어떤 해에는 이미 30%가 넘었다. 중국경제가 이처럼 거대한 성과를 이룩하고 이처럼 거대한 변화를 가져오리라고는 그때 당시 국민들은 예상조차하지 못했다.

국가의 공업화와 현대화의 기반을 다지다

신중국 창건 초기, 신민주주의 경제정책에 따라 중국사회에는 다섯 가지 경제적 요소가 존재하고 있었다. 즉 사회주의 성격의 국영경제, 반사회주의 성격의 합작사 경제, 농민과 수공업자의 개인경제, 개인 자본주의경제 및 국가 자본주의경제였다. 그중에서 사회주의 성격의 국영경제가 주도적 지위를 차지했다.

사회주의 성격의 국영 경제는 주로 중국에 있는 관료자본과 제국주의 자산을 몰수하는 형식을 통해 얻은 것이었다. 구(舊)중국에서 중국의 경제조직에는 매우 심각한 악성종양이 존재하고 있었는데 그것은 바로 관료자본이었다. 관료자본은 제국주의가 중국을 침략하면서 생긴 산물인데, 이들 자본은 국민당 통치시기에 전례 없는 발전을 했으며, 중국의 경제 명맥을 독점했었다. 1949년 해방 직전에 관료자본은 전국의 광공업과 교통운수업 고정자산의 80%를 소유했고, 철강 생산량의 90%, 전력의 67%, 석탄의 33%, 유색금속과 석유의 100%, 시멘트의 45%, 유산의 80%, 직기의 60%, 방추의 38%, 설탕의 90%를 독점했으며, 또 전국의 금융기관과 철도·도로·체신·항공운수·대외무역 및 문화 사업을 통제했다. 이밖에 제국주의 국가들은 불평등조약과 대외무역을 통해 중국에서 막대한 경제적 침략세력을 형성하고 있었다. 이 두 가지 경제 형태는 그때 당시 중국경제의 발전에 매우 불리한 요소였다.

신중국이 창건된 후 중국에 있는 관료자본과 제국주의 자본을 몰수하는 정책을 취했다. 관료자본과 제국주의가 구중국에서 나라의 주요 경제 명맥을 장악했었는데 그것들을 몰수함으로써 사회주의 국영경제는 국민경제 중의 절대다수를 근대화 대공업에 집중시켰고, 사회생산력 중의 가장 선진적이고 가장 강대한 부분을 통제하게 되었다. 이로써 사회주의 국영경제가 전례 없는 발전과 성장을 이루었을 뿐만 아니라 국민경제에서 국영경제의 지도적 지위를 수립하게 되었다. 국민경제의 회복과 발전의 기본 조건으로 당과 정부는 억만 농민을 이끌고 봉건토지제도를 폐지하는 토지개혁운동을 전개했다. 정책사상을 명확히 하고, 법률조례를 제정하고, 대중을 동원 조직하는 등 충분한 준비를 한 토대 위에서 1950년 겨울부터 역사상 전례 없는 규모의 토지개혁운동이 신해방구에서 지도적, 절차적, 단계적으로 전개되었다. 먼저 대중을 동원하고 계급을 나눈 다음, 토지와 재산을 몰수·징수·분배했으며 마지막으로 재조사와 생산 동원을 진행했다. 1952년 말까지 일부 소수민족지역과 대만성을 제외한 광범위한 신 해방구에 대한 토지개혁을 기본적으로 완수했다. 이로써 중국 봉건제도의 뿌리를 근본적으로 제거하여 농촌 생산력을 해방시키고 농민들의 생산 적극성을 크게 향상시켰으며, 농촌 경제의 대대적인 발전을 실현하여 중국사회주의 공업화를 점차 실시하기 위한 걸림돌을 제거했다.

이와 동시에 당과 정부가 영도하는 기타 제반 민주개혁도 전 사회적 범위에서 깊이 있게 전개되기 시작했다. 농촌에서 도시에 이르기까지, 광공업 기업에서 기관 학교에 이르기까지 전 사회의 면모에 큰 변화가 일어나 국민경제의 회복과 발전을 위한 양호한 대중적 토대와 사회적 환경이 마련되었다. 예를 들면, 광공업 기업의 민주개혁 과정에서 낡은 관료적 관리 기구와 노동자를 억압하는 여러 가지 제도를 폐지하고, 또 생산 개혁과 결부시켜 진행함으로써 민주 관리 제도가 수립되어 광범위한 노동자들이 주인이 되어 권리를 행사하고 생산을 잘해보려는 적극성을 동원했다. 각지의 광공업 기업들에서는 또 애국주의 노동경쟁 및 기타 제반 정치·경제·문화건설 사업을 보편적으로 전개하여 공업생산과 교통운수사업의 회복과 발전을 힘 있게 촉진시켰다.

온갖 풍상고초를 겪은 중국은 모든 것이 인민에게 돌아오자 무궁무진한 생기와 활력이 넘치기 시작했다. 구중국에서 압박과 착취에 시달리던 억만 인민이 신중국의 주인이 되었다. 나라의 주인이 되어 권리를 행사하게 되었으니 느낌이 다를 수밖에 없었다. 인민 자신이 스스로 자기 삶의 터전을 건설하게 되었으니 말이다. 당의 영도아래 전국 인민의 노력을 통해 단 3년 남짓한 기간에 전쟁으로 인해 입었던 상처가 기적처럼 치유되었다. 1952년 말에 이르러서는 해방 전에 심각하게 파괴되었던 국민경제가 전면적으로 회복되고 초보적인 발전을 가져왔다. 국민경제 회복이라는 과업을 성과적으로 완수하여 가장 어려운 시기를 넘겼고, 어지럽던 나라 국면을 다스려 도처에서 나날이 번영 발전하는 새로운 기상이 나타나게 되었다.

그러한 토대 위에서 중국공산당 중앙위원회는 사회주의로 전환하는 총체적 노선을 제기했다. 3년간의 개조를 거쳐 1956년에 이르러 생산수단의 사유제에 대한 사회주의 개조에서 결정적인 승리를 거둘 수 있었다. 농업과 수공업의 개인 소유제가 근로대중 집단 소유의 공유제로 바뀌었다. 자본주의 사유제가 국가 소유, 즉 전 국민 소유의 공유제(전민소유제, 全民所有制)로 바뀌었다. 게다가 다년간 계획적인 경제건설이 전면적으로 전개되면서 국영경제가 거족적인 발전을 이루었으며, 국민경제에서 전민소유제와 근로대중의 집단 소유제라는 두 가지 공유제 경제가 주체적 지위를 차지하기에 이르렀다. 개인 농업·수공업과 자본주의 상공업에 대한 사회주의 개조는 역사 발전의 추세와 공업화 건설을 가속화시키는 객관적인 수요에 부합했다. 수억 인구를 가진 중국에서 다양한 형태의 사회주의 공유제를 실현하는 이처럼 큰 사회 변화가 경제발전과 사회안정을 보장하는 상황에서 완성되었고, 인민대중의 지지를 받았다는 것은 너무나도 이루기 어려운 일을 실제로 이뤄낸 것이었다.

특히 자본주의 상공업에 대한 사회주의 개조는 국가가 거액의 몰수 비용을 유상으로 지불하지 않고, 상당한 시기동안 자본가가 계속 기업에서 일부의 이익배당금과 주식배당금을 받도록 하는 방법을 창조했는데, 이는 자본가들이 개조를 받아들이는데 유리할 뿐만 아니라 개인경영 상공업이 생산 확대, 유통 활성화, 고용 유지, 세수 증가 등 방면에서 계속 적극적인 역할을 발휘케 하는데도 유리했다. 당은 지주와 투쟁하던 방법으로 민족 자본가를 대하지 않았고, 계속 고정이자를 지불했으며, 사업을 배치해주고, 국가기관에서 그들 대표 인물들의 지위를 보장해주었다. 그랬기 때문에 민족자산계급의 대다수가 개조를 받아들일 수 있었던 것이다.

훗날 신중국 국가부주석의 자리에까지 오른 홍색자본가 롱이런(榮毅仁)도 그때 당시에는 망설였었다고 훗날 그는 회고했다. 자본가들의 의혹을 풀어주기 위하여 1955년 10월 27일과 29일 마오쩌동은 중난하이(中南海)에서 상공업계의 대표 인물들을 두 차례 회견하면서 담화했다. 두 차례의 담화에서 모두 민족자산계급 인사들에게 사회발전법칙을 똑바로 인식하고 자신의 운명을 걸고 사회주의 길로 나아갈 것을 격려했다. 같은 해 11월 1일 중화전국상공업연합회 제1기 집행위원회 제2차 회의 개막을 앞두고 마오쩌동은 상공업연합회회의에 참석한 집행위원들을 또 한 번 초청하여 좌담회를 가졌다. 마오쩌동은 민족상공업자들의 불안한 심리를 헤아려 사회발전법칙에 대해 이야기했다. 마오쩌동은 "개인의 전도와 국가의 전도를 한데 연결시키기만 하면 개인의 운명과 전도를 장악할 수 있으며 희망이 있다."고 하면서 "왜냐하면 우리나라는 사회주의국가로서 사회주의사업은 범위가 매우 광범위하고 또 나날이 발전할 것이기 때문"이라고 말했다. 그는 "'열다섯 개의 두레박으로 물을 길으니, 일곱 개는 올라오고 여

덮 개는 내려가는 격'으로 마음이 불안하여 안절부절 못해 할 것이 아니라, 두레박의 수량을 줄이고 양수기를 늘려야 한다"며 "전부 양수기로 교체하면 더 좋다" "그래야 발을 편히 뻗고 잠을 잘 수 있다"고 말했다.

마오쩌둥의 해학적이고 유머러스한 말은 룽이런의 마음에 와 닿았으며 지난날의 일들이 뇌리를 스치며 지나갔다고 했다. "구시대에도 우리 룽씨 집안은 자본력이 탄탄한 편이었으며, 사회적인 지명도도 높은 편이었다. 심지어 권력자들과도 친분이 두터웠다. 그런데 결과는 어떤가? 결국 일본 침략자의 손아귀에서 벗어나지 못하지 않았는가. 방적공장, 제분공장은 대부분 전쟁의 포화 속에서 망가져버렸다. 그리고 국민당의 반동 통치도 룽씨 기업과 룽씨 집안에 대해 마구 억압하고 착취했다. 이런 일들은 모두 추운 날 냉수를 마시는 느낌처럼 마음에 맺혀져 있다. 우리 룽씨 집안이 이러할진대 다른 민족상공업자들이라고 무슨 더 좋은 출로가 있었겠는가? 사실이 설명해주다시피 중국에서 자본주의 길은 식민지, 반식민지의 길을 가는 것일 수밖에 없다. 그 길은 진정으로 독립적이고 정직한 모든 중국 상공업자들에게 있어서 궁지에 빠져드는 길이다." 그리고 이제 "5개년 계획이 시작되었다. 전국적으로 많은 큰 공장들이 건설되고, 전국 각지에서 대규모의 건설이 진행되고 있으며, 모든 것이 꿈보다 더 빨리 실현되고 있다. 이 얼마나 고무적인 일인가! 공산당이 없었다면, 사회주의 길을 걷지 않았다면 어찌 오늘이 있을 수 있겠는가?" 룽이런의 말은 민족자본가에 대한 당의 단결과 개조 정책이 뚜렷한 효과를 거두었음을 생생하게 설명해주고 있다. 중국공산당은 사회주의 개조에 있어서 대다수 민족자본가의 협력을 이끌어냈으며, 이로써 오래 전에 마르크스와 레닌이 구상했던, 자산계급에 대한 유상 몰수를 순조롭게 실현해 낼 수 있었으며, 새로운 실천으로 과학적 사회주의 이론을 풍부히 했다. 사회주의 기본제도의 확립은 중국 역사상 가장 위대하고 가장 본질적인 사회적 변혁을 실현한 것이다. 이로써 민족 독립과 인민 해방의 성과를 공고히 했을 뿐만 아니라 당대 중국의 모든 발전과 진보를 위한 정치적 전제조건과 제도적 토대를 마련해놓았던 것이다.

중공중앙은 1953년에 과도시기의 총체적 노선을 제기함과 동시에 국민경제발전의 "제1차 5개년"계획을 실시하기 시작했다. 1953년 1월 1일 『인민일보』는 「1953년을 맞이하여 수행해야 할 위대한 과업」이라는 제목의 신년사를 발표했다. 사설은 다음과 같이 지적했다. "1953년은 우리나라가 대대적인 건설 단계에 들어간 첫 번째 해이며, 국가건설의 제1차 5개년('1.5') 계획을 수행하기 시작한 해이다. 국가건설에는 경제건설, 국방건설 및 문화건설이 포함되며, 모든 건설은 경제건설을 토대로 한다. 경제건설의 총체적 과업은 중국을 낙후한 농업국가로부터 강대한 공업국가로 점차 변화시키는 것이다.

그것은 열정으로 불타오르던 세월이었다. 건설자들은 뜨거운 열정을 안고 신중국의 건설에 뛰어들었으며 신중국 역사에서의 "첫 번째"를 하나씩 창조해 나갔다. 비행기·자동차·발전설비·중장비·신식선반·정밀계기·전해알루미늄(电解铝行)·이음매 없는 강관·합금강·플라스틱·무선전신 등의 공업은 이전에 중국에 없었던 것들이다. 그것은 모두 "1.5"계획 기간에 무에서 유를 창조하면서 건설된 것이다.

창춘(長春)제1자동차제조공장은 1953년에 건설하기 시작하여 1956년에 준공되어 생산이 가동되었으며, 신중국의 첫 제팡(解放)표 트럭을 제조했다. 1958년에 신중국의 첫 둥펑(東風)표 승용차와 첫 홍치(紅)표 고급승용차를 제조하면서 중국 자동차공업의 새로운 역사를 개척했다.

선양(沈陽)제1선반공장은 국가 156개 중점 건설 프로젝트의 하나로 소련의 선반 제조 및 관리 기술을 도입하여 전면적인 개축을 실시했다. 개축 후 공장은 자체로 연구개발을 거쳐 중국 첫 일반 선반 C620-1을 제조해냈으며, 연간 생산능력이 2,800대에 이르렀다.

선양비행기제조공장은 1951년에 창립된 후 국가의 발전과 더불어 중국 항공 역사에 빛나는 한 페이지를 창조했다. 중국 첫 제트 전투기, 중국 첫 초음속 전투기, 중국 첫 마하2 전투기, 중국 첫 자체 설계하여 연구제조한 고속 전투기, 중국 첫 제트 훈련기 등이 모두 이곳에서 만들어졌다.

안산(鞍山)철강회사, 1953년 제1차 5개년 계획 때부터 국가가 역량을 집중하여 안산철강회사를 건설하기 시작했다. 안산철강회사의 생산규모를 확대하여 대형 국유 연합 생산기업을 건설했다. 원래의 생산규모를 토대로 48개의 주요 프로젝트의 개조와 확장을 완수했다. 그중에는 대형 압연, 이음매 없는 강관, 용광로 등 3대의 프로젝트가 포함되었다. 1957년에 이르러 '1.5'계획이 완성된 뒤 안산철강은 전면적인 개조와 확장을 이루었으며, 생산 능력이 원래의 계획 지표를 초과했다. 안산철강은 명실상부한 중국 제1 대형철강기지가 되었으며, 조국의 강철도시로 불리게 되었다.

이밖에 '1.5'계획 기간 전국의 교통 운수업도 거족적인 발전을 이루었다. 1957년 말까지 전국 철도 개통 연장거리가 2만 9,862킬로미터에 달하여 1952년에 비해 22% 늘어났다. 바오청(寶成)철도(산시[陝西]성의 바오지[寶鷄]시에서 쓰촨[四川]성의 청두[成都]에 이르는 철도), 잉샤(鷹廈)철도(장시[江西]성의 잉탄[鷹潭]에서 푸젠[福建]성의 샤먼[廈門]에 이르는 철도)], 칭짱(青藏)도로(칭하이[青海]성 시닝[西寧]시에서 시짱[西藏]의 라싸[拉薩]시에 이르는 도로), 캉짱(康藏)도로(쓰촨성의 청두시에서 시짱의 라싸시에 이르는 도로), 우한(武漢)창장대교가 모두 건설 개통되었다. 특히 우한창장대교는 우창(武昌)의 서산(蛇山)과 한양(漢陽)의 구이산(龜山) 사이의 강 위에 건설되었는데, 중국이 만리 창장강 위에 건설한 첫 번째 대교였다. "만리 창장 제1대교"라 불릴 만큼 중국 교량의 역사에서 중요한 의미를 지닌다. 대교는 1955년 9월 1일에 착공하여 1957년 10월 15일에 완공되어 개통되었는데, 대교의 건설은 소련정부의 도움을 받았다. 마오쩌둥은 "대교가 남북을 이어놓으니 천험의 요새가 큰 길로 변했네."라는 훗날 사람들에게 널리 회자된 시구를 지어 우한 창장대교에 대해 찬미했다.

전체적으로 '1.5'계획 기간 동안 기본 건설 투자 총액은 550억 위안으로 원래의 계획 427억 4천만 위안의 15.3%를 초과했다. 5년 동안 신규 증가 고정자산이 460억 위안에 달했는데 이는 1952년 말 전국 고정자산 원래 가치의 1.9배에 해당하는 규모였다. 5년 동안 시공한 광공업 건설사업은 1만여 건에 이르며 그중 대·중형 사업이 921건으로서 계획에 규정된 사업보다 227건 늘어났다. 1957년 말까지 완공되어 전부 생산에 투입된 것이 428건이고 일부만 생산에 투입된 것이 109건이었다. 소련이 중국을 도와 건설한 156건의 건설 사업 중에서는 1957년 말까지 135건이 시공 건설에 들어갔으며 그중 68건이 전부 또는 일부 건설되어 생산에 투입되었다. 인민의 생활도 크게 개선되었는데, 1957년 전국 종업원 평균 임금이 637위안에 달하여 1952년에 비해 42.8% 늘었으며, 농민의 수입은 1952년에 비해 약 30% 늘어났다. 제1차 5개년 계획을 초과 완수함으로써 중국사회주의 공업화의 기반이 기본적인 마련되었고 인민의 생활수준이 향상되었으며, 사회주의제도의 우월성을 과시했을 뿐만 아니라 사회주의건설의 경험을 기본적으로 축적했다.

당은 중국 실정에 맞는 사회주의 길을 모색하는 과정에서 '대약진'과 '문화대혁명' 등의 시행착오를 겪었지만, 전반적으로 볼 때 거둔 성과는 매우 컸다. 1981년 중공중앙 제11기 제6차 전체회의에서 채택된「건국 이래 당의 몇 가지 역사문제에 관한 결의」에서는 다음과 같이 지적했다. "중화인민공화국 창건 이후의 중국공산당의 역사는 한마디로 말해서 우리 당이 마르크스 레닌주의, 마오쩌둥사상의 지도 아래 전국 여러 민족의 인민을 이끌고 사회주의혁명과 사회주의건설을 진행하고 거대한 성과를 이룩한 역사이다." 이는 그 시기 당 역사의 주된 역할에 대해 과학적으로 개괄한 것이다.

중국은 "취약하기 그지없는" 토대 위에 독립적이고 비교적 완전한 공업체계와 국민경제체계를 구축했다. '1.5'계획을 시작으로 국가는 소련의 지원으로 건설되는 156건의 중점 프로젝트, 694건의 대·중형 건설 프로젝트를 중심으로 대규모의 투자를 진행하여 일련의 비교적 완전한 분야별 기초 공업 프로젝트를 점차 완성하여 국민경제의 진 일보적 발전을 위한 튼튼한 기반을 마련했다. 국가 기본 건설 투자가 '1.5'계획시기부터 '4.5'계획시기까지 누적 4,956억 4,300만 위안에 달 했다. 철도·교통운수 등 인프라 건설 방면에서도 뚜렷한 진전을 이루 었다. 1964년에 시작된 3선(三線)건설을 통해 국방력을 강화했을 뿐만 아니라 공업 구도도 개선했다. 마오쩌둥 생전에 중국은 이미 자동차· 비행기·탱크·트랙터 등을 자체로 설계하고 양산할 수 있게 되었을 뿐 만 아니라, 원자탄·수소탄의 개발에 성공했으며, 중장거리 미사일과 인공위성의 시험제작과 발사에 성공했다. 이러한 발전은 전 세계를 깜짝 놀라게 했다. 이와 동시에 수리건설, 농토기본건설, 우량 품종 의 육성 및 보급, 과학적인 영농법 제창 등을 통해 식량 생산 수준과 자연재해 대처 능력을 크게 향상시켰다.

전반적으로 볼 때, 그 시기 중국의 경제발전속도는 상당히 빨랐다 고 할 수 있다. 1953년부터 1976년까지 국내총생산액은 연평균 5.9% 성장했는데 그중 공업은 연평균 11.1% 성장했다. 철강 생산량은 1949 년의 16만 톤에서 1976년의 2,046만 톤으로 발전했다. 발전량은 1949 년의 43억 킬로와트에서 1976년의 2,031억 킬로와트로 발전했다. 원 유는 1949년 12만 톤에서 1976년의 8,716만 톤으로 발전했다. 석탄은 1949년의 3,200만 톤에서 1976년의 4억 8,300만 톤으로 발전했다. 자동차는 1955년의 연간생산량 100대에서 1976년의 연간 생산량 13만 5,200대로 발전했다.

또 그 시기 인민의 물질생활과 문화생활수준이 점차 향상되었다. 그래서 1979년 9월 예젠잉(葉劍英)은 중화인민공화국 창립 30주년 경축대회 연설에서 "우리는 구중국이 남겨놓은 '취약하기 그지없는' 토대 위에서 독립적이고 비교적 완전한 공기업체계와 국민경제체계를 구축했다"고 자랑스럽게 선언했던 것이다. 그 시기에 이룩한 성과에 대해 덩샤오핑도 1979년에 "사회주의혁명을 통해 우리나라는 선진적인 자본주의국가와의 경제발전 면의 격차를 크게 줄였다. 비록 일부 시행착오를 겪기도 했지만, 우리는 30년 동안에 구중국이 수백 년, 수천 년 동안에도 이루지 못했던 진보를 이뤄냈다."고 분명하게 지적했다.[55] 이러한 진보는 중국공산당의 영도 아래서 이룩한 것이고, 전국 여러 민족 인민이 공동으로 분투하여 이룩한 것이며 사회주의제도의 거대한 우월성을 초보적으로 그러나 유력하게 과시한 것이다.

개혁개방 그리고 경제건설을 중심으로

노래 가사에 "우리는 동녘에 해가 솟아오름(東方紅)을 노래하네. 주인공의 자세로 일어섰다네. 우리는 봄날의 이야기를 하고 있다네. 개혁개방으로 부유해지기 시작했다네."라는 구절이 있다. '사인방(四人幫)'을 무너뜨린 후, 많은 간부와 대중들이 '문화대혁명'의 그릇된 이론과 실천을 바로잡아 중국의 사회주의 사업이 다시 바른 길을 걸을

---

55) 『덩샤오핑문선』 제2권, 인민출판사 1994년판, 167쪽.

수 있도록 할 것을 강력하게 요구했다. 이와 동시에 세계경제와 과학 기술의 급격한 발전과 변화도 중국에 뒤처지지 말고 들고일어나 따라 잡을 것을 요구했다. 이러한 정세에서 1978년 12월에 열린 중국공산 당 제11기 중앙위원회 제3차 전체회의는 신중국 창건 이래 당의 역사 에서 깊은 의의를 가지는 위대한 전환을 실현했고, 개혁개방과 사회 주의 현대화 건설의 새로운 시기를 열었다. 회의는 전 당의 업무 중 점을 사회주의 현대화 건설로 전향하기로 확정했다. 이는 중국이 '계 급투쟁 중심'에서 '경제건설 중심'으로, 경직·반경직 상태에서 전면적 개혁으로, 폐쇄와 반폐쇄 상태에서 대외개방으로의 역사적 전환을 실현했음을 상징한다.

경제체제 개혁은 제일 먼저 농촌에서부터 시작되었다. 중국 개혁의 첫 천둥소리는 안훼이(安徽)성 펑양(鳳陽)현 샤오깡(小崗)촌에서 제일 먼저 울렸다. 2016년 4월 25일 시진핑 총서기는 안훼이성 추쩌우(滁州)시 펑양현 샤오깡촌을 시찰하면서 "그때 당시 자신과 일가족의 목숨을 걸고 한 일이 중국 개혁의 첫 천둥소리가 되었고, 중국 개혁의 상징이 되었다"며 감개무량해했다.

시진핑 총서기가 말한 "자신과 일가족의 목숨을 걸고 한 일"이란 무슨 일이었을까? 화이허(淮河) 강변에 자리 잡은 샤오깡촌이라는 작은 촌락에서 이야기를 풀어나가기로 하자. 샤오깡촌은 1978년 이전 까지는 인구가 고작 20가구 115명밖에 되지 않았으며 "식량은 국가의 환매(還賣)에 의존하고, 돈이 필요하면 국가의 구제에 의존하며, 생산은 대출금에 의존하는" "3의존촌"으로 유명했다. 그때 당시 마을의 농가들은 거의 초가집에 살면서 해마다 추수가 끝나면 집집마다 처자식을 이끌고 외지로 나가 동냥을 해야만 했다.

1978년 샤오깡촌에 큰 가뭄이 들었다. 그해 11월 24일 당시 샤오깡촌 생산대 옌쥔창(嚴俊昌) 대장과 옌홍창(嚴鴻昌) 부대장, 옌리쉐(嚴立學) 회계가 전 생산대의 집에 남은 18가구의 가장을 옌 씨네 낡은 초가집으로 불러 모았다. 그들은 석유 등잔을 둘러싸고 앉아 비밀리에 밭을 나누어 가구를 단위로 단독으로 농사를 짓는 방법을 비밀리에 토론했다. 꼬깃꼬깃한 종이쪽지 위에 18명의 농민이 비장한 마음으로 빨간 손도장을 찍었다. 그 "생사계약서"의 내용은 아주 간단했다. "가구를 단위로 밭을 나누기로 하고, 매 가구의 가장이 싸인하고 도장을 찍는다. 이렇게 할 수 있다면 매 가구당 한 해 동안에 바쳐야할 세곡임무를 완수할 수 있게 될 것이며, 다시는 국가에 손을 벌려 구제금과 식량을 요구하지 않게 될 것이다. 만약 일이 제대로 성사되지 않을 경우, 간부들은 감옥에 가고 목이 날아가도 흔쾌히 받아들일 것이다. 그렇게 되면 여러 사원들도 우리 아이들을 18살이 될 때까지 돌봐준다고 보장하도록 한다." 그때 당시 긴장된 분위기 때문에 그 역사적 의미가 있는 "생사계약서"에 적힌 글자는 삐뚤빼뚤하게 쓰여진데다가 틀린 글자까지 있었다.

18명의 농민은 자신들이 굶주림에 시달리다 못해 작성한 그 "생사계약서"가 자신들도 모르는 사이에 중국 농촌 개혁의 첫 선언이 될 줄은 미처 생각지도 못했다. 1979년 4월 중공중앙은 「농업발전을 가속화시키는 데에 관한 결정」을 채택하고 농촌체제 개혁의 대문을 활짝 열었다. 그 후 얼마 안 되어 중국 전역에 농촌 개혁의 서막이 올랐으며, 그때부터 샤오깡촌은 중국 농촌 개혁의 제1촌으로 되었다. 1980년 5월 덩샤오핑이 가정 단위 농업생산 도급책임제에 대해 명확히 인정함에 따라 가정 단위 생산량 연동 도급책임제를 주요 내용으로 하는 농촌 개혁을 힘 있게 추진했다. 1980년 9월 중앙이 「농업생산책임제를 진일보 강화하고 보완하는 것에 관한 몇 가지 문제」를 인쇄 발부하여 생산대의 영도 하에 가정 단위 농업생산 도급책임제를 실시하는 것은 사회주의 궤도를 벗어나는 것이 아니라고 인정했다. 1982년부터 1984년까지 중앙은 3년 연속 "1호 문건"의 형식으로 가정 단위 생산량 도급과 가정 단위 생산 도급의 책임제에 대해 충분히 인정함과 동시에 정책적으로 적극 인도하여 가정 단위 생산량 도급책임제와 가정 단위 생산 도급책임제가 전국에 빠르고도 널리 보급되게 했다. 1983년 중앙과 국무원은 인민공사(人民公社)를 정부와 경제조직인 공사로 분리하여 향진(鄕鎭)정부를 설립하고 인민공사를 폐지하기로 결정했다. 실천이 증명하다시피 가정 단위 생산량 연동 도급책임제의 실시로 인해 중국의 광범위한 농민들은 충분한 경영자주권을 얻었고 이에 따라 농민의 적극성을 크게 불러일으켰으며 농촌생산력을 해방시키고 발전시킬 수 있었다.

도시의 경제체제 개혁은 농촌의 개혁보다 훨씬 더 복잡했다. 1979년 4월 중앙업무회의에서는 중국경제체제 개혁의 방향과 절차에 대하여 원칙적으로 규정했다. 회의에서는 최근 몇 년 내에 국민경제는 조정을 중심으로 하게 될 것이므로 도시개혁은 다만 국부적인 영역에서만 진행해야 하며 조사 연구를 하고 시행을 잘해야 한다고 명확히 결정했다. 개혁에서 기업의 자주권을 확대하는 것에 중점을 두어 기업의 활력을 증강시켜야 하며, 엄격한 경제채산을 실시하고 노동에 따른 분배 원칙을 잘 이행하여 기업의 경영실적을 종업원의 물질적 이익과 연결시키기로 했다. 중앙과 지방의 관리권한을 구분하고 중앙의 통일적인 영도 아래 지방 경제 관리의 적극성을 동원하기로 했다. 행정기구를 간소화하고 경제적 수단을 더 잘 적용하여 경제를 관리하기로 했다. 국민경제에서 계획경제를 위주로 하는 동시에 시장의 조정역할을 충분히 중시하기로 했다. 이번 회의정신을 지침으로 기업의 자주권 확대를 주요 내용으로 하는 도시경제체제 개혁을 점차 전개하기 시작했다.

1979년 5월 국가경제위원회 등 6개 부처는 수도철강회사·톈진(天津) 자전거공장·상하이(上海)디젤엔진공장 등 8개 기업을 선정하여 기업 자주권 확대 개혁을 시행했다. 같은 해 7월 국무원이 「국영 공업 기업의 경영관리 자주권을 확대하는 데에 관한 몇 가지 규정」「국영 기업 이윤 공제 적립을 실시하는 데에 관한 규정」「국영 공업 기업 고정 자산세 징수에 관한 잠정 규정」「국영 공업 기업의 고정자산 감가상각률 인상과 감가상각비용 사용 방법 개선에 관한 잠정 규정」「국영 공업 기업 유동자금 전액 신용대출 실시에 관한 잠정 규정」 등 5부의 문서를 인쇄 발부하여 개혁 지침으로 삼았으며, 일부 기업들을 더 선택하여 시행할 것을 지방과 부처에 요구했다. 1979년 말 전국 시행 기업이 4,200개소로 확대되었고, 1980년 6월에는 6,600개소로 늘어나 전국 예산 내 기업의 약 16%를 차지했으며, 생산액과 이윤이 각각 60%와 70% 정도를 차지했다.

기업의 자주권 확대 개혁은 전통적인 계획경제 체제에 돌파구를 열어 기업이 일부 자주적 계획 권한, 제품 판매권과 자금 사용권한, 그리고 일부 간부 임면권한 등을 가질 수 있게 했다. 개혁 결과 기업들이 국가의 지령적 계획에만 따라 생산을 전개하면서 시장의 수요를 파악하지 못하고 제품의 판로와 이윤 및 결손에는 관심을 두지 않던 상황을 기본적으로 바꿔놓았으며, 기업의 경영과 시장의식을 증강시켰다. 수도철강회사 퇴직 직원인 천성즈(陳生志) 씨는 1981년에 수도철강회사가 '이윤도급제'를 실시했다고 회고했다. 즉 당해 2억 7천만 위안의 이윤 완수를 보장하는 전제하에 초과된 이윤은 수도철강회사가 일정한 비율에 따라 자주적으로 분배 사용할 수 있도록 했다. 그해에 수도철강회사가 3억 1,649만 위안의 이윤을 창출했다. 1979년 6월 25일자 『인민일보(人民日報)』에는 50자 미만의 광고문이 실렸다. 쓰촨(四川)성에 위치한 닝장(寧江)선반공장이 광고문을 통해 "우리 이곳에서 선반을 팔고 있다"는 소식을 전 사회에 알린 것이다. 광고가 나가자 공장에 재고로 쌓여있던 선반이 신속히 인기 제품이 되었으며, 생산과 판매가 분리되었던 데서 양자 모두 만족스러운 결과를 얻을 수 있기에 이르렀다.

그 시기에 소유제 구조의 국부적인 개혁도 진행되기 시작했다. 과거에는 "일대이공"(一大二公, 인민공사가 첫째는 대규모, 둘째는 공유화 정도만을 추구하는 현상을 가리킴)만을 과도하게 추구하여 소유제 형태가 갈수록 단일해졌다. 이런 상황은 중국의 경제건설·노동취업·인민의 생활에 많은 어려움을 가져다주었다. 특히 천만 명이 넘는 지식청년들이 잇달아 도시로 돌아온 후 국영기업과 집체기업들이 그들을 전부 수용할 수 없는 상황에서 귀성 지식청년들의 취업문제가 불거지게 되었다. 1979년부터 당 중앙과 국무원은 도시(鎭)의 집체경제와 개인경제의 발전을 지원하는 과감한 방침을 채택하여 다양한 경제형태의 병존을 허용했다. 1980년 8월에 중앙은 전국노동취업업무회의를 열고 회의 후 「도시 노동취업을 진일보로 잘하자」는 회의 문건을 인쇄 발부했다. 도시의 취업문제를 해결하려면 반드시 노동부처의 소개에 의한 취업, 자발적 조직에 따른 취업, 자주적 직업 모색을 결합하는 방침에 따라야 한다고 명확하게 제시했다. 이름난 베이징 따완차 청년찻집(北京大碗茶靑年茶社)이 바로 이런 큰 배경에서 나타난 것이다. 1979년 5월 베이징 따짜란(大柵欄)가도(社區)판사처 공급판매조 인성시(尹盛喜) 조장이 20여 명의 귀성지식청년과 미취업청년의 취업문제를 해결하라는 임무를 받았다. 임무를 받은 인성시 조장은 걱정 투성이였다. 가도(社區)판사처 상황에서는 그렇게 많은 취업 수요자를 도무지 수용할 수 없었기 때문이었다. 인성시 조장은 오랜동안 첸먼(前門)가도판사처에서 근무했기 때문에 그 지역의 지형을 훤히 꿰고 있었다. 사급계생(事急計生. 사태가 급하면 좋은 계책이 생김)이라고 뾰족한 수는 아니었지만 마음이 조급해진 인성시 조장은 사람의 발길이 끊이지 않는 첸먼젠루(前門箭樓) 앞이 관광객은 넘치지만 잠깐 걸음을 멈추고 쉬면서 한담이라도 나눌 수 있는 찻집이 없다는 것에 생각이 미쳤다. 따완차(大碗茶, 큰 그릇 차)를 팔아보자는 생각이 인성시의 머릿속에 떠올랐다. 생각이 떠오르자 인성시는 바로 행동에 옮겼다. 그는 20여 명의 미취업청년과 귀성청년을 데리고 하룻밤 사이에 간이 차일 막을 치고, "청년찻집"이라고 이름을 짓고, 한 그릇에 2전(0.02위안)씩 받고 따완차를 팔기 시작했다. 찻집은 개업한 첫날 60위안이 넘는 매출을 올렸다. 그때 당시로서는 적지 않은 수입이었다. 그럼에도 개혁·개방이 막 걸음마를 떼기 시작한 그때 당시까지는 개인 경영을 하는 것이 여전히 체면이 깎이는 일로 간주될 때였다. 1979년 말까지 반년 넘게 힘겹게 쟁취하고 신청한 끝에 인성시는 마침내 "명함 석 장을 합쳐놓은 것 만한 크기의 영업허가증"을 받을 수 있었다. 그것도 임시 허가증이었고, 또 경영 범위는 찻물에 제한되었다. 그렇게 되어 인성시는 따완차 장사에 달라붙었다. 이는 그때 당시 국영경제 일색이던 상황에서 중대한 시작이었다. 그 후 집체경제와 개인 경제가 빠른 발전을 이루며 공유제를 주체로 하고, 다양한 소유제 경제 형태와 다양한 경영방식이 공존하며, 노동에 따른 분배를 주체로 하고, 다양한 분배 방식이 공존하는 구도가 점차 형성되었다. 비공유제경제에 대한 당의 인식도 점차 깊어졌다. 개혁개방의 실천 과정에서 중국의 사회주의건설을 어떻게 진행할 것인가에 대한 당의 인식이 한층 더 깊어졌다. 1982년 9월 1일 12차 당 대회가 베이징에서 성대히 개막되었다. 덩샤오핑은 개막사에서 "중국 특색의 사회주의를 건설하자"는 중대한 명제를 명확히 제시했다. 그 후 1984년 10월에 열린 중공중앙 제12기 제3차 전체회의는 「경제체제 개혁에 관한 결정」을 채택하고 신중국 창건 이래 특히 중공중앙 제11기 제3차 전체회의 이래 경제체제 개혁의 경험을 종합하고, 경제체제 개혁의 일련의 중대한 이론과 실천문제를 기초적으로 제기하고 천명했다. 「결정」의 중대한 이론적 공헌은 계획경제와 상품경제를 대립시키는 전통적인 관념을 타파하고, 중국의 사회주의 경제가 "공유제를 토대로 한 계획적인 상품경제"라는 관념을 제기한 것이며, 전면적 소유와 국가기관 직영 기업을 혼동하는 전통적인 관념을 타파하고 "소유권과 경영권을 적절히 분리시킬 수 있다"고 제시한 것이다. 이는 당이 계획과 시장의 관계문제에서 얻어낸 새로운 인식이다. 「결정」은 또 기업의 활력 증강, 사회주의 상품경제발전, 경제의 레버리지 역할 중시, 정부와 기업의 직책 분리, 경제기술교류 확대 등 일련의 중대한 문제에 대해 배치했다. 그 후 도시를 중점으로 하는 경제체제 개혁이 전면적으로 전개되었다.

개혁의 추진 및 중국경제의 발전주기가 상승단계에 처한 상황이 가세하여 1984년부터 1988년까지 5년간 중국경제는 가속 발전의 단계를 거쳤으며, 국가의 경제실력과 종합적 국력이 새로운 단계에 올라섰다. 5년간 국내총생산은 연평균 12.1% 성장했고, 창조한 공업총생산액은 6조여 억 위안에 달했다. 도시 주민의 1인당 가처분소득은 1983년의 564.6위안에서 1988년의 1180.2위안으로 늘어났고 농촌 주민의 1인당 순소득은 1983년의 309.8위안에서 1988년의 544.9위안으로 늘어났다. 주민소비 수준은 1983년의 1인당 315위안에서 1988년의 684위안으로 늘어났다. 도시와 농촌의 저축성 예금은 1983년의 892

억 9,000만 위안에서 1988년의 3,819억 1,000만 위안으로 늘어났다.

그러나 그 시기 중국의 경제발전에 문제가 없었던 것은 아니다. 게다가 1980년대 말에서 90년대 초 사이에 소련의 해체와 동유럽의 급변까지 겹쳐 세계 사회주의 진영에는 엄청난 곡절이 생겨났다. 이런 요소들은 모두 중국에 일정한 영향을 주었다. 사회주의의 미래에 대해 자신감이 부족한 사람이 있는가 하면 개혁개방에 대해 회의를 품고 성이 "자씨(자본주의를 가리킴)인가?" 아니면 "사씨(사회주의를 가리킴)인가?"라는 의문을 제기하는 사람도 있었다. 그리하여 당의 기본 노선을 흔들림 없이 따르고 기회를 포착하여 가속 발전을 이루어 개혁개방과 현대화건설을 계속 앞으로 밀고나갈 수 있을지 여부가 1990년대 중국의 발전과 진보에 영향을 주는 중대한 문제로 떠올랐다. 그 중요한 역사적 시점에 1992년 1월 18일부터 2월 21일까지 덩샤오핑이 우창(武昌)·선전(深圳)·주하이(珠海)·상하이(上海) 등 지역을 시찰하고 중요한 담화를 발표했다. 덩샤오핑의 남방 담화는 중공중앙 제11기 제3차 전체회의 이래의 실천과 모색, 기본 경험을 과학적으로 종합하고 장기적으로 사람들의 사상을 곤혹스럽게 하고 속박하여 온 많은 중대한 문제에 대해 이론적으로 깊이 있게 해답한 것으로서 개혁개방과 현대화건설을 새로운 단계로 끌어올린 또 하나의 사상해방과 실사구시의 선언서였다.

사회주의 시장경제체제를 구축하고 보완하다

1992년 10월 14차 당 대회가 베이징에서 열렸다. 14차 당 대회에서는 경제건설을 발전시키는 데 모든 심혈을 기울일 것을 요구함과 동시에 중국경제체제 개혁의 목표는 사회주의 시장경제체제를 구축하는 것이라고 명확히 제시했다. 중국의 경제체제 개혁에서 어떠한 목표와 모델을 확정하느냐 하는 것은 사회주의 현대화건설의 전 국면과 이어지는 중대한 문제이다. 그 문제의 핵심은 계획과 시장의 관계를 정확히 인식하고 처리하는 것이다. 사회주의제도와 시장경제를 결합시켜 사회주의 시장경제 체제를 구축하고 보완하는 것은 전례 없는 위대한 창조이고, 중국공산주의자들이 마르스주의를 크게 발전시킨 것이며, 사회주의발전사에서의 중대한 변곡점이기도 하다.

14차 당 대회에서 채택된 「사회주의 시장경제 체제를 수립하는 데에 관한 중대한 결정」에 따라 당 중앙과 국무원은 일련의 이에 상응하는 체제개혁과 정책조정을 실시했다. 1993년 11월 중공중앙 제14기 제3차 전체회의에서는 「사회주의 시장경제 체제 구축 관련 몇 가지 문제에 대한 중공중앙의 결정」을 심의 채택했다. 그 결정은 중국 개혁개방의 기본 경험을 종합하고, 시장경제가 발달한 나라들의 유익한 경험을 참고하여 개혁 실천과정에서 제기된 많은 중대한 문제에 대해 해답을 주었으며, 이론적·정책적으로 모두 새로운 국면을 가져왔다. 그 결정은 개혁을 계속 심화시키는 지도원칙과도 같은 문건이다. 사회주의 시장경제 체제를 수립하려면 현대 기업제도를 수립해야 한다. 그때 당시 막 시장에 진출한 국유기업은 갈수록 치열해지는 시장경쟁에서 힘에 부치는 모습을 보였다. 당시에는 합자기업·향진기업·민영기업이 빠르게 발전했고, 다양한 소유제 경제의 효과적인 경쟁이 형성되었다. 국유기업도 개혁을 진행했다. 도급경영책임제를 실시하여 계약형식을 통해 국가와 기업 간의 책임·권한·이익 관계를 확정했으며, 국가의 이익을 보장하는 전제하에서 기업경영자의 적극성을 효과적으로 동원하여 국유기업의 발전을 촉진시켰다. 그러나 그러한 제도적 배치는 국유기업의 소유권관계를 실제적으로 건드리지 못했으며, 국유기업 소유제 내부의 소유자가 상대적으로 유명무실한 근본적 폐단을 제거하지 못했다. 다라서 현대기업제도의 구축이 시급했다. 예를 들면 1998년에 3분의 2이상의 국유기업이 결손을 보았고, 전국 국유기업의 이윤을 합해도 213억 7,000만 위안밖에 안 되었다. 그래서 국유기업 개혁은 "가장 뜯어먹기 어려운 뼈(최대 난제라는 뜻)"로 불렸다.

그때 당시 곤경에 처했던 정경에 대해 회억할 때마다 이치(一, 중국 제1자동차그룹의 약칭)의 옛날 직원들은 감개무량함을 감추지 못한다. 자동차 공업의 원로 기업으로서, 이치는 중국 대형 국유기업과 계획경제의 본보기였었다. 최대의 공장 규모, 대량적 생산방식, 통일적인 업무 질서는 얼마나 많은 기업의 부러움을 자아냈었는지 모른다. 그때 당시 이치는 병원·초중고 학교·탁아소·유치원·공안국 등을 갖추고 있었다. 그래서 어떤 사람은 "화장터만 제외하고 없는 것이 없다"고 평가할 정도였다. 그럼에도 "공화국의 맏아들" 격인 이치는 무거운 짐 보따리를 끌며 발전의 길에서 휘청거리며 겨우 걸음을 옮겨놓고 있을 정도었다. 쉬러장(徐樂江) 바오깡(寶鋼)그룹 전 회장은 그때 당시 국유기업의 어려움을 깊이 체감했었다. 그는 "1993년 바오깡은 1인당 철강 생산량이 200톤이었는데 국제 수준은 600톤이었다"며 "과중한 인원 부담이 노동 생산성의 향상을 제약하고 있었다."라고 회고했다. 과중한 사회적 부담, 방대한 유휴인력, 경직된 체제, 낙후한 생산설비로 인해 국유기업 자체가 발전을 위한 메커니즘이 결여되어 있었을 뿐만 아니라, 효율 저하로 인해 시장에서 심지어 향진기업과 경쟁할 능력조차도 없었다.

중공중앙 제14기 제3차 전체회의에서 채택된 「사회주의 시장경제 체제 수립 관련 몇 가지 문제에 대한 결정」에서는 국유기업 개혁의 방향이 현대 기업제도를 수립하는 것이라고 제시했다. 1994년부터 "소유권을 분명하게, 권리와 책임을 명확하게, 정부와 기업 기능의 분리, 과학적 관리"의 요구에 따라 100개 기업에서 현대 기업제도의 시행을 추진하기 시작했다. 기업 대문에 걸려있던 "○○공장" "○○총공장" 등 간판들이 "○○유한책임회사" "○○주식유한회사" 등으로 점차 대체되었고, 기업의 지도층에 '이사' '이사장' '이사회 회장' '감사' 등의 새로운 명사들이 생겨났다. 바뀐 것은 명칭뿐만이 아니었다. 더욱 중요한 것은 내용이었다. 현대 기업제도의 수립을 통해 국유기업은 진정으로 자주적으로 경영하고, 손익을 스스로 책임지는 시장주체로 되었을 뿐만 아니라 더욱이 공유제와 시장경제를 유기적으로 결합시키는 구체적인 방법을 모색해냈다. 2000년에 이르러 국유 대·중형 기간기업 중 80% 이상이 현대 기업제도를 기본적으로 수립했다.

1998년 1월 23일 상하이 푸동(浦東)의 한 용광로 앞에서 12만 가락의 낙후한 면방추가 폐기처분되어 용광로에 들어갔다. 이때로부터 방추의 수를 줄여서 생산 규모를 줄이는 조치를 포함한 일련의 곤경 탈출 조치가 잇따라 실행되기 시작했다. 국유기업개혁의 곤경탈출 3년의 난관공략이 정식으로 막이 올랐다. 1999년 말부터 국유기업의 3년 개혁과 곤경탈출에 전환적인 변화가 나타났다. 2000년에 국유공업 및 국유지주 공업이 약 2,300억 위안의 이윤을 실현하여 1997년보다 1.85배 늘어났고, 14개 업종 중 개별적인 업종을 제외하고 전 업종이 이윤 창출을 실현했으며, 31개 성·자치구·직할시 모두가 계속 수익을 늘리거나 전체적으로 결손을 만회할 수 있게 될 전망이며, 6,599개에 이르던 대·중형 결손기업이 70% 줄어들었다. 국유기업 전체가 적자에서 흑자로 돌아섰으며 국유기업의 지속적이고 빠르며 건전한 발전을 위한 토대를 마련했다.

그러나 개혁과 경제발전의 가속화 과정에 일부 지방과 부처가 일방적으로 빠른 속도만 추구한데다가 동시에 낡은 거시적 조정체제가 점차 효력을 상실하고 새로운 조정체제가 아직 건전하지 못한 상황이어서 일부 새로운 문제들이 나타나는 결과가 초래되었다. 이러한 상황에서 당 중앙과 국무원은 불리한 요소들을 제거하고 과단성 있는 결정을 내려 1993년 7월에 거시적 조정을 강화하기 위한 16조항의 조치를 내와 국민경제의 건전한 운행을 이끄는데 힘을 기울였다. 3년 남짓한 동안의 노력을 거쳐 거시적 조정이 뚜렷한 성과를 거두었다. "연착륙"의 실현은 시장경제 조건 하에서 거시적 조정을 진행하는 데 경험을 축적했을 뿐만 아니라 국민경제의 지속적이고도 빠르며 건전한 발전을 위한 튼튼한 기반을 마련하여 국내외의 광범위한 찬양을 얻었다. 1997년 하반기 동남아국가들에 금융위기가 나타났고 아시아 전역과 세계 기타 지역으로 빠르게 퍼져나갔다. 그리하여 중국의 대외무역수출입도 하락세가 나타났으며 경제건설이 심각한 어려움에 직면하게 되었다. 그 충격에 대응하고자 1998년 초 당 중앙은 제때에 "확고한 신심을 가지고, 자신 있게, 미리 철저히 준비하고, 침착하게 대처하며, 불리한 것을 피하고 이로운 것을 이용하면서 애써 매진하는" 지침을 제시하여 득실을 따져 내수를 확대하고 적극적인 재정 및 통화정책을 실시하는 등 대응 조치를 취했다. 일련의 적극적인 대응 조치를 취함으로써 2000년에 이르러 국민경제는 중요한 변화를 맞이했으며 경제발전이 안정적으로 회복되기 시작했다. 주변의 많은 나라들이 이번 금융위기로 인해 경제가 쇠퇴하고, 통화가치가 폭락한 상황에서도 중국경제는 여전히 지속적인 성장세를 유지했으며 위안화를 평가절하하지 않겠다는 약속을 지켰다. 그리고 위기로 인해 심각한 영향을 받는 국가에 일정한 원조도 제공하여 이번 글로벌 금융위기의 영향을 완화하는데 적극 기여했다.

2002년 11월 16차 당 대회가 베이징에서 개최되었다. 16차 당 대회는 당이 새 세기에 개최한 첫 번째 전국대표대회였다. 14차 당 대회 이후 10여 년간의 분투와 모색을 거쳐 중국은 사회주의 시장경제 체제를 초보적으로 구축했고 사회생산력의 발전을 크게 촉진시켰다. 그러나 경제생활에는 여전히 구조가 불합리하고 분배관계가 정리되지 않았으며 농민의 소득증대가 더디고 취업모순이 두드러지며 자원과 환경의 압력이 커지고 경제의 전반적인 경쟁력이 강하지 못한 등 문제들이 존재하고 있었다. 이러한 문제들은 진일보적인 개혁과 체제의 보완을 거쳐 해결해나가야 했다. 16차 당 대회에서 제시한 사회주의 시장경제 체제의 보완에 대한 배치에 따라 2003년 10월 중공중앙 제16기 제3차 전체회의에서는 「사회주의 시장경제 체제의 보완 관련 몇 가지 문제에 대한 결정」을 채택했다. 「결정」은 새 세기에 사회주의 시장경제 체제를 보완하는 지도원칙과 같은 문건이었다.

중공중앙 제16기 제3차 전체회의 이후 중국의 경제체제 개혁은 중점 분야와 관건적 부분에서 안정적으로 추진했다. 기본 경제제도를 보완하는 방면에 있어서는 주로 공유제 경제를 공고히 하고 발전시켰는데 국유경제의 주도적 역할을 살리면서 비공유제 경제의 발전을 장려하고 지원했으며 이끌었다. 이를 위해 2003년 3월, 국무원은 국유자산감독관리위원회를 설립하여, 과거 정부가 직접 기업을 관리하던 기능을 바꿔 기관의 설치에서 정부와 기업의 기능을 분리시키고, 정부의 공공사무 관리기능과 국유자산관리소유자로서의 기능을 분리시켜 국유자산의 가치 보유 및 증식 책임이 이행되도록 보장했다. 그 후 중앙·성·시 3급 국유자산 감독관리 기관이 기본적으로 설립되고 국유자산 감독관리 법규체계가 점차 보완되었으며 출자자 재무 감독관리 체계가 기본적으로 형성되었다. 국유기업의 주식제 개혁에서 중대한 진전을 가져왔다. 개혁 후 국유기업의 수량은 다소 줄어들었지만 실력은 크게 증강되었다. 그 기간에 비공유제경제의 발전환경이 꾸준히 개선되었다. 2005년 2월, 국무원은 「개인경영 등 비공유제경제의 발전을 장려하고 지원하며 이끄는 데에 관한 몇 가지 의견」을 인쇄 발부했다. 그 후 관련 부처는 또 잇달아 40여 부의 관련 문건을 출범시켜 비공유제경제의 발전을 권장하는 일련의 법규와 정책을 형성했다. 이런 일련의 정책과 조치의 추진 하에 여러 가지 소유제경제가 모두 새로운 발전을 가져왔다. 2008년에 이르러 규모이상 공업 분야에서 국유기업 및 국유지주 공업기업이 전체 규모 이상, 공업 총생산액에서 차지하는 비중이 28.3%로 하락하고, 집체기업이 2.4%를 차지했으며, 비공유제기업 비중은 65.6%로 상승했다.

16차 당 대회 이후의 10년간 국제환경에 복잡다단한 풍운변화가 일어났다. 미국의 서브프라임모기지(비우량 주택 담보대출) 위기로 인한 국제금융위기가 전 세계를 휩쓸었고, 국내에는 중증급성호흡기증후군(SARS, 사스)·빙설재해·원촨(汶川)특대지진 등 자연재해와 중대한 시련이 잇따르면서 경제형세가 전례 없이 복잡해지고 거시적 조정의 어려움이 전례 없이 커졌다. 국내외의 복잡한 환경과 일련의 중대한 위험과 시련 앞에서 당 중앙은 전국 여러 민족 인민들을 단합·인솔하여 한마음 한뜻으로 분발 매진하면서 과학적인 발전을 견지했으며 정확하고 유력한 거시적 조정책을 실시하여 국민경제의 빠른 성장을 실현했다. 2003년부터 2011년까지 국내총생산은 실제로 연평균 10.7% 성장했다. 그중 6년간은 10% 이상의 성장률을 실현했다. 국제 금융위기의 충격이 가장 컸던 2009년에도 여전히 9.2%의 성장률을 실현했다. 그 시기의 연평균 성장률은 같은 시기 세계경제의 연평균 3.9% 성장률보다 훨씬 높았을 뿐만 아니라 개혁개방 이후의 9.9% 성장률보다도 높았다. 경제총량이 연속 새로운 단계로 뛰어올랐다.

2011년 중국 국내총생산이 47조 2,000억 위안에 달했는데 가격요소를 공제하면 2002년보다 1.5배 성장한 것이다. 경제총량의 세계 순위가 안정적으로 향상되었다. 2008년 국내총생산은 독일을 추월하여 세계 3위를 차지했고 2010년에는 일본을 추월하여 세계 2위를 차지함으로써 미국 버금가는 세계 2대 경제체로 부상했다. 중국경제 성장의 세계경제에 대한 기여도도 꾸준히 커졌다. 특히 2008년 하반기 국제 금융위기가 발생한 이래 세계 주요 경제체의 성장이 뚜렷이 둔화되었거나 심지어 쇠퇴에 직면했을 때에도 중국경제는 여전히 상당히 높은 성장을 유지했으며 가장 먼저 회복되면서 세계경제 회복을 이끄는 중요한 엔진이 되었다. 중국경제 총량이 세계에서 차지하는 비중은 2002년의 4.4%에서 2011년의 10% 좌우로 향상되어 세계경제의 성장에 대한 기여도가 20%를 넘게 되었다.

경제의 고품질 발전을 추진하다

2012년 11월 18차 당 대회가 베이징에서 열리고 시진핑이 중공중앙 총서기로 당선되었다. 18차 당 대회의 개최는 중국 특색의 사회주의가 신시대에 들어섰음을 상징한다. 신시대 중국경제발전의 기본 특징은 고속성장단계에서부터 고품질 발전단계로 전환한 것이다. 더 쉽게 말하면 고품질 발전은 바로 "유(有)냐 무(無)냐"에서 "호(好)냐 불호(不好)냐"로 바뀐 것이다. 고품질의 발전을 추진하는 것은 중국발전의 전체 국면에 중대한 현실적 의의와 깊은 역사적 의의가 있다.

고품질 발전을 추진하는 것은 경제의 지속적이고 건전한 발전을 유지하기 위한 필연적 수요이다. 과거에는 조방형 경제발전방식이 중국에서 매우 큰 역할을 발휘하여 중국경제발전의 발걸음을 가속화했었다. 그러나 지금 과거의 조방형 경제발전방식을 따르는 것은 국내 조건은 물론 국제 조건도 허락하지 않는다. 고품질 발전을 추진하는 것은 중국사회 주요 모순의 변화에 적응하기 위한 필연적 수요이다. 불균형적이고 불충분한 발전은 바로 발전의 질이 높지 못하다는 표현으로 그 주요 모순을 해결하려면 반드시 고품질 발전을 추진해야 한다. 이밖에 고품질 발전을 추진하는 것은 또 경제법칙에 따른 발전의 필연적 요구이다. 1960년대 이래 전 세계 100여 개 중등소득 경제체 중 10여 개만 고소득 경제체로 발전했다. 성공한 국가와 지역들은 고성장단계를 거쳐 경제발전의 양적 확장에서 질적 향상으로 전환을 실현했다.

경제의 고품질 발전을 실현하려면 경제발전의 뉴노멀(New Normal) 상태에 적응하고 뉴노멀 상태를 파악하고 이끌어야 한다. 시진핑 총서기는 "뉴노멀 상태에서 우리나라 경제발전의 주요 특징은 다음과 같다. 성장속도 면에서 고속에서 중고속으로 전환하고, 발전방식 면에서 '규모+속도'형에서 '품질+효율'형으로 전환하며, 경제의 구조조정 면에서 생산량 증가와 생산능력 확대를 위주로 하던 데서 저장량 조정, 생산량 증가와 품질 향상을 병행하는 방향으로 전환하고, 발전동력 면에서 자원과 저임 노동력 등 요소의 투입에 주로 의존하던 데로부터 혁신구동으로 전환해야 한다. 이런 변화는 우리나라 경제가 더 고차원적인 형태, 더 최적화한 분업, 더 합리적인 구조를 갖춘 단계로 진화하기 위해 반드시 거쳐야 할 과정이다."[56]

개혁개방초기 중국은 경제총량이 세계 11위였으나 2005년에는 프랑스를 추월하여 5위로 올라섰고 2006년에 영국을 추월하여 4위에 올라섰으며, 2007년에는 독일을 추월하여 3위에 올라섰다가 2009년에는 일본을 제치고 2위를 차지했다. 2010년 중국의 제조업 규모는 미국을 제치고 세계 1위를 차지했다. 중국은 수 십 년에 걸쳐 선진국들이 수 백 년 걸어온 발전과정을 완수하면서 세계의 기적을 창조했다.

그러나 경제총량이 끊임없이 늘어남에 따라 중국은 발전과정에서 일련의 새로운 상황과 새로운 문제에 봉착했다. 시진핑 총서기가 지적했다시피 "경제발전이 속도 전환의 변곡점에 이르렀다. 마치 한 사람이 10세부터 18세까지 키가 부쩍 자라고, 18세가 넘으면 키가 더디게 자라는 것과 같다. 경제발전이 구조조정의 시점에 직면하여 저급 산업의 생산능력 과잉을 집중적으로 소화하고, 중·고급 산업은 발전을 가속화해야 한다. 과거에 무엇을 생산하든 다 돈을 벌 수 있고, 얼마를 생산하든 다 팔리곤 하던 상황이 이제는 더 이상 존재하지 않게 되었다. 경제발전이 동력 전환의 시점에 직면하여 저비용 자원과 요소 투입으로 형성된 구동력이 뚜렷이 약화되었으며 경제성장은 더욱 많은 구동력의 혁신이 필요해졌다."[57]

이밖에 개혁개방 이후 중국이 대폭적인 발전을 이룬 중요한 특징의 하나가 바로 국제시장을 충분히 효과적으로 이용한 것이다. 저렴한

---

56) 『시진핑 국정운영을 말하다』 제2권, 외국문출판사 2017년판, 245쪽.
57) 『시진핑 국정운영을 말하다』 제2권, 외국문출판사 2017년판, 247쪽.

노동력 원가의 우위와 선진국 노동집약형산업의 대외 이전 기회를 토대로 한 대규모 수출과 외향형 발전이 중국경제 고속성장의 중요한 추동력으로 되었다. 1979년부터 2012년까지 중국은 상품수출이 20% 좌우의 연평균 성장률을 유지하면서 세기의 무역대국으로 빠르게 부상했다. 그러나 2008년 국제 금융위기가 발발하면서 서양국가의 황금 성장기가 끝나고 경제가 심층 조정시기에 진입함에 따라 유효 수요가 하락하고 재공업화(reindustrialization, 산업재생화) 제품의 본토 역류에 따른 수입 대체 효과가 증강되면서 중국 수출 수요의 성장을 둔화시키는 직접적인 결과를 초래했다. 이와 동시에 중국의 노동력 등 생산요소의 비용이 빠르게 상승하면서 아세안 등 신흥경제국과 기타 개발도상국이 노동력원가와 자연자원의 비교우위를 바탕으로 국제 분업에 적극 참여함에 따라 산업과 주문이 중국의 주변국으로 이전하는 추세가 뚜렷해져 중국의 수출 경쟁을 격화시켰다. 게다가 최근 몇 년간 무역 성장률이 뚜렷이 하락하여 4년 연속 세계경제 성장률보다 낮았다. 제2차 세계대전 종전 후 일부 세계무역 대국의 실천으로부터 볼 때 상품수출이 세계 총액에서 차지하는 비중이 10% 정도에 달하게 되면 변곡점이 나타나 성장률이 떨어지게 된다. 중국의 상품수출이 세계 총액에서 차지하는 비중은 2010년에 10%가 넘었고 2014년에는 12.3%에 달했다. 이는 중국의 수출 성장률이 변곡점에 이미 닿았음을 의미하며, 앞으로 수출 고성장과 국내총생산에서 수출이 차지하는 비중의 높은 수준을 유지할 가능성이 크지는 않다. 따라서 우리는 혁신에 의한 구동과 내수 확대에서 더 많은 경제성장의 동력을 얻어야 하며, 특히 소비수요의 확대에 중점을 두어야 한다.

뉴노멀 상태에서 어떻게 해야 할까? 시진핑 총서기는 다음과 같이 지적했다. "누군가 뉴노멀은 좋은 상태냐 아니면 나쁜 상태냐고 물었다. 이렇게 질문하는 방법은 비과학적이다. 뉴노멀은 객관적인 상태이다. 중국경제는 오늘의 단계에까지 발전한 뒤 필연적으로 나타나는 상태이며, 내재적인 필연성으로서 좋고 나쁨의 구분이 없다. 우리는 정세에 따라 계획하고 움직이며 앞으로 나아가야 한다." "뉴노멀은 하나의 광주리가 아니다. 모든 것을 그 하나의 광주리에 담으려고 해서는 안 된다. 뉴노멀은 주로 경제 영역에서 표현된다. 뉴노멀 개념을 남용하여 문화 뉴노멀이니 관광 뉴노멀이니 도시 관리 뉴노멀이니 따위의 '뉴노멀'을 많이 만들어내서는 안 된다. 그리고 심지어 일부 좋지 않은 현상도 뉴노멀로 귀결시키는 것은 바람직하지 않다." "뉴노멀은 피난처가 아니다. 하기가 어렵거나 잘하기 어려운 업무를 모두 뉴노멀에 귀결시켜서는 안 된다. 마치 뉴노멀에 떠넘기고 나면 해결하지 않아도 될 이유라도 생긴 것처럼……뉴노멀은 일을 하지 않는 것이 아니고, 발전하지 않는 것이 아니며, 국내총생산의 성장을 이루지 않는 것이 아니라 주관적 능동성을 더욱 잘 발휘함으로서 더욱 창조적으로 발전을 추진하는 것이다."[58]

공급 측 구조 개혁을 추진하는 것은 경제발전의 뉴노멀 상황을 파악하고 선도하는데 적응하기 위한 중대한 혁신이고, 국제금융위기가

---

58) 『시진핑 국정운영을 말하다』 제2권, 외국문출판사 2017년판, 249쪽.

발생한 후 종합 국력 경쟁의 새로운 형세에 적응하기 위한 주동적인 선택이며, 중국경제의 고품질 발전을 실현하도록 추진하기 위한 필연적인 수요이다. 시진핑 총서기는 "공급 측 구조개혁을 추진하는 것은 한 차례 난관공략전으로서 과감히 책임지고 꿋꿋이 정진하는 정신상태와 실제에 입각하여 착실하게 실행하는 업무 기풍으로 난관을 돌파해야 한다."고 강조했다. 공급 측 구조 개혁을 현재와 향후 한시기 경제발전과 경제업무를 추진하는 주선으로 삼아 발전방식을 전환하고 혁신동력을 육성하여 경제의 지속적이고 건전한 발전을 위한 새로운 엔진과 새로운 버팀목을 형성해야 한다.

경제의 뉴노멀 상태에서 철강업계 공급 측 구조개혁이 특히 중요해졌다. 십 수 년 동안 철강 생산량의 폭발적 성장을 거쳐 현재 전국 철강업계에는 보편적으로 생산능력 과잉 현상이 나타났으며, 업계의 구조조정이 시급한 상황이다. 중국의 최대 철강 생산 성(省)인 허뻬이(河北)성 철강업계가 직면한 문제가 특히 두드러졌다. 과잉생산능력 문제를 해소하는 난관공략전이 스자좡(石家庄)·장자커우(張家口)·친황다오(秦皇島)·탕산(唐山)·랑팡(廊坊)·바오딩(保定)·싱타이(邢臺)·한단(邯鄲) 8개 도시에서 동시에 펼쳐졌다.

2015년 말까지 허뻬이성은 누계 3,391만 톤의 제철, 4,106만 톤의 제강 과잉생산능력을 줄였다. "13.5"계획 기간 과잉생산능력 해소임무를 완수하기 위해 2016년 5월 성 정부는 관련 시·부서 및 기업과 과잉생산 능력 해소 목표에 대한 보증서를 체결하고 2017년과 2018년 2년과 "13.5"계획 시기의 목표임무를 명확히 했다. 그중에는 2016년

철강 생산능력 감축임무를 1,726만 톤과 1,422만 톤으로 늘리고 규정을 어기고 철강 생산설비를 신축하거나 폐쇄된 철강설비의 조업을 재개하는 것을 엄히 금지시키고, 이를 어길 시 당과 정부 총수의 책임을 추궁한다는 내용이 포함되었다.

철강으로 이름난 탕산시는 "표준에 따른 제한+차별정책+꼴찌 도태" 방법을 취해 효율이 낮은 생산설비의 퇴출을 가속 추진하고 폐쇄된 지 반년이 넘는 철강기업이 생산을 회복할 경우 엄격한 감독 관리를 실시했다. 한단 우안(武安)시는 철강생산설비 거래정책을 제정하여 생산능력 감축 임무를 매 기업에 분담시키고 철강 생산능력 1만 톤당 100만 위안의 기준에 따라 "철강 생산능력지표 교화 거래금"을 납부하도록 했다. 이에 따라 효율이 좋은 기업은 거래금을 상납하고 생산설비를 보류하고 효율이 낮은 기업은 용광로를 헐어 제거하는 대신 보상금을 받도록 하여 170만 톤 규모의 제철, 277만 톤 규모의 제강 생산설비 감축 임무를 완성했다. 랑팡시는 설비 폐쇄 중점 관리대상 기업에 대해 전기사용량을 계산하는 방법을 취해 전기사용량 한도 초과 현상이 발견되면 즉시 전기사용제한 조치를 취해 폐쇄 설비의 생산 회복을 확실히 금지시켰다.

이와 동시에 신흥 산업, 신흥 업종, 신흥 모델이 끊임없이 나타났다. 2016년 상반기 전 성 하이테크산업 증가치가 15.3% 성장하여 성장률이 동기 비해 3.8%포인트 상승했다. 인터넷·소프트웨어 정보기술 등 신흥 서비스업이 동기 비해 각각 89.2%, 39.8% 성장했고 온라인소비·레저관광 등 신흥 소비와 신흥 업종은 모두 30%이상의 성장률을 유지했다. 특히 탕산시는 신흥 산업 붐이 일어났다. 궈펑(國豊) 철강유한회사는 철강 생산 감축 임무를 완성함과 동시에 "철강밸리" 건설에 총력을 기울여 "인터넷+빅데이터+철강" 플랫폼 상업 운영 실물경제를 육성했다. 탕산 우주과학기술단지는 연구개발, 성과전환, 생산을 일체화한 그래핀 에너지저장 전지 산업화기지로서 연간 10억 암페어시 규모의 그래핀 에너지저장전지 생산 프로젝트가 이미 착공 건설되었다. 산업고도화를 가속화하고 전통 산업의 기술개진강도를 높여 전략적 신흥 산업과 현대서비스업을 적극 발전시켰다. 허뻬이성 통계국의 집계에 따르면 2016년 상반기, 허뻬이성 장비제조업의 증가치가 규모이상 공업에서 차지하는 비중이 25.3%로 확대되었는데 이는 철강업과 비슷한 수준이다. 이는 "철강업 1인자"가 산업 구조조정에서 획기적인 진전을 이루었음을 상징한다.

그러나 현재와 향후 한시기 동안 중국의 경제발전이 직면하게 될 문제는 공급과 수요 양측에 모두 존재하나 모순의 주요 측면은 공급측에 있다. 시진핑 총서기는 이에 대해 아주 명석한 인식과 실제 상황에 대한 투철한 이해를 가지고 있었다. 그는 다음과 같이 분명하게 지적했다. "우리나라는 일부 업종과 산업에서 생산능력 과잉현상이 심각하며 동시에 대량의 관건 장비·핵심기술·고급제품은 여전히 수입에 의존하고 있어 국내의 방대한 시장을 우리가 장악하지 못하고 있다. 또 예를 들면, 우리나라는 농업발전의 형세가 매우 양호하지만 일부 공급이 수요의 변화에 잘 적응하지 못하고 있다. 예를 들면 우유가 품질·신용 보장 면에서 소비자들의 요구를 만족시키지 못하고 있고 콩도 생산량이 크게 부족하며 옥수수는 생산량 증가가 수요의 증가를 초과하고 있고 농산물의 재고량도 너무 큰 실정이다. 또 예를 들면 우리나라의 일부 대량의 구매력을 지탱해주고 있는 소비 수요에 대한 국내의 효과적인 공급이 따라가지 못하고 있어 소비자들을 출국 쇼핑과 '하이타오(海陶, 해외 직구)'에 큰돈을 쓰고 있는 실정이다. 구입 상품은 주얼리·명품가방과 명품 시계·명품 의류·화장품 등 사치품으로부터 전기밥솥·변기 뚜껑·분유·젖병 등 일반 일용품에까지 확대되고 있다. 2014년 우리나라 주민의 출국 여행 지출이 위안화로 1조 위안이 넘은 것으로 추산되고 있다."[59] 이로부터 중국은 수요가 부족한 것이 아니라 실제 상황은 수요가 바뀐 것이며 이에 반해 공급 제품에는 변화가 없고 품질과 서비스가 따라가지 못하고 있음을 설명한다.

형세의 변화에 따라 중국의 일부 기업들은 어려움을 극복하고 시장의 변화에 능동적으로 순응하면서 공급 측 구조개혁을 추진하는 방면에서 성공적인 탐색을 해왔다. 시진핑 총서기는 이에 대해 매우 깊이 알고 있다. 그는 2016년 초에 있던 한 연설에서 다음과 같이 지적했다. "몇 년 전 중국 시장에서 다양한 종류의 휴대폰이 서로 경쟁하는 국면이 나타났다. 모토로라·노키아 등 해외 브랜드가 있는가 하면 국내 제조업체가 생산한 휴대폰도 있었다. 치열한 경쟁을 거치는 과정에서 일부 기업들이 파산되기도 했다. 이러한 상황에서 우리나라의 일부 기업들은 생산 분야에서 착수하여 자주적 혁신 원칙을

59) 『시진핑 국정운영을 말하다』 제2권, 외국문출판사 2017년판, 253쪽.

견지하고 고급제품시장을 겨냥하여 고급 스마트폰을 출시하여 더욱 다양한 기능, 더욱 빠른 속도, 더욱 뚜렷한 화질, 더욱 세련된 외관에 대한 사람들의 요구를 만족시키면서 국내외 시장 점유율이 꾸준히 상승했다. 세계 휴대전화 시장 경쟁도 치열하여 한때 유명했던 모토로라·노키아·에릭슨 등 휴대전화가 이제는 쇠퇴해버린 실정이다. 원단(元旦, 양력설)이 지난 후 충칭(重慶)에 있는 한 회사를 둘러보았는데 그들이 생산하는 박막 트랜지스터 액정 모니터가 바로 공급 측 개혁의 성공 사례이다. 최근 몇 년간 충칭 노트북 등 스마트 단말기 제품과 자주적 브랜드 자동차산업도 빠르게 성장하여 세계 최대 전자정보산업 클러스터와 국내 최대 자동차산업 클러스터를 형성했으며, 전 세계 노트북 3대 중 1대는 충칭에서 제조되고 있는 실정이다. 이는 시장을 겨냥하여 공급 측 개혁을 추진한다면 산업고도화의 길을 충분히 개척할 수 있음을 설명한다."[60]

18차 당 대회 이래, 중국공산당은 경제의 뉴노멀에 대해 깊이 인식한 토대 위에서 공급 측 구조개혁을 대대적으로 추진한 결과 뚜렷한 성과를 거두었다. 산업구조로 볼 때 서비스업의 비중이 지속적으로 향상되고 있다. 국가통계국의 데이터에 따르면 2013년 서비스업 부가가치비중이 처음으로 2차 산업을 초월하여 국민경제의 최대 산업으로 부상했다. 2016년에는 그 비중이 2012년보다 6.3% 상승한 51.6%로 상승하여 "절반(半壁江山)"을 받쳐주고 있다. 수요구조로 보면 소비가 경제성장의 주요 추동력이 되었다. 통계에 따르면 2013년부터 2016년

---

60) 『시진핑 국정운영을 말하다』 제2권, 외국문출판사 2017년판, 254~255쪽.

까지 최종 소비지출의 경제성장에 대한 연간 기여도가 55%로 총자본형성보다 8.5%포인트 높았다. 도시와 농촌 구조로부터 볼 때 신형의 도시화(성진화, 城鎭化)가 착실하게 추진되었다. 2016년 말 상주인구 도시화 율이 57.35%로 2012년 말보다 4.78%포인트 상승했고 연평균 1.2%포인트 상승했다. 공간 구도를 보면, "3대 전략"을 깊이 있게 실시하고 "4대 분야"를 총괄 추진하여 새로운 성장극과 성장지대가 점차 형성되고 있으며, 지역발전의 새로운 동력에너지와 하이라이트가 끊임없이 나타나고 있다.

닝지저(寧吉喆) 국가발전개혁위원회 부주임 겸 국가통계국 국장은 다음과 같이 지적했다. "18차 당 대회 이래, 여러 지역 여러 부서가 경제발전 뉴노멀의 요구에 따라 산업구조를 대대적으로 개선하고 수요구조를 꾸준히 개선했으며 도시화를 적극 추진하고 지역 간 균형발전을 촉진하는데 힘써왔다. 이에 따라 중국의 경제구조가 빠르게 조정되고 발전방식전환과 산업고도화가 양호한 추세를 보였으며 경제발전이 중·고급 수준으로 매진하고 있다."

이에 따라 중국경제는 뉴노멀 상태에서 고품질발전을 이루었다. 5년 동안 중국경제는 중·고속 성장을 유지했다. 국가통계국의 데이터에 따르면 2013년부터 2016년까지 중국 GDP는 연평균 7.2% 성장해 동시기 세계 성장률 2.5%와 개발도상경제국(경제체) 평균 성장률 4%를 웃돌았다. 지난 5년간 중국은 취업과 물가 형세가 안정을 유지해 왔다. 통계에 따르면 2013년부터 2016년까지 도시 신규 취업자 수가 4년 연속 1,300만 명 이상을 유지했고, 31개 대도시의 도시 실사 실업률을 기본상 5% 정도로 안정시켰다. 이와 동시에 물가상승세가 완만하여 2013년부터 2016년까지 주민소비가격이 연평균 2% 상승했다. 5년간 중국 국제영향력이 뚜렷이 제고되었다. 2016년, 중국 GDP가 세계경제총량에서 차지하는 비중은 15%로 2012년에 비해 3%포인트 이상 상승했으며 세계 2위를 유지했다. 2013년부터 2016년까지 세계경제 성장에 대한 중국의 평균 기여도가 30% 이상에 달하여 미국·유로존·일본의 기여도 총 합계를 초월하여 세계 1위를 차지했다. 싱즈홍(邢志宏) 국가통계국 대변인이 말했다시피 "18차 당 대회가 열린 후 5년 동안 국제와 국내 정세의 큰 변화에 직면한 중국은 새로운 발전이념을 확고히 수립하고 관철하여 경제발전의 뉴노멀 상태에 적응하고 기회를 파악하고 이끌어 개척하고 혁신하며 앞으로 정진했다. 중국은 경제와 사회 발전에서 새로운 찬란한 성과를 거두었고, 샤오캉 사회를 전면 건설하는 결승전에서 새로운 중대한 승리를 이룩했다."

새 시대에 중국경제의 고품질 발전을 이루기 위해서는 "두 가지 확고부동"한 원칙을 견지하는 것이 중요한 초석이다. 개혁개방의 역사를 돌이켜보면 우리가 공유제를 주체로 하고 다양한 소유제 경제가 공동으로 발전하는 기본 경제제도를 견지하고 보완하여 공유제 경제와 비공유제 경제가 서로를 촉진시키고 공동으로 발전하도록 추진했기 때문에 중국경제 발전을 촉진시켜 세계가 주목하는 성과를 거둘 수 있었던 것이다. 특히 민영경제는 개혁개방 이후 꾸준히 발전하고 장대해져 중국경제의 발전에 거대한 기여를 했다. 민영경제에 관한 일부 잘못된 언론에 대해 시진핑 총서기는 "민영경제의 역사적 공헌은 마멸할 수 없고, 민영경제의 지위와 역할은 의심할 여지가 없다. 민영경제를 부정하고 약화시키는 그 어떤 언론이나 처사도 모두 잘못된 것이다." 라고 지적했다. 새로운 시대에 들어서서 "두 가지 확고부동"한 원칙을 견지하는 것은 중국경제의 고품질 발전을 실현하기 위한 필연적인 요구이다.

중공중앙 제18기 제3차 전체회의에서는 "공유제경제와 비공유제경제는 모두 사회주의시장경제의 중요한 구성부분"이라고 명확히 지적했다. 그리고 19차 당 대회 보고에서 "공유제경제를 확고부동하게 공고히 하고 발전시키며, 비공유제경제의 발전을 확고부동하게 장려하고 지지하며 이끌어야 한다."라고 재차 강조했다. 2018년 9월 시진핑 총서기가 랴오닝(遼寧)성을 시찰하면서 잇달아 국유기업 한 곳과 민영기업 한 곳을 각각 방문했다. 시찰 과정에 그는 "공유제경제를 확고부동하게 발전시키고 민영경제의 발전을 확고부동하게 장려하고 지지하며 이끌고 보호해야 한다."라고 재차 강조했다. 시진핑 총서기가 "두 가지 확고부동"한 방침에 대해 재차 강조한 것은 큰 의미가 있다. 이는 기본 경제제도를 견지해야 한다는 중국공산당의 관점이 명확하고 일관적이며 단 한 번도 동요한 적이 없이 꾸준히 심화하고 있음을 보여준다. 공유제경제를 부정하려고 하거나 또는 비공유제경제를 부정하려는 그 어떤 관점이든 모두 중국의 개혁과 발전의 요구에 부합하지 않는 것이며 모두 그릇된 것이다.

70년간의 경이로운 변화를 거치면서 빛나는 성과를 이룩했다! 중국은 "가난하기 그지없던" 데로부터 오늘날 세계 2위의 경제대국으로

부상했으며, 현대화 건설의 "3단계 발전"전략의 1, 2단계 목표를 이미 성공적으로 실현했고, 이제는 샤오캉사회의 전면적 실현이라는 목표를 향해 힘차게 나아가고 있다. 우리는 역사상 그 어느 시기보다도 더 중화민족의 위대한 부흥이라는 목표에 근접했으며 역사상 그 어느 시기보다도 더 중화민족의 위대한 부흥이라는 꿈을 실현할 수 있는 자신감과 능력을 갖추게 되었다.

3

사회주의 법치국가를 건설하다

3
사회주의 법치국가를 건설하다

중국은 유구한 역사를 지닌 국가이다. 기나긴 발전과정을 거쳐 오면서 풍부한 국정운영경험을 쌓았으며, 그중의 많은 경험은 줄곧 역사적인 빛을 발하고 있다. 그 경험들은 많은 면에서 그때 당시 처한 시대에서 훌륭한 정치적 지혜의 힘을 보여주었었다. 그러나 근대에 와서는 그 경험들이 시대에 뒤떨어지게 되었다. 19세기 중엽 위대한 혁명이 중국의 대지를 휩쓸며 거대한 역사적 폭풍을 일으킴과 더불어 국정운영방식의 거대한 변혁을 일으켰다. 1949년 10월 1일부터 공산당의 영도아래 중국인민은 간고(艱苦)하게 개척하여 끝내 의법치국(依法治國, 법에 따른 나라운영)체제를 확립하고 중국특색의 사회주의법치체계를 건설하며 사회주의법치국가를 건설하는 총체적 목표를 확립하고, 중국특색의 사회주의법치의 길을 개척하기 시작했다.

사회주의 법제건설을 시작하다

1921년 중국공산당이 창당해서부터 장장 28년간 피 흘려 싸워 1949년 10월 1일 마침내 중화인민공화국 중앙인민정부의 창립을 선고했다. 이때부터 중화민족의 법치 발전사가 새로운 장을 열었으며, 기세

드높게 신중국의 사회주의 법치건설이 시작되었다.

(1) 「공동강령」과 신중국 중앙인민정부의 수립

신중국이 탄생되기 전에 그 정치체제의 수립을 위한 기반을 닦아 놓은 중요한 법률문건이 「중국인민정치협상회의의 공동강령」이다. 그 강령은 중국인민정치협상회의의 최대 법률적 성과였다. 중국인민정치협상회의는 중국공산당·여러 민주당파·여러 인민단체·여러 지역·인민해방군·여러 소수민족·해외 화교 및 기타 애국적 민주주의자의 대표들로 구성된 인민 민주주의통일전선조직이다. 1949년 9월 21일 중국인민정치협상회의 제1기 전체회의가 베이핑(北平)에서 열렸다. 전국 여러 민족 인민을 대표하여 보통선거인 전국인민대표대회가 소집되기 전에 전국인민대표대회의 직권을 대행했다. 그 회의에서 「중국인민정치협상회의 공동강령」「중국인민정치협상회의 조직법」「중화인민공화국 중앙인민정부 조직법」을 채택하고, 국기·국가(國歌)·수도·연대 기록 등과 관련된 결의를 채택했으며, 중국인민정치협상회의 제1기 전국위원회 위원을 선출하고, 중화인민공화국 중앙인민정부의 창립을 결정했으며, 중앙위원회를 선출하고, 마오쩌둥을 중앙인민정부 주석으로 선출했다.

1949년 9월 29일 중국인민정치협상회의 제1기 전체회의에서 신민주주의, 즉 인민민주주의를 중화인민공화국 건국의 정치적 토대로 하는데 만장일치로 동의했으며, 임시 헌법의 역할을 하는 「중국인민정치협상회의 공동강령」을 채택했다. 그 강령의 내용에는 서문 외에 대

강령·정권기관·군사제도·경제정책·문화교육정책·민족정책·외교정책 등 총 7장 60조가 포함되었다. 강령 서문에서는 신생 정권을 중국 노동계급·농민계급·소자산계급·민족자산계급 및 기타 애국적 민주주의자들로 인민민주주의통일전선을 이룬 정권으로 확정했다. 그리고 중국인민정치협상회의가 전국 인민의 의지를 대표한다는 것을 확인하고 중화인민공화국의 창건을 선고했으며 인민 자신의 중앙정부를 조직했다. 강령 제1조에는 다음과 같이 규정하고 있다. "중화인민공화국은 신민주주의 즉 인민민주주의 국가로서 노동계급이 영도하고 노동자와 농민의 연맹을 토대로 하며, 여러 민주계급과 국내 여러 민족을 단합한 인민민주주의독재를 실시하며, 제국주의와 봉건주의·관료자본주의에 반대하고, 중국의 독립·민주·평화·통일 및 부강을 위하여 분투한다."「중국인민정치협상회의 공동강령」은 임시헌법으로서 새로운 중앙인민정부를 창립할 수 있는 헌법적 근거가 되었고, 신중국 신정부의 헌법적 토대가 되었다. 강령은 참신한 사회제도를 창설했고, 제도적으로 인민공화국의 정치체제를 구축했다. 강령은 또 1954년에 첫 중화인민공화국 헌법의 제정을 위한 시간을 벌어주었으며, 제도적 준비를 할 수 있게 했다.

1949년 10월 1일 오후 14시, 중앙인민정부위원회가 개최한 제1차 회의에서 중화인민공화국 중앙인민정부의 창립을 선고하고, 「중국인민정치협상회의 공동강령」을 시정강령으로 삼기로 결정했다. 그 후 중앙인민정부위원회 지도자들인 마오쩌둥·주더(朱德)·류샤오치(劉少起)·쑹칭링(宋慶齡)·리지선(李濟深)·장란(張瀾), 저우언라이 등이 베이징 톈안문(天安門) 성루에 올랐다. 중국인민정치협상회의 대표와 베이징시 각계 대표 총 30만 명이 중화인민공화국 중앙인민정부 창립대전에 참가했다. 오후 3시 마오쩌둥이 톈안문 성루에서 "중화인민공화국 중앙인민정부가 오늘 창립되었습니다."라고 장엄하게 선포했다. 현장에서는 우레와 같은 박수와 환호소리가 울려 퍼졌다.

중화인민공화국 중앙인민정부의 창립은 중화민족 역사의 새로운 장이 열렸음을 상징한다. 이는 중대한 정치사건일 뿐만 아니라 또 중대한 법률사건이기도 하며, 중국의 법치발전이 새로운 역사단계에 들어섰음을 상징한다. 1949년 10월 1일은 신중국 중앙인민정부 창립의 상징이며, 신중국 법치건설의 시작이기도 하다. 이는 중국의 현대 법치건설이 새로운 역사적 단계에 들어섰음을 의미한다.

(2) 신 혼인법의 반포

1950년 3월 3일 정무원이 제22차 정무회의를 열었다. 회의에서 「중화인민공화국 혼인법」을 채택했다. 4월 13일 중앙인민정부 제7차 회의에서 그 혼인법이 채택되었다. 그 법률은 중화인민공화국 중앙인민정부가 창립된 후 반포한 첫 법률로서 신중국 법제발전의 새로운 장을 열어놓았다.

「중화인민공화국 혼인법」은 총 8장 27조로 구성되었다. 제1장은 '원칙' 부분인데 제1조에서 다음과 같이 명확히 선포했다. "강제결혼, 남존여비, 자녀의 이익을 무시하는 봉건적인 혼인제도를 폐지한다. 남녀의 혼인 자유, 일부일처, 남녀의 권리 평등, 여성과 자녀의 합법적

이익 보호가 실현되는 신민주주의 혼인제도를 실시한다." 이 규정은 신중국 혼인가정제도를 위한 법률적 토대를 마련해주었다. 제2조에는 "중혼과 축첩을 금지한다. 민며느리제도를 금지한다. 과부의 혼인 자유를 간섭하는 것을 금지한다. 어떠한 사람이든지 혼인관계문제를 빙자하여 금품을 요구하는 것을 금지한다."라고 규정하고 있다. 이 규정은 역사상의 혼인 악습을 제거하기 위한 제도적 근거를 마련한 것이었다.

혼인법의 제2장은 '결혼'부분으로서 결혼 연령, 금지 규정 및 신고기관에 관한 규정을 제외하고도 "결혼은 전적으로 남녀 쌍방의 자유 의사에 따라야 하며 어느 일방이 다른 일방에 결혼을 강요하거나 또는 제3자가 간섭하는 것을 허용하지 않는다."(제3조)라고 특별히 강조하고 있다. 이는 결혼이라는 이 중요한 부분에서 혼인자유에 대한 가장 현실적인 법적 근거를 제기했다. 이 규정은 중국의 전통적인 혼인가정제도를 개혁하고 중국의 혼인가정관계를 다시 세우는 면에서 너무나도 중요한 역할을 발휘했다.

혼인법 제3장은 "부부간의 권리와 의무"에 대해 "부부는 함께 생활하는 동반자로서 가정에서 지위가 평등하다."라고 규정하고 있다.(제7조) 이로써 가정생활에서 부부의 평등한 관계를 위한 법적 근거를 제공했다. 뿐 아니라 또 "부부는 서로 사랑하고 존중하며, 서로 돕고 서로 보살피며, 화목하고 단결하며, 노동과 생산에 참여하고, 자녀를 낳아 기르며, 가정의 행복과 새 사회의 건설을 위해 함께 분투할 의무가 있다"고 규정하고 있다.(제8조) 이로써 신형의 부부관계를 구축하기 위한 법적 근거를 제공했다. 그때 당시 사회에서 아내는 일반적으로 취직을 하거나 사회활동에 참가하는 경우가 적은 실제 상황에 비추어 "부부 쌍방은 모두 직업을 선택하고 취직을 하며 사회활동에 참가할 자유가 있다."라고 제기했다.(제9조) 가정재산 문제에 대해서 "부부 쌍방은 가정재산에 대하여 평등한 소유권과 처리권을 가진다."라고 명확하게 규정하고 있다.(제10조) 부부간 이름 사용의 실제 상황에 대해서 "부부는 각자 자기의 이름을 사용할 권리를 가진다."라고 규정하고 있다.(제11조) 부부간의 재산상속관계에 대해서 "부부는 서로 유산을 상속 받을 권리를 가진다."라고 규정하고 있다.(제12조)

상기의 혼인법은 혼인관계의 법적 근거일 뿐만 아니라 가정관계의 법적 근거이기도 하다. 제4장 "부모와 자녀 간의 관계"에서는 혼인의 시각에서 가족관계, 특히 부모와 자녀 간의 관계에 대해 진보적 의의가 있는 법률 규정을 짓고 있다. 예를 들면 "부모는 자녀를 부양하고 교육할 의무가 있다. 자녀는 부모를 공양하고 도울 의무가 있다. 부모와 자녀 양자 모두 학대하거나 유기해서는 안 된다", "부모와 자녀는 서로 유산을 상속할 권리가 있다", "사생아는 적출자와 동등한 권리를 가지며 그 누구도 해치거나 또는 차별해서는 안 된다." 그리고 "아내가 전 남편과의 사이에서 태어난 자녀를 부양할 경우 또는 남편이 전처와의 사이에서 태어난 자녀를 부양할 경우 그 남편 또는 아내는 아이를 학대하거나 차별해서는 안 된다."라고 특별히 규정하고 있다. 세심하게 고려했다고 할 수 있다.

혼인에 대하여 우리의 주관적인 바람은 부부가 서로 아끼고 사랑하며 백년해로하는 것이다. 그러나 실제 사회생활은 뜻대로 되지 않을 때가 있다. 혼인법 제5장은 '이혼'에 대해 전문적으로 규정하고 있다. 결혼의 자유를 보장하는 동시에 이혼의 자유도 보장한 것이다. 이로써 혼인자유의 모든 내용을 구성했다. 부부가 이혼한 후 자녀의 부양과 교육문제가 그 입법에서 큰 관심을 받았다. 제6장 "이혼 후 자녀의 부양과 교육"에서는 이혼 후 부모와 자녀 사이의 관계에 대해 명확하게 규정하고 있다. "부모와 자녀 간의 혈육관계는 부모가 이혼하여도 소멸되지 않는다. 이혼 후 자녀는 아버지가 부양하든 어머니가 부양하든 여전히 부모 쌍방의 자녀이다.""이혼 후 부모는 자신이 낳은 자녀에 대해 여전히 부양과 교육의 책임이 있다." 제7장에서는 "이혼 후의 재산과 생활" 문제에 대해 규정했다. 중국사회에 이전에 존재해왔던 부부 불평등 문제, 여성의 권익이 보장되지 못했던 현실에 대해서는 "이혼 시 여성의 결혼 전 재산이 여성 소유가 되는 것 외에 기타 가정재산은 쌍방이 합의하여 처리한다. 합의가 이루어지지 않을 경우에는 인민법원이 가정재산의 구체적 상황, 여성 측과 자녀의 이익을 고려하고 생산발전에 유리한 원칙에 따라 판결한다."(제23조)

(3) '54헌법'의 제정

헌법은 국가의 근본법으로서 현대 국가에서 숭고한 지위를 차지하며 중대한 의의와 중요한 역할을 지니고 있다. 1949년 10월 1일 신중국 중앙인민정부가 창립된 이래 중국공산당은 적극적으로 조건을 마련하여 전국인민대표대회를 설립하고 전국인민대표대회가 헌법을 제정할 수 있게 했다. 1952년 11월, 중국공산당 중앙위원회는 즉시 전국인민대표대회를 소집하여 중화인민공화국 헌법 제정을 준비하기로 결정했다. 1953년 1월, 중앙인민정부위원회는 전국인민대표대회와 지방 각급 인민대표대회를 소집하는 것에 관한 결의를 채택하고 마오쩌둥을 주석으로 하고 주더·쑹칭링·리지선·덩샤오핑·리웨이한 등 32명을 위원으로 하는 헌법기초위원회를 설립하여 헌법 기초 작업에 착수했다. 1953년 12월 27일 마오쩌둥은 헌법기초팀을 인솔하여 항저우(杭州) 시후(西湖)의 류좡(劉庄)에 입주하여 업무를 전개했으며, 2개월 남짓한 시간이 걸린 뒤 1954년 3월에 항저우를 떠나 베이징으로 돌아왔다. 오늘날 류좡은 이미 중화인민공화국 헌법의 기초를 기념하는 중요한 기념지로 되어 있다. 그사이 1954년 1월 15일에 마오쩌둥은 류샤오치와 중앙의 관련 동지들에게 전보를 띄워 헌법 기초사업 계획을 열거하고 중앙위원들에게 기타 여러 나라의 헌법들을 참조해볼 것을 요구했다. 그가 열거한 참조 서류에는 소련·루마니아·폴란드·독일·체코·프랑스 등 여러 나라의 헌법이 포함되어 있다. 중국 헌법과 관련하여 그는 내각제를 대표하는 1913년의 천단(天壇)헌법초안, 연성자치(聯省自治)를 대표하는 1923년의 조곤(曹錕)헌법, 총통(總統) 독재제를 대표하는 1946년의 장제스(蔣介石)헌법 등을 열거했다. 1954년 6월 중앙인민정부위원회 제30차 회의에서 「중화인민공화국헌법」 초안을 채택하고 공표하여 전국적 범위에서 토론을 조직하고 의견을 수렴하기로 결정했다. 그 후 『인민일보』는 헌법초안을 게재하고 사설을 발표하여 인민대중들이 헌법토론에 참여하여 헌법초안의 수정에 지혜를 보태줄 것을 호소했다. 통계에 따르면 처음부터 끝까지 토론에 참가한 인원수가 1억 5,000만 명에 달하며 총 118만 건의 의견과 건의가 제기되었다. 헌법 초안에 대한 대 토론은 바로 헌법 관념의 대대적인 보급 과정이었고, 또한 전례 없는 헌법교육활동이기도 했다. 그 대대적인 토론은 '54헌법'초안의 보완에 중요한 공헌을 했으며, 헌법의 실시를 위한 양호한 대중적 토대와 사회적 토대를 마련했다.

헌법을 기초하는 동시에 전국인민대표대회 및 지방 각급 인민대표대회의 선거사업도 동시에 전개되었다. 1953년 12월까지 전국적으로 약 3억 명의 선거인이 전국 및 지방 각급 인민대표대회 대표 선거에 참가하여 기층 인민대표대회 대표 566만 9,000명, 전국인민대표대회 대표 1,226명을 선출했다.

1954년 9월 15일 제1기 전국인민대표대회 제1차 회의가 베이징에서 성대히 개막했으며, 1,200여 명의 전국인민대표대회 대표가 회의에 참가했다. 대회의 개최는 전국인민대표대회의 탄생을 상징한다. 9월 20일 제1기 전국인민대표대회 제1차 회의에서는 중화인민공화국 헌법을 채택했다. 헌법의 규정에 따라 대회에서는 중화인민공화국 국가주석과 전국인민대표대회 상무위원회를 선출하고, 국무원을 구성했으며, 최고인민법원 원장과 최고인민검찰원 검찰장을 선출했다. 대회에서 마오쩌동이 국가주석으로 당선되고 류샤오치가 인민대표대회 상무위원회 위원장으로 당선되었으며 저우언라이가 국무원 총리로 당선되었다.

헌법기초 중이었던 1954년 6월 14일 마오쩌동이 중앙인민정부위원회 제30차 회의를 소집하고 헌법초안에 대해 토론했다. 회의에서 그는 헌법초안에 대해 상세하게 설명했다. 바로 그 회의에서 헌법초안결의를 공포하여 전국인민의 토론에 회부하여 널리 의견을 수렴한 다음 다시 수정하기로 결정했다. 마오쩌둥은 설명을 하면서 "헌법 초안은 또 청(淸)조 말년 이후의 헌법 문제에 관한 경험을 종합했다. 청조 말기의 '19신조'에서 민국(民國) 원년의 「중화민국 임시 약법」까지, 북양군벌(北洋軍閥)정부의 몇 부의 헌법과 헌법초안, 장제스 반동정부의 「중화민국 훈정시기 약법」, 그리고 장제스의 위(僞)헌법까지 포함되었다."라고 말했다. 그는 또 "헌법에 대해서 말하자면, 자산계급이 선행했다. 영국에서나 프랑스에서나 미국에서나 모두 자산계급 혁명시기가 있었다. 헌법은 바로 그들이 그때부터 시작한 것이다. 우리는 자산계급의 민주주의를 말살해서는 안 된다. 그들의 헌법이 역사적으로 지위가 없다고 말해서는 안 된다." 그는 특히 "단체에는 규약이 있어야 하고 국가에도 규약이 있어야 한다. 헌법이 바로 총체적 규약이며 근본적인 대법이다." "헌법초안은 전적으로 실시 가능하며 반드시 실시해야 한다. 물론 아직까지는 초안에 불과하지만 몇 달 후에 전국인민대표대회에서 채택되면 바로 정식 헌법이 되는 것이다. 오늘날 우리는 헌법의 실행을 준비해야 한다. 채택된 후에는 전국 인민 모두가 실행해야 한다. 특히 국가기관 업무인원들이 솔선하여 실행해야 하며, 우선 이 자리에 모인 여러분들이 실행해야 한다. 실행하지 않으면 헌법을 어기는 것이다."[61]

---

61) 『마오쩌둥문집』 제6권, 인민출판사 1999년판, 325~328쪽.

1954년 9월 15일, 제1기 전국인민대표대회 제1차 회의에서 류샤오 치가 헌법초안에 대한 보고를 했다. 그는 보고를 시작하면서 "중화인 민공화국 헌법을 제정하는 것은 우리나라 국가생활에서 중대한 역 사적 의의를 가지는 일이다. 우리나라 제1기 전국인민대표대회 제1차 회의의 가장 중요한 임무가 바로 헌법을 만드는 것이었다."[62]라고 말하 며 제1기 전국인민대표대회와 헌법 제정 사이의 관계를 직접 밝혔다. 그는 "중화인민공화국 헌법초안이 역사적 경험에 대한 종합"이라고 명백하게 논술한 토대 위에서 중국의 국가성격, 사회주의사회로 넘 어가는 절차, 중국 인민민주주의 정치제도와 인민의 권리와 의무, 민 족자치 등을 포함한 헌법초안의 기본 내용에 대해 설명했다. 그는 또 전 국민 토론 과정에서 제기된 관련 의견에 대해서도 답변했다. 마지 막에 그는 "우리 헌법초안은 전국인민대표대회에서 채택된 뒤 우리나 라의 국가근본법이 될 것이다. 이 헌법이 인민대중의 직접적인 경험 과 장기적인 염원을 구현한 것인 만큼 반드시 우리나라 국가생활에 서 중대하고 적극적인 역할을 발휘하게 될 것이다."라고 간곡하게 말 했다. 그는 특히 이렇게 지적했다. "헌법은 전 국민과 모든 국가기관 이 반드시 지켜야 한다. 전국인민대표대회와 지방 각급 인민대표대회 의 대표 그리고 모든 국가기관의 공직자들은 모두 인민의 공복이며 모든 국가기관은 인민을 위해 봉사하는 기관이다. 그렇기 때문에 그 들은 헌법을 지키고 헌법의 실시를 보장하는 면에서 특별한 책임을 지고 있다." "중국공산당은 우리나라의 지도 핵심이다. 당이 이러한

---

62) 『류샤오치선집』 하권, 인민출판사 1985년판, 132쪽.

지위에 있다고 하여 당원이 국가생활에서 그 어떤 특수한 권리를 누리게 해서는 절대 안 된다. 그들은 반드시 더욱 큰 책임만 져야 한다. 중국공산당 당원은 마땅히 헌법과 기타 모든 법률을 준수하는 데서 모범적 역할을 해야 한다. 모든 공산당원은 대중과 밀접히 연계하고 각 민주당파, 그리고 당 외의 광범위한 대중과 단합하여 헌법의 실행을 위해 적극적으로 노력해야 한다."[63] 1954년의 헌법은 신중국의 첫 헌법으로서 중화인민공화국 국가관리 체제의 구축에 헌법적 근거를 제공했고 헌법의 확인과 보장을 마련했다. 그 헌법은 20년이 넘게 실행되어 오다가 1975년 헌법이 탄생하면서 비로소 1954년 헌법이 대체되었다. 그 후 1978년 헌법을 거쳤다. 중공중앙 제11기 제3차 전체회의 이후 개혁개방의 수요에 부응하기 위해 우리는 1982년 헌법의 기초 작업을 시작했다. 1982년 헌법이 바로 현행 헌법이다. 1982년 헌법은 1975년 헌법이나 1978년 헌법을 토대로 기초한 것이 아니라 1954년 헌법을 토대로 기초한 헌법이다. 이로부터 알 수 있듯이 1954년 헌법은 반포 후 장장 20년간 실행된 중국의 근본법일 뿐만 아니라 1982년 중국 헌법의 중요한 토대이다. 1954년 헌법의 위대한 의의는 역사에만 그친 것이 아니라 현재 나아가 앞으로도 중요한 영향을 미치고 있고 계속 중요한 영향을 미칠 것이다.

법제건설을 회복하고 발전시키다

　1957년 반(反)우파투쟁이 확대되면서 '문화대혁명'의 10년 대란을 겪

---

63) 『류샤오치선집』 하권, 인민출판사 1985년판, 168쪽.

은 중국공산당은 1978년 12월에 제11기 중앙위원회 제3차 전체회의를 소집했다. 이때부터 중국의 사회주의법제 건설이 회복되고 발전하기 시작했다.

(1) 중공중앙 제11기 제3차 전체회의와 법제의 회복과 발전

1978년 12월 18일부터 22일까지 중공중앙 제11기 제3차 전체회의가 베이징에서 개최되었다.

회의에서는 당의 사상노선에서 그릇된 부분을 바로잡아 혼란스러운 국면을 수습하는 것을 실현했다. 당의 지도사상에 존재하는 교조주의와 개인숭배주의의 엄청난 속박을 타파하고 "두 가지 무릇"이라는 그릇된 방침을 단호히 비판하고 부정했으며, 진리의 기준문제에 관한 토론을 높이 평가했다. "계급투쟁을 중점으로 하자"는 구호의 사용을 중단했고, 중국공산당 제11차 전국대표대회에서 답습한 '문화대혁명' 중의 "무산계급 독재 하에서 혁명을 계속하자"는 관점과 '문화대혁명,을 앞으로도 여러 차례 더 진행해야 한다는 관점을 부정했다. 그 회의에서는 당과 국가 역사의 새로운 장을 열었다. 그 회의는 신중국 창립 이래 우리 당의 역사에서 깊은 의의가 있는 위대한 전환점이 되었다. 이 회의에서는 당의 정치노선에서 그릇된 것을 바로잡아 혼란스러운 국면을 수습하는 것을 실현했다. 그 회의에서는 전 당의 업무 중점과 전국 인민의 주의력을 사회주의 현대화 건설로 옮기는 데에 관한 전략적 결정을 내렸다. 그것이 바로 훗날 말하는 업무 중점의 대전환이다. 그 전략적 결정은 오늘날 우리가 경제건설을 중심으로 할 수 있는 길을 개척해주었으며, 오늘날 우리의 발전은 확실한 도리라는 원칙을 견지할 수 있는 역사적 전제와 정치적 기반이 되었다. 이 회의에서는 당의 조직노선에서 그릇된 것을 바로잡아 혼란스러운 국면을 수습하는 것을 실현했다. 그리하여 많은 오랜 세대 혁명가들이 다시 당 중앙의 영도직위로 돌아올 수 있었으며, 덩샤오핑을 핵심으로 하는 중앙지도집단이 형성될 수 있었다. 조직노선 면에서 그릇된 것을 바로잡아 혼란스러운 국면을 수습함으로써 새롭게 확립된 올바른 사상노선과 정치노선을 조직적으로 보장할 수 있게 되었다. 그 회의에서는 개혁개방을 실시하는 데에 대한 위대한 결정을 내리고 농촌개혁의 새로운 행정을 시작했다. 회의에서는 농업문제에 대해 토론하고 국민경제 기반으로서의 농업이 아직은 매우 취약하므로 농업생산을 대대적으로 회복시키고 빨리 발전시켜야만 전국 인민의 생활수준을 높일 수 있다고 주장했다. 회의에서는 농업을 발전시키기 위한 일련의 새로운 정책과 조치를 제기했다. 중국 농촌의 개혁은 이로부터 새로운 발걸음을 내딛었다.

그 회의에서는 사회주의민주를 건전히 하고, 사회주의법제를 강화하는 과업을 제기했다. 전체회의에서는 당의 역사 경험에 근거하여 당의 민주주의중앙집권제(민주집중제)를 보완하고 당의 법규를 보완하며, 당의 규율을 엄숙히 하도록 요구할 것을 결정지었다. 반드시 충분한 민주가 있어야만 올바른 중앙집권을 실현할 수 있다고도 명확히 지적했다. 반드시 헌법에 규정된 공민의 권리를 확실히 보장해야 하며, 그 누구도 공민의 권리를 침범해서는 안 된다. 인민의 민주를 보장하기 위해서는 반드시 사회주의법제를 강화하고 민주를 제도화, 법률화하여 그 제도와 법률이 안정성과 연속성, 최대의 권위를 갖도록 해야 한다. 그리고 "법에 의거할 수 있고, 반드시 법에 의거해야 하며, 법을 엄하게 집행해야 하고, 법을 어기면 반드시 추궁해야 한다."라는 유명한 법제방침을 제기했다. 그 방침은 2012년 중국공산당 제18차 전국대표대회(18차 당 대회)가 열릴 때까지 줄곧 사용되어 오다가 18차 당 대회 보고에서 "과학적 입법, 엄격한 집법, 공정한 사법, 전민 준법"으로 격상되었다. 1978년부터 2012년까지의 30여 년 동안에 그 방침은 매우 중대한 지도적 역할을 발휘했다. 그 방침의 지도하에 중국은 입법 면에서 중대한 성과를 이루었으며, 2011년 3월 전국인민대표대회 상무위원회가 중국 특색의 사회주의법률 체계는 이미 형성되었다고 선포하기에 이르렀다. 집법 면에서 우리는 법에 의한 정무수행과 법치정부 건설의 목표를 제기하여 법에 의한 정무수행에서 중대한 성과를 거두었다. 사법 면에서는 공평과 정의를 목표로 사법체제개혁을 꾸준히 심화했다. 준법 면에서는 법률 보급 선전 활동을 널리 전개하여 전 사회의 법치의식이 상당히 크게 향상되었고, 법에 의거해 일을 처리하는 자각성이 보편적으로 증강되었다.

그 회의에서는 중대한 역사적 시비에 대해 체계적으로 정리하고 억울한 사건, 허위로 조작된 사건, 잘못 처리된 사건을 바로잡기 시작했다. 회의에서는 '문화대혁명' 중에 발생한 일부 중대한 정치사건에 대해 토론했고, '문화대혁명' 이전부터 남아 내려온 일부 역사문제에 대해서도 토론했다. 1975년에 덩샤오핑이 마오쩌동의 위탁을 받고 중앙의 사무를 주관하는 기간에 제반 분야의 업무에서 거둔 큰 성과에 대해 긍정하고, 그와 중앙의 기타 지도자들이 '4인방'의 교란과 파괴에 맞서 진행한 투쟁에 대해 긍정했으며, 1976년 4월 5일 톈안먼(天安門)사건의 성격에 대해 긍정하고, 중앙이 발부한 "우경 복권 풍조 반격 운동과 톈안먼사건에 대한 잘못된 문건"을 폐지했다. 잘못이 있으면 반드시 바로잡는다는 원칙 하에서 억울한 사건, 허위로 조작된 사건, 잘못 처리된 사건을 대대적으로 바로잡음으로써 억울하게 누명을 썼던 대량의 간부와 대중들에게 새로운 생명을 되찾아주면서 사회 발전의 활력을 크게 불러일으켰다. 훗날 중공중앙은 「건국 이래 당의 몇 가지 역사 문제에 관한 결의」(1981년 6월 27일 중국공산당 제11기 중앙위원회 제6차 전체회의에서 채택됨)에서 "그 후 전국적으로 대량의 억울한 사건, 허위로 조작된 사건, 잘못 처리된 사건들을 재조사하고 바로잡았으며, 우파분자로 잘못 분류했던 사건들을 바로잡았다. 원 상공업자들은 이미 근로자로 개조되었다고 선포하고, 원래 근로자였던 소상인·수공업자를 원래의 자산계급 상공업자들과 구분시켰으며, 이미 근로자로 개조된 절대다수의 원 지주, 부농의 계급신분을 개정했다. 그 일련의 사무를 통해 당 내와 인민 내부의 많은 모순을 적절하게 해결했다."고 밝혔다.

중공중앙 제11기 제3차 전체회의는 당과 국가의 역사에서 매우 중대한 의의를 가지는 회의이고 신중국 창건 이래 우리 당의 역사에서 깊은 의의를 가지는 위대한 전환이며, 중국사회주의법제가 회복되고 발전하고 새로운 출발을 할 수 있었던 이정표이기도 하다.

(2) 1982년 헌법

1982년 헌법이 바로 현행 헌법이다. 그 헌법을 제정한 날짜로 인해 사람들은 "82헌법"이라고 약칭한다. 그 헌법은 제5기 전국인민대표대회 제5차 회의에서 1982년 12월 4일 정식으로 채택되어 반포되었다. 이 또한 훗날 2014년 이전까지 매년 12월 4일을 법치선전의 날로, 2014년과 그 이후 매년 12월 4일을 국가헌법의 날로 정하게 된 중요한 이유이기도 하다. 그 헌법은 서언 외에 총 강령, 공민의 기본 권리와 의무, 국가기관(전국인민대표대회, 중화인민공화국 주석, 국무원, 중앙군사위원회, 지방 각급 인민대표대회 및 지방 각급 인민정부, 민족자치지방의 자치기관, 인민법원과 인민검찰원 포함) 및 국기·국가·국장·수도의 총 4장 138조항이 포함되었다.

그 헌법이 1982년에 제정되었을 때, 원문과 그 개정안에서 매우 중요한 일부 규정들을 분명하게 볼 수가 있다. 제1조에서는 "중화인민공화국은 노동자계급이 영도하는, 노동자와 농민의 연맹에 토대한 인민민주주의독재의 사회주의국가이다. 사회주의제도는 중화인민공화국의 기본제도이다. 중국공산당의 영도는 중국특색 사회주의의 가장 본질적인 특징이다. 어떤 조직 또는 개인이든지 사회주의제도를 파괴해서는 안 된다."라고 선포했다. 헌법의 이 규정이 중국의 사회주의사회제도를 확립했고, 중국공산당의 영도지위와 집권지위를 확립했다. 헌법 제2조에는 중화인민공화국의 모든 권력은 인민에게 있다고 규정했다. 인민이 국가권력을 행사하는 기관은 전국인민대표대회와 지방 각급 인민대표대회이다. 인민은 법률의 규정에 따라 여러 가지 경로와 형식을 통하여 국가사무를 관리하고, 경제와 문화 사업을 관리하며, 사회 사무를 관리한다. 이러한 규정은 우리나라 인민의 지위를 명확하게 잘 보여주고 있다. 즉 인민이 나라의 주인으로서 권리를 행사하고 있고 인민이 나라와 사회의 주인임을 분명하게 보여주고 있다. 그 헌법 조항에는 국가기관이 민주주의중앙집권제의 원칙을 실시한다고 규정했다. 전국인민대표대회와 지방 각급 인민대표대회는 모두 민주선거에 의하여 조직되며, 인민 앞에 책임지고 인민의 감독을 받는다. 국가 행정기관·감찰기관·심판기관·검찰기관은 모두 인민대표대회에 의해 조직되며, 인민대표대회에 책임지고 인민대표대회의 감독을 받는다. 중앙과 지방의 국가기관 직권의 구분은 중앙의 통일적인 지도 아래 지방의 주동성과 적극성을 충분히 발휘케 하는 원칙에 따른다. 헌법은 중국의 다민족 국정의 실정에 비추어 여러 민족은 일률적으로 평등하다고 선포했다. 국가는 여러 소수민족의 합법적인 권리와 이익을 보장하며, 여러 민족의 평등하고 단합되며, 서로 돕고 조화로운 관계를 수호하고 발전시킨다. 어떤 민족에 대해서든지 차별시하거나 억압하는 것을 금지하며, 민족의 단합을 파괴하고 민족의 분열을 조성하는 행위를 금지한다. 국가는 여러 소수민족의 특성과 수요에 근거하여 여러 소수민족지구가 경제와 문화를 가속 발전시키도록 도와준다. 여러 소수민족 집거 지역들은 구역자치를 실시하며 자치기관을 두고 자치권을 행사한다. 여러 민족자치지역은 모두 중화인민공화국의 갈라놓을 수 없는 일부라는 등의 규정이 있다. 중화인민공화국은 법에 의해 나라를 다스리고 사회주의법치국가를 건설한다고 선포했다. 국가는 사회주의법제의 통일과 존엄을 수호한다. 모든 법률과 행정 법규 및 지방 법규는 모두 헌법에 저촉되어서는 안 된다. 모든 국가기관과 무장세력, 여러 정당과 여러 사회단체, 여러 기업과 사업조직 모두가 반드시 헌법과 법률을 준수해야 한다. 헌법과 법률을 위반하는 모든 행위에 대해서는 반드시 추궁해야 한다. 그 어떤 조직이나 개인도 헌법과 법률을 초월하는 특권을 누릴 수 없다. 헌법의 이런 중요한 규정들로 인해 헌법은 우리나라의 명실상부한 근본법이 될 수 있었으며, 국가와 사회 관리에서 숭고한 헌법적 지위를 가질 수 있게 되었다.

그 이전의 1978년 헌법과 비교하여 볼 때 1982년 헌법은 다음과 같은 중요한 내용에 특히 주목해야 한다. 첫째, 국가의 성격을 '무산계급독재'에서 '인민민주주의독재'로 회복시켰다. 둘째, 지식인을 노동자·농민과 나란히 3대 기본 사회세력으로 삼았다. 셋째, 국가 주석을 두는 것을 회복시켰다. 넷째, 국가 중앙군사위원회 주석은 전국인민대표대회에서 선거한다고 규정했다. 다섯째, 국무원은 총리 책임제를 실시한다고 했다. 여섯째, 국가·전국인민대표대회·국무원 지도자의 임기제와 임기제한제를 규정했다. 즉 매 기의 임기는 5년이며, 두 기 이상 연임할 수 없도록 규정함으로써 지도자 직무의 종신제를 취소했다. 일곱째, "공민 인격의 존엄은 불가침"이라는 헌법규정을 신규로 추가했다. 여덟째, 국영·집체·개인 세 가지 경제가 모두 빠져서는 안 된다는 것을 인정하고, 국가가 개인경제의 합법적 권익을 보호한다고 선포한 점 등이다.

그 헌법은 제정된 후 1988년, 1993년, 1999년, 2004년, 2018년 5차례 개정을 거쳐 상응한 5개의 개정안을 갖게 되었다. 그 헌법은 우리 나라 사회주의 건설과 개혁개방에서 극히 중요한 역할을 발휘했다.

(3) 백성이 정부를 고소하는 「행정소송법」

바오정자오(包鄭照)는 저장성 창난(蒼南)현의 농민이다. 1985년 8월 1일 바오정자오는 저장성 창난현 파차오진(舥艚鎮, 현 아래의 행정구역 단위) 동쪽 모래톱에 둑을 부수고 돌을 채워 강을 메우고 삼간집 집터를 닦고 진(鎮) 도시건설사무소에 주택을 건설하겠다는 신청을 했다. 가옥건설 심사비준서류에는 현지 생산대대의 "주택 건설에 동의하니 주관부서의 심사비준을 청구"한다는 소견과 인감도장이 있었다. 그러나 진 도시건설사무소와 진 정부의 심사비준소견과 인감도장은 없었다. 바오정자오는 "개별적 지도자의 규정을 어긴 구두 동의"에 따라 집을 짓기 시작했다. 창난현 수전국(水電局, 1990년대 이전의 행정기관 현재의 수문국에 해당함) 등 관련 당국이 발견한 후 건설을 중지하고 자진 철거할 것을 명했다. 그러나 바오정자오는 권고를 듣지 않고 공사를 계속하여 삼간짜리 3층 건물을 올렸으며 정부의 주택등기부서에 가서 주택재산권등기까지 다 마쳤다.

창난현 인민정부는 그 주택이 방파제 범위 내에 건설되어 홍수방지에 지장을 줄 것이기 때문에 자진 철거할 것을 요구했다. 그러나 바오정자오는 동의하지 않았다. 1987년 7월 4일 창난현 인민정부는 바오정자오가 지은 그 건물이 합법적인 심사비준을 거치지 않았고, 물

길을 점용했다는 이유로 인원을 조직하여 건물의 일부를 강제 철거했다. 바오정자오와 그의 아들 빠오쑹촌(包松村)은 창난현 정부의 결정에 불복하여 합법적인 재산권익을 침범했다는 이유로 행정소송을 제기하여 바오 씨 가족의 여러 가지 손실을 합쳐 1만 3,012위안을 배상할 것을 창난현 정부에 요구했다.

창난현 인민법원의 판결 결과가 현 정부의 결정을 지지하면서 바오 씨는 패소했다. 그 사건은 바오정자오 부자의 기소로 시작된 것으로 결국 중화인민공화국 최초의 "백성이 정부를 고소한" 사례가 되었으며, 이로써 바오정자오도 공화국 역사상 최초로 현 정부를 법정에 고소한 농민이 되었다. 그 사건은 언론매체와 사회 각계의 보편적인 관심을 불러일으켰으며 여론의 초점이 되었다. 만약 바오 씨 주택 철거 사건이 우연히 발생한 것이라면 중국 행정소송법이 생겨난 것은 역사의 필연이다. 중국은 역사적으로 독립적인 행정소송이 없었으며, 설령 관련 사건이 발생하더라도 인민법원은 민사소송법에 따라 접수 심리했다. 1989년 4월 4일 제7기 전국인민대표대회 제2차회의에서는 「중화인민공화국 행정소송법」이 채택되었다. 그 법은 행정소송을 민사소송으로부터 독립시켜 중국의 세 번째 큰 소송형식이 되게 했다. 그 입법 목적은 인민법원이 공정하고 적시적으로 행정사건을 심리하여 행정 쟁의를 해결하고, 공민과 법인 및 기타 조직의 합법적인 권익을 보호하며 행정기관의 법에 의한 직권 행사를 감독하기 위한 데 있었다. 그 법의 규정에 따라 공민·법인 또는 기타 조직은 행정기관 및 행정기관 직원의 행정행위 및 법률·법규·규정제도로부터 권한을 위임받은 조직의 행정행위가 자신의 합법적인 권익을 침해했다고 여겨질 경우, 행정소송법에 따라 인민법원에 소송을 제기할 권리가 있다. 행정소송은 "백성이 정부를 고소하는" 소송이라고도 불리기 때문에, 행정소송법은 "백성이 정부를 고소하는 법률"임이 틀림없다.

그 법은 2014년 11월 1일 제12기 전국인민대표대회 상무위원회 제11차 회의에서 채택된 "「중화인민공화국 행정소송법」 개정에 관한 결정"을 거쳐 1차 개정이 이루어졌다. 2017년 6월 27일 제12기 전국인민대표대회 상무위원회 제28차 회의에서 채택된 "「중화인민공화국 민사소송법」과 「중화인민공화국 행정소송법」 개정에 관한 결정"에 따라 그 법은 2차 개정이 진행되었다. 『중화인민공화국 행정소송법』의 제정은 신중국의 법치발전사에서 이정표적인 위대한 의의가 있다.

그 소송법의 반포와 발효는 중국의 소송제도가 과거의 형사소송과 민사소송 2대 소송이던 데서부터 행정소송을 포함한 3대 소송으로 범위가 확대되었음을 정식 선고한 것이며 중국의 3대 소송법이 전면적으로 수립되었음을 상징한다. 중국에서 행정소송이 가동된 것은 법치와 민주의 발전이 새로운 역사 단계에 들어섰음을 상징한다. 이로부터 공민과 법인, 사회조직까지 포함하여 모두 정당하게 행정소송의 명의로 정부를 상대로 소송을 제기할 수 있게 되었다. 그 후 행정소송의 상황은 중국 법치의 발전 특히 법에 의한 행정 및 법치정부 건설의 풍향계와 청우계가 되었다. 행정소송법의 관철 실시와 더불어 법에 의한 행정과 법치정부의 건설이 전례 없는 새로운 진전을 가져왔고, 공민과 법인의 합법적 권익도 더욱 잘 보장되었으며, 민주와 법치 건설이 활기를 띠게 되었다.

의법치국의 기본방략

　1978년 중공중앙 제11기 제3차 전체회의를 시작으로 사회주의법제를 회복하고 재건하기 시작해서부터 1997년 15차 당 대회가 열리기까지 약 20년의 역사를 거쳤다. 그 기간 동안 중국은 개혁개방 사업이 큰 성과를 거두었고, 경제와 사회사업이 전례 없는 발전을 이루었다. "법에 의해 나라를 다스리는 사회주의 법치국가를 건설하자"는 치국의 기본방략과 법치발전 목표의 제기는 적절한 배치였으며 시기도 적절했다. 1997년 15차 당 대회에서 법에 의해 나라를 다스리는 치국의 기본방략을 확립했고, 2001년에 중국은 세계무역기구(WTO)에 가입했다. 그 후 몇 년간 당 중앙은 또 잇달아 법에 의해 조화로운 사회를 구축하고 과학적 발전을 촉진하는 목표를 제기했다. 중국의 법치는 성공을 향한 길에 들어섰다.

(1) 의법치국의 기본 방략과 목표의 확립

　1996년 초 당 중앙은 "법에 의해 나라를 다스리는 사회주의 법치국가를 건설하는 것에 관한 이론과 실천 문제"를 중앙의 법제강좌의 제목으로 정했다. 2월 8일 오후 3시 강좌는 정식으로 시작되었다. 중국사회과학원 법학연구소 소장인 왕자푸(王家福) 연구원이 그 강좌의 강연자로 나서서 "법에 의해 나라를 다스리는 사회주의 법치국가를 건설하는" 현실적 의의와 역사적 의의에 대해 설명했다. 강좌는 다음과 같은 4가지 방면을 둘러싸고 전개되었다. 첫째, 의법치국(依法治國, 법에 의해 나라를 다스리는 것)은 사회주의법치국가를 건설하는 것으로 중국 특색 사회주의 건설 위업의 근본 대계이다. 둘째, 의법치국은 사회주의법치국가를 건설함에 있어서 필수 기본 조건이다. 셋째, 의법치국은 사회주의 법치국가를 건설하는 것은 점진적인 역사발전과정이다. 넷째, 의법치국은 당의 영도를 강화하고 개선하여 의법치국을 더욱 잘 실천하여 사회주의법치국가를 건설하기 위해 힘써 분투해야 한다. 그리고 의법치국과 사회주의법치국가 건설의 중대한 의의, 필수조건, 정확한 관념, 제도건설 및 당의 영도 등 중대한 문제에 대해 설명했다.

1997년 9월 12일 15차 당 대회가 열렸고, 대회에서 정식으로 의법치국을 당이 인민을 이끌고 나라를 다스리는 기본 방략으로 확립했다. 15차 당 대회 보고의 제4부분 "사회주의 초급단계의 기본 노선과 강령"에서 "중국 특색의 사회주의 정치를 건설하는 것은 바로 중국공산당의 영도 하에 인민이 주인으로서의 권리를 행사하는 토대 위에서 법에 의해 나라를 다스리고 사회주의 민주 정치를 발전시키는 것이다. 그러려면 노동계급이 영도하는 노동자와 농민의 동맹을 토대로 하는 인민민주주의독재를 견지하고 완성시켜야 하고, 인민대표대회제도와 공산당이 영도하는 다당합작과 정치협상제도 및 민족구역자치제도를 견지하고 완성시켜 하며, 민주를 발전시키고 법제를 건전히 보완하여 사회주의 법치국가를 건설해야 한다."라고 명확히 긍정했다. 보고의 제6부분 "정치체제개혁과 민주법제건설"에서는 "정치체제개혁을 계속 추진하여 사회주의 민주를 더욱 확대하고, 사회주의 법제를 더욱 건전히 하여 법에 의해 나라를 다스려 사회주의 법치국가를 건설해야 한다."리고 명시했다. "현재와 향후 일정 기간, 정치체제개혁의 주요 임무"는 "민주를 발전시키고 법제를 강화하며 정부와 기업의 분리, 기구 간소화를 실현하고 민주 감독 제도를 완성시키며 안정과 단합을 수호시키는 것"이라고 개괄했다. 법제 건설에 맞춰 보고는 다음과 같이 구체적인 배치를 제시했다. "법제건설을 강화해야 한다. 법에 의거할 수 있고, 반드시 법에 의거해야 하며, 법을 엄하게 집행해야 하고, 법을 어기면 반드시 추궁하는 원칙을 견지하는 것은 당과 국가사업의 순조로운 발전을 위한 필연적 요구이다. 입법사업을 강화하고, 입법의 품질을 높여 2010년에 가서는 중국 특색이 있는 사회주의법률체계를 형성해야 한다. 헌법과 법률의 존엄을 수호하고 법률 앞에서는 모든 사람이 평등하며 어떤 사람이나 어떤 조직도 법률을 초월하는 특권을 누릴 수 없다. 모든 정부기관들은 반드시 법에 의해 정무를 수행하고, 공민의 권리를 실제적으로 보장해야 하며, 집법책임제와 평가심사제를 실시해야 한다. 사법개혁을 추진하여 사법기관이 법에 따라 재판권과 검찰권을 독자적으로 공정하게 행사하도록 제도적으로 보장하고, 억울한 사건, 잘못 처리된 사건에 대한 책임추궁제도를 수립해야 한다. 집법대오와 사법대오건설을 강화해야 한다. 법률보급교육을 깊이 있게 전개하여 전 국민의 법률의식을 증강시키며, 지도간부의 법제 관념과 법에 의한 사무처리 능력을 중점적으로 향상시켜야 한다. 법제 건설과 정신문명 건설은 반드시 긴밀히 결부시켜 동시에 추진해야 한다."

1999년 3월 15일 제9기 전국인민대표대회는 제2차 회의에서 헌법 개정안을 채택하여 "법에 의해 나라를 다스리는 사회주의 법치국가를 건설할 것"이라는 내용을 헌법에 써넣었다. 헌법 제5조에 "중화인민공화국은 의법치국을 실행하여 사회주의 법치국가를 건설한다."라고 규정한 조항을 추가하여 제1조항으로 한다고 선포했다. 이로써 의법치국의 기본 방략의 근본법적 지위와 헌법적 효력을 부여했다. "의법치국을 헌법에 기입한 것"은 민주법치건설의 이정표로서 중국 법치발전사와 사회발전사 모두에서 획기적인 위대한 의의를 가진다.

(2) 세계무역기구 가입과 중국 법률의 후속 발전

세계무역기구의 영문 명칭은 World Trade Organization이고 WTO라고 약칭한다. 1994년 4월 15일 모로코의 마라케시에서 열린 관세무역일반협정우루과이라운드(General Agreement on Tariffs and Trade-Uruguay round) 장관회의에서 더 글로벌적인 WTO를 설립하여 1947년의 GATT를 대체하기로 결정했다. 1995년 1월 1일 공식 출범한 그 기구는 스위스 제네바에 본부를 두고 세계경제 무역 질서를 관장하고 있다. 기구의 기본 원칙은 시장개방·무차별·공정무역 등 원칙의 실시를 통해 세계무역 자유화의 목표를 실현하는 것이다. 1996년 1월 1일에 정식으로 관세무역일반협정 임시기구를 대체하여 가장 중요한 국제경제기구가 되었다. 그 기구는 160개 이상의 회원국을 보유하고 있으며, 회원국 무역총액이 전 세계의 98% 이상에 달해

"경제의 유엔"으로 불리며 국제 경제무역에서 매우 중요한 역할을 발휘하고 있다.

2001년 11월 10일 세계무역기구 제4기 장관급 회의가 카타르의 도하에서 개최되었다. 회의에서는 중국이 WTO에 가입한다는 법률문서를 채택했다. 이는 세계무역기구로 말하면 역사적인 사건이었고 중국으로 말하면 더욱 거대한 의의가 있는 일이었다. 이는 15년간의 힘겨운 노력 끝에 중국이 드디어 세계무역기구의 새 회원국이 되었음을 상징하며, 중국이 다른 세계무역기구 회원국과 동등한 대우를 누릴 수 있고, 동등한 무역권리를 가질 수 있게 되었음을 의미한다. 이는 중국 대외개방의 이정표이고, 중국경제발전의 이정표이며, 또한 중국 법치발전의 이정표이기도 하다.

세계무역기구는 국제기구인 동시에 하나의 규칙체계이기도 하다. 법률의 각도에서 말하자면, 세계무역기구에 가입한다는 것은 무엇보다도 먼저, 중국이 국제 무역절차와 규칙을 포함한 세계무역기구의 일련의 법률제도를 반드시 준수해야 함을 의미한다. 이러한 절차와 규칙은 국제경제무역 법률제도의 중요한 구성부분이며 중국을 포함한 여러 회원국이 공동으로 준수해야 할 규칙이기도 하다. 두 번째는, 중국의 국내 법률이 반드시 세계무역규칙과 맞물려야 하며 이에 따라 법률제도에서 상응한 제정·개정·폐지를 진행하여 국제무역기구 가입 요구에 부응해야 함을 의미한다. 이를 위해 중국 중앙정부는 법률 법규와 부서 규정제도 2,300여 건을 정리했고 지방정부는 지방성 정책법규 19만여 건을 정리했다. 세 번째는, 또 중국은 향후 입법에서 세계무역기구의 제반 규칙에 대해 반드시 고려해야 하며, 또 그 규칙에 부응해야 함을 의미한다. 이는 중국 법제의 발전에 있어서 중대한 변화임이 분명하며 또한 유력한 촉진이기도 하다.

세계무역기구에 가입한 이후 중국은 2001년 세계 6위 수출국에서 2009년 및 그 이후 세계 1위 수출국으로 뛰어 올랐다. 2001년부터 2017년까지의 16년 동안 중국의 상품무역 수입액은 연 평균 13.5% 성장해 세계 평균인 6.9%를 상회했으며, 세계 2위 수입국으로 부상했다. 2002년 이래 세계경제성장에 대한 중국의 평균 기여도는 30%에 육박했다. 국제무역 분쟁의 법률적 해결로부터 볼 때, 중국은 한때 전 세계 반보조금 반덤핑소송에서 피소사건이 가장 많은 국가였다. 그러나 2018년 4월까지 WTO에서 중국 피소 사건은 합계 27건이었고, 이미 종결된 사건이 23건이다. 피동적인 국면이 점차 개변되고 있는 것이다. 국제분쟁을 해결하는 과정에 중국정부와 기업은 세계무역기구의 판결을 존중하고 착실하게 집행했으며, 자국의 국정에 비추어 세계무역규칙에 부합되는 조정을 진행했다. 고소인이 보복을 요청한 경우는 한 건도 없었다. 중국은 국제 무역 및 분쟁에서 자신의 법률적 이미지를 성공적으로 새로 세웠다.

중국정부는 세계무역기구 가입 이전에, 그 수요에 부응하기 위해 법률을 개정하던 데로부터 세계무역기구의 법률제도로 자국의 합법적 권익을 수호하고 관련 국제관계를 조정하며, 국제 분쟁을 해소하기에 이르렀고, 또 이제는 국제무역규칙의 제정에 참여하여 세계 각국과 함께 공동으로 다자무역체제를 수호하고 공동으로 국제무역의 법률질서를 수호하기에 이르렀다. 그 과정에서 중국정부는 국제무역기구와 법률적으로 서로 작용하고 공명을 일으키면서 스스로 국제경제 질서에 융합되고 경제 글로벌화의 큰 흐름에 합류하는 동시에, 자체 법치화 행정도 힘 있게 추진했고 사회주의법치국가의 건설을 가속화했다.

(3) 조화로운 사회와 법치건설

2006년 10월 11일 중공중앙 제16기 제6차 전체회의가 베이징에서 열렸다. 회의에서는 당면한 정세와 과업에 대해 전면적으로 분석하고 사회주의 조화로운 사회의 구축과 관련한 몇 가지 중대한 문제에 대해 연구했으며, 「사회주의 조화로운 사회 구축과 관련한 몇 가지 중대한 문제에 대한 중공중앙의 결정」을 내렸다. 결정에는 다음과 같은 몇 가지 부분의 내용이 포함되었다. 1. 사회주의 조화로운 사회 구축의 중요성과 긴박성, 2. 사회주의 조화로운 사회 구축의 지도사상과 목표 임무 및 원칙, 3. 조화로운 발전을 견지하고 사회사업의 건설을 강화, 4. 제도건설을 강화하고 사회의 공평과 정의를 보장, 5. 조화문화를 건설하고 사회 조화의 사상도덕기반을 공고, 6. 사회 관리를 보완하고 사회의 안정과 질서를 유지, 7. 사회의 활력을 불러일으키고 사회의 단합과 화목을 증진, 8. 사회주의 조화로운 사회 구축에 대한 당의 영도를 강화하는 것 등이다.

결정에서는 사회의 조화가 중국 특색의 사회주의의 본질적 속성이고, 국가의 부강, 민족의 진흥, 인민의 행복을 보장하는 중요한 요소라고 주장했다. 결정에서는 사회주의의 조화로운 사회를 구축하는 것은 우리 당이 중국 특색의 사회주의사업의 총체적 배치와 샤오캉 사회의 전면 건설을 위한 전 국면으로부터 출발하여 제시한 중대한 전략적 과업으로서 부강하고 민주적이며, 문명하고 조화로운 사회주의 현대화국가를 건설하기 위한 내적 요구를 반영했고, 전 당과 전국 여러 민족 인민 공동의 염원을 구현했다고 주장했다.

결정에서는 조화로운 사회를 구축하려면 반드시 민주법치를 견지해야 한다고 개괄적으로 지적했다. 반드시 사회주의 민주정치 건설을 강화하여 사회주의민주를 발전시키고, 의법치국의 기본 방략을 실시하여 사회주의 법치국가를 건설하며, 사회주의 법치이념을 수립하고 전 사회적으로 법률의식을 증강하며, 국가의 경제·정치·문화·사회생활의 법제화, 규범화를 추진하여 사회의 공평한 보장체계를 점차 형성하여 사회의 공평과 정의를 촉진해야 한다고 지적했다.

결정에서는 법률제도를 보완하여 사회조화를 위한 법치 기반을 튼튼히 다져야 한다고 특별히 제시했다. 사회주의법제의 통일과 존엄을 수호하고 사회주의법제의 권위를 수립해야 한다. 법률 앞에서 공민은 일률적으로 평등하다는 원칙을 견지하고, 인권을 존중하고 보장하며 법에 의해 공민의 권리와 자유를 보장해야 한다. 과학적인 입법과 민주적인 입법을 견지하며 민주정치의 발전, 공민의 권리보장, 사회사업의 추진, 사회보장의 완비, 사회조직의 규범화, 사회관리의 강화 등 방면의 법률법규를 보완해야 한다. 법치정부의 건설을 가속화하고, 법에 의한 정무수행을 전면적으로 추진하며, 엄격히 법정 권한과 절차에 따라 권력을 행사하고, 직책을 이행하며 행정집법책임추궁제도를 완성시키고, 행정재의·행정배상제도를 보완해야 한다. 권력 운행에 대한 제약과 감독을 강화하고, 행정기관과 사법기관에 대한 감독을 강화해야 한다. 법률 서비스를 확대하고 규범화하며, 법률 원조사업을 강화하고 개선해야 한다. 법제선전교육을 깊이 있게 전개하여 전체 공민이 자발적으로 법을 배우고 법을 지키며 법을 적용하는 분위기를 조성해야 한다.

결정에서는 사법체제 메커니즘을 보완하고, 사회의 조화를 위한 사법보장을 강화해야 한다고 특별히 제시했다. 인민을 위한 사법, 공정한 사법원칙을 견지하고 사법체제와 업무메커니즘의 개혁을 추진하여 공정하고 고효율적이며 권위 있는 사회주의사법제도를 구축하여 공평정의를 수호하는 사법의 기능과 역할을 발휘시켜야 한다. 소송·검찰감독·형벌집행·교육교정·사법감정·형사배상·사법고시 등 제도를 보완해야 한다. 사법민주건설을 강화하여 공개재판·인민배심원·인민감독원 등 제도를 완성시키고 변호사·공증·화해·조해·중재의 적극적인 역할을 발휘해야 한다. 사법구조를 강화하여 빈곤대중들의 소송비용을 감면해 주어야 한다. 순회재판을 건전화하고 간이절차의 적용범위를 확대하며, 당사자 권리와 의무 고지제도를 실시하여 대중들의 소송에 편리를 도모해주어야 한다. 소송·변호사·중재 비용 징수를 규범화해야 한다. 인권에 대한 사법보호를 강화하여 엄격하게 법정원칙과 절차에 따라 소송활동을 진행해야 한다. 집행업무 메커니즘을 보완하고 집행업무를 강화하고 개진해야 한다. 청렴한 사법을 수호하고 사사로운 정에 얽매여 법을 어기는 행위거나 직무태만, 독직 등 행위에 대한 법적책임을 엄격히 추궁해야 한다.

결정에서는 사회치안의 종합 정비를 강화하여 인민대중의 안전감을 증강시켜야 한다고 특별히 제시했다. 단속과 예방을 결합하고 예방을 위주로 하며 전문기구와 대중단체를 결합하고 대중에 의지하는 방침을 견지하고, 사회치안 예방통제체계를 보완하고 평안한 사회 조성활동을 널리 전개하며, 사회치안종합정비조치를 기층에까지 실행하여 사회치안의 전반적인 안정을 확보해야 한다. 엄중한 형사범죄를 법에 의해 호되게 단속하며 불거진 치안문제와 치안이 혼란한 지역을 다스리고 음란물·도박·마약 등 사회의 추악한 현상을 제거하는데 힘써 형사범죄의 다발추세를 단호히 억제해야 한다. 관대한 처리와 엄정한 처리를 병행하는 형사사법정책을 실시하고 미성년자에 대한 사법제도를 개혁하며, 지역사회교화를 적극 추진해야 한다. 유랑아동과 수형자 자녀에 대한 관심과 교육을 강화하고, 마약 중독자에 대한 감화와 관리를 강화하며, 형기 만료 석방자와 강제노동 해제 자에 대한 보도교육 및 안치사업을 개선해야 한다. 정법보장메커니즘을 보완하고, 공안파출소·사법소·인민법정 등 기층의 기반건설을 강화하며, 지역사회의 경찰업무를 개혁하고 강화하며, 대중들을 위해 봉사하고 안정을 수호하는 제1선 플랫폼을 구축해야 한다. 인민을 위한 법집행원칙을 견지하고 정법대오건설을 강화하여 정법대오가 엄격하고 공정하며, 문명하게 법을 집행하고, 항상 당에 충성하고, 조국에 충성하며, 인민에 충성하고, 법률에 충성하도록 확보해야 한다.

사회주의 조화로운 사회는 바로 법치사회이다. 그러므로 사회주의 조화로운 사회의 구축은 사회주의법치건설을 떠날 수 없다. 조화로운 사회 건설은 법치건설을 강화하는 데에 대한 요구를 제기했고, 법치건설의 강화는 또 조화로운 사회 건설에 유력한 법치보장을 제공했다.

(4) 과학적 발전관과 법치건설

2003년 7월 28일, 후진타오(胡錦濤) 중공중앙 총서기가 연설에서 "인간 본위를 견지하고 전면적·균형적·지속가능한 발전관을 수립하며 경제사회와 인간의 전면적 발전을 촉진해야 한다"며 "도시와 농촌의 발전, 지역 발전, 경제와 사회의 발전, 인류와 자연의 조화로운 발전, 국내 발전과 대외 개방을 통일적으로 계획해야 한다"는 요구에 따라 제반 사업의 개혁과 발전을 추진할 것을 제시했다. 이러한 중요한 논술은 훗날 "과학적 발전관"으로 개괄되었다. 17차 당 대회 보고는 이에 대하여 전면적으로 논술했다. 후진타오 총서기는 그 보고의 「중국 특색의 사회주의의 위대한 기치를 높이 들고 샤오캉사회의 전면적 건설에서 새로운 승리를 쟁취하기 위해 분투하자」라는 부분에서 "과학적 발전관의 제일 요지는 발전이고 핵심은 인간 본위이며 기본 요구는 전면적·균형적·지속가능이며 근본 방법은 통일적으로 계획하고 고루 돌보는 것"이라고 제시했다. 17차 당 대회 보고의 논술에 따르면 과학적 발전관에는 인간 본위의 발전관, 전면적 발전관, 균형적 발전관 및 지속가능한 발전관이 포함된다. 동시에 대회에서는 과학적 발전관을 중국공산당규약에 써넣었다. 2012년의 18차 당 대회에서는 또 과학적 발전관을 당의 지도사상에 포함시켰다.

17차 당 대회 보고는 과학적 발전을 조화로운 사회와 긴밀히 연결시키고 나아가 법치건설과 긴밀히 결합시켰다. 과학적 발전관을 깊이 있게 관철 실행함에 있어서 사회주의 조화로운 사회를 적극 구축할 것을 요구하고 있다. 조화로운 사회는 "민주와 법치, 공평과 정의, 성실과 우애, 활력 충만, 안정과 질서, 인간과 자연의 조화로운 공존의 총적 요구와 공동으로 건설하고 공동으로 누려야 한다는 원칙에 따라 인민이 가장 관심하고 가장 직접적이며 가장 현실적인 이익문제를 힘써 해결하고 전체 인민이 적재적소에서 각자의 능력을 다 발휘하면서 또 조화롭게 지내는 국면을 애써 형성하여 발전을 위한 양호한 사회적 환경을 마련하는 것"이다. 그래서 법치가 조화로운 사회를 구축하고 과학적 발전관을 견지함에 있어서의 내적 요구로 되었다. 보고는 샤오캉사회 전면 실현의 분투목표의 새로운 요구에 대해 서술하면서 "사회주의 민주를 확대하여 인민의 권익과 사회의 공평과 정의를 더욱 잘 보장해야 한다. 공민의 정치참여를 질서 있게 확대해야 한다. 의법치국의 기본 방략을 깊이 있게 실행하여 전 사회의 법제 관념을 진일보로 증강하여 법치정부 건설에서 새로운 성과를 이룩해야 한다."라고 지적했다. 이러한 요구는 샤오캉사회를 전면적으로 실현하기 위한 법치 요구일 뿐만 아니라 과학적 발전관을 관철 실시하기 위한 법치 요구이기도 하다.

의법치국을 전면적으로 추진하다

2012년 11월, 18차 당 대회가 성공리에 열렸다. 후진타오 총서기가 18차 당 대회 보고에서 의법치국을 전면적으로 추진할 것을 제시했다. 이로써 중국의 법치발전이 또 새로운 장정의 길에 올랐다. 2014년 중앙 제18기 제4차 전체회의에서 「의법치국의 전면적 추진 관련 몇 가지 중대한 문제에 대한 중공중앙의 결정」을 내렸고 시진핑 총서기가 그 결정에 대해 설명했다. 그 결정과 시진핑 총서기의 설명을 통해 의법치국 사업에 대해 새롭고 전면적인 최고 차원의 전략계획을 제정했으며 중국의 사회주의 법치건설이 새 시대에 들어섰다.

(1) 의법치국과 새로운 법치방침의 전면적 추진

2012년 11월 8일, 18차 당 대회가 성대하게 개최되었다. 대회는 중국이 샤오캉사회를 전면적으로 실현하는 결정적인 단계에 들어선 시점에 열린 아주 중요한 대회였다. 후진타오 총서기가 당 중앙을 대표하여 대회에서 보고를 했다. 그는 보고에서 중국 법치의 미래발전에 대해 중요한 계획을 발표했다. 그는 다음과 같이 강조했다. 당이 인민을 이끌어 나라를 다스림에 있어서 의법치국이라는 기본 방략을 견지해야 한다. 가장 광범하게 인민을 동원하고 조직하여 법에 의해 국가 사무를 관리하고 경제와 문화 사업을 관리하며 사회주의 현대화 건설에 적극 참여하도록 하며 인민의 권익을 더욱 잘 보장하고 인민이 주인으로서의 권리를 행사하도록 더욱 잘 보장해야 한다. 2020년에 이르러 샤오캉사회를 전면적으로 실현하는 동시에 의법치국의 기본 방략을 전면적으로 실시하여 법치정부를 기본적으로 완성하고 사법의 공신력을 꾸준히 향상시키며 인권이 확실하게 존중 받고 보장되도록 해야 한다. 앞으로 당의 영도, 인민이 주인으로서 권리를 행사할 수 있는 지위, 의법치국의 유기적인 통일을 반드시 견지하여 인민의 주인으로서의 권리행사를 근본으로 하여 당과 국가의 활력을 증강하고 인민의 적극성을 불러일으키는 것을 목표로 하여 사회주의 민주를 확대하고 사회주의 법치국가의 건설을 가속화하며 사회주의 정치문명을 발전시킬 수 있도록 보장해야 한다. 당의 지도방식과 집권방식의 개진을 더욱 중시하여 당이 인민을 영도하여 나라를 효과적으로 다스리도록 보장해야 한다. 민주제도를 건전히 하고 민주형식을 풍부히 하는데 더욱 중시를 돌려 인민이 법에 따라 민주적인 선거, 민주적인 의사결정, 민주적인 관리, 민주적인 감독을 실시하도록 보장해야 한다. 국가관리와 사회관리에서 법치의 중요한 역할을 살리는 것을 더욱 중시하여 국가 법제의 통일·존엄·권위를 수호하고 인민이 법에 따라 광범위한 권리와 자유를 누릴 수 있도록 보장해야 한다. 그는 의법치국을 전면적으로 추진해야 한다고 명확히 제시했다. 그는 법치가 국정운영의 기본 방식이라고 주장했다. 과학적인 입법, 엄격한 집법, 공정한 사법, 전 국민의 준법을 추진하고 법률 앞에서의 모든 사람이 평등해야 한다는 원칙을 견지하며 반드시 법에 의거하고 법을 반드시 엄격히 집행하며 법을 어기면 반드시 추궁하도록 보장해야 한다. 중국 특색의 사회주의 법률체계를 보완하고 중점 분야에서의 입법을 강화하여 인민이 질서 있게 입법에 참여할 수 있는 경로를 넓혀야 한다. 법에 의한 정무수행을 추진하여 엄격하고 규범적이며 공정하고 문명한 법 집행을 실현해야 한다. 사법체제개혁을 한층 더 심화하여 재판기관과 검찰기관이 법에 따라 독자적으로 공정하게 재판권과 검찰권을 행사하도록 확보해야 한다. 법제 선전교육을 깊이 있게 전개하고 사회주의 법치정신을 고양하며 사회주의 법치 이념을 수립하고 전 사회적으로 법을 배우고 법을 존중하며 법을 지키고 법을 이용하는 의식을 증강해야 한다. 지도간부들이 법치사유와 법치방식을 활용하여 개혁을 심화하고 발전을 추진하며 모순을 해소하고 안정을 수호하는 능력을 향상시켜야 한다. 당이 인민을 영도하여 헌법과 법률을 제정함에 있어서 당은 반드시 헌법과 법률의 범위 안에서 활동해야 한다. 어떤 조직이나 개인도 헌법과 법률을 초월하는 특권을 누릴 수 없으며 지도간부의 말로 법을 대체하거나 권력으로 법을 내리누르거나 사사로운 인정에 얽매여 법을 어기는 것은 절대 허용할 수 없다.

18차 당 대회 보고에서 제시한 "의법치국 전면 추진"과 새로운 법치 발전 방침인 "과학적인 입법, 엄격한 집법, 공정한 사법, 전 국민 준법"은 중국의 법치발전에 특별히 중대한 의의를 가지고 있다. 의법치국을 전면적으로 추진하는 것은 중국 의법치국 사업 발전의 필연적 요구이자 중요한 지침이다.

(2) 의법치국을 전면적으로 추진하기 위한 최고 차원 전략 계획

18차 당 대회에서는 "의법치국을 전면적으로 추진"하는 데에 대한 전략적 배치를 제시했다. 그 전략적 배치를 관철, 실시하고 사회주의 법치국가 건설을 가속화하기 위한 중공중앙 제18기 제4차 전체회의가 2014년 10월 20일부터 23일까지 베이징에서 열렸다. 회의에서는 의법치국의 전면적 추진 관련 몇 가지 중대한 문제를 전문 주제로 연구했으며 「의법치국의 전면적 추진 관련 몇 가지 중대한 문제에 대한 중공중앙의 결정」을 내렸다. 그 결정은 7개 부분의 내용이 포함되었다. 1. 중국 특색의 사회주의 법치의 길을 견지하여 중국 특색의 사회주의 법치체계를 구축한다. 2. 헌법을 핵심으로 하는 중국 특색의 사회주의 법률체계를 완성하고 헌법의 실시를 강화한다. 3. 법에 의한 정무수행을 깊이 있게 추진하여 법치정부 건설을 가속화한다. 4. 사법의 공정성을 보장하여 사법의 공신력을 제고한다. 5. 전 국민의 법치관념을 증강하여 법치사회건설을 추진한다. 6. 법치업무대오건설을 강화한다. 7. 의법치국의 전면적 추진에 대한 당의 영도를 강화하고 개진한다.

　결정에서는 의법치국이 중국 특색의 사회주의를 견지하고 발전시키는 본질적 요구이고 중요한 보장이며 국정운영체계와 국정운영능력의 현대화를 실현하는 필연적 요구이며 우리 당의 집권 및 나라 진흥과 관계되고 인민의 행복 및 평안과 관계되며 당과 국가의 장기적인 안정과 관계된다고 주장했다. 또 샤오캉사회를 전면적으로 실현하고 중화민족 위대한 부흥의 중국 꿈을 실현하며 개혁을 전면적으로 심화하고 중국 특색의 사회주의제도를 보완하고 발전시키며 당의 집권능력과 집권수준을 향상시키려면 반드시 의법치국을 전면적으로 추진해야 한다고 주장했다. 결정에서는 현 시점에서 법치의 선도 역할과 규범 역할에 대해 특별히 강조했다. 중국은 사회주의 초급단계에 처해 있고 샤오캉사회를 전면적으로 실현하는 결정적인 단계에 들어섰으며 개혁의 난관돌파시기와 심층단계에 들어섰고 또 국제 정세가 복잡다단하여 우리 당이 직면한 개혁·발전·안정의 임무가 전례 없이 막중하고, 모순·위험·도전이 전례 없이 많다. 따라서 의법치국이 당과 국가 사업의 전반 국면에서 차지하는 지위가 더욱 두드러지며 역할이 더욱 크다. 새로운 정세와 새로운 임무에 직면한 우리 당은 국내와 국제의 두 방면의 큰 국면을 더욱 잘 총괄하여 우리나라 발전의 중요한 전략적 기회시기를 더욱 잘 수호하고 이용하며 사회적 역량을 더욱 잘 총괄하고 사회 이익의 균형을 잡으며 사회관계를 조율하고 사회행위를 규범화하여 우리 사회가 큰 변화 속에서 활기차고도 질서정연할 수 있도록 하면서 경제발전, 깨끗한 정치, 번창한 문화, 공정한 사회, 양호한 생태를 실현하고 우리나라 평화적 발전의 전략목표를 실현하려면 반드시 법치의 선도역할과 규범역할을 더욱 잘 발휘해야 한다.

결정에서는 의법치국을 전면적으로 추진하는 총적 목표를 중국 특색의 사회주의 법치체계 건설과 사회주의 법치국가 건설로 확정지었다. 즉, 중국공산당의 영도 아래 중국 특색의 사회주의제도를 견지하고 중국 특색의 사회주의 법치이론을 관철하며 완벽한 법률규범체계, 고효율적인 법치실시체계, 엄밀한 법치감독체계, 강력한 법치보장체계를 형성하고 완성된 당내 법규체계를 형성하며 계속하여 의법치국, 의법집권, 의법행정을 공동으로 추진하고 법치국가·법치정부·법치사회의 일체화 건설을 견지하며 과학적인 입법, 엄격한 법집행, 공정한 사법, 전 국민의 준법을 실현하여 국정운영체계와 국정운영능력의 현대화를 촉진하는 것이다.

결정에서는 상기 총적 목표를 실현함에 있어서 반드시 5대 원칙을 견지해야 한다고 강조했다. 그 5대 원칙은 중국공산당의 영도를 견지해야 하고, 인민의 주체적 지위를 견지해야 하며, 법률 앞에서는 누구나 평등하다는 원칙을 견지해야 하고, 의법치국과 의덕치국을 결합시켜야 하며, 어디까지나 중국의 실제로부터 출발해야 한다는 것이다. 결정에서는 의법치국을 전면적으로 추진하는 것은 하나의 체계적인 공정이자 국정운영영역에서의 한차례 광범위하고도 깊은 혁명으로서 장기적이고 힘겨운 노력을 기울여야 한다고 특별히 지적했다. 아울러 전 당 동지들은 반드시 더욱 자발적으로 의법치국을 견지하고 더욱 착실하게 의법치국을 추진하여 국가 제반 사업의 법치화를 힘써 실현하여 법치중국의 건설을 향해 꾸준히 정진해야 한다고 제시했다.

(3) 시진핑 신시대중국특색의사회주의사상 중의 법치 관련 논술

2017년 10월 18일, 19차 당 대회가 열렸다. 대회 보고에서 시진핑 총서기가 "신시대중국특색의사회주의사상"을 제기했다. 2017년 10월 24일, 19차 당 대회에서 「중국공산당 규약(수정안)」에 관한 결의가 채택되었으며 "시진핑 신시대중국특색의사회주의사상"을 당 규약에 써넣었다. 2018년 3월 11일 "시진핑 신시대중국특색의사회주의사상"이 헌법 수정안의 형식으로 헌법에 기입되었다. 시진핑 신시대중국특색의사회주의사상은 당 규약과 헌법의 이중적 의미에서 중국사회의 새로운 지도사상으로 되었다. 그 사상은 "8가지 명확히"와 14가지 기본 방략을 포함하고 있다. 법치는 시진핑 신시대중국특색의사회주의사상의 매우 중요한 구성부분이다.

시진핑 신시대중국특색의사회주의사의 "8가지 명확히" 중에서 "의법치국 전면 추진의 총적 목표는 중국 특색의 사회주의 법치체계를 건설하고 사회주의 법치국가를 건설하는 것임을 반드시 명확히 해야 한다"고 요구했다. 이는 전면적 의법치국의 총적 목표를 풍부히 하고 발전시킨 것이며 또한 그 총적 목표에 대한 최신 개괄이기도 하다. "사회주의 법치국가의 건설"은 1997년 15차 당 대회 보고에서 제기한 목표이다. 2014년 11월, 중공중앙 제18기 제4차 전체회의가 열렸다. 대회에서 채택된 「의법치국 전면 추진 관련 몇 가지 중대한 문제에 대한 중공중앙의 결정」에서는 "중국 특색의 사회주의 법치체계 건설" 목표를 제기하여 그 목표를 그 이전의 "사회주의 법치국가 건설"과 한데 묶어서 "중국 특색의 사회주의 법치체계 건설, 사회주의 법치국가 건설"이라는 의법치국 전면 추진의 최신 총적 목표를 형성함으로써 총적 목표를 더욱 완성시켰다.

시진핑 신시대중국특색의사회주의사상의 "14가지 견지" 중에서는 제일 먼저 "인민의 주인으로서의 권리행사 견지" 부분에서 의법치국을 특별히 강조했다. "당의 영도, 인민의 주인으로서의 권리행사, 의

법치국의 유기적인 통일을 견지하는 것은 사회주의 정치 발전의 필연적인 요구"라고 지적했다. 당의 영도, 인민의 주인으로서의 권리행사, 의법치국 사이의 관계문제는 우리 당이 직면한 중대한 난제이자 중대한 과제이며 또 우리의 성공적인 기본 경험이기도 하다. 3자 관계에 대한 탐색과 인식을 통해 중국 특색의 사회주의 법치이론이 새로운 더욱 큰 발전을 이루었다.

"전면적 의법치국 견지"는 시진핑 시진핑 신시대중국특색의사회주의사상의 "14가지 견지"의 중요한 내용이다. 19차 당 대회 보고에서 지적했다시피 "전면적인 의법치국은 중국 특색의 사회주의의 본질적 요구이자 중요한 보장이다. 반드시 당의 영도를 의법치국의 전반 과정과 제반 방면에 관철 실시시키고 중국 특색의 사회주의 법치의 길로 확고부동하게 나아가야 하며 헌법을 핵심으로 하는 중국 특색의 사회주의 법률체계를 보완하고 중국 특색의 사회주의 법치 체계를 건설하며 사회주의 법치국가를 건설해야 한다. 중국 특색의 사회주의 법치이론을 발전시키고 의법치국, 의법집권, 의법행정의 공동 추진을 견지하며 법치국가, 법치정부, 법치사회의 일체화 건설을 견지하고 의법치국과 의덕치국의 결합을 견지하며 법에 의해 나라를 다스리는 것과 규정에 의해 당을 다스리는 것의 유기적인 통일을 견지하고 사법체제개혁을 심화하며 전 민족의 법치소양과 도덕자질을 향상시켜야 한다." 이 논술은 전면적인 의법치국의 중요한 성격과 중대한 역할을 구현했으며 당의 영도 및 중국 특색의 사회주의 법치의 길, 법률체계, 법치체계, 법치이론 및 사회주의 법치국가의 중요한 의의에 대해 강조했다. 또 의법치국, 의법집권, 의법행정의 공동추진, 법치국가, 법치정부, 법치사회의 일체화 건설에 대해 총체적인 요구를 제기했으며 의법치국과 의덕치국, 규정에 의해 당을 다스리는 것, 사법체제개혁, 전 민족의 법치소양과 도덕자질 사이의 관계에 대해 새롭게 개괄했다.

(4) 전면적 의법치국의 새로운 사상, 새로운 이념, 새로운 전략

2018년 시진핑 총서기가 중앙전면의법치국위원회 제1차 회의에 참석했다. 그는 연설에서 전면적 의법치국의 새로운 사상, 새로운 이념, 새로운 전략에 대해 개괄했다. 2019년 봄, 그는 또 그 연설의 일부 내용을 「전면적 의법치국에 대한 당의 영도를 강화하자」라는 제목으로 『구시』(求是) 잡지 2019년 제4기에 발표했다. 글에서 의법치국에 대한 시진핑 총서기의 새로운 사상, 새로운 이념, 새로운 전략을 다음과 같은 10개 방면으로 개괄했다.

첫 번째, 의법치국에 대한 당의 영도를 계속 강화해야 한다. 시진핑 총서기는 "당의 영도는 사회주의 법치의 가장 근본적인 보장"이라며 전면적인 의법치국은 결코 당의 영도를 약화시키려는 것이 아니라 당의 영도를 강화하고 개선하려는 것이며 의법치국에 대한 당의 지도 능력과 수준을 꾸준히 향상시켜 당의 집권지위를 공고히 하려는 것이라고 주장했다. 이를 위해서 당은 입법을 지도하고, 집법을 보장하며, 사법을 지지하고, 솔선하여 법을 지켜야 하며 당이 전면적 의법치국을 지도할 수 있는 제도와 업무 메커니즘을 건전히 함으로써 법정 절차를 통해 당의 주장을 국가의 의지로 만들고 법률을 형성하여 법률을 통해 당의 정책의 효과적인 실시를 보장함으로써 전면적 의법치국의 정확한 방향을 확보해야 한다고 주장했다.

두 번째, 인민의 주체 지위를 견지해야 한다. 이는 법치의 귀속문제를 해결하려는 것이다. 시진핑 총서기는 "법치는 인민을 위한 것이어야 하고, 인민에 의지하고, 인민을 복되게 하며, 인민을 보호하는 것"을 반드시 견지해야 한다고 주장했다. 그는 사회생활 속에서 반드시 사회의 공평과 정의라는 법치가치에 대한 추구를 확실히 파악하여 인민대중이 모든 법률제도, 모든 집법결정, 모든 사법사건에서 공평과 정의를 느낄 수 있도록 노력해야 한다고 말했다. 그는 인민의 이익을 구현하고, 인민의 염원을 반영하며, 인민의 권익을 수호하고, 인민의 복지를 증진하는 것을 의법치국의 전반 과정에 실천하여 인민이 당의 지도 아래 여러 가지 경로와 형식을 통해 국가 사무를 관리하고 경제와 문화 사업을 관리하며 사회 사무를 관리하도록 해야 한다고 강조했다.

세 번째, 중국 특색의 사회주의 법치의 길을 견지해야 한다. 시진핑 총서기는 의법치국을 전면적으로 추진하려면 반드시 맞는 길을 잘 선택해야 한다고 주장했다. 그는 중국의 국정과 실제로부터 출발하여 자기에게 알맞은 법치의 길을 선택하여 잘 걸어야 한다면서 다른 나라의 모델과 방법을 그대로 옮겨와서는 절대 안 된다고 말했다. 그는 역사의 옛길을 걸어서도 안 되고 서양의 그릇된 길을 그대로 따라가서도 안 된다고 거듭 경고했다. 역사의 옛길이든 서양화한 그릇된 길이든 모두 죽음뿐이다.

네 번째, 중국 특색의 사회주의 법치체계 건설을 견지해야 한다. 시진핑 총서기가 생각하는 중국 특색의 사회주의 법치체계는 중국 특색의 사회주의제도의 법률적 표현형태이다. 반드시 중국 특색의 사회주의 법치체계 건설이라는 관건적인 수단에 착안하여 완벽한 법률규범체계, 고효율적인 법치실시체계, 엄밀한 법치감독체계, 강력한 법치보장체계를 힘써 형성하고 완벽한 당 내 법규체계를 형성하면서 전면적 의법치국의 새로운 국면을 꾸준히 개척해나가야 한다.

다섯 번째, 의법치국·의법집권·의법행정을 공동으로 추진하여 법치국가·법치정부·법치사회의 일체화 건설을 견지해야 한다. 이는 시진핑 총서기가 항상 강조해오고 있는, 의법치국에서 반드시 견지해야 할 중요한 방면이다. 의법치국·의법집권·의법행정은 하나의 유기적인 통일체로서 관건은 당이 의법집권을 견지하고 각급 정부가 의법행정을 견지하는 것이다. 법치국가·법치정부·법치사회 3자는 각기 치중점이 있고 서로 보완한다. 법치국가는 법치건설의 목표이고 법치정부는 법치국가를 건설하는 주체이며 법치사회는 법치국가를 수립하는 토대이다.

여섯 번째, 헌법에 의한 치국과 헌법에 의한 집권을 견지해야 한다. 시진핑 총서기는 의법치국을 실현하려면 우선 헌법에 의한 치국을 견지해야 하고 의법집권을 실현하려면 우선 헌법에 의한 집권을 견지해야 한다고 거듭 강조했다. 당이 인민을 영도하여 헌법과 법률을 제정하고 인민을 영도하여 헌법과 법률을 실시하려면 당 자체가 반드시 헌법과 법률의 범위 내에서 활동해야 한다. 모든 공민과 사회조직 및 국가기관은 반드시 헌법과 법률을 행위 준칙으로 삼아야 한다. 모두 헌법과 법률에 따라 권리나 권력을 행사해야 하고 의무 또는 직책을 이행해야 한다. 그 누구든 헌법과 법률을 초월하는 특권을 누릴 수 없으며 헌법과 법률을 어기는 모든 행위는 반드시 추궁을 받아야 한다.

일곱 번째, 과학적인 입법, 엄격한 집법, 공정한 사법, 전 국민 준법을 전면적으로 추진해야 한다. 입법·집법·사법·준법 등 분야의 두드러진 모순과 문제를 잘 해결하려면 반드시 법치영역의 개혁을 확고부동하게 추진해야 한다. 전면적인 의법치국의 핵심 고리를 확실히 틀어쥐고 입법체제를 보완하여 입법의 질을 높여야 한다. 엄격한 집법을 추진하여 집법체제를 합리적으로 조절하며 행정집법절차를 보완하고 행정집법책임제를 전면적으로 실시해야 한다. 사법기관이 법에 따라 독립적으로 직권을 행사하는 것을 지지하여 사법 권력의 분담 책임, 상호 협력, 상호 제약의 제도적 배치를 건전히 해야 한다. 전 국민에 대한 법률 보급을 강화하여 전 사회적으로 법에 따라 사무를 처리하고 일에 부딪치면 법을 찾으며 법으로 문제를 해결하고 법에 의지하여 모순을 해소하는 법치환경을 조성해야 한다.

여덟 번째, 전면적 의법치국의 변증관계를 잘 처리하는 것을 견지해야 한다. 전면적 의법치국을 실현함에 있어서 정치와 법치, 개혁과 법치, 의법치국과 의덕치국, 법에 의해 나라를 다스리는 것과 규정에 의해 당을 다스리는 것 간의 관계를 반드시 정확하게 처리해야 한다. 사회주의법치는 반드시 당의 영도를 견지해야 하고 당의 영도는 반드시 사회주의법치에 의지해야 한다. 법치 환경에서 개혁을 추진하고 개혁 과정에서 법치를 완성하는 것을 견지해야 한다. 의법치국과 의덕치국을 결합시키는 것을 견지하여 법치와 덕치의 상호보완과 상부상조를 실현해야 한다. 법에 의해 나라를 다스리는 것과 규정에 의해 당을 다스리는 것 간의 상호보완성 역할을 발휘하여 당이 헌법과 법률에 의거하여 국정을 운영할 수 있도록 확보할 뿐만 아니라 당 내 법규에 의거해 당을 관리하고 다스리며 당을 엄하게 다스릴 수 있도록 확보해야 한다.

아홉 번째, 재덕이 겸비한 자질 높은 법치업무대오를 건설하는 것을 견지해야 한다. 시진핑 총서기는 의법치국을 전면적으로 추진하려면 반드시 당과 국가에 충성하고 인민에 충성하며 법률에 충성하는 사회주의법치업무대오를 힘써 건설해야 한다고 주장했다. 이상과 신념 교육을 강화하고 사회주의 핵심 가치관과 사회주의 법치이념 교육을 깊이 있게 전개하여 법치전문대오의 정규화·전문화·직업화를 추진하고 직업자질과 전문화수준을 향상시켜야 한다. 덕목을 갖춘 인재를 양성하고 덕목과 법률자질을 고루 연마하고 법치인재 양성 메커니즘을 혁신하여 높은 자질을 갖춘 법치인재와 예비역량을 많이 양성하기 위해 애써야 한다.

열 번째, 지도간부라는 "관건적 소수"를 중점적으로 틀어쥐어야 한다. 지도간부는 당의 집권권과 국가의 입법권·행정권·감찰권·사법권을 구체적으로 행사하며 전면적인 의법치국의 관건이다. 지도간부는 반드시 솔선하여 법치를 떠받들고 법률을 경외해야 하며, 법률을 이해하고 장악해야 하며, 규율과 법을 준수하고 법치를 수호해야 하며, 법치를 엄격히 실행하고 법에 따라 사무를 처리해야 하며, 법치사유와 법치방식을 활용하여 개혁을 심화시키고 발전을 추진하며 모순을 해소하고 안정을 수호하는 능력을 꾸준히 키워야 하며, 법을 존중하고 법을 배우며 법을 지키고 법을 활용하는 모범이 되어야 하며 실제 행동으로 전 사회를 이끌어 법을 존중하고 법을 배우며 법을 지키고 법을 활용하도록 해야 한다.

시진핑 총서기는 상기 10가지 새로운 이념, 새로운 사상, 새로운 전략에 대해 전면적으로 해석한 뒤 "이런 새로운 이념, 새로운 사상, 새로운 전략은 마르크스주의 법치사상을 중국화한 최신 성과이자 전면적 의법치국의 근본 지침으로서 반드시 장기적으로 견지하고 꾸준히 풍부히 하고 발전시켜야 한다."[64]라고 개괄했다. 전면적 의법치국의 새로운 사상, 새로운 이념, 새로운 전략의 제기 및 개괄은 전면적 의법치국의 지도사상·발전의 길·업무배치·중점임무를 명확히 했고 중국 신시대의 법치건설을 위한 방향을 제시했으며 중국 법치 발전의 중요한 지침이 되었다.

---

64) 시진핑, 「전면적 의법치국에 대한 당의 영도를 강화해야」, 『구시(求是)』 2019년 제4기.

4

사회주의문화를 번영시키다

4
사회주의문화를 번영시키다

    물은 생명의 근원이자 문명의 뿌리이기도 하다. 세계 4대 문명고국
은 모두 하천 유역에서 발상했다. 메소포타미아 유역의 바빌로니아문
명, 나일 강 유역의 고대 이집트문명, 인더스 강 유역의 고대 인도문
명, 황허(黃河)·창장(長江) 유역의 중화문명이 바로 그러하다. 강은 변
함이 없어도 문명의 발전은 끊길 수 있다. 중국은 세계 4대 문명고국
중 유일하게 전체적인 문명을 이어온 나라이다. 기타 3대 고대문명은
모두 연속적으로 중단된 적이 있다. 이는 중국인이 자랑스럽게 생각
할 만한 일이다. 그러나 농업을 토대로 형성된 중국문명은 근대 들어
공업을 토대로 한 서양문명의 충격을 많이 받았다. 중국인들은 낙후
하여 업신여김을 당하는 국면에서 벗어나기 위하여 인류의 모든 문
명성과를 꾸준히 학습했다. 신중국이 창건된 이래 특히 개혁개방이
래 중국공산당의 영도 아래 정확한 문화건설방침을 견지하면서 정신
문명건설을 꾸준히 강화하고 문화체제개혁을 심화했으며, 본연의 문
화를 잃지 않고 외래 선진문화를 받아들여 중국 특색의 사회주의문
화를 건설하고, 중화문화의 대번영·대발전을 추진함으로써 중국인의
문화적 자신감이 새로운 수준에 올라섰다. 중국의 종합국력이 빠르

게 증강됨에 따라 중국을 세계에 소개하여 세계의 더욱 많은 사람들이 중화문화에 대해 이해할 수 있도록 하는 것은 21세기 모든 중국인의 책임이 되었다. 당대 가장 위대한 역사학자의 한 사람인 토인비(Arnold Joseph Toynbee)는 "인류의 희망은 동방에 있으며 중국문명은 미래 세계의 전환과 21세기 인류사회에 무궁무진한 문화보물과 사상자원을 제공할 것"이라고 주장했다. 이런 평가는 중국문명의 매력을 보여준다.

" '문화대혁명', 백가쟁명" (百花齊放, 百家爭鳴)

1949년 7월 중화전국문학예술인대표대회가 베이핑에서 열렸다. 마오쩌동은 이번 회의 개최를 크게 중시하여 회의에 보내는 축전에서 "혁명이 승리한 후, 우리 임무는 주로 생산을 발전시키고 문화교육을 발전시키는 것"이라며 "인민혁명의 승리와 인민정권의 수립은 인민의 문화교육과 인민의 문학예술 발전의 길을 열어주었다"고 지적하면서 전국의 모든 애국적인 문학예술인들에게 "더욱 단합하고 대중과 더욱 밀접한 연계를 취해 인민을 위해 봉사하는 문학예술사업을 폭넓게 발전시키기"를 바랐다.[65] 이번 회의에서 문학예술은 인민을 위하여 봉사해야 하고, 우선 노동자·농민·군인을 위하여 봉사해야 한다는 방침을 확정함으로써 신중국 문화건설의 새로운 지평을 열어놓았다. 1954년 이후 중국은 문화부·고등교육부(고등교육은 한국의 대학교 교육과 같음)·교육부 등의 문화 관리기관을 설립했으며 문화건설

---

65) 『마오쩌동 연보(1893~1949)』 하권, 중앙문헌출판사 2013년판, 526~527쪽.

이 점차 정상적인 궤도에 들어섰다.

신중국 창건 초기 문화건설 과정에서 깊은 영향을 끼친 몇 가지 큰 사건이 있었다.

먼저 희곡(戱曲) 개혁에 대해서 보기로 하자. 희곡은 유구한 역사를 가진 종합무대예술양식으로서 중국에서 광범위한 관객층을 보유하고 있다. 중국공산당은 희곡문화유산을 바르게 대해야 하고 수십만 명의 희곡예술인을 적절하게 배치해야 했다. 이에 따라 당 중앙은 중국희곡연구원을 설립하기로 결정했다. 1951년 3월 23일 중앙정부는 중국희곡연구원 원장과 부원장을 임명했다. 저우언라이가 임명통지서에 직접 서명하여 발부했는데 메이란팡(梅蘭芳)을 원장으로, 청옌츄(程硯秋)를 부원장으로, 마사오버(馬少波)를 부원장 겸 당 총지부 서기로 임명했다. 3월 24일 저녁 중국희곡연구원의 새로 부임한 몇몇 지도자들이 회의를 열고 토론을 거쳐 메이란팡이 마오쩌동·저우언라이 등 지도자들에게 중국희곡연구원의 설립을 위해 제사를 써줄 것을 요청하는 내용의 편지를 쓸 것을 결정했다. 모두들 화선지를 사온다 편지를 쓴다 하면서 분주히 움직였다. 모든 편지를 메이란팡이 서명하고 도장을 찍은 후 연구원으로 보내 통괄적으로 발송했다. 마사오버는 25일 마오 주석에게 편지와 선지를 보냈는데 27일 마오쩌동의 제사를 받았다고 회억했다. 그는 마오 주석이 전날에 제사를 썼을 것이라고 짐작했다. "제사는 표구가 되어 있지 않았는데 폭이 석자, 높이가 두자였다. 제사는 세로로 정렬되어 있었는데 오른쪽에서부터 왼쪽으로 차례로 '문화대혁명', 추진출신'(百花齊放, 推陳出新. 온갖 예술이 함께 성하고, 진부한 것을 버리고 정화를 취해 새로운 것을 창조하다)이라고 쓰여져 있었다. 그리고 마오쩌둥(毛澤東)이라는 서명이 되어 있었다. 그때 당시 시간이 촉박해서 우리는 마오 주석의 제사만 확대하여 좌병(座屛, 작은 탁자 위에 놓은 접지 못하는 병풍—역자 주)으로 제작했다. 다른 지도자들의 제사는 액자를 만들어 넣었다." 마오쩌둥의 제사는 설립을 앞둔 희곡연구원의 동지들에게는 매우 큰 고무와 격려가 되었다. 4월 3일 설립대회에서 그 제사가 정식 공개되었다.

5월 5일 저우언라이가 희곡개혁에 관한 지시에 서명하여 "중국의 희곡은 종류가 매우 풍부하므로 보편적으로 이용하고 개조하며 발전시켜야 한다"며 "다양한 희곡형태의 자유로운 경쟁을 독려하여 희곡형태의 '문화대혁명'을 실현해야 한다."라고 지적했다. 희곡개혁을 통해 희곡예술인들을 단합시켰을 뿐만 아니라 낡은 희곡도 개혁했다. 1952년 10월부터 11월까지 문화부가 제1회 전국희곡견학공연대회를 개최하여 23가지 희곡 종류의 82개 작품이 공연되었다. 희곡의 대가로 불리는 메이란팡·저우신팡(周信芳)·청옌츄·위안쉐펀(袁雪芬)·창샹위(常香玉)·왕야오칭(王瑤卿)·거쟈오톈(蓋叫天)이 영예상을 받았고, 월극(越劇) "양산백과 축영대"(梁山伯與祝英臺) 등 9개 희곡작품이 극본상을 받았다. 그 견학공연을 통해 희곡개혁에서 거둔 초보적인 성과를 보여주었다.

문자개혁에 대해 살펴보면 중국의 한어(漢語)는 방언이 매우 많은데 사람들 간의 교류에서 상당히 많은 불편을 끼치고 있다. 예를 들면 산동지역 사람들은 산동말을 쓰고, 광동지역 사람들은 광동말(월語, 월어)을 쓰는데 서로 잘 알아듣지 못한다. 게다가 한자(漢字)는 복잡하고 어려우며, 필획이 많고, 구조가 복잡하며 이체자(異體字)가 많아 국민 간의 교류와 문화 수준의 향상에 불리한 영향을 주고 있는 것이 사실이다. 신중국이 창건된 후 중앙정부는 문자개혁을 중요한 정치과업으로 삼아 의사일정에 올려놓았다. 1949년 10월 1일 개국대전이 거행된 지 열흘 만에 중국문자개혁협회가 설립되어 문자개혁의 임무와 내용에 대한 연구에 착수함과 동시에 간체자(簡體字)의 연구와 선정 사업을 시작했다. 1952년에 중국문자개혁연구위원회가 설립되었다. 마오쩌둥이 문자개혁의 임무에 대해 "한자를 간체화(簡化)하고, 표준중국어를 널리 보급하며, 한어 병음 방안을 제정하고 실시해야 한다."라고 명확히 규정지었다.

노력을 거듭한 끝에 「한자간화방안초안」이 바로 발부되어 사회적으로 널리 의견을 수렴하기 시작했다. 토론에 참가한 전국의 문자학자, 여러 성·시 학교의 어문 교사 및 부대와 공회(工會)의 문화교육종사자가 약 20만 명에 달했다. 국무원 한자간화방안사정위원회의 심사와 전국문자개혁회의의 토론을 거쳐 「한자간화방안」을 정식 개정하여 국무원의 심의에 회부했으며 1956년에 정식으로 실시되기 시작했다. 모든 방안은 간체화 한자 총 515개와 간체화 편방(偏旁) 54개를 수록했으며, 1956년부터 1958년까지 네 차례로 나누어 보급되었다. 1964년에 「한자간화방안」에 존재하는 문제에 대해 조정한 후 간소화를 거친 한자 총2,238개가 수록된 「간화자총표」(簡化字總表)를 편집, 인쇄하여 간체자 사용의 규범으로 삼았다.

간체화를 거친 한자는 필획이 줄어들고 구조가 뚜렷해져 식자교육에 편리하다. 저우언라이가 말했다시피 "간체자는 번체자보다 배우기도 쉽고 쓰기도 쉽기 때문에 노동자·농민·초등학생과 교사를 포함한 광범위한 대중들로부터 열렬한 환영을 받게 되었는데 이는 지극히 자연스러운 일이다." 많은 문화계 인사들도 간체자에 대해 열렬한 환영의 뜻을 밝혔다. 빙신(氷心)은 『광명일보(光明日報)』에 발표한 글에서 이렇게 썼다. "필자는 한자의 간체화에 두 손 들어 찬성한다. 보고를 듣고, 필기를 할 때 편리한 것은 더 말할 것도 없고 그 생각은 50여 년 전, 필자가 나의 학명인 '셰완잉'(謝婉瑩) 석자를 쓰는 법을 배우기 시작할 때부터 이미 싹텄다고 할 수 있다." 간체자로 인해 가장 큰 혜택을 본 이는 그때 당시 전국 인구의 80%를 차지했던 문맹들이라고 할 수 있다. 유명한 언어문자학자 저우여우광(周有光) 선생은 언론과의 인터뷰에서 이렇게 말한 바 있다. "중국은 농업국가여서 농민인구가 절대다수를 차지한다.……한자의 간체화는 그들이 문화를 배우는 데 도움이 되었으며 병음(拼音)도 그들이 문화를 배우는 데 도움이 되었다. 우리 농민들은 현대 농민으로 바뀌어야 한다.……21세기는 세계화의 시대이다. 중국에서 농민의 지위가 크게 바뀔 것이다." 1986년 10월 국가언어문자사업위원회(전신은 중국문자개혁위원회)가 「간체자총표」를 새롭게 발부했다. 1964년 판본을 토대로 일부 조정을 거쳤는데 간체자 2,235자를 수록하여 한자의 표준을 규범화시켰다. 비록 그 사업에 대해 각기 다른 인식이 존재하지만 간체자의 보급은 확실히 중국인의 식자율을 향상시켰다.

한자의 간체화를 추진함과 동시에 중앙은 표준어보급사업위원회를 설립하여 북방어를 기초방언으로 하고 북경어음을 표준음으로 하며, 현대 백화문(白話文) 저작을 어법규범으로 하는 표준어를 전국적으로 널리 보급하기로 결정했다. 이러한 조치는 중국의 경제와 사회 발전에 깊은 의의가 있다. 그 기간에 한어 병음 방안도 제정되어 1958년 2월에 제1기 전국인민대표대회 제5차 회의에서 비준 공개되었다. 이는 문화보급사업에 큰 편리를 가져다주었고 신중국의 문화건설사업에 혁명적인 역할을 일으켰다.

문맹 퇴치 운동을 벌였다. 1949년에 전국적으로 소학교(한국의 초등학교에 해당함)가 고작 28만 9,000개밖에 안 되었고 재학생수는 2,368만 명으로 실제 입학률이 겨우 20%밖에 안 되었다. 전국에 문맹자수가 2억 9,000만 명에 달하여 전국 총인구의 80%가 넘었다. 중화를 진흥시키려면 우선 교육을 진흥시켜야 한다. 문맹퇴치사업의 임무는 매우 막중했다. 마오쩌동은 인구의 80%를 차지하는 문맹을 퇴치하는 것이 신중국의 중요한 사업 중 하나라고 제기했다. 중앙정부는 노동자와 농민에 대한 교육을 문맹퇴치교육부터 착수하기로 확정했다. 1949년 12월 5일 중앙정부는 「1949년 동학을 전개하는 것에 관한 지시」(동학[冬學]은 농민이 겨울 농한기에 글이나 상식을 학습하는 일)를 발부하여, 옛 해방구 동학운동의 경험과 방법을 본받아 전국적으로 동학운동을 대대적으로 전개하여 농민들의 정치·문화 수준을 향상시키고 농촌의 기층 골간을 중점적으로 양성할 것을 요구했다. 일반적으로 겨울 한철의 동학을 통해 150~200자의 새로운 한자를 익힐 수 있었으며, 학습 성적이 좋은 이들의 경우는 500~600자를 익힐 수 있었고, 쪽지와 간단한 편지 정도는 쓸 수 있게 되었다. 이런 방식을 통해 식자교육을 진행함과 동시에 사상정치교양도 진행할 수 있어 쓸모가 있고 효과적이었다. 중앙의 큰 중시를 받아 1949년의 동학운동은 전례 없는 규모에 달하여 학습에 참가한 인원수가 1,200만 명 이상에 달했다. 이로써 50년대에 대규모적인 문맹퇴치교육운동을 전개하기 위한 기반을 닦아놓았다. 1949년 12월 23일 중앙이 제1차 전국교육업무회의를 열어 전국적으로 식자교육과 문맹퇴치를 진행하기로 결정했다. 1950년에 열린 제1차 전국노동자·농민교육업무회의에서는 문맹퇴치사업의 전개 방침과 절차 및 중점에 대해 체계적으로 규정했다. 50년대에 전국적으로 세 차례의 대규모 문맹퇴치운동을 전개했으며 전국 각급에서 모두 문맹퇴치기관을 설립했다. 짧은 10년 동안에 9,970만 명의 문맹을 퇴치하여[66] 신중국 건설을 위한 대량의 업무골간을 양성했다.

전국적으로 유명한 노동모범 리순다(李順達), 몇 기 연속 전국인대 대표를 지낸 선지란(申 蘭)은 바로 "문맹퇴치반" 수강생이었다. 문맹퇴치를 통해 "낫 놓고 기역자도 모르던" 눈뜬장님이었던 그들이 문화지식을 초보적으로 갖추게 되고 신문·잡지를 읽을 수 있게 되었으며, 간단한 문자를 쓸 줄 알고 필기도 할 수 있는 문화인으로 발전했으

---

66) 샤싱전(夏杏珍) 책임 편집, 『50년국사기요(五十年國事기要)(문화권)』, 후난(湖南)인민출판사 2000년판, 50쪽.

며, 농업의 선도자가 되었다. 문맹퇴치교육운동에서 해방군 모 부대의 문화 교사 치젠화(기建華)가 창안한 "속성 식자법"이 큰 역할을 발휘했다. 그 방법은 성인의 학습 특성에 따라 음표를 달고 실제와 결부시켜 난점을 분산시키고 점차적으로 알게하는 방법으로 교학을 진행했는데 효과가 좋았다. 구이저우(貴州)성 군구(軍區)는 5개 중대(連隊)에서 동시에 그 방법으로 교육을 진행했는데 15일 동안 100여 명의 소수민족전사를 포함한 전체 간부와 전사들이 초보적 식자수가 평균 1,500자 이상에 달했으며, 군 내 소학교 국어교과서 제1, 2, 3권을 읽을 수 있게 되었고, 매 사람당 짧은 글 3편은 지을 수 있게 되었다. 교육부와 총정치부 등 부서는 그 방법을 널리 보급하게 되었다. 문맹퇴치교육에 일부 부족한 점이 있기는 했지만 중국정부는 대중을 동원하는 데 중점을 두고 실제와 결부하여 배운 것을 실제로 활용하고 다양한 형식을 중시했으며 교사대오를 조직하는 것에 중점을 두어 비교적 좋은 효과를 거두어 신중국의 경제사회 건설을 위한 든든한 기반을 마련했다.

신중국이 창건된 후 중국공산당은 교육제도와 학교 교과과정에 대한 개혁을 진행했으며, 대학교 학과와 배치에 대해 조정하고 중국 과학원을 설립했으며, 철학사회과학연구부를 설립하고 12년 과학기술발전전망계획을 제정했다. 원자력·제트와 로켓·컴퓨터·반도체·전자공학·자동화기술을 중점적으로 발전시키기로 확정했으며 원자력과 미사일의 개발을 배치했다. 과학적으로 계획하고 유력하게 실행했기 때문에 1962년에 이르러 중국에 연구 사업에 전문적으로 종사하는 과학기술인원이 약 20만 명에 달하게 되었고, 중국의 과학기술은 대체로 1940년대의 국제수준에 이르게 되었다. 무엇보다 중요한 것은 국방과학기술 첨단기술에서 거대한 성과를 거두었다는 점이다. 이와 동시에 우리는 또 마르크스주의경전과 마오쩌동 저작의 출판을 추진하고 사상개조운동을 전개했으며, 마르크스주의의 지도적 지위를 확립했고, 대외문화교류에서도 새로운 진전을 가져왔다.

"'문화대혁명', 백가쟁명" 지침의 제기와 실행은 신중국 문화건설사에서 하나의 대사로 깊은 영향을 끼쳤다. 마오쩌동은 1956년 4월 28일에 열린 중앙정치국 확대회의 연설에서 다음과 같이 지적했다. "예술문제에서의 '문화대혁명', 학술문제에서의 백가쟁명은 우리 방침이 되어야 한다고 생각한다. '백가쟁명'은 2000년 전인 춘추전국시대에 이미 있었던 일이다. 학술에 있어서는 이런 학술도 있을 수 있고 저런 학술도 있을 수 있다. 그러니 꼭 한 가지 학술로 모든 것을 압도해서는 안 된다. 주장하는 바가 진리라면 믿는 사람이 필연적으로 점점 많아질 것이다."[67] "'문화대혁명'"과 "백가쟁명"을 나란히 과학문화 발전의 지침으로 삼은 것은 이번이 처음이다. 5월 2일 열린 최고국무회의 제7차 회의에서 마오쩌동은 "쌍백"(雙百, '문화대혁명', 백가쟁명) 방침을 선언했다. 이에 대한 문화계의 반향은 컸다. 또 서로 엇갈리는 인식도 있었다. 1957년 2월 27일 마오쩌동은 "쌍백"방침에 대해 전면적으로 논술했으며 왕명(王蒙)의 소설을 긍정적으로 평가해주었다. 그는 「조직부에 새로 온 젊은이」라는 글을 참 잘 지었다며 격려해주

---

67) 『마오쩌동 연보(1949~1976)』 제2권, 중앙문헌출판사 2013년판, 533쪽.

어야 한다고 말했다. 이어 그는 "쌍백"방침은 일시적인 방침이 아니라 기본적이고도 장기적인 방침이라고 제시했다. 그 시기에 소련을 본받는 과정에서 불거진 문제점에 비추어 국내에는 "옛 것 중에서 좋은 것을 오늘에 맞게 받아들이고, 서양의 것 중에서 좋은 것을 중국 실제에 맞춰 받아들이자"라는 사상이 형성되었다.

올바른 사상의 지도 아래, 문화계는 양호한 상태를 보이기 시작했다. 문학예술인들의 창작열기가 뜨거워져 우수한 작품들을 많이 창작했다. 예를 들면 쭝푸(宗璞)의 「홍두(紅豆)」, 류사오탕(刘紹棠)의 「당면한 문학예술문제에 대한 나의 의견」 등이 있다. 희곡 혁신에서 새로운 성과를 거두었다. 짧은 기간에 전국적으로 300여 종의 희곡을 발굴하고 1만 4,000여 편의 곡목을 기록했으며, 멸망의 위기에 처해 있던 많은 희곡 종목들이 다시 생기를 되찾았다. 학계에 자유 토론의 분위기가 형성되기 시작하면서 유전학·경제학·사회학·역사학·철학·미학 등 방면에서 논쟁이 전개되었고 학술저작들이 쏟아져 나왔으며 『시간』(詩刊)·『중국영화』·『학술월간』 등과 같은 인문사회과학 간행물들이 대량 출간되었다. 과학연구를 격려하기 위하여 중국과학원은 처음으로 1956년도 과학연구상을 수여했다. 유명한 과학자 화뤄겅(華羅庚)·우원쥔(吳文俊)·쳰쉐썬(錢學森) 등이 1등상을 받았고 쑤부칭(蘇步靑)·쳰웨이창(錢偉長) 등이 2등상을 받았다.

적지 않은 학과의 발전이 정상 궤도에 들어섰다. 이런 상황은 유전학과에서 특히 두드러졌다. 신중국이 창건된 후 중국 유전학계는 소련의 미추린학파의 영향을 크게 받고 모건학파가 크게 억제되면서 한동안 유전학계는 매우 비정상적인 상황에 처했었다. "쌍백"방침이 제기된 후에야 유전학계에는 점차 새로운 국면이 나타나기 시작했다. 현대 유전학의 창시자인 모건(토머스 모건, Thomas Hunt Morgan)을 스승으로 모신 탄자전(談家楨)은 논쟁 중에 압력에도 불구하고 멘델(그레고어 요한 멘델, Gregor Johann Mendel)과 모건의 이론을 고집하면서 유전자의 작용을 강조한 것으로 유명하며 심지어 중앙 고위층의 관심을 받을 정도였다. 마오쩌동은 탄자전을 여러 차례 만나 "유전학을 꼭 발전시키라"고 지시했다. 이에 탄자전은 큰 격려를 받았다. 저장성의 닝보(寧波)에서 태어난 탄자전은 중국 현대유전학의 정초자의 한 사람이다. 그는 "유전자"(기因)라는 낱말을 중국어에 포함시켜 여러 가지 최초를 창조했다. 즉, 중국 최초의 유전학 학과를 설치하고, 중국 최초의 유전학 연구소를 창립했으며, 중국 최초의 생명과학원을 설립했다.

격정에 불타는 사회주의 건설에서 맞부딪쳐야 하는 어려움을 두려워하지 않고 어렵게 창업하는 중국인의 애국주의·집단주의 정신 풍모가 충분히 드러났으며, "철인" 왕진시(王進喜), 당의 훌륭한 간부 쟈오위루(焦裕祿), 해방군의 훌륭한 전사 레이펑(雷鋒) 등 모범 인물들이 쏟아져 나와 사람들이 본받을 본보기가 되었다. 왕진시는 1923년에 간쑤(甘肅)성 위먼(玉門)의 한 가난한 농민가정에서 태어났다. 1929년 위먼에 백년 만에 만날 수 있는 큰 자연재해가 들었다. 그때 당시 6살이었던 왕진시는 나무꼬챙이 한 끝을 잡고 다른 한 끝은 눈 먼 아버지에게 잡게 하고 길거리를 다니며 유리걸식하며 목숨을 연명해 나갔다. 전쟁으로 어지럽던 시절 왕진시는 온갖 고생을 다 겪었다. 15살이 되던 해 왕진시는 위먼 유전에 들어가 소년공으로 일을 시작했다. 나이는 어렸지만 어른들과 똑같이 일해야 했으며, 게다가 툭하면 십장에게 모진 매를 맞기가 일수였다. 어린 나이에 왕진시는 인생의 온갖 고생을 다 겪었다고 할 수 있다. 1949년에 위먼은 해방을 맞았다. 고진감래라고 왕진시는 기쁨을 감출 수가 없었다. 그 후 국가의 호소에 따라 유전에서 키워온 기능에 힘입어 1950년에 왕진시는 중국의 1세대 시추작업 노동자가 되었다. 1960년 국가 건설에 석유의 수요가 시급한 상황에서 전국 각지에서 수 만 명을 헤아리는 노동자와 3만 명의 전역 군인이 헤이룽장(黑龍江)성 따칭(大慶)으로 모여왔으며 기세드높고도 간고하기 그지없는 석유 생산의 대결전이 펼쳐졌다. 대결전 시작 초기 수 만 명에 이르는 인원이 한꺼번에 싸얼투(薩爾圖)초원으로 몰려들면서 생활과 생산에서 모두 막대한 어려움에 봉착했다. 그런 비상조건에서 따칭에 막 도착한 왕진시는 혁명을 위해서는 "조건이 되면 해야 하고, 조건이 안 되면 조건을 마련해서라도 해야 한다."라는 구호를 제기했다. 그는 1205시추작업팀의 몇 십 명 장정들을 거느리고 인력으로 시추기를 져다 나르고 대야며 물통으로 물을 퍼다 나르면서 굴착 장치를 설치했다. 결과 고작 5일 4시간 만에 따칭 대결전에서 첫 유정을 뚫는 데 성공했으며 당시의 최고 기록을 작성했다. 4월 29일 1205시추팀이 두 번째 유정으로 옮기려던 때에 왕진시는 오른쪽다리를 찧어 부상을 당했는데 그는 여전히 작업장을 떠나지 않고 작업을 계속했다. 지반의 압력이 너무 커서 두 번째 유정을 700미터 깊이까지 팠을 때, 원유가 갑자기 분출되는 사태가 발생했다. 위급한 시각에 왕진시는 지팡이를 내팽개치고 다친 다리를 끌며 맨 먼저 진흙탕에 뛰어들어 몸으로 진흙을 이기기 시작했다. 그리하여 마침내 원유의 분출을 막아냈다. 그때부터 왕진시는 "철인"(鐵人)이라는 별명을 얻게 되었다. 왕진시는 "20년을 덜 사는 한이 있더라도 목숨 걸고 대유전을 개척하자"라는 구호를 제기했다. 그때 당시 대결전노동자위원회에서는 "철인 왕진시를 본받아 사람마다 철인이 되어 대결전을 위해 공을 세우자"고 호소했다. 삽시에 철인 본받기 철인 되기 붐이 유전에서 활발하게 전개되었다. 왕진시는 나라를 위해 영예를 떨치면서 헌신적으로 일했다. 그러나 불행하게도 그는 47세에 병으로 세상을 떠나고 말았다. 어찌 "20년만 덜 살았다"고 할 수 있겠는가! 후에 철인정신을 "조국의 근심을 덜어주고 민족을 빛낸" 애국주의정신, "중국 석유사업의 낙후한 모자를 하루빨리 벗어 태평양에 던져버리기 위해" "20년을 덜 사는 한이 있더라도 목숨 걸고 대유전을 개척한" 헌신적인 전력투구정신, 사업을 위해서 "조건이 되면 해야 하고, 조건이 안 되면 조건을 마련해서라도 해야 한다"는 간고한 분투정신, "한평생 유전을 책임질 것"이라는 각오로 "일을 함에 있어서 자손만대의 검증을 이겨낼 수 있고" 업무에서 완벽을 기하며 혁명을 위해 "능숙한 솜씨, 진정한 능력을 연마"하는 과학적인 실사구시 정신, 명리와 보수를 따지지 않고 묵묵히 일에 열중하는 "황소"정신 등으로 개괄했다. 1975년 2월, 창춘(長春)영화제작소에서 제작한 따칭유전을 소재로 한 영화 「창업(創業)」이 중국 전역에서 상영되어 큰 반향을 일으켰으며 "흔치 않은 좋은 영화"라는 호평을 받았다. 중국에서 철인 정신은 모르는 사람이 없다고 할 만큼 사람들의 마음속에 깊이 자리 잡았다.

1950년대 중후반부터 지도사상이 "좌"적 경향으로 인해 중국의 문화건설은 곡절을 겪어야 하는 발전과정을 경험했다. '문화대혁명 기간에는 더욱이 심각한 좌절을 겪었다. 문학예술의 백화가 시들고 교육이 심한 충격을 받았으며, 영사사학(影射史學, 역사 사건과 인물을 빌려 오늘을 풍자하는 행위)이 악성 발전의 방향으로 나가고 지식인들이 타격과 박해를 받았다. 그러한 환경임에도 불구하고 문화계는 여전히 힘써 앞으로 나아갔다. 저명한 작가 펑쯔카이(豊子愷)는 낮에는 비판을 받고 새벽에는 몰래 일어나 글을 썼다. 그렇게 지은 산문 수십 편이 훗날 책으로 출판되었다. '문화대혁명' 시기 '4인방'의 문화 파괴에 대해 어떤 이는 이렇게 논평했다. "역사는 무정하면서도 드라마틱하다. '4인방'이 당과 국가의 영도권을 찬탈하기 위해 제일 먼저 문학예술전선에 칼을 들이댔었는데 인민은 또 문학예술이라는 묵직한 북채로 그들의 멸망을 알리는 조종을 울려주었다."[68]

신중국이 창건된 후 문화건설에서 거대한 성과를 거두었음을 부인할 수 없다. 노벨 경제학상 수상자 아마르티아 센(Amartya Sen)이 말했듯이 "개혁 전에 중국이 교육·보건·토지개혁·사회변화 면에서 이룩한 성과가 개혁 후의 성적을 거두는 데 거대한 적극적인 기여를

---

68) 저우양(周揚), 「선인의 위업을 이어받아 앞길을 개척해야. 사회주의 새 시기 문학예술을 번영시키자 중국문학예술인 제4차 대표대회 보고」.

했으며, 그 성과에 힘입어 중국은 높은 기대 수명과 기타 관련 성과를 유지할 수 있었을 뿐 아니라 시장 개혁을 토대로 하는 경제 확장에 대한 확고한 자원이 되었던 것이다."[69]

사회주의 정신문명을 건설하다

'문화대혁명이 끝난 후, 개혁개방의 봄바람을 타고 문화계는 어지러운 국면을 바로잡고, 문학예술이 인민을 위해 봉사하고 사회주의를 위해 봉사하도록 하는 새로운 방침을 제기했다. 「차오공장장 취임기」, 「축배가」 등 우수한 작품들이 대량으로 쏟아져 나왔다. 덩샤오핑은 대학입학시험을 부활한다는 결정을 내리고 지식을 존중하고 인재를 존중할 것을 호소했으며, 전국과학기술대회를 열어 과학기술계에 과학기술의 현대화를 향해 진군할 것을 동원함으로써 중국 문화건설은 새로운 역사시기에 들어섰다.

개혁개방 이후, 해외의 다양한 사조가 잇달아 전파되어 들어오고 있는데다가 '문화대혁명'의 영향이 소극적이나마 여전히 작용하고 있어 사회적으로 이상과 신념이 동요하고 도덕적으로 타락하는 등의 상황이 나타났다. 심지어 어떤 사람들은 '문화대혁명에 대해 반성한다는 구호를 내세워 민심을 현혹시키기도 했다. 그런 상황에서 덩샤오핑은 사회 기풍을 바로잡아야 한다고 특별히 강조했다. 그는 1979년 3월에 열린 이론업무학습토론회에서 다음과 같이 지적했다. "일부 젊

---

69) 아마르티아 센(Amartya Sen), 장 드레즈(Jean Dreze), 『인도: 경제의 발전과 사회적 기회』, 사회 과학문헌출판사, 2006년, 70쪽.

은이들은 자본주의 국가를 맹목적으로 부러워하고 있다. 어떤 사람들은 외국인들과 교류하는 과정에서 심지어 자기 나라의 존엄과 인격도 돌보지 않는다. 이런 상황에 대하여 우리는 각별한 주의를 돌려야 한다. 반드시 아래 세대를 잘 교육해야 한다. 반드시 여러 방면에서 효과적인 조치를 취해 사회기풍을 바로잡고 사회기풍에 심각한 피해를 끼치는 악랄한 행위를 단속해야 한다."[70] 이어 중공중앙은 사회주의 정신문명을 건설할 것을 제시했다. 정신문명이란 교육·과학·문화만을 가리키는 것이 아니라 공산주의 사상·이상·신념·도덕·규율, 혁명 입장과 원칙, 사람과 사람 사이의 동지적 관계 등을 가리킨다. 이러한 배경에서 1981년 2월 중앙의 관련 부서는 공동으로 "전 사회적으로 교양·예의·위생·질서·도덕을 중시하고, 마음·언어·행동·환경을 아름답게 하는 것을 주요 내용으로 하는 '오강사미(五講四美, 다섯 가지를 중시하고 네 가지를 아름답게)'의 문명예의활동을 전개할 것"을 제안했다. 1983년에는 또 "오강사미"의 활동 과정에서 "조국을 사랑하고, 사회주의를 사랑하며, 인민을 사랑하는" "삼열애"(三熱愛) 교육활동을 전개할 것을 제안했다. 이들 활동을 통틀어 "오강사미삼열애"라고 했다. 중앙에서 지방에 이르기까지 "오강사미삼열애" 위원회가 설립되었다. 중국공산주의청년단(공청단) 중앙위원회는 또 그 교육 활동을 실제화하여 전국적으로 "오강사미삼열애" 우수 청년 프로젝트를 대대적으로 보급하고 건설했다. 1985년 12월 23일 전국적으로 98가지 "오강사미삼열애" 우수 청년 프로젝트가 공청단 중앙의

---

70) 『덩샤오핑문선』 제2권, 인민출판사 1994년판, 177쪽.

표창을 받았다. 80년대 중반에 이르러 그 활동은 더욱 깊이 있고 폭넓게 전개되면서 사회주의 정신문명건설의 중요한 사업 중의 하나가 되었다.

현재 중국장애인연합회 주석을 맡고 있는 장하이디(張海迪)는 중국인들이 본받아야 할 본보기이다. 그녀는 1955년 9월에 산동(山東)성 원덩(文登)현의 한 지식인 가정에서 태어났다. 5살이 되기 전까지 장하이디는 매일 즐겁게 뛰놀던 활발하고 밝은 아이였다. 1960년의 어느 맑은 아침, 놀이교실에서 막 수업을 마치고 꼬마친구들과 함께 웃고 떠들며 밖으로 뛰어나가던 그녀는 갑자기 두 다리에 감각을 잃으며 쓰러졌다. 검사 결과 척수혈관종양이라는 진단을 받았다. 병세가 반복적으로 발작했으며 치료가 어렵고 너무나도 고통스러웠다. 5년 동안 그녀는 세 차례의 대수술을 받았으나 결국 하반신 마비라는 판정을 받고 말았다. 원래 천진하고 활발하던 장하이디는 온종일 침대에 누워만 있어야 했으며 그 후로는 학교에 들어가지 못했다. 그러나 질병에도 그녀의 굳센 의지는 꺾이지 않았다. 그녀는 끈질긴 의지로 독학을 시작했다. 초·중·고 학교와 대학의 전공 과목을 차례로 독학으로 익혔으며 우수한 작가로 성장했다. 그녀는 삶을 사랑하고 진보적인 정신과 추구를 숭상했으며 진취적인 품격과 사상경지를 갖춰 모든 사람들에게 아름다운 인생을 추구하는데 필요한 자양분을 제공했다. 1983년 3월 7일 공청단 중앙은 표창대회를 열고 장하이디에게 "우수 공청단원" 영예칭호를 수여했으며, 그녀를 본받을 것을 호소했다. 장하이디의 정신품격은 한 폭의 기치가 되어 중국 젊은이들을 격려하고 분발시켰다. 정신문명 건설에서 뚜렷한 성과를 거두었지만 사회주의 경제건설에 비하면 여전히 상대적으로 뒤처진 수준이었다. 1985년 9월 덩샤오핑은 중국공산당 전국대표회의 연설에서 다음과 같이 지적했다. "사회주의 정신문명 건설은 오래전에 이미 제기된 사업이다. 중앙과 지방 그리고 군대에서도 적지 않은 관련 사업이 전개되었다. 특히 대중들 가운데서 많은 선진인물들이 배출되어 매우 좋은 영향을 일으켰다. 그러나 전국적으로 보면 아직도 효과가 그다지 이상적이지 않다. 주로 전 당에서 크게 중시하지 않고 있다."[71] 당내와 사회적으로 소극적이고 부패한 현상이 나타나고 있는 것에 비추어 그는 정신문명건설에서 당 기풍과 사회기풍을 근본적으로 호전시키는 것에 착안점을 두어야 한다고 주장했다. 그리고 하루도 늦추지 말고 구체적 사건부터 파고들어야 한다고 주장했다. 이러한 배경 하에 1986년 9월, 중공중앙 제12기 제6차 전체회의에서 「사회주의 정신문명 건설 지도방침을 강화하는 데에 관한 중공중앙의 결의」를 채택하고 사회주의 정신문명의 근본 임무는 이상이 있고 도덕을 갖추었으며 문화지식이 있고 규율을 지키는 사회주의 새 인재를 양성하고 전체 중화민족의 사상도덕소양과 과학문화소양을 높이는 것이라고 강조했다. 그 결의에서는 정신문명건설을 사회주의건설의 총체적 배치에 포함시켰는데 이는 신중국 역사에서 창조적인 의의를 가진다. 1989년 6월에 중공중앙 제13기 제4차 전체회의를 열고 장쩌민(江澤民) 동지를 중공중앙 총서기로 선거했다. 회의는 개혁개방 10년간의 정신

---

71) 『덩샤오핑문선』 제3권, 인민출판사 1993년판, 143쪽.

문명건설의 교훈을 받아들여 사상정치사업을 착실하게 강화하고 애국주의·사회주의·독립자주·간고분투 교육을 힘써 전개하며 자산계급 자유화에 확실하게 반대하는 것을 특별히 중점적으로 다루어야 하는 4대 대사 중의 하나로 삼았다. 1990년 12월, 중국공산당은 국민경제발전계획을 제정할 때 정신문명건설을 계획에 포함시켰다. 14차 당 대회에서는 물질문명과 정신문명을 함께 중점적으로 다루어야 한다는 사상을 재천명하고 정신문명은 건설에 중점을 두어야 한다는 중요한 사상을 제기했다. 1994년 1월, 중국공산당은 "과학적인 이론으로 사람들을 무장시키고, 올바른 여론으로 사람들을 인도하며, 고상한 정신으로 사람들을 부각시키고, 우수한 작품으로 사람들을 고무하면서 대대로 이상이 있고, 도덕을 갖추었으며, 문화지식이 있고, 규율을 지키는 사회주의 새 인재를 꾸준히 양성해야 한다"고 제시했다. 1996년 10월에 열린 중국공산당 제14기 중앙위원회 제6차 전체회의에서는 「사회주의 정신문명건설을 강화함에 있어서의 몇 가지 중요한 문제에 관한 결의」를 채택했다. 이와 동시에 중앙은 중앙정신문명건설지도위원회를 설립하고 각 성·자치구·직할시에도 상응하는 기구를 설립하기로 결정했다.

전국적으로 레이펑 본받기 활동을 전개한 것은 문명건설의 중요한 매개체였다. 1980년대에 덩샤오핑은 전 당과 전국 인민을 영도하여 업무 중심을 바꿔 개혁개방과 사회주의 현대화건설의 새로운 장정을 시작함과 동시에 레이펑정신의 시대적 의의를 예리하게 발견하고 또다시 레이펑을 본받을 것을 호소했다. 이에 따라 레이펑 본받기 활동은 또 새로운 고조를 맞이했으며 제반 분야에서 수많은 레이펑식 선진 인물들이 끊임없이 배출되었다. 1990년대, 헌신을 주제로 한 자원봉사정신이 이어지고 널리 발양되었다. 청년자원봉사자활동과 대중성 레이펑 본받기 활동이 유기적으로 결합되어 전 국민의 레이펑 본받기 활동이 자체 조직 체계를 갖추기 시작했으며 레이펑 본받기 활동이 광범위한 대중성을 바탕으로 일상화로 나아가기 시작했다. 2001년 중공중앙이 「공민도덕건설실시요강」을 발부함에 따라 레이펑 본받기 활동이 공민도덕 건설과 결합되어 새롭게 활기를 띠는 양상을 보이기 시작했다. 2011년 10월, 레이펑 동지 사망 50주년을 맞아 중공중앙 제17기 제6차 전체회의에서는 "레이펑 본받기 활동을 깊이 있게 전개하고 조치를 취해 학습활동의 상시화를 추진할 것"[72]을 강조하여, 레이펑 본받기 활동이 지속적으로 깊이 있게 전개될 수 있는 새로운 발전 방향을 제시했고 새로운 역사발전의 기회를 제공했다. 2012년 초, 중공중앙 판공청은 「레이펑 본받기 활동을 깊이 있게 전개하는 데에 관한 의견」을 인쇄 발부하여 다음과 같이 요구했다. "사회주의 핵심가치체계 건설에 착안하고 사회 공중도덕·직업도덕·가정미덕·개인품성 건설을 추진하는데 착안하며 공민의 사상도덕소양과 사회문명수준을 향상시키는데 착안하여 레이펑 정신의 전승과 고양을 주제로 청소년을 중점으로 사회 자원봉사를 매개로 하여 실제에 가까이 접근하고 생활에 가까이 접근하며 대중에 가까이 접근하여

---

72) 『당의 제17기 제6차 전체회의 「결정」 학습지도 100문』, 당건설도서출판사(黨建讀物出版社) 2011년판, 11쪽.

내용·형식·수단을 혁신하여 레이펑의 사적, 레이펑의 정신, 레이펑식 모범인물에 대한 선전교육을 폭넓게 진행하고 레이펑정신 실천 활동과 사회자원봉사활동을 널리 전개하며 애국심, 직업정신, 성실성, 우호적인 기본 도덕규범을 널리 보급하면서 레이펑 본받기 활동의 상시화, 제도화를 추진하여 레이펑정신을 실천하고 본보기가 되고자 서로 경쟁하는 생동적인 국면을 형성하고 내가 모두를 위하고, 모두가 나를 위하는 양호한 분위기를 형성해야 한다." 이를 위해, 선전부서는 신중한 절차를 거쳐 2015년, 2016년, 2017년 세 차례에 걸쳐 전국 레이펑 본받기 활동 시범지역과 전국 근무처 레이펑 본받기 모범을 발표했다. 이들 시범지역과 모범은 자신이 처한 영역과 근무처에서 실제적인 선도역할을 발휘했다.

귀밍이(郭明義)는 레이펑 본받기의 모범이다. 그는 레이펑을 본받는 것에 대한 생각을 항상 하고 있다. 귀밍이와 레이펑은 떼어놓을 수 없는 인연이 있다. 귀밍이 군대에 가도록 소개한 노정치위원 위신위안(餘新元)은 바로 당시 레이펑의 참군 소개인인 노홍군전사이다. 레이펑과 마찬가지로 귀밍이도 선양(沈陽)군구의 운전병이었다. 입대 후 귀밍이는 적극적으로 당 조직에 가까이 접근하면서 당 조직에 여러 차례 입당지원서를 제출했다. 1981년 6월 20일 귀밍이는 끝내 소원을 이루었다. 그는 붉은 당 깃발 아래서 "나는 중국공산당에 가입하기를 지원하며……"라고 정중히 선서했다. 1982년에 귀밍이는 제대하여 안산철강회사에 돌아와 근무했다. 안산철강회사 치다산(齊大山) 철광에 돌아온 귀밍이는 차례로 6가지 각기 다른 업무에 종사했다. 대형 생산의 자동차 운전기사에서부터 생산 작업장의 공청단 지부서기 직을 맡기까지, 철광의 당위원회 선전부 간사에서부터 생산 작업장 통계원 겸 인사원 직을 맡기까지, 영문 통역원에서부터 채굴장 도로 관리원 직을 맡기까지 어떤 직에 있든 간에 그는 언제나 최선을 다해 자신의 약속을 이행했다.

1990년 치따산철광에서 직원들에게 의무 헌혈을 호소하자 궈밍이는 바로 헌혈 신청을 했다. 궈밍이는 사회·기업·다른 사람에 대해 의미 있는 일에 직면할 때마다 언제나 자신은 공산당원이라는 사실을 떠올리게 된다고 말했다. 그것은 궈밍이의 첫 헌혈이었다. 바로 첫 헌혈을 통해 그는 헌혈한 피가 사람들의 생명을 구할 수 있다는 것, 그러나 혈액은행에 늘 혈액원이 부족하다는 사실을 알게 되었다. 그때부터 그는 해마다 무상헌혈을 견지해왔다. 어떤 때는 1년에 두 번씩 헌혈하기도 하면서 한 번도 중단한 적이 없었다. 그는 모두 6만㎖에 달하는 혈액을 헌혈했는데 이는 그의 체내 혈액의 10배가 넘는 양이다. 그때 당시 궈밍이는 월 소득이 600위안도 채 안 되었는데, 위로는 연로한 부모를 모셔야 했고, 아래로는 학교에 다니는 딸이 있었으며, 세 식구가 시 교외의 40㎡도 안 되는 집에 살고 있었다. 그러면서도 그는 더 많은 아이들이 학교에 들어가 공부를 할 수 있도록 돕기 위해 10여 년 동안 모두 7만여 위안이 넘는 자금을 기부하여 100여 명의 빈곤아동을 도와주었다. 궈밍이의 이야기는 모르는 사람이 없을 정도였다. 그는 "당원이라면 일반 백성들과는 달라야 한다. 우리는 그들보다 더 많은 일을 해야 한다. '행동'에 입각해야 한다. 레이

평을 본받는 면에서 말로만 할 것이 아니라 직접 나서야 하고 더욱이 행동에 옮겨야 한다."라고 말했다. 칭찬과 영예 앞에서 궈밍이는 자신은 다만 당 깃발 아래서 한 선서를 이행했을 뿐이라고 말했다.

사회주의 영욕관(榮辱觀)과 사회주의 핵심가치관을 실천하는 것은 문명건설의 중요한 내용이다. 사회주의 영욕관의 기본 내용은 "팔영팔치"(八榮八恥, 여덟 가지의 영예로운 일과 여덟 가지의 수치스러운 일)로 종합할 수 있다. 즉 조국을 사랑하는 것을 영예로운 일로 여기고, 조국에 해를 끼치는 것을 수치스러운 일로 여겨야 하며, 인민을 위해 봉사하는 것을 영예로운 일로 여기고, 인민을 등지는 것을 수치스러운 일로 여겨야 하며, 과학을 숭상하는 것을 영예로운 일로 여기고, 무식하고 우매한 것을 수치스러운 일로 여겨야 하며, 부지런하게 일하는 것을 영예로운 일로 여기고 편안한 것만 좋아하고 일하기 싫어하는 것은 수치스러운 일로 여겨야 하며, 단합하고 서로 돕는 것을 영예로운 일로 여기고, 남에게 손해를 끼치고 자기 이익만 도모하는 것을 수치스러운 일로 여겨야 하며, 성실하고 신용을 지키는 것을 영예로운 일로 여기고, 사리사욕에 눈이 어두워 의리도 저버리는 것을 수치스러운 일로 여겨야 하며, 규율을 준수하고 법을 지키는 것을 영예로운 일로 여기고, 법을 어기고 규율을 문란케 하는 것을 수치스러운 일로 여겨야 하며, 힘써 분투하는 것을 영예로운 일로 여기고, 교만하고 사치스러우며 방탕 무도한 것을 수치스러운 일로 여겨야 한다. "팔영팔치"는 인민대중의 사상도덕발전수준과 공동 이상을 토대와 근본적 의거로 하여 사회주의 사상도덕체계를 풍부히 하고 발전시킨 것으로서 풍부한 내용과 뚜렷한 시대적 특징을 갖고 있다. "팔영팔치"를 구체적인 내용으로 하는 사회주의 영욕관은 중국 공민의 도덕 건설을 위한 새로운 기준을 세웠으며, 사회주의 사상도덕 건설을 강화하는데 긍정적인 영향을 일으켰다.

2006년 10월 중공중앙 제16기 제6차 전체회의에서 처음으로 사회주의 핵심가치체계를 구축하는 데에 대한 중대한 명제와 전략적 과업을 명확히 제기하고, 사회주의 핵심가치관은 사회주의 핵심가치체계의 핵심이라고 지적했다. 2012년 11월 18차 당 대회 보고에서는 부강·민주·문명·조화를 제창하고 자유·평등·공정·법치를 제창했으며, 애국·직업정신·성실·우애를 제창하면서 사회주의 핵심가치관을 적극적으로 육성하고 실천해야 한다고 명확히 제시했다. 2013년 12월에 중공중앙 판공청은 「사회주의 핵심가치관을 육성하고 실천하는 데에 관한 의견」을 인쇄 발부하여 "'세 가지 창도'를 기본 내용으로 하는 사회주의 핵심가치관을 중국 특색의 사회주의 발전 요구에 부합시키고 중화의 우수한 전통문화 및 인류 문명의 우수한 성과와 서로 연결시키는 것은 우리 당이 전 당과 전 사회의 가치공감대를 결집시켜 내린 중요한 논단"이라고 명확히 제기했다. 2017년 10월 19차 당 대회 보고에서 사회주의 핵심가치관을 육성하고 실천해야 한다고 지적했다. 민족 부흥의 중임을 떠멜 시대의 새 인재를 양성하는 것을 착안점으로 삼아 교육과 인도, 실천과 양성, 제도적 보장을 강화하여 국민교육과 정신문명 건설, 정신문화제품의 창작·생산·전파에 대한 사회주의 핵심가치관의 선도역할을 발휘하여 사회주의 핵심가치관을 사회발전의 제반 분야에 융합시켜 사람들의 정서적 공감과 행동적 습관으로 전환시켜야 한다고 지적했다. 전 국민이 실천하고 간부가 솔선수범하는 것을 견지하고 가정에서부터 시작하여 아이 때부터 중시해야 한다. 중화의 우수한 전통문화가 내포하고 있는 사상관념·인문정신·도덕규범을 깊이 있게 발굴하고 시대의 요구와 결부시켜 계승하고 혁신함으로써 중화문화의 영원한 매력과 시대적 풍채를 보여주어야 한다.

문명도시건설 사업은 문명건설 활동의 중요한 형태이다. 1984년 6월, 전국 "오강사미삼열애(五讲四美三热爱)" 활동업무회의가 푸젠성 싼밍(三明)에서 열림에 따라 전국 문명도시 건설의 서막이 올랐으며 싼밍은 전국 대중성 정신문명 건설의 발상지 중의 하나가 되었다. 1996년, 중공중앙 제14기 제6차 전체회의에서는 「사회주의 정신문명건설을 강화하는 데에 대한 몇 가지 중요한 문제에 관한 결의」를 채택하고 문명도시·문명촌과 문명진(村鎭)·문명 업종을 대표로 하는 대중적 정신문명건설 활동을 전개할 것을 전면 배치했다. 20여 년 동안 문명 도시건설사업이 깊이 있게 전개됨에 따라 문명도시 건설사업에서 선진인물과 대표인물들이 대거 등장했으며, 전국 문명도시들이 선정되었다. 시범의 선도 하에 각지에서 문명도시 건설 붐이 일어났다. 2014년 9월 16일 전국 "오강사미삼열애" 활동업무회의 30주년 세미나가 푸젠성 싼밍(三明)에서 열렸다. 전국 정신문명건설 전선의 종사자들이 이곳에 모여 30년 문명의 꽃이 피어난 과정을 함께 회고했다. 2015년 2월 28일 시진핑 총서기가 제4회 전국 문명도시·문명촌과 문

명진·문명단위 선진대표들을 회견하고 중요한 연설을 발표하여 문명
도시 건설 사업을 위한 전진방향을 제시하고 근본적인 지침을 제공
했다. 이에 따라 전국적으로 건설열정이 전례 없이 높아지고 건설수
준이 뚜렷이 향상되었다.

문화체제개혁을 진행하다

신중국의 문화체제는 소련의 모델을 참고하여 계획경제체제와 결부
시켜 수립한 것이다. 문화 사업은 정부가 출자하여 전적으로 계획에
따라 생산경영관리를 진행한다. 개혁개방 이후 문화체제는 사회발전
과 각기 다른 계층의 날로 늘어나는 다양한 문화수요에 갈수록 부응
하지 못하게 되었다. 문화시스템에는 예술 공연단체·영화제작소·공
공도서관·박물관·대중문화·예술교육 등이 포함된다. 문화체제 개혁
은 파급 범위가 넓고 체계가 방대하다. 전국적으로 관련된 전문 예술
공연단체만 하여도 3,500개가 넘고, 종사자가 24만 명이 넘었다.

개혁은 예술 공연단체와 영화에서부터 시작되었다. 80년대 초기에
는 주로 내부시스템 면에서 도급경영을 위주로 했다. 1982년 1월 문화
부가 직속 예술단체 책임자회의를 열고 체제개혁문제에 대해 토론했
다. 1985년 상반기에 이르러 전국적으로 3분의 2 이상에 이르는 전문
예술 공연단체에서 도급경영책임제를 실시했다. 영화산업은 1982년에
적자를 기록했다. 위기는 개혁을 추진하게 된다. 1983년 초에 중앙선
전부는 영화 텔레비전방송 체제개혁 지도 소조를 조직하여 영화개혁
을 추진함에 따라 영화산업은 시장화를 향해 중요한 한걸음을 내디

딜 수 있었다. 문화개혁과정에서 문화시장이 서서히 생겨나면서 영업성 무도회가 나타나기 시작했고, 만화책과 무협소설을 위주로 하는 개인경영 책 대여점과 소형 대여서점도 광쩌우(廣州)·우한(武漢) 등 대도시 거리에 등장하기 시작했다. 1989년 2월 국무원은 문화부 문화시장관리국의 설립을 비준하여 공연·영화·음반과 영상물·출판물 등 시장의 건전한 발전을 추진했다. 문화시장에 나타난 건전하지 못한 현상에 대하여 1989년 7월에 열린 전국선전부장회의에서 리루이환(李瑞環) 중공중앙 정치국 상무위원 겸 서기처 서기가 "음란물 단속" 문제에 대하여 "결심을 내리고 힘을 기울여 효과를 거둬야 하며 절대 인정사정을 봐주지 말아야 한다."라고 명확히 요구했다. 1개월 후 전국 출판물 및 음반시장 정돈업무소조가 설립되었다.(후에는 전국 "음란물 및 불법 출판 단속" 업무소조로 조정함) 문화 분야를 정화하기 위해 집법당국은 문화 분야에서 불법 출판물과 불법 출판활동을 단속하는 "음란물 및 불법 출판 단속" 업무를 전개했다. 그것은 문화 분야의 환경보호프로젝트였다. 개혁개방이 계속 심화됨에 따라 "음란물 및 불법 출판 단속" 업무의 중심도 계속 바뀌었다. 시장이 점차 개방되는 과정에서 신선한 공기가 유입됨과 동시에 "파리" "모기"도 따라 들어왔다. 그래서 "음란물 및 불법 출판 단속"을 전개하게 된 것이다. 정리정돈 과정에서 "음란물 및 불법 출판 단속" 업무가 점차 제도화 되고 규범화 되었다. 저작권 침해와 해적판을 조사 처리하고 불법 간행물을 단속하는 것이 점차 "음란물 및 불법 출판 단속"의 새로운 내용이 되었다. 90년대 후반부터 인터넷이 날로 보급되면서 인터넷 문화 환경에 대한 정화도 "음란물 및 불법 출판 단속" 업무 범위에 포함되었다. 이러한 문화영역의 환경보호사업은 지금도 여전히 진행 중이다.[73]

1993년 10월 문화부가 베이징에서 제1차 전국문화시장업무회의를 열어 문화시장의 건설과 관리에 대하여 연구했다. 1996년 10월 중공 중앙 제14기 제6차 전체회의 결의에서 문화체제개혁의 지도사상·목표와 임무·방침과 원칙에 대해 제시하여 문화체제개혁을 위한 로드맵을 확정지었다. 1990년대 문화체제개혁은 3단계 도약을 실현했다. 즉 기존의 국유 문화생산단위의 그룹화를 추진할 것, 여러 유형 여러 차원의 기존 국유 문화단위의 체제전환 시범을 진행할 것, 조건을 갖춘 모든 문화단위의 체제전환을 완성할 것 등이다. 국내에 신문업그룹·출판그룹·발행그룹·라디오텔레비전방송그룹·영화그룹이 잇달아 설립되었다.

21세기에 들어선 후 문화체제개혁은 심화단계에 들어섰다. 중국공산당 제16차 전국대표대회에서는 문화산업과 문화 사업을 구분할 것을 제기하여 문화체제 개혁의 방향을 명확히 제시했다. 2003년 6월에 중앙에서는 문화체제 개혁 시행사업회의를 열어 9개 지역과 35개 문

---

73) 예를 들어 2010년에 전국적으로 "음란 단속 폭풍"을 일으켜 베이징·총칭(重慶)·난닝(南寧)·쿤밍(昆明)·난징(南京)·둥관(東莞)·우한 등 도시에서 잇달아 매음 매춘 단속 특별행동을 전개하기 시작했다. 2014년 2월, 광둥성 둥관시의 일부 유흥업소에 매음, 매춘 등 문제가 존재하는 사실이 폭로되었다. 둥관시는 2월 9일 오후부터 경찰 6,525명을 동원하여 전 시의 모든 사우나·족욕탕·유흥업소에 대한 동시 조사를 진행하여 여러 음란업소를 겨냥하여 철저한 조사를 벌여 용의자를 체포했다. 2월 14일, 광둥은 음란 단속에 소홀히 한 둥관의 여러 명 책임자의 책임을 추궁하고 처리했다.

화단위에서 시행하기로 확정했다. 2년 남짓한 기간 동안 대담하게 탐색하고 성실하게 업무를 전개하여 전국의 여러 시행지역과 단위들은 중앙에서 확정한 시행임무를 기본적으로 완수하여 개혁을 전면적으로 점차 보급하기 위한 대표적 시범 사례를 제공했으며, 새로운 경험을 쌓았다. 시행경험을 종합한 토대 위에서 2005년 말, 중공중앙과 국무원은 「문화체제 개혁을 심화하는 데에 관한 몇 가지 의견」을 하달했다. 2006년 3월 베이징에서 열린 전국문화체제개혁업무회의에서는 문화체제 개혁이 직면한 정세와 과업에 대해 과학적으로 분석하고 문화체제 개혁의 중대한 의의에 대해 깊이 있게 논술했으며, 문화체제 개혁을 전면적으로 추진하는 데에 대하여 구체적으로 배치했다. 2007년에 열린 17차 당 대회에서는 문화건설의 엄청난 중요성에 대해 깊이 있게 논술했으며, 더욱 자각적이고 더욱 능동적으로 문화의 대발전과 대 번영을 추진하고 사회주의 문화건설의 새로운 고조를 불러일으키며, 국가문화의 소프트파워를 향상시킬 것을 전 당에 호소했다. 2008년 4월 중앙은 전국문화체제개혁업무회의를 열어 17차 당 대회 정신을 깊이 있게 관철 이행하여 문화체제 개혁이 꾸준히 새로운 실질적인 진전을 이룩하도록 추진할 것을 강조했다. 문화예술·영화 라디오텔레비전방송·신문출판 등 분야의 체제 개혁이 전면적으로 추진되고 깊이 있게 전개되는 새로운 단계에 접어들었다. 이어 매년 중앙에서는 문화체제개혁업무회의를 열어 문화체제개혁업무를 배치하고 개혁경험을 종합적으로 교류하도록 했다. 특히 18차 당 대회 이래 시진핑 동지를 핵심으로 하는 당 중앙의 정확한 지도하에 각 지역,

각 부서는 올바른 여론 방향을 견지하고 문화체제 개혁발전의 주도권을 확고히 하여 문화의 개혁과 발전에서 중대한 진전과 뚜렷한 성과를 거두게 되었다.

공공문화 사업이 끊임없이 진보하고 공공문화 시설이 꾸준히 완성되고 있으며, 도시와 농촌을 아우르는 공공문화서비스망이 기본적으로 구축되었고, 공공문화서비스 이념이 점차 심화되었으며, 공공문화서비스 능력과 균등화 수준이 점차 향상되고 있다. 국가통계국이 발표한 개혁개방 40년 문화보고서에 따르면, 2017년까지 전국에 대중 문화기구가 총 4만 4,521개 있는데 이는 1978년에 비해 3만 7,628개 늘어난 수치이며, 5.5배 성장한 수준이다. 1979년부터 2017년까지 연평균 4.9% 성장한 것으로 나타났다. 박물관은 4,721개로서 1978년보다 4,372개 늘어나 12.5배 성장했으며, 연평균 6.9% 성장한 셈이다. 공공도서관은 3,166개로서 1978년에 비해 1,948개 늘어나 1.6배 성장했으며, 연평균 2.5% 성장한 셈이다. 라디오텔레비전방송의 보급면도 지속적으로 확대되고 있다. 2017년 말까지 전국 라디오방송의 종합인구보급률이 98.7%로서 1985년에 비해 30.4%포인트 상승했다. 전국 텔레비전방송 종합인구보급률은 99.1%로서 1985년에 비해 30.7%포인트 상승했다. 출판사업도 왕성하게 발전하고 있다. 2017년 전국 도서출판 종류는 51만 2,000종으로서 1978년보다 49만 8,000종 늘어났으며 33.2배 증가했다. 도서 인쇄 총수는 92억 4,000만 권(억장)으로 1978년에 비해 54억 7,000만 권(억장) 늘어났으며, 1.4배 성장하여 연평균 2.3%가 성장했다. 전국 정기간행물 출판 종류는 1만 130종으로서

1978년보다 9,200종 늘어났으며, 9.9배 성장하여 연평균 6.3%가 성장했다. 이로부터 개혁개방 이래 특히 18차 당 대회 이래 중국 기층 공공문화시설이 꾸준히 개선되었고 공공문화사업이 꾸준히 진보 발전했으며 주민문화소비수준이 지속적으로 향상되었음을 알 수 있다.

문화체제개혁의 추진 하에 문화산업은 규모가 끊임없이 확대되었고, 질 또한 끊임없이 향상되었다. 국민의 문화소비수요와 질이 꾸준히 향상되고, 수량이 지속적으로 증가함에 따라 문화시장 진출규제도 점차 완화되고, 시장의 주체와 경영 방식도 날로 다원화되어 문화산업의 규모가 계속 확대되어 가고 있다. 특히 18차 당 대회 이래, 현대 문화산업체계가 빠르게 구축되고, 공급 측 구조적 개혁이 지속적으로 심화되고 있으며, 많은 문화기업과 브랜드가 막강해지면서 문화산업발전의 질과 효과가 꾸준히 향상되었다. 추산에 따르면 2017년 중국 문화산업의 증가치가 3억 5,462억 위안을 실현해 2004년에 비해 9.3배 증가했으며, 2005년부터 2017년까지 연평균 성장률이 19.7%로 동시기 GDP가 연평균 성장률보다 6.3%포인트 높았으며, 문화산업이 빠른 성장세를 보이기 시작했다.

문화산업의 지속가능한 발전을 추진하기 위해 중국은 문화시장 주체를 꾸준히 육성하고 발전시켰으며, 핵심 문화기업의 육성을 강화했으며, 사회자본의 문화산업 진출을 격려하고 유도하여 공유제를 주체로 하고 다양한 소유제가 공동으로 발전하는 문화산업 구도를 형성토록 했다. 2010년 중국영화그룹회사는 중국국제텔레비전총공사·중앙라디오미디어발전총공사(央廣傳媒發展總公司, CNR Media

Group)·창춴영화그룹유한책임회사(長影集團)·중국연합네트워크통신그룹유한공사(中国聯通, 차이나유니콤, China Unicom) 등 7개 업체와 연합하여 중국영화주식유한회사를 발족했다. 2016년 8월 9일 중국영화주식유한회사가 상하이증권거래소에 정식으로 상장하며 A주식 시장 상장에 성공했다. 회사의 업무는 영화와 텔레비전방송프로그램의 제작·영화 발행·영화 상영 및 영화와 텔레비전방송프로그램 서비스의 4대 업무 분야가 포함되며 영화와 텔레비전방송프로그램 편집·제작·발행·마케팅·상영관 체인·영화관·기자재 생산 및 판매·상영 시스템 임대·연예 기획 등 많은 업무분야가 망라되며 해외 수백 개의 유명한 영화 업체와 밀접한 협력관계를 맺었다. 중국영화그룹회사는 줄곧 사회적 효과를 우선 자리에 놓고 사회적 효과와 경제적 효과의 상호 통일을 실현하기 위해 노력해오면서 최근 몇 년간 여러 유형의 영화 백여 편을 제작했다. 「대당현장」(大唐玄奘)·「인어공주」(美人魚)·「늑대토템」(狼圖騰)·「건당위업」(建黨偉業)·「건국대업」(建國大業)·「건군대업」(建軍大業) 등 영화들이 광범위하게 사회에 영향을 미쳤다. 이밖에도 회사는 또 1,000여 편의 영화와 드라마 제작을 위한 서비스를 제공했으며, 현 시대 중국 영화계에서 활약하고 있는 시나리오작가·감독·배우 및 여러 분야의 영화 전문기술인재들을 대거 양성하고 성공시켰다. 회사 산하의 중국영화 디지털 제작기지는 선진적인 기술과 완벽한 시설을 갖추었으며, 세계적 규모의 5,000㎡ 면적의 촬영세트장을 포함하여 총 16개의 촬영세트장을 보유하고 있다. 그리고 전면적 디지털화를 실현한 영화 후기 제작센터는 영화 음성 제작·화면 편집·디지털 인터미디에이트(Digital Intermediate) 제작·시각적 특수효과 제작·애니메이션 제작 등 완벽한 영화 제작 능력을 갖추고 있다. 중국영화그룹회사는 전국 최대의 디지털 영화 발행관리 플랫폼을 갖추고 있어 디지털 영화 분야에서 시장의 주도적 지위를 차지하고 있으며, 최근 몇 년 동안 약 1000편에 가까운 국내외 영화를 발행했다. 회사는 산하에 주식 지배 또는 주식 참여 영화관 체인 7계열과 100개가 넘는 영화관을 두고 있어 박스오피스가 전국 박스오피스 총액의 4분의 1이 넘었다. 통계에 따르면 2018년 제10회 전국 "30대 문화기업"의 주요 매출수입·순자산·순이익 등 3가지 지표가 역사상 최고치를 기록했다.

중국 문화산업을 규모화·집약화·전문화 방향으로 발전하도록 인도하여 집결효과를 충분히 발휘시키기 위해서 각 지역과 관련 부서는 문화산업단지와 기지의 계획 건설을 강화하고, 지역 간 문화산업의 조화로운 발전을 촉진시켰으며, 자원의 통합을 추진하고 산업분포를 개선했으며 구조조정을 가속화했다. 중국문화 기간기업의 수량이 해마다 증가하고 기업 규모도 지속적으로 확대되었으며, 규모화·집약화·전문화 수준이 진일보 향상되고 문화산업 발전의 원동력도 꾸준히 증강되었다.

실천과 발전은 끝이 없고 개혁과 혁신도 끝이 없다. 문화체제개혁 또한 영원히 진행형이며 완성형은 없다. 18차 당 대회에서는 샤오캉 사회의 전면적 실현과 개혁개방의 전면적 심화에 대한 요구를 통해 문화체제 개혁에서 새로운 세상을 열어놓았고, 새로운 동력을 주입했으며, 새로운 요구를 제시했다. 2018년 8월 시진핑 총서기가 전국선전 사상업무회의에서 문화체제 개혁을 확고부동하게 깊이 있게 이끌어 문화혁신과 창조에 활력을 꾸준히 불러일으킬 것을 강조했다. 문화 산업의 고품질발전을 추진하고 현대 문화산업체계와 시장체계를 보완하여 다양한 문화시장 주체의 발전과 확대를 추진하고, 신형의 문화업종과 문화소비패턴을 육성하며, 고품질 문화 공급으로 사람들의 문화의 획득감과 행복감을 증강시켜야 한다고 요구했다. 이로써 문화 개혁과 발전을 가속 추진할 수 있는 기본 지침을 한층 더 명확히 제시했다. 문화체제개혁을 꾸준히 심화시키고 개혁의 체계성·정체성·협동성을 꾸준히 증강시키며, 문화자원 배치에서 시장의 적극적인 역할을 발휘케 하고, 문화사업 종사자들과 전 사회의 문화 창조 열정을 불러일으켜 문화사업과 문화산업의 번영과 발전을 추진하고, 더 많은 우수한 문화제품과 문화서비스를 제공해야만 샤오캉사회 전면 실현의 위대한 행로에서 인민대중의 날로 늘어나는 정신문화적 수요를 더욱 잘 만족시킬 수 있고, 개혁의 전면적인 심화라는 위대한 사업에서 제반 제도가 더욱 성숙되고 더욱 정형화되는 시대적 요구에 더욱 잘 부응할 수 있으며, 혁신과 창조에 유리한 문화발전환경을 더욱 잘 형성할 수 있는 것이다.

문화건설을 추진하는 과정에서 중국의 대지에는 우수한 문화단체들이 대거 나타났다. 네이멍구 대초원에서 태어난 우란무치(烏蘭牧騎)가 바로 그중의 한 뛰어난 대표이다. 우란무치는 몽골어의 원뜻이 "붉은 새싹"으로서 붉은 문화업무단체라는 의미를 띠고 있으며, 초원

농가와 파오(蒙古包)들 사이에서 활동하는 문화예술단체이다. 개혁개방 이후 꾸준히 일심전력으로 농목민들을 위해 봉사해오고 있는 우란무치를 농목민들은 "마나이(우리) 우란무치"라고 친근하게 부르고 있으며, 우란무치 단원들은 "마나이후허더(우리 아이들)"로 불리고 있다. 우란무치의 단원들은 대다수가 초원 농목민 출신인데 단체의 규모는 작지만 다재다능한 인원들로 구성된 정예단체이다. 사회자가 노래도 부를 수 있고 가수가 마두금(馬頭琴) 반주도 할 수 있으며, 마두금을 내려놓고 사발을 머리에 이고 춤을 출 수도 있다. 더욱 중요한 것은 그들이 무대 위에서 멋진 공연을 펼칠 뿐만 아니라 무대에서 내려오면 밥도 하고 빨래도 했으며, 농목민들을 위해 가전제품도 수리해주고 과학문화지식도 전파해주곤 한다는 점이다. 우란무치의 공연은 대부분 자체적으로 창작하고 공연하는데 주로 농목민의 삶을 반영하고 있으며, 다양하고 아기자기한 것이 특징이다. 2017년 11월 21일 시진핑 총서기가 네이멍구자치구 쑤니터유기(蘇尼特右旗(네이멍구자치구 내 행정단위로 현에 해당함) 우란무치단원들에게 보낸 편지에서 "우란무치는 전국 문화예술전선의 본보기이며, 첫 번째 우란무치가 그대들의 고향에서 탄생했다"라고 썼다. 60년 동안 우란무치단원들은 대대로 눈보라 치는 것도 아랑곳하지 않고 추위와 무더위를 무릅쓰며 오랜 세월을 고비사막과 초원을 전전하면서 하늘을 무대배경으로 하고 땅을 무대로 삼아 많은 농목민들에게 즐거움과 문명을 선사했으며, 당의 목소리와 배려를 전했다. 우란무치가 오랫동안 흥성할 수 있는 사실에서 인민이 예술을 필요로 하고 예술도 인민을 필요로 한다는 것을 알 수 있다. 실제로 네이멍구의 드넓은 땅에는 많은 우란 무치대오가 있다. 1961년에 창설된 네이멍구 항진기(杭錦旗)우란무치 는 하늘을 무대 배경으로, 땅을 무대로 삼고, 마차를 교통수단으로 삼아 노숙하면서 봉사하던 단계를 거쳐 오늘날 항진기 우란무치 단 원들은 무대 차량 한 대와 교통차량 한 대에 단출한 공연 의상 및 음 향설비를 싣고 다니면서 차를 타고 이동할 때는 휴식을 취하고 차에 서 내려서는 공연하곤 하면서 예나 다름없이 농촌에 내려가 대중을 위해 봉사하고 있다. 최근 몇 년간 항진기 우란무치는 기층 농목민들 을 위해 매년 120여 차례씩 공연을 펼치고, 연평균 2만여 Km를 달리 면서 10만여 명의 대중을 위해 봉사하고 있다. 2018년 1월 16일 항진 기 우란무치는 중공중앙 선전부·문화부·국가신문출판라디오텔레비 전방송총국으로부터 제7회 전국 농민을 위한 서비스 및 기층 문화건 설 서비스 선진단체 칭호를 수여받았다.

문화적 자신감을 확고히 굳히다

문화적 자신감을 확고히 굳히는 것은 국운의 성쇠, 문화의 안전, 민족정신의 독립과 관련된 일이다. 시진핑 총서기는 "문화적 자신감 은 더욱 기초적이고 더욱 광범위하며 더욱 두터운 자신감이며, 더욱 기초적이고 더욱 깊으며 더욱 지속적인 힘"이라고 지적했다. 확고한 문화적 자신감이 없고 문화의 번영과 흥성이 없으면, 중화민족의 위 대한 부흥을 이룰 수가 없다. 한때 "달은 역시 외국의 것이 둥글다" 며 모든 것이 외국의 것이 더 낫다고 생각하는 사람들도 있었다. 이른바 문화적 자신감이란 결국은 중국인이 자신감을 가져야 한다는 의미이다.

문화적 자신감을 확고히 굳히면, 중국인은 활력이 넘치게 된다. 중화문화는 수천 년 세월을 거치면서도 쇠할 줄 모르고 이어져 내려오고 있다. 이는 세계가 공인하는 사실이다. 중화문명이 대대로 이어져 오면서 끊임없이 성장 번영할 수 있었던 근본적인 원인은 중화의 전통문화가 역사가 유구하고 찬란하며, 풍부하고 심오하며, 개방적이고 포용적이며, 막강한 생명력을 가지고 있기 때문이다. 중국문화의 매개체인 한자는 가로획과 세로획, 삐침과 파임으로 중국의 유구한 문화역사를 기록해 왔으며, 중국인의 대 세계를 담고 있다. 바를 '정(正)'자와 곧을 '직(直)'자 두 자를 예로 들면, 길을 가면서 궤도를 이탈하지 않으면 바른 것(正)이고, 한눈을 팔지 않으면 바로 곧은 것(直)이다. 한자를 만든 의도는 바로 세상 사람들에게 "길을 똑바로 보고 목표를 향하여 나아가라"고 알려주기 위한 것이다. 이는 옛사람들의 사상이지만 오늘날 우리의 정신에도 전적으로 부합되는 것이다. 한자의 독특한 매력과 변천사는 세계 각지의 한자(漢字)를 사랑하는 사람들의 마음을 사로잡았다. 중국 중앙텔레비전방송(央视网. www.cctv. com) 사이트의 보도에 따르면' 미국의 "한자 아저씨" 리처드 시어스(Richard Sears)는 반평생을 한자 연구에 몰두해오고 있다. 그는 한자 연구를 위해 자신의 모든 저축을 다 써버려 하마터면 추방당할 뻔했다. 그는 20년의 시간을 들여 갑골문(甲骨文)·금문(金文)·소전(小篆) 등 자형을 정리하여 인터넷에 올렸다. 그렇게 한 이유는 딱 한 가지 바로 더 많은 사람이 한자를 알고 한자를 인식하며 한자를 널리 전파하고 보급시키기 위한 것이었다. 그는 "내가 이들 젊은이들의 삶을 조금이나마 바꿀 수 있을 것이라고 생각한다."라고 말했다. 금발에 푸른 눈을 가진 이 서양인은 언어표현은 서툴지만 내면의 집념과 반짝이는 눈빛 그리고 우아한 행동거지는 바로 한자가 전승해나가고 있는 정신이며, 전통 문화의 경지 속의 겸손하고 단정한 군자가 세계로 나아가는 형상인 것이다.

한자를 매개체로 하는 중화 문화는 풍부하고도 심오하며, 중화민족이 대대로 생장하고 번성하며 발전하고 장대해질 수 있는 강대한 정신적 버팀목을 제공했다. 특히 중화의 우수한 전통문화가 담고 있는 혁고정신(革故鼎新, 묵은 것을 버리고 새 것을 창조 즉 혁신이라는 뜻), 여시구진(與時俱進, 시대의 흐름에 맞춰 나아간다는 뜻), 각답실지(脚踏實地, 실제에 입각하여 착실하게), 실사구시(實事求是), 혜민이민(惠民利民, 인민에게 혜택과 이득을 주는 것), 안민부민(安民富民, 백성이 안심하고 편히 살게 하며 백성이 부유해지게 함), 도법자연(道法自然), 천인합일(天人合一) 등의 사상관념은 사람들이 세계를 인식하고 개조하는데 유익한 깨우침을 주고 있으며, 국정운영에 유익한 참고자료를 제공했다. 중화의 우수한 전통문화가 담고 있는 인문 정신, 예를 들면 구동존이(求同存異, 서로 의견이 일치하는 점은 취하고 의견이 서로 다른 점은 서로 인정하면서 잠시 보류함)·화이부동(和而不同, 남과 화합하며 서로 사이좋게 지내지만 맹종하지 않고 자기 입장을 지킴)의 처세법, 문이재도(文以載道, 글에 사상을 담아 표현함)·이문화인(以文化人, 글로써 사람을 교화함)의 교화사상, 외양과 정신을 겸비하고 경물 묘사와 감정 토로가 융합된 미학 추구, 검소하고 지조가 있으며 바르고 화목한 생활이념 등 인문정신이 중화민족의 독특하고 풍부한 문학예술·과학기술·인문학술의 자양분이 되었으며, 지금까지도 여전히 큰 영향을 주고 있다. 중화의 우수한 전통문화가 담고 있는 도덕규범, 예를 들어 "나라의 흥망에는, 필부에게도 책임이 있다"고 여기는 책임의식, 몸과 마음을 다하여 국가에 충성하고 중화를 진흥시키고자 하는 애국 정서, 덕을 숭상하고 선한 것을 지향하며 어질고 재능이 있는 사람을 보면 자기도 그렇게 되려고 따르고 노력하는 사회기풍, 효제충신(孝悌忠信, 부모에게 효도하고 형제끼리 우애가 좋고 임금에게 충성을 다하고 벗에게 신의를 지키는 것)·예의염치(禮義廉恥, 예절·의리·청렴·수치를 아는 태도)의 영욕관념 등의 도덕규범은 시비곡직을 판단하는 가치기준을 구현하며 은연중에 중국인들의 행위방식에 영향을 주고 있다.

중국의 방대한 역사문화 서적에는 풍부한 철학적 지혜, 생활의 지혜, 정치적 지혜가 담겨 있고 풍부한 역사 경험과 국정운영 이념 및 독특한 상징으로서의 중국의 정신, 중국의 지혜, 중국의 이념, 중국의 가치 등이 담겨 있다. 뚜렷한 중국 특색이 있는 이러한 이념과 지혜를 각국 인민이 이해하고 받아들이게 된다면 진심 어린 찬양을 받게 될 것이며, 깊은 영향을 미치게 될 것이다. 예를 들어 중화문화는 화합 문화를 제창하고 사람의 "성실하고 신용을 지키며 관대하고 장중하며 겸손하고 온화한" 등의 품성을 양성하여 "화목을 으뜸으로 생각하는 것"을 실현할 것을 주장한다. 중국문화의 자신감은 우선 중화문화의 매개체에 내재하는 중국의 정신, 중국의 지혜, 중국의 이념, 중국의 가치에 대해 전체적으로 이해하고 파악한 토대 위에서 수립되었으며, 중화의 우수한 전통문화가 가지고 있는 "바다가 모든 물줄기를 품듯이 모든 것을 포용하는 드넓은 마음을 가지고" "개방과 포용, 모든 것을 받아들이는" 큰 구도, 큰 기상을 갖춘 흉금 위에서 수립된 것이다.

확고한 문화적 자신감의 원천은 중화문화가 발달된 농업과 수공업을 잉태하고 육성했으며, 많은 위대한 사상가·과학자·발명가·정치가·군사가·예술가를 낳았고, 풍부한 문화서적을 창작한 데서 비롯될 뿐만 아니라 근대 이후, 오랜 세월 동안 누적된 중화민족의 가난과 쇠약함 속에서 무수히 많은 애국지사들이 국가를 멸망으로부터 구하고, 민족의 생존을 도모하여 힘든 투쟁을 벌이는 과정에서, 특히 중국공산당이 중국인민을 영도하여 민족의 해방, 국가의 독립, 사회의 진보를 쟁취하는 위대한 투쟁을 벌이는 과정에서 형성된 혁명문화·홍색문화·우수한 전통에서 비롯되었다. 그리고 그 원천은 사회주의 길을 선택한 뒤 어렵고 곡절 많은 탐색과 좌절 및 실수 속에서 형성된 것으로, 특히 개혁개방 40여 년 동안 형성되고 풍부해졌으며 발전해온 중국 특색의 사회주의 선진문화에서 비롯된 것이다. 혁명문화와 사회주의 선진문화는 모두 중화문화의 매우 풍부한 역사이자 새로운 전통인 것이다.

문화적 자신감은 또 신중국 창건 이래, 특히 18차 당 대회 이래 문화건설에서 거둔 거대한 성과에서 왔다. 일련의 데이터를 보면, 2016년 중국은 전국 문화사업경비가 770억 6,900만 위안으로 2012년 대비 60.5% 성장했다. 전국 공공도서관 총 도서 소장량은 9억 권으로 공공도서관의 1인당 도서 소장량은 2012년의 0.51권에서 0.65권으로 상승했다. 그리고 전국 대중문화기구들이 184만 차례의 행사를 전개하고, 서비스를 제공한 대중이 연인원수는 5억 7,900만 명으로 2012년에 비해 각각 52%와 32% 늘어났다. 공공문화자원 배치는 기층으로 가면서 더욱 편중되었다. 2012년부터 중앙재정은 16억 위안의 자금을 투입하여 214개 지구 시(地市)급 공공도서관·박물관·문화관의 신축과 개축·증축을 지원했다. 문화부 등이 공동으로 「현급 문화관·도서관·총관·분관 제도의 건설을 추진하는 데에 관한 지도의견」을 인쇄 발부하여 현급 문화관·도서관의 우수한 자원을 농촌으로 이송했다. 이와 동시에 공공문화서비스의 효능도 뚜렷이 향상되었다. 상하이는 "문화 상하이 클라우드"를 구축하여 방대한 공공문화정보로 공공문화 빅 데이터를 형성했다. 칭다오(靑島)·청두(成都)·쟈오쭤(焦作) 등지의 문화 슈퍼마켓들은 개성화, '주문식' 서비스로 다원화한 대중의 수요를 충족시켰다. 베이징(北京)·톈진(天津)·허페이(合肥)·따롄(大连)·칭따오(靑島)·취안쩌우(泉州)·훼이쩌우(惠州) 등지에서는 "문화 혜민카드"를 발행하여 문화 우대 패키지 제품을 마련하여 대중들에게 자주적 선택권을 주었다. 이는 날로 늘어나는 고품격 문화에 대한 인민대중의 수요를 꾸준히 충족시키는 데 적극적인 역할을 하였다.

중국은 문화사업의 번영 발전과 동시에 문화산업도 활기차게 발전하고 있어 문화산업은 바야흐로 국민경제의 기둥산업으로 부상하게 될 것이다. 2012년부터 2016년까지 중국 영화 제작 수량은 745부에서 772부로 증가했고, 영화 흥행 수입은 170억 위안에서 493억 위안으로 성장했다. 드라마 제작 수량은 다년간 연속 세계 1위를 고수하고 있으며, 2016년에는 그 수량이 334부 1만 5,000회에 달했다. 도서출판은 2012년의 41만 4,000 종, 79억 3,000만 권에서 2016년의 49만 9,000 종, 90억 4,000만 권으로 늘어났다. 국가통계국의 데이터에 따르면 2016년 전국 문화 및 관련 산업의 부가가치가 2012년의 1조 8,071억 위안에서 3조 254억 위안으로 늘어나 처음으로 3조 위안 선을 돌파했고, GDP에서 차지하는 비중은 2012년의 3.48%에서 4.07%로 상승했다. 텔레비전 다큐멘터리 「개혁을 끝까지 진행한다(將改革進行到底)」, 영화 「전랑(戰狼)」 시리즈 등 사상성·예술성·감상성을 다 갖춘 문예작품은 좋은 평판과 시청률·흥행·발행 등 여러 분야에서 풍작을 거두었다. 2019년 춘제(春節, 음력설)에 한 청년 감독이 연출한 영화 「유랑지구(流浪地球)」는 중국인들의 영화 관람 붐을 불러일으켰는데, 국내 박스오피스가 40억 위안을 넘겼고, 해외 박스오피스도 1억 달러를 돌파했으며, 한때 북미시장 사상 가장 흥행하는 국산영화의 기록을 세웠다.

새 시대에 계속하여 문화적 자신감을 확고히 다지고, 중화문화의 번영발전을 계속 추진하며, 국가문화의 소프트파워를 꾸준히 향상시키고, 중화의 우수한 전통문화의 창조적 전환과 혁신적 발전을 추진하며, 혁명문화를 계승하고, 사회주의 선진문화를 발전시키며, 본연의 문화를 잊지 않고 외래문화를 받아들이며, 미래 지향적으로 중국의 정신, 중국의 가치, 중국의 힘을 더 잘 구축해 나가야 할 것이다.

중국이야기를 잘하다

중국이 날로 세계무대의 중앙으로 나아감에 따라 중국에 대한 외부의 시각도 다원화추세를 보이고 있다. 한편으로는 대다수 사람들이 중국의 굴기는 막을 수 없는 추세임을 의식하고, 중국이 가져다주는 기회를 발견하고 있다. 특히 많은 개발도상국들에게 있어서 중국 성공의 길은 사색을 불러일으키고 있으며, 중국이 제공하는 도움과 지원은 그들이 발전과정에서 부딪치는 난제를 극복하는데 새로운 기회를 제공해주었다. 중국이 제시한 글로벌 거버넌스 주장과 제공하는 공공제품은 날로 고착되고, 보수적으로 변해가는 세계에서 국제사회에 동방에서 불어오는 맑고 새로운 바람을 느낄 수 있게 했고, 국제질서가 더욱 공정하고 합리적인 방향으로 바뀔 수 있다는 새로운 희망을 가져다주었다. 다른 한편으로는 중국의 급속한 발전은 적지 않은 나라의 불안을 야기했다. 중국 붕괴론, 중국 위협론, 중국 책임론 등 논조가 난무하기 시작했고, 중국이 계획대로 진행하는 과학적 고찰들에는 모두 정치적 의미가 부여되었다. 중국이 '신식민주의'를 추구하여 다른 나라를 착취하는 것으로 자신의 이익을 도모하며 심지어 역사상의 열강들처럼 패권의 길을 갈 것이라는 우려가 적지 않다. 가장 눈에 띄는 것은 기존의 세계 강국과 전통 세력들이 중국에 대한 경계와 방어를 강화하면서 중국의 굴기를 봉쇄하고 방해하기 위한 사고와 배치를 구축하려는 시도이다. 중국인들은 '얻어맞고' '굶주리는' 문제를 해결한 뒤 '비난을 받는' 문제를 어떻게 해결할 것인가 하는 문제에 직면하게 된 것이다. "중국의 일을 잘 처리할 수 있는 능력을 갖춘 우리가 중국의 이야기를 잘할 능력이 없겠는가? 우리는 자신감을 가져야 한다!" 중국의 지도자 시진핑은 이런 간단명료한 말로 중국의 이야기를 잘해야 하는 중요성을 제시했다.

중국 이야기를 잘하는 것은 국제적 관심사에 제때에 반응하기 위한 절박한 수요이다. 여론조사에 따르면 2012년 11월 18차 당 대회가 열린 후 국제사회에서는 중국공산당의 지속적인 성공의 원인은 무엇이며, 새 일대 중앙지도부가 세계에 어떤 영향을 미칠 것이며, 중국은 어디로 갈 것인가 하는 문제에 대해 보편적으로 알고 싶어 하고 있는 것으로 드러났다. 서양의 나라들은 중국의 대외정책과 글로벌 거버넌스 방면에서의 표현에 대해 매우 큰 관심을 가지고 있고, 개발도상국들은 중국의 경제발전, 부패척결, 정당건설의 경험과 방법 등에 더 많은 관심을 가지고 있다. 이러한 배경에서 중국 관련 부서는 면밀하게 조직하여 『시진핑 국정운영을 말하다』라는 책을 편집 출판하여 중국 지도자들의 외국 방문, 양자 또는 다자 간 중요한 활동 및 중요한 도서전시 참가 등을 계기로 각기 다른 대상국, 다양한 언어에 맞춰 각각 도서 발행 기념식·세미나·좌담회·전시판매의 달 등 일련의 행사들을 개최하여 많은 나라의 정계 요원과 유명한 싱크탱크 학자 및 언론인들을 관련 행사에 초청하여 책의 국제적 지명도와 영향력을 효과적으로 확대시켰다. 그 책은 2014년에 출판된 이래 21종 언어, 24개 판본이 출판되었고, 세계적으로 625만여 권이 발행되었으며, 160여 개 국가와 지역을 아우르고 있다. 2019년까지 30여 종의 언어로 출판되었다. 『시진핑 국정운영을 말하다』가 해외 발행에 성공한 가장 주요한 원인은 그 책이 국제사회의 관심사에 훌륭한 답을 주었기 때문이다. 18차 당 대회 이래, 중공중앙은 당대 중국의 국정과 발전의 실천에 입각하여 개혁·발전·안정, 내정·외교·국방, 당·국가·군사의 관리를 둘러싸고 국정운영에서 일련의 새로운 이념, 새로운 사상, 새로운 전략을 제시했는데 『시진핑 국정운영을 말하다』라는 책에 집중적으로 구현되었다. 해외 독자들은 그 책을 읽고 중국의 발전 이념과 발전의 길에 대해 이해할 수 있고, 세계 문제에 대한 중국의 관점과 중국의 방안을 알 수 있으며, 또 국제사회와 함께 발전하고 번영을 공유하려는 중국의 아름다운 소원과 목소리를 들을 수 있었을 것이다. 『시진핑 국정운영을 말하다』는 국제사회가 중국의 당대와 미래의 방향을 전면적으로 파악할 수 있는 황금열쇠라고 할 수 있다.[74]

중국 이야기를 잘하는 것은 새 시대의 새로운 요구이다. 새 시대는 중국이 대국으로부터 강국으로 나아가는 시대이며, 중국이 세계를 위해 더욱 큰 기여를 하는 시대이다. 세계는 중국이 어디를 향해 갈 것인지에 매우 큰 관심을 가지고 있다. 그래서 중국공산당의 국정운영의 이야기, 중국인민이 꿈을 이루기 위해 분투하는 이야기, 중국이 평화적 발전과 협력 상생을 견지하는 이야기를 반드시 자발적으

---

74) 장푸하이(張福海), 「사명을 굳게 지키고 선인의 위업을 이어받아 앞날을 개척하며 계속하여 중국 이야기를 잘하자」, 『대외전파』 2018년 3월 6일.

로 잘 들려줌으로써 세계가 중국을 더 잘 이해할 수 있도록 해야 한다. 최근 몇 년간 중국은 자발적으로 나서서 "중국공산당은 왜 할 수 있는가"시리즈, "중국공산당 정신"시리즈, "중국의 꿈"시리즈, '일대일로'시리즈, "중국의 핵심 키워드"시리즈, 『대중화 문고』 등 대외에 중국공산당과 중국의 기본 국정, 중국의 당대 발전성과와 중국의 우수한 문화를 소개한 일련의 주제 도서를 출판하고 대외에 발행했다. 최근 몇 년간 중국은 APEC 회의, G20 정상회의, '일대일로' 국제협력 정상포럼 등 국제행사를 개최하는 기회를 빌려 공공외교를 전개하여 홈코트 우위를 적극 살려 중국의 양호한 이미지를 정성들여 보여주었으며 우호적 협력적인 정을 세계에 전했다. 2018년에 열린 중국–아프리카 협력포럼 베이징 정상회의에 40명의 대통령, 10명의 총리, 1명의 부통령을 포함 총 51명의 아프리카 국가 지도자가 참석했다. 이는 중국과 아프리카의 관계가 양호하게 발전하고 있음을 말해주고 있을 뿐만 아니라 중국의 국제영향력이 점차 증강되고 있음을 말해주고 있다. 2018년 중국은 제1회 중국국제수입박람회를 성공적으로 개최하여 더욱 많은 친구를 사귀었을 뿐만 아니라 중국의 대외개방의 양호한 이미지를 보여주었다.

중국 이야기를 잘하기 위해 중국 최고 지도자인 시진핑이 몸소 실천하고 솔선수범했다. 중국 이야기의 "제1 해설자"로서 그는 여러 외교 장소에서 "이야기하는" 방식으로 중국의 문화를 전파하고, 중국의 이념을 설명했으며, 중국의 우정을 전하고, 아름다운 이상 사회를 도모하려는 심경을 보여주어 국제사회에 깊은 인상을 심어 주었다. 예

를 들면 그는 시인 잠삼(岑参)의 "장안성에 백만 가구"라는 시구로 당
송(唐宋) 시기 중국 도시문명의 눈부신 발전 정경을 서술하고 고대
중국의 찬란한 업적을 회고하면서 근대 중국의 낙후함과 굴욕스러웠
던 처지에 착안하여 오늘날의 중국이 굽이굽이 돌아 발전해온 것을
분석하여 드넓은 시야를 가진 중국 지도자들의 영도력을 보여주었으
며, 사람들에게 "중국의 기적"이 쉽게 이룬 것이 아님을 실제로 느낄
수 있도록 했다. 그는 또 3명의 중국 화교가 위험을 무릅쓰고 12명의
콩고 이웃을 구출한 이야기를 하면서 양국 인민의 우정을 서술했다.
그리고 또 "자신이 원하지 않는 것은 남에게 강요하지 말라"는 중국
외교의 의리관을 전달했다. 그는 또 "신사자이론"을 내세우며 "중국
위협이론"을 교묘하게 반박했다.……그는 자신이 몸소 겪은 일도 이야
기하고 역사이야기도 했으며 전통적 우의에 대해서도 이야기하고 최
근의 진전에 대해서도 이야기했다. 하나하나의 생동적인 그의 이야기
가 그의 감칠맛 나는 서술을 거쳐 사람의 마음을 흔드는 사상의 힘,
사람의 마음을 깊숙이 파고드는 인격의 힘, 겸손하고 온화하여 대하
기 편안한 언어의 힘을 갖추어 중국의 매력을 이야기하여 세계의 청
중들을 감동시켰다. 그가 하는 이야기가 사람들의 인기를 끄는 이유
는 주로 국가와 국가 간, 그리고 각기 다른 국가 공민 간의 공약수를
찾는데 주의하여 진실한 이야기로 협력 상생, 평화공존의 중국 이념
을 계승했기 때문이다.

중국 이야기를 잘하기 위해 모두가 실천하고 있다. 중앙은 「중화문
화의 대외 진출을 더욱 강화하고 개진하는 데에 관한 지도의견」「대

외 문화 무역을 가속 발전시키는 데에 관한 의견」「'일대일로' 소프트
파워 건설을 강화하는 데에 관한 지도 의견」 등의 문건을 발표하여
대외 문화교류, 문화전파, 문화무역을 총괄 계획하여 중국 이야기를
잘하고 중국의 목소리를 잘 전파했다. '일대일로' 건설과 결부시켜 중
외 인문교류와 협력을 강화하고 느낌중국, 중국문화의 해, 즐거운 춘
제(설) 등 브랜드 행사의 영향력을 확대하여 뚜렷한 성과를 거두었으
며, "실크로드 영화텔레비전프로그램다리", "실크로드 책 향기 프로
젝트"를 깊이 있게 추진했다. 2016년 춘제 "중국영화·온 세상에 동시
상영" 글로벌 발행 플랫폼이 정식 가동되어 아시아·유럽·북미 여러
국가의 주류 영화관과 성공적으로 연결시켰다. 2016년 말 중국은 140
개 국가와 지역에 513개의 공자학원과 1,073개의 공자 교실을 설립하
고 30개의 해외 중국문화센터를 건설했다. 2017년 "즐거운 춘제"행사
가 140개 국가, 500개 도시에서 2,000여 개 이상의 활동을 전개했는
데 직접 관객이 연인원수로 2억 8,000만 명에 달했다. 이런 플랫폼과
브랜드는 모두 중국의 이야기를 전파하고 중국의 이미지를 향상시키
는 중요한 매개가 되었으며, 중국의 사상과 중국의 가치를 세계에 알
리고 인류에게 행복을 가져다주는 중요한 무대가 되었다.

국제무대에서 시대적 혁신을 보여준 중국 이야기는 세계 각지 많은
사람들의 갈채를 받았다. 경극(京劇) 명가 장훠딩(張火丁)은 뉴욕 링
컨센터에서 경극 「백사전」(白蛇傳) 「쇄린낭」(鎖麟囊) 전편을 성공적으로
공연했고, 상하이 곤극(崑劇)단은 탕현조(湯顯祖)의 "임천사몽"(林川四
夢)을 최초로 완전하게 무대에 올려 세계 순회공연을 시작했는데, 이

르는 곳마다 전례 없는 성공을 거두었으며, 차오원쉬안(曹文軒)·류츠신(劉慈欣)·류전원(劉震雲) 등 많은 중국 작가들이 국제 대상 무대에서 스포트라이트를 받았다.

중국 이야기를 잘하려면 진실한 이야기를 해야 한다. 한 가지 실례를 들어보기로 하자. 어느 한 인도 대통령이 상하이를 방문했을 때 일이다. 그가 상하이 교외 지역에 갔는데 그 곳 향장(鄕長)이 향의 상황을 소개하면서 GDP가 얼마이고 1인당 수입이 얼마이며 집을 얼마나 지었다는……등의 이야기를 했다. 그리고 인도 대통령은 한 농민의 새로 이주한 주택을 둘러보면서 안주인에게 "왜 아들과 며느리가 사는 집이 노부부가 사는 집보다 더 크고 밝고 좋으냐?"고 물었다. 그 농촌 여인은 "우리 동네에서 며느리는 가장 중시되는 사람"이라며, "우리가 청해온 손님이니만큼 손님대접을 잘해야 한다."라고 대답했다. 향장은 도리를 설명한 것이고, 여인은 이야기를 한 것이다. 어느 것이 더 좋았을까? 실제로 이야기는 기억하기가 쉽다. 외국인과 교류할 때 주변에서 일어나는 이야기와 자신의 이야기를 하는 것이다. 이는 중국의 유명한 공공외교 전문가 자오치정(趙啓正) 교수가 강의할 때 했던 이야기이다.

중국 이야기를 잘하려면 확고한 입장과 기교가 있어야 한다. 중-미 무역 마찰에서 중국은 줄곧 세계와 미국에게 무역마찰의 손해에 대해 분명히 설명했다. 2018년 9월 중국은 「중-미 경제 무역마찰 관련 사실과 중국 입장」이라는 백서를 발표하여 대량의 사실과 구체적인 데이터로 미국의 보호무역주의와 무역 패권주의 행위가 세계경제

발전에 주는 위해에 대해 설명하고, 자국의 이익과 다자무역체제를 수호하려는 중국의 확고한 결심과 의지를 밝혔다. 미국 세인트토머스대학교(St. Thomas University) 휴스턴 분교의 존 테일러 교수는 그 백서가 "중국의 입장을 분명히 밝혔다"며 "사실상 중-미간의 무역이 미국이 주장하는 것보다 더 균형적이라는 것을 명확히 지적했다."라고 말했다. 미국 예일대학(Yale University) 스티븐 로치(Stephen Roach) 고급연구원도 "백서가 미국의 고소에 대한 중국의 대응 입장을 상세히 밝혔고, 미국의 부당한 처사를 명확히 지적했다."라고 주장했다. 그 시점에 중국이 백서를 발표한 것은 무역마찰의 진일보 적인 확대를 막기 위한 건설적인 방법을 취한 것으로 대화와 협상으로 분쟁을 해결하려는 중국의 태도를 충분히 보여주었던 것이다. 미국 민중들이 중-미 무역 마찰의 영향에 대해 알게 하기 위해 2018년 9월 23일, 『중국일보』(차이나 데일리, China Daily)는 미국 아이오와 주 현지 매체 『디모인 레지스터』(The Des Moines Register) 네 개의 지면에 광고를 게재하여 중국의 입장을 설명했다. 아이오와 주는 미국 "콩 농군들의 본거지"로서 예로부터 "미국의 곡창"으로 불리고 있다. 미국 대통령도 이에 반응을 보였다. 외국 매체에 광고를 게재하는 것은 우리가 중국 이야기를 잘하는 중요한 부분으로서 이번이 처음은 아니다.

오늘날 세계에서 발언권은 실제로 "서양국이 강하고 우리가 약한" 상황이다. 중국은 때로는 이치에 맞아도 "할 말을 못하고" "말할 수 없고" "말할 줄 모르고" "말로 남을 못 당하는"난처한 상황에 빠질

때도 있다. 중국 이야기를 잘 할 수 있는 능력을 크게 향상시키는 것은 너무나도 필요한 일이다. 이를 위해서는 국제전파능력을 키우는 일을 강화하고,, 대외에 대한 발언체계를 정성들여 구축하며, 대외 발언의 창조력·감화력·공신력을 증강시켜 중국의 목소리를 잘 전파하고, 중국의 특색을 잘 설명해야 한다. 그리고 국제 전파 업무 방식을 보완하고, 선전 이념과 운행메커니즘을 혁신하며 더 많은 자원과 힘을 모아야 한다. 사람마다 국가 이미지의 대변인이라는 이념을 수립하고, 국민의 도덕수양과 문명자질을 꾸준히 향상시켜 전 사회의 문명수준을 향상시켜야 한다. 반드시 문화적 자신감을 증강시키고, 문화의 번영과 발전을 추진하여 국가의 문화 소프트파워를 확실히 향상시켜야 한다. 영국의 전 총리 태처 부인은 일찍 "중국은 영원히 슈퍼대국이 될 수 없을 것"이라며 그것은 "중국이 텔레비전만 수출할 뿐 텔레비전프로그램을 수출할 수 없기 때문"이라고 말한 적이 있다. 새 시대에 들어선 후 중국은 텔레비전을 수출해야 할 뿐만 아니라 더욱이 텔레비전프로그램도 수출하여 세계가 중국을 더 많이 알 수 있도록 해야 한다.

18차 당 대회에서 문화강국 건설을 제기한 후 2017년에 열린 19차 당 대회에서는 중국 특색의 사회주의문화를 번영 발전시키는 데 대한 새로운 배치를 했다. 2018년 8월 시진핑 총서기가 새로운 정세에서 사상문화 선전 사업을 잘하려면 반드시 자발적으로 기치를 들고 민심을 모으며 신인을 육성하고 문화를 번영시키며 이미지를 수립하는 사명과 임무를 담당해야 한다고 지적했다. 이로써 문화건설을 한층 더 강화하고 중화 문화의 소프트파워를 한층 더 향상시키며 중화 문화의 영향력을 한층 더 향상시키기 위한 노력 방향과 분투목표를 명확히 했다. 중국이 멀지 않은 장래에 반드시 문명국가로 궐기하여 민족 부흥의 영광스러운 꿈을 실현하리라고 굳게 믿어 의심치 않을 이유가 여기에 있는 것이다.

5

인민의 생활수준을 향상시키다

5
인민의 생활수준을 향상시키다

1949년 이전의 중국은 외환과 내우가 겹쳐 전쟁이 끊이지 않았고, 자연재해가 잦아 인민의 생활은 말로 이루 다 형언할 수 없을 만큼 고통스러웠다. 중화인민공화국 창립 초기 인구 당 국민소득은 겨우 10여 달러밖에 안 되어 서양 선진국의 18세기 중기 수준과 맞먹었다. 그러나 지난 70년 동안에 중국공산당의 영도 아래 경제와 사회발전을 통해 인민의 삶의 질과 양식에 천지개벽한 것과 같은 변화가 일어났다. 그 변화는 물질생활 분야에서뿐만 아니라 정신생활 분야에서도 드러났다. 전반적으로 볼 때 빈곤에서 부유의 길로, 의식(衣食)이 부족하던 데로부터 전면적 샤오캉사회로 매진했다고 말할 수 있다. 구체적으로 보면 먹고 입고 쓰는 것, 교육, 취업, 사회보장, 의료, 주거 등 면에서 모두 "큰 변화"가 일어났던 것이다.

의식이 부족하던 4대서 전면적인 샤오캉사회에 이르기까지

소득 수준은 인민의 생활에 영향을 주는 가장 직접적인 요소이다. 신중국이 창건된 후의 70년 동안 도시와 농촌주민의 소득은 1957년부터 1978년까지 성장속도가 비교적 느렸을 뿐 기타 대부분 시기는

모두 비교적 빠른 성장속도를 유지했다. 그중 개혁개방 이후의 40년
은 도시와 농촌주민의 소득성장이 가장 빠른 시기였다. 특히 18차
당 대회 이래 주민 소득은 줄곧 빠른 성장을 유지했는데, 연간 평균
성장률이 7.4%에 달하여 경제성장률을 초과했다. 그리하여 세계에서
인구가 가장 많은 중등 소득층을 갖게 되었다. 전국 주민의 엥겔계수
는 30.1%로 낮아져 유엔이 분류한 부유한 기준에 근접했다.

　백성은 먹는 것을 하늘의 제일 뜻으로 삼았듯이 식생활은 인민
의 생활에서 가장 중요하고 가장 기본적인 부분이다. 애치슨(Dean
Goodenham Acheson) 미국 국무장관은 "인민의 먹는 문제는 역대
중국정부가 필연적으로 부딪치게 되는 첫 번째 문제인데, 지금까지
그 어느 정부도 그 문제를 해결한 적이 없었다."며 "공산당 정부도 중
국인의 먹는 문제를 해결할 수 없을 것"이라고 단언했다. 그러나 인민
의 먹는 문제를 해결하기 위한 중국공산당과 정부의 노력은 실제로
엄청난 성과를 거두었다. 개혁개방 이전의 30년 동안 민중의 식생활
은 계획경제와 밀접히 결합되어 있었다. 배급표가 그 시대의 가장 선
명한 표식이었다. 1955년 식량과 식용유 배급표가 인쇄 발행되어 사
용되기 시작했고, 이어 여러 가지 부식품도 잇달아 배급표에 의해 공
급되면서 중국은 배급표 시대를 맞이하게 되었다. 예를 들면 콩 보
조 배급표·케이크와 빵 배급표·과자배급표·아동식품 보조 배급표·
해외 동포로부터 부쳐온 식량과 식용유 배급표·고급정신노동자보조
식용유 배급표·명절보조 식용유 배급표 등이 있었다. 수많은 명목의
배급표는 인민의 일상 소비가 넉넉하지 못하고 의식생활을 겨우 해결

하는 상태에 처해 있음을 반영했다. 의복의 경우를 봐도 변변치 못한 상황에 맞춰 간소하게 입는 상황이었다. 그 대표적인 사례로 『인민일보』에 사설 형식으로 호소한 글을 예로 들 수 있다. "옷 한 견지를 일반적으로 몇 년은 입을 수 있다. 게다가 옷이 낡으면 고치고 기워서 계속 입을 수 있다." 이른바 "새 옷으로 3년, 낡은 옷으로 3년, 기워서 또 3년"이라고 표현할 수 있다.

이런 상황은 개혁개방 이후 빠르게 개선되었다. "80년대부터 인민의 생활이 나날이 향상되었고" "삶의 질이 근본적으로 도약했다." 1985년에 이르러 먹고 입는 문제를 해결하지 못한 빈곤인구가 2억 5천 만 명에서 1억 2천 500만 명으로 줄어들었으며, 빈곤 발생률이 30.7%에서 14.8%로 하락했다. 1986년 국무원 빈곤지역 경제개발 지도소조(1993년에 국무원 빈곤구제개발지도소조로 개칭함)가 설립되고 계획적이고 대규모적인 "개발형 빈곤구제"사업을 시작했으며 "집중 밀집 빈곤지역" 18곳을 선정하여 특별자금을 배정하고 우대 정책을 마련하여 경제발전으로 빈곤에서 벗어날 수 있도록 이끌었다.

인민의 일상소비생활에서 가장 뚜렷한 변화는 바로 "주식이 줄고 부식이 늘었으며" "먹는 소비가 곡물 위주에서 부식 위주의 방향으로 발전하고 있는 것"이었다. 사람들은 의식적으로 식품의 영양구조에 주의를 돌리기 시작했고, 다양한 종류와 양호한 품질을 추구하기 시작했다. 이는 인민의 생활이 '조방형'에서 '영양형'으로 바뀌고 있음을 설명했다. 다시 말하면 배를 불릴 수 있으면 만족하던 데서부터 점차 즐겁게 먹을 수 있고 영양을 따져가며 먹을 수 있는 것으로 발전했던 것이다. 1993년 초 나라에서는 식량과 식용유 매매 전면개방정책을 선포하면서 각지에서 배급표 사용이 잇달아 중지되었으며, 40년간 사용되어오던 배급표가 역사의 무대에서 퇴장했다.

음식에 대한 욕구가 충족되면 사람들은 일반적으로 입는 쪽으로 눈길을 돌리게 된다. 오랜 세월 동안 사람들은 "소박함을 아름다움으로 여겨오는 것"에 습관이 되었다. 그래서 그때 당시 사회 여론은 우선 사상관념상에서 옷 입는 것에 대해 "명분을 바로 세웠다." "아름다움을 추구하는 것은 자산계급 전용이 아니다. 무산계급은 아름다운 생활의 창조자로서 자신을 아름답게 꾸미고 아름다움을 누릴 수 있는 권리를 충분히 누릴 수 있다." 심지어 '중앙 지도자'부터 "옷차림 문제를 중시해야 한다"며 "도시와 농촌 인민들이 옷을 좀 더 깨끗이, 좀 더 단정하게, 좀 더 예쁘게 입도록 하라"고 특별 '지시'까지 내렸다. 사람들의 옷차림이 과거의 "한 가지 옷을 여러 계절 입던" 것에서 "한 계절에 한 가지 옷을 입고, 한 계절에 여러 가지 옷을 입는" 것으로 바뀌었고, "옷을 기워 입던" 것으로부터 "옷을 사서 입는" 것으로 바뀌었으며 유행하는 색상과 디자인이 끊임없이 나타나고 최신 유행이 끊임없이 나타났다. 유행도 문화의 일종이며 "시대가 일정한 단계까지 발전한 표현"이다. 잘 먹고 잘 입는 것을 추구하는 것은 의식이 충족한 생활 상태에서 나타나는 대표적인 표현이다.

1992년 시장경제기 실시됨에 따라 중국경제의 발전에 새로운 활력을 불어넣어 제반 사업이 빠른 속도로 발전했으며, 인민의 생활은 더욱 전면적으로 개선되는 새로운 단계에 들어서게 되면서 양적 확장에서 질적 향상으로 전환되었고, 생존에서 향유하는 것으로 전환되었으며, 전통식에서 현대화로 전환되는 상황이 나타나게 되었다. 먹는 면에서도 진일보적으로 개선되어 "더욱 영양가 있고, 신선하며, 편리하고, 빠른 추세가 나타났다." 갈수록 많은 주민 가정에서 가공된 주식류를 구매하는 경향이 나타났다. 부식품 소비에서는 "동물성 단백질이 크게 늘어나고" 과일을 먹는 것이 사람들의 일상 소비의 일종이 되었다. 대도시에서는 외국산 수입 과일이 크게 유행하기 시작했으며, 수입 과일의 유행은 대외 개방 정도가 심화되고 있음을 간접적으로 보여주었다.

인민생활의 사회화 정도도 크게 향상되었다. 라면·도시락제품·조리식품 등 즉석식품의 매출이 급증하면서 가사도우미·시간제 노동자가 일반 가정에 들어오기 시작했다. 먹는 문제에서 사람들은 직접 만드는 부분이 점점 줄어들고 허비하는 시간도 점점 줄어들었으며, 편리하고 빠른 음식이 새로운 유행으로 떠올랐다. 특히 외식이 "갈수록 인기를 끌게 되었다." 옷차림 면에서 사람들은 더욱 신경을 쓰기 시작했으며 개성화가 유행되기 시작했다. 사람들이 옷을 구매할 때 더 이상 유행 스타일이나 유행 색상에 좌우되지 않고 "개성을 살리는 데 중점을 두고 자신이 좋아하는 것과 입고 싶은 것을 입기 시작했다." "옷차림은 개성화를 추구하고 유행을 피하는 것이 이미 점점 유행의 일종이 되었다." 일치하려고 애쓰거나 유행을 좇는 것에 비해 개성화는 사람들의 생활의 자유도가 확대되고 자주성이 증강되었음을 분명하게 보여준다. 옷차림 소비에서 "고급스러운 것을 추구하고 명품을 좇으며 독특함을 중시하고 품위를 추구하는 다채로운 패턴"이 점차 형성되었다.

의복은 사람들의 심미관념·문화소양·정신풍모의 구현일 뿐만 아니라 인민 생활수준의 상징이며, 동시에 또 사회 경제발전의 거울이기도 하다. 사람들이 더 이상 생활적인 면에서 걱정이 없게 되어야만 비로소 자신을 꾸미고 미화하는 데 정서의 일부를 돌릴 수 있다. "만약 옷차림이 어느 한 측면에서 한 사람의 수양·성격·기질·취미·추구함을 진실하게 보여줄 수 있다면 아름다움에 대한 수천수만의 개체의 이해가 한데 모일 경우 옷차림은 한 나라 한 민족의 물질생활수준을 가늠하는 하나의 척도가 되는 것이다." 이로부터 볼 때 그 시기 옷차림 소비에서 나타나는 주민들의 특징은 중국사회경제의 급속한 발전과 사람들의 생활수준이 대폭 향상되었음을 간접적으로 반영하고 있다.

사람들의 일상생활에서 먹고 입는 욕구가 충족된 이후, 가장 눈길을 끄는 것은 문화소비였다. 일반적으로 문화소비에는 주로 문화오락용품, 교육비용, 책·신문·잡지, 여행, 레저 및 공원놀이, 영화 관람과 연극 관람 등 공공 오락장소에서의 소비가 포함된다. 그 소비수준의 고하가 한 측면에서 인민의 삶의 질과 정신문명의 수준을 반영한다. 그 시기 "전례 없던 대중성 문화 소비의 붐이 일기 시작했다."

더욱 중요한 것은 레저·오락·관광이 고품격 삶의 상징으로 표현되기 시작했다. 자유로 지배할 수 있는 시간이 늘어나는 것은 사회가 진보하고 생활수준이 향상된 기준의 하나이다. 그리하여 인민들은 더욱 많은 여가시간이 생기게 되었고, 이에 따라 직접적으로 도시 레저문화와 전국적 '관광 붐'을 일으켰다. 민중의 레저오락방식의 다양화 추세가 나타났다. 그중 텔레비전의 시청이 사람들의 가장 주요한 여가를 활용하는 방식이 되었으며, 사람들의 가장 많은 여가시간을 점용했다. 텔레비전이 점점 오락화, 생활화됨에 따라 텔레비전 시청은 사람들이 외부 사회를 알아가는 하나의 수단이 되었다.

동시에 도시의 레저공간도 점차 확장되었다. 점점 더 많은 공원과 놀이터가 건설되는 외에 공공 녹화지대 공간도 갈수록 확대되어 민중들이 공공장소에서 노래하고 춤추는데 필요한 장소를 제공했다. 따라서 광장무가 전국적으로 유행하기 시작했다. 공원 내에서나 주택단지안팎의 거리와 광장에서나를 막론하고 춤추는 대오의 규모가 점점 커졌는데 적게는 수십 명에서 많게는 수백 명까지 되었다. 아침 또는 저녁으로 각 도시의 거리에는 대중들이 자발적으로 조직된 음악반주에 맞춰 춤을 추는 대오가 나타났다. 공공장소에 널리 보급된 다양한 형식의 "광장무용"은 수많은 도시의 아름다운 풍경을 이루었다. 이와 동시에 국가 빈곤구제사업의 강화에 힘입어 빈곤 대중의 생활이 크게 개선되었다. 1993년, 국무원 빈곤구제개발지도소조가 새로 설립되고 그 이듬해에는 국무원이 「87빈곤구제난관돌파계획」을 인쇄 반포하여 7년 시간을 들여 농촌의 8,000만 빈곤인구의 먹고 입는 문제를 기본적으로 해결하기로 결정지었다. 이는 빈곤인구의 먹고 입는 문제를 해결하기 위한 빈곤구제개발이 난관돌파단계에 들어섰음을 상징한다. 그 목표는 여러 방면의 대대적인 추진을 거쳐 2000년에 이르러 기본적으로 실현되었다.

　시장경제의 발전으로 사람들의 소비생활양식이 더는 정부의 직접적인 제약을 받지 않고 점차 완전 자주적인 방향으로 발전하게 되었다. 그 구체적 표현은 소비자의 행위가 수동적이던 데로부터 주동적으로 바뀌고 소비유형이 억제성 소비로부터 개성화 소비로 바뀌었으며 주민소비의 자주적 선택권과 결정권이 계속 증강되고 있는 것이다. 동시에 그 시기에는 시장경쟁이 갈수록 치열해졌는데 그 결과 상품이 날로 풍부해졌다. 따라서 원래의 판매자 시장이 점차 구매자 시장으로 바뀌었다. "공급과 수요의 총량이 기본적으로 균형을 이루고 경제 환경이 완화되었으며 소비자가 어느 정도 자유 선택 구매를 할 수 있는 기본 조건이 마련되었다." 예를 들어 시장에서 사람들이 원하는 것을 팔기 시작한 것이다. 그중 대표적인 표현이 부유층(富裕型)·중등생활층(小康型)·기본생활층(溫飽型)·빈곤층 등의 계층화였다. "부유층 가정의 소비취향은 이미 자동차·주택 지향적인 추세를 보였고 중등생활층 가정은 삶의 질을 높이는데 소비 중점을 두었으며 기본생활층 가정의 소비중심은 기본생활 필수품에 있었고 빈곤층 가정의 중심은 '절약'에 있었다." 2002년, 후진타오가 16차 당 대회 보고에서 전 당과 전국 여러 민족 인민의 공동 노력을 거쳐 "인민의 생활이 총체적으로 샤오캉(小康, 중등생활) 수준에 도달했다."라고 엄숙하게 선포했다. 인민대중의 일반적인 물질문화 욕구가 기본적으로 충족되었다. 그러나 그때 당시 "도달한 샤오캉생활은 아직 수준이 낮고, 전면적이지 않으며, 발전이 매우 불균형적인 샤오캉생활이었다."

2001년 6월 국무원은 「중국농촌빈곤구제개발요강(2001—2010년)」을 인쇄 반포했다. 이는 중국이 종합적인 빈곤구제개발단계에 들어섰음을 상징하며, 빈곤구제 전략의 중점이 먹고 입는 문제를 해결하는 것을 위주로 하던 것에서 발전능력을 향상시키고, 사회적 권리를 실행하며, 도시와 농촌의 발전격차를 줄이는 것으로 바뀌었음을 상징했다. 그 단계에서 빈곤구제 대상은 더욱 구체적인 빈곤마을과 빈곤가구를 겨냥했으며, 먹고 입는 문제를 해결한 후에는 빈곤으로 되돌아가는 것을 방지하고, 경제와 교육·문화·의료 등 분야의 전 방위적인 발전을 추진했다. 2011년 국가빈곤 구제기준을 1인당 평균 연간 수입을 2,300위안으로 대폭 상향조정했으며, 「중국농촌빈곤구제개발요강(2011—2020)」을 반포 실시했다. 빈곤구제 사업이 먹고 입는 문제의 해결 성과를 공고히 하고, 빈곤퇴치와 치부를 가속화하며, 생태환경을 개선하고, 발전능력을 제고하며, 발전 격차를 줄이는 새로운 단계에 들어섰던 것이다. 그러나 2010년 농촌 빈곤기준에 따르면 2012년 말 중국 농촌 빈곤인구가 여전히 9,899만 명에 달했으며, 농촌 빈곤발생률이 10.2%에 달했다.

　18차 당 대회 이후 시진핑 동지를 핵심으로 하는 당 중앙은 빈곤구제를 하나의 중대한 과업으로 삼고 추진했다. 2013년 시진핑 총서기는 처음으로 "맞춤형 빈곤구제" 개념을 제시했다. "맞춤형"이란 촌과 가구, 사람에 맞춰 정확하게 정책을 실시하여 증상에 맞춰 약을 처방하고 정확하게 주입하며, 표적치료를 해야 하며, 구체적인 부분에 있어서는 뿌리에서부터 구제해야 한다는 것을 가리킨다. 구체적으로 주로 다음과 같은 부분이 포함된다. 첫째, 구제대상을 정확하게 선별해야 하고, 둘째, 사업 배치가 정확해야 하며, 셋째, 자금 사용을 정확하게 해야 하고, 넷째, 조치의 실시가 정확해야 하며, 다섯째, 마을의 실정에 맞춰 정확하게 빈곤구제 요원을 파견하고, 제1서기를 파견해야 하며, 여섯째, 빈곤퇴치 효과가 정확해야 한다. 2015년 맞춤형 빈곤퇴치 난관공략전이 전면적으로 개시되어 성·시·현·향·촌 5급 당 조직이 공동 관리에 들어갔다. 마을마다 지정된 지도간부가 맞춤형 조치를 실행하고, 모든 빈곤가정이 구체적인 도움을 받을 수 있도록 했다.

일련의 민중혜택조치가 구체적으로 실시되고, 실질적인 효과가 발휘됨에 따라 "빈곤퇴치 난관공략전이 결정적인 진전을 이루었다. 6천여 만 명의 빈곤인구가 안정적으로 빈곤에서 벗어났고, 빈곤 발생률이 10.2%에서 4%이하로 떨어졌다." 전국 빈곤인구가 지속적으로 대규모로 줄어들어 매년 평균 약 1,400만 명씩 줄어들면서 "1분마다 20명 이상씩 빈곤에서 벗어나는" 역사적인 기적을 창조했다. 전국 농촌 빈곤인구는 2012년 말의 9,899만 명에서 2018년 말의 1,660만 명으로 줄어들어 8,239만 명이 줄어들었다. 세계은행의 1인당 하루 1.9달러의 국제빈곤기준에 따르면, 세계 빈곤 감소에 대한 중국의 기여도는 70%가 넘었으며, 유엔의 빈곤감소목표를 실현한 첫 개발도상국이 되었고, 세계 빈곤감소 사업에 중요한 기여를 했다. 2020년에 이르러 중국은 현행 기준으로 농촌 빈곤인구의 전면적인 빈곤 퇴치를 실현하게 된다.

샤오캉사회의 전면적인 실현이 점점 가까이 다가옴에 따라 빈곤 인구가 갈수록 줄어들고 샤오캉의 길에 들어선 사람이 갈수록 많아지고 있다. 각지 농민의 생활이 빠르게 개선되고 있다. 간쑤(甘肅)성 칭양(慶陽)시 전위안(鎭原)현의 한 촌 지부서기는 18차 당 대회 이후의 5년은 "소득 증대가 가장 빠르고 실제적인 혜택을 가장 많이 받았으며 농촌 모습의 변화가 가장 큰 5년"이었다고 감회에 어려 말했다. 시짱자치구 린즈(林芝)시 루랑(魯朗)진의 핑춰(平措) 씨는 "옛날 마을에서 오래된 주지도 지금의 자신만큼은 잘 살지 못했다"고 말했다. 차위(察隅)현의 덩런(僜人, 시짱지역에 사는 소수민족) 테루룽(鐵如龍) 씨는 더욱이 최근 몇 년 사이 집안생활이 크게 변했음을 분명하게 실감하고 있다고 했다. 먹고 입는 걱정을 하지 않게 되었을 뿐만 아니라 컬러텔레비전·에어컨·샤워기·냉장고 등 가전제품도 모두 새로 구입했다는 것이다. 갈수록 많은 농민들이 "끼니마다 배불리 먹을 수 있게 되었을 뿐만 아니라" "끼니마다 잘 먹을 수 있게 된 것"이다. 영양가를 따져가면서 건강하게 먹는 것이 현대 농민의 새로운 소비개념이 되었다. 옷차림에서는 도시사람들과 점점 가까워져가고 있다. 유행을 따르고 명품을 중시하고 있으며 개성화를 추구하고 있다. 에어컨·냉장고·컴퓨터 등 과거에는 희귀하던 세간들이 이제는 "일상 가전"으로 바뀌었다. 농촌의 도로에서 자전거·전기 자동차·오토바이·자동차들이 달리고 있는데 크고 작은 차량들이 농민생활의 다양성을 반영하고 있다. 도시와 농촌주민들은 일상생활 소비면에서 갈수록 개성화·다양화·고품질을 추구하고 있다. 음식 면에서 사람들은 유기농·안전한 식품을 더욱 중시하고 있고, 옷차림 면에서는 빨강·주황·노랑·초록·파랑·남색·보라 등 울긋불긋하게 입는다. 주민 발전형 소비와 향유 형 소비의 비중이 뚜렷하게 상승했는데, 특히 인민생활의 변화를 집중적으로 반영하는 통신·여행·레저·오락·헬스·타지양로 등 일련의 신흥 소비가 폭발적으로 늘어났다. 더구나 뚜렷한 새 시대 삶의 특징은 "항상 온라인에 접속해 있는 것"이 많은 사람들의 상시화한 삶이 된 것이다. 인터넷·인공지능 등 기술이 이제는 다양한 방식으로 정도는 다르지만 사람들의 삶에 파고 들었으며, 따라서 사람들의 생활패턴이 더욱 개성화되고 다원화되었으며, 사람들은 더욱 편리하게 물품을 구매할 수 있게 되었고, 더욱 직접적으로 빠르게 교류하고 소통할 수 있게 되었다. 알리페이(支付寶), 위챗(微信)을 이용한 결제까지 사람들은 외출하면서 휴대폰 하나만 챙기면 모든 수요를 해결할 수 있게 되었다. 현금이나 신용카드를 지참하지 않아도 쇼핑하고 소비하는 데 아무 불편이 없는 것이다. 이른바 "신 4대 발명" 즉 알리페이·고속철·공유자전거·인터넷쇼핑이 중국을 바꾸었고, 또 국민들 삶의 많은 방면을 바꾸었다. "인터넷+"가 갈수록 사람들의 생활 패턴을 크게 바꾸고 있다. 특히 농민의 생활에 "현대화의 색채를 가져다주고 있다. 농촌 사람들은 문밖에 나가지 않고도 세상 돌아가는 것을 알 수 있게 되었다."

교육발전을 우선순위에 올려놓다

1949년 이전에 중국의 교육은 줄곧 소수자만 누릴 수 있었다. "중국 인구의 80% 이상을 차지하는 노동자·농민 대중과 그들의 자녀들은 거의가 학교 문 안에 들어설 수 없었다." 신중국 창건 초기에는 인민대중의 취학률이 매우 낮은 수준이었다. 노동자와 농민의 교육 받을 권리를 보장하기 위해 교육부는 제1차 전국교육업무회의를 열어 "교육은 노동자와 농민을 주체로 해야 하고, 각 급 학교는 노동자와 농민에게 문을 열어주어야 한다."는 방침을 확정했다. 1951년 정무원이 「학제를 개혁하는 데에 관한 결정」을 반포하고 실제상황에 맞는 새로운 학제를 제정했다. 그중에 "어렸을 때 배움의 기회를 잃은 젊은이와 성인을 대상으로 초기교육을 실시하는 학교를 노동자·농민속성초등학교·여가초등학교·식자학교(동학[冬學], 농민이 겨울 농한기에 글이나 상식을 학습하는 일)·식자반으로 한다."라는 규정이 있다. 그리하여 소학교(한국의 초등학교에 해당함)를 5년 일관제로 바꾸어 도시와 농촌 근로자의 자녀들이 모두 완전한 초등학교 교육을 받을 수 있도록 했다. 그 학제의 반포와 실시는 노동자·농민을 향해 문을 열어주는 것을 기본 특징으로 하는 신중국의 교육제도가 확립되었음을 상징한다. 각 급, 각 유형의 학교들이 노동자·농민을 향해 문을 열어주기 시작하면서 빈하중농(貧下中農, 빈농과 하층의 중농)의 자제들을 포함한 광범위한 노동자·농민대중 및 그들의 자녀들이 널리 취학할 수 있게 되었다. 1954년에 반포한 「중화인민공화국헌법」에는 "중화인민공화국 공민은 교육을 받을 권리가 있다."라고 규정지음으로서 인민의 이 권리가 기본 대법의 보장을 받을 수 있게 되었다. 사회주의 혁명과 건설시기에 공민의 교육 받을 수 있는 범위가 크게 확대되었을 뿐만 아니라 교육 받을 수 있는 정도도 크게 향상되었다.

'문화대혁명'이 시작된 후, "교육혁명" 방침의 지도하에 관련 부서는 학교가 누구에게 문을 열어주고 "어떤 학생을 모집하느냐 하는 것은 교육의 계급적 성격에 직접적인 영향을 끼친다."라고 지적했다. 교육은 "계급투쟁"의 영향을 크게 받았다. 1966년에 마오쩌둥이 "학제를 단축하고 교육혁명을 진행해야 한다."라고 제기했다. 각 급 학교들이 보편적으로 학제를 단축하여 소학교를 5년제로, 초중(초급중학교, 한국의 중학교에 해당함)을 2년제로, 고중(고급중학교, 한국의 고등학교에 해당함)을 2년제로, 대학을 2~3년제로 개혁했다. 동시에 시험을 취소하고 추천과 선발을 결합하는 방법을 실시하여 노동자와 농민의 자녀들이 우선적으로 입학할 수 있도록 보장했다. 1974년 국무원 과학교육조는 "농촌 소학교 5년 교육을 계속 대대적으로 보급할 것"과 "적극적으로 조건을 창조하여 대도시와 중등도시에서 10년 교육을 점차 보급하고 환경조건이 부적합한 농촌지역에서는 7년 교육을 보급할 것"을 제기했다. 이에 따라 적지 않은 지역에서 "소학교는 마을을 벗어나지 않고, 초중은 생산대를 벗어나지 않으며, 고중은 합작사를 벗어나지 않도록"이라는 구호를 제기했는데, 학령 아동의 입학률과 진학률이 빠르게 상승했다. 전국 소학교 입학률이 1962년의 56.1%에서 1976년의 97.1%로 상승했으며, 소학교에서 초중에 올라가는 입학률은 42.6%에서 94.2%로 상승했다. 그렇게 1970년대 초에 소학교·초중·고중교육이 크게 발전하는 형세에서 노동자와 농민자녀들은 보편적으로 취학을 실현할 수 있게 되었다. 물론 소학교·초중·고중 교육 수량이 늘어났다고 하여 교육의 질이 향상되었음을 의미하지는 않는다. 시험제도가 폐지됨에 따라 노동자와 농민계층의 자녀들이 초중·고중과 대학교 교육을 받을 수 있는 기회가 늘어난 것은 사실이지만, 그렇다고 하여 교육의 평등이 더욱 충분히 실현되었음을 의미하지는 않는다.

'문화대혁명 이후 교육 분야의 최우선 과제가 대학입시 제도를 회복하는 것이었다. 1977년 덩샤오핑이 베이징에서 과학 및 교육업무 좌담회를 주재하고 "결심을 내리고 고중졸업생가운데서 직접 학생을 모집하는 방법을 회복해야 한다. 더 이상 대중의 추천에 따라서는 안 된다. 고중에서 직접 학생을 모집하는 것이 하루 빨리 인재를 양성하고 하루 빨리 성과를 낼 수 있는 좋은 방법이라고 생각한다."라고 명확히 밝혔다.[75] 이어서 교육부가 전국 대학교 학생모집 업무회의를 열어 추천제를 폐지하고 고시를 회복하여 통일고시를 통해 성적이 우수한 자를 선택하는 방식으로 인재를 뽑아 대학에 보내기로 결정했다. 그후 국무원은 교육부가 올린 「1977년 대학교 학생모집 사업에 관한 의견」을 비준 이첩하여 "덕·지·체를 전면적으로 평가하여 우수한 학생을 모집하는 원칙에 따라 자원신청, 통일고시, 지방 도시 초선, 학교 모집, 성·직할시·자치구는 비준 방법을 실행한다."라고 지시했다. 동시에 「의견」은 중등전문학교 학생모집방법은 그 문건의 정신을 참조하여 실시할 것을 요구했다. 이로써 11년 동안 닫혀 있던 대학입

---

75) 『덩샤오핑 문선』 제2권, 인민출판사 1994년판, 55쪽.

시의 문이 다시 열렸다. 이때로부터 시험성적 앞에서 모든 사람이 평등하며 인재선발에서 공평·공정·과학적이어야 한다는 원칙이 새롭게 확립되었고, 교육사업이 정상적인 궤도에 들어서게 되었다.

1983년 교육부가 「1983년 전일제 대학교 신입생 모집규정」을 발표하여 원래의 "정치심사"를 "정치사상 품성고찰"로 변경하고 수험생 본인의 정치적 태도, 사상적 각성 및 도덕적 품성을 주로 보기로 정함에 따라 교육을 받을 수 있는 기회에 대한 가정 출신의 제한을 철저히 취소해버렸다. 고시제도의 실시에 따라 노동자와 농민의 자녀들이 대학에 들어가는데 큰 영향을 받지 않을 수 있게 되었다. 그 원인은 나라에서 노동자와 농민의 자녀들이 대학에 진학하는데 유리한 일련의 정책을 제정했기 때문이다. 예를 들어 모집기준을 통일시키고, 현지에서 대학입시를 치르도록 했으며, 비용을 받지 않고 보조금을 지급하는 것 등이다. 이에 따라 노동자와 농민의 자녀들은 시험을 통해 대학 입학이 가능해졌을 뿐만 아니라 대학 공부를 할 수 있는 형편까지 되었다. 중국의 기초교육이 한층 더 확대되고 향상되게 되었던 것이다. 1986년에 「중화인민공화국 의무교육법」이 반포되면서부터 2000년에 이르러 9년제 의무교육을 기본적으로 보급하고, 청장년 문맹을 기본적으로 퇴치하는 목표를 실현했으며, 인구보급률이 85%를 초과했고, 2007년에는 99%로 더욱 확대되었으며, 무료 의무교육 수준이 비교적 높은 국가의 반열에 들어서게 되었다.

개혁개방의 새 시기에 들어선 뒤 '문화대혁명 이전에 보편적으로 설립되었던 중점 학교들이 복구되고 빠르게 발전할 수 있었다. 덩샤오핑은 국가 재력이 제한적인 조건에서 하루 빨리 인재를 배출하기 위해서는 반드시 중점적으로 투입해야 한다면서 "중점학교를 설립하는 것은 전략적 조치이자 절약할 수 있고, 빨리 효과를 볼 수 있는 방법"이라고 지적했다. 중점학교에는 중점소학교·중점중학교(초중과 고중 포함)·중점대학이 포함되며, 중·소학교의 중점반이 될 수도 있다. 1978년 교육부가 「일부 중점 중·소학교를 잘 운영하는 데에 관한 시행방안」을 반포하여 경비 투입·학교 운영조건·교사대오·학생 원천 등 방면에서 중점학교에 우선적으로 편중할 것을 제시했으며, 이로써 국가 급, 성 급, 지구 급, 현 급의 중점학교 등 "층층이 중점"이 있는 구도를 형성하게 되었다. 이어 국무원이 「전국 중점대학교를 회복, 운영하는 데에 관한 교육부의 보고서」를 비준 이첩하여, 전국 중점 대학교 88개를 확정지었다. 이는 전국대학교 총수의 약 20%를 차지하는 숫자이다. 1981년 말에 이르러 각기 다른 급별의 중점 학교들이 이미 초보적인 규모를 갖추었다. 중점 학교 건설은 질 높은 인재의 양성을 가속했으며 전체 교육수준의 향상을 이끌었다. 그러나 시간이 흐름에 따라 일부 폐단도 뚜렷이 드러나기 시작했다. 그중에서도 가장 두드러진 것이 교육자원 분배의 불균형을 악화시킨 것이다. 1980년대 중반부터 그 문제가 중공중앙의 큰 중시를 불러일으켰으며 해결책을 모색하기 시작했다. 1987년에 국가교육위원회는 각지에서 취약한 초중의 건설을 착실하게 강화하고, 효과적인 조치를 취하여 2, 3년 안에 취약한 초중의 면모를 근본적으로 개선할 수 있도록 애쓸 것을 제기했다. 중점학교를 발전시키던 것으로부터 취약한 학교를 강화하기에 이른 것은 교육정책에 중대한 변화가 일어났음을 말해준다.

1990년대 이후 중공중앙은 한발 더 나아가 일련의 조정 조치를 취하도록 교육당국에 명했다. 1993년 국가교육위원회는 "의무교육단계에서는 중점학교(반)와 비 중점학교(반)로 구분해서는 안 된다"는 지시를 내려, 모든 소학교와 초급중학교를 잘 운영하도록 노력할 것을 요구했다. 21세기에 들어선 뒤 중국은 의무교육의 균형적 발전전략을 확립했다. 2006년에 개정 시행된「중화인민공화국 의무교육법」은 "현(縣)급 이상 인민정부와 교육행정당국은 학교의 균형적 발전을 촉진하여 학교 간 운영조건의 격차를 좁혀야 한다. 학교를 중점학교와 비중점 학교로 구분해서는 안 된다. 학교에 중점반과 비 중점반을 두어서는 안 된다"고 규정했다. 동시에 꾸준히 조치를 취하여 학교 간의 격차를 줄이고 취약한 학교에 대한 개조를 가속해야 한다고 규정했다. 다른 한편으로는 중점대학교와 중점고중을 진일보 적으로 발전시킬 것을 강조했다. 중점대학교 건설을 추진하기 위하여 국가에서는 "211프로젝트"와"985프로젝트"를 실시했다. 1990년 국가교육위원회는 국가 교육사업 10년 계획과 8.5계획을 제정할 때, '8.5'계획기간에 힘을 집중하여 많은 중점대학교를 잘 운영할 것을 제시했다. 즉 2000년을 즈음하여 100개 정도의 대학교를 중점적으로 건설하고 이를 21세기를 지향하는 대사에 포함시킨다고 했다. 그 중요한 조치를 처음에는 "211계획"이라고 약칭했고, 후에는 "211프로젝트"로 확정했다. 1994년 "211프로젝트"가 정식으로 가동되었다. 2009년까지 중점적으로 투자 건설한 대학교가 총 112개에 달했다.

중점학교와 중점학과의 건설을 강화한 토대 위에서 중공중앙은 한 걸음 더 나아가 세계 일류대학과 높은 수준의 대학을 건설할 것을 제안했다. 1998년 5월 장쩌민이 베이징대학 개교 100주년 경축대회에서 "현대화를 실현하기 위하여 중국은 세계적인 수준의 일류대학을 몇 개 보유하고 있어야 한다."라고 지적했다. 이에 따라 교육부는 「21세기 지향 교육진흥 행동계획」을 실시하면서 베이징대학·칭화대학(淸華大學) 등 일부 대학을 세계 일류대학과 높은 수준의 대학으로 육성하는 것을 중점적으로 지원하기로 했으며, 또 장쩌민이 베이징대학 개교 100주년 경축대회에서 연설한 시간(1998년 5월)을 따서 "985프로젝트"라고 명명했다. 2011년까지 잇따라 30개 대학이 "국제 명문대학" 건설을 목표로 이 프로젝트에 동참했다. 대학교 특히 중점대학교에 합격된 학생을 수송하고, 중점고중도 새로운 발전을 가져올 수 있도록 하기 위하여 전국적으로 총 3,000여 개의 시범고중을 건설했다.

새 세기에 들어선 후 국가는 교육 받을 수 있는 기회의 균등화 문제를 해결하는데 주력했다. 도시와 농촌의 우수한 교육자원의 공유를 촉진하고, 농촌교육의 질과 효과를 높이기 위해 2003년부터 국가는 "농촌 중·소학교 현대 원격교육 프로젝트"를 전개했다. 이에 따라 정보기술을 수단으로 하여 교학 CD 재생·위성 교학 시청·컴퓨터 교실 세 가지 방식으로 양질의 교육자원을 농촌으로 전송하기 시작했다. 프로젝트는 중서부의 36만 개 농촌 중·소학교를 아울렀으며, 1억 명이 넘는 농촌 중·소학교 학생의 학습자원을 풍부히 했다.

2004년부터 중앙 재정은 특별자금을 투입하여 서부의 빈곤가정 학생들에게 학비와 잡비를 면제해주고, 교과서를 무료로 제공했으며 (두 가지 면제) 각급 정부는 경제형편이 어려운 가정의 기숙생들에게 생활비를 보조하여(한 가지 보조) 학생을 "붙잡는" 문제를 해결했다. 2005년, 국무원이 통지를 반포하여 국가는 농촌 의무교육 단계 학생들의 학비와 잡비를 전부 면제해주며, 빈곤가정 학생들에게 교과서를 무료로 제공하는 동시에 기숙사 생활비를 보조해준다고 명확히 규정했다. 개정 후의 「중화인민공화국 의무교육법」도 "의무교육을 실시하고 학비와 잡비를 받지 않는다."고 규정했다. 2011년 모든 성(자치구·직할시)이 국가 "9년제 의무교육 보급" 평가검수에 통과되었다. 그리하여 중국은 최종 무료 의무교육을 전면 실현하여 모든 사람의 교육 받을 권리를 보장해주었다. 이와 동시에 국가는 또 새로운 중등직업교육 자금지원정책을 실행했다. 모든 중등직업학교 1, 2학년 재학생 중 농촌학생과 경제형편이 어려운 도시 가정의 학생에게 2년 연속 자금지원을 해준다. 3학년 학생들은 일과공부를 결합하거나, 졸업 훈련, 아르바이트 등 방법을 통해 일정한 수당을 받을 수 있도록 했다. 교육의 공익성과 일반특혜성을 한층 더 확대했다.

18차 당 대회 이후 시진핑 동지를 핵심으로 하는 당 중앙은 일련의 조치를 취하여 교육의 공평성을 적극 촉진했다. 빈곤지역 학생들에게 대학 교육을 받을 수 있는 기회를 늘려주기 위해 2012년 교육부 등 5개 부처가 통지를 반포하여 당해부터 '제12차 5개년'계획 기간 동안 매년 전국 일반 대학교의 학생 모집 계획에 특별히 1만 명 정도의 학생모집계획을 포함시켜 본과 1차 모집 대학교를 위주로 집중된 특수

빈곤지역 학생을 대상으로, 농림·수리·지질광산·기계·사범·의학 및 기타 농업 관련 등 빈곤지역에 시급히 필요한 전공을 위주로, 별도로 계획을 제정하고 별도로 모집 순서를 설정하고, 별도로 원서를 제출하고, 모집점수 기준선을 단독 확정하는 방법으로 모집을 실행하여 학생들이 졸업한 후 빈곤지역으로 돌아가 취업하고 창업하며 봉사하도록 이끌고 격려하기로 결정했다. 많은 가난한 학생들이 "농촌 빈곤지역 학생모집 특별계획"을 통해 대학에 입학하여 운명이 바뀌었다. 이밖에 또 지방 중점대학교 농촌학생모집특별계획(지방특별계획)과 농촌학생단독모집계획(대학교특별계획)을 실행하여 농촌과 빈곤지역 학생들이 중점 대학교에 들어가 양질의 교육을 받을 수 있는 경로를 개척했다.

가난한 노동자와 농민 가정의 학생들에게 명문대학에 진학할 기회를 더 많이 만들어주기 위해 칭화대학·난징대학(南京大學)·시안교통대학(西安交通大學)·중국과학기술대학·상하이교통대학·저장대학(浙江大學) 등 대학교들에서는 "자강계획"을 실시했다. 그 계획의 주요 대상은 농촌지역과 먼 국경의 빈곤지역 또는 민족지역에 장기적으로 살면서 공부하는 고중졸업생 중에서 자강불식하고 재덕을 겸비한 학생들이다. 그들에 대한 서류심사·필기시험·면접시험·실제 현지답사 등을 거쳐 상황을 종합한 뒤 합격자에 한하여 대학입시 점수 기준을 30점~60점 낮춰서 모집하는 특혜 정책을 실시하며, 심사를 통과한 학생은 자발 입시시험 비용을 면제 받을 수 있고, 또 왕복 교통비와 시험기간의 숙박비·생활비 지원을 신청할 수 있다. 모집이 확정되면

학교에서는 입학 "녹색통로"를 개통하여 학자금 대출과 생활필수품을 제공하며, 가정경제형편이 특별히 어려운 학생에게는 기본 학자금 비용 전액을 지원한다. 또 재학기간에 아르바이트자리를 배치하여 실천능력을 단련시키고 종합자질을 높임으로써 공부비용부담과 가정부담을 덜어준다. 뿐만 아니라 사회실천·기업견학·학우교류 등 활동에 참가하는 것도 우선 추천한다.

2013년 시진핑 총서기가 유엔 "교육우선" 글로벌 창의행동 1주일 기념행사에서 영상축사를 발표하면서 다음과 같이 약속했다. "중국은 과학과 교육에 의한 국가진흥전략을 확고하게 실시하여 시종일관 교육을 선순위 발전의 전략적 위치에 놓고 투입을 꾸준히 확대하며 전 국민 교육과 평생교육을 힘써 발전시켜 배움형 사회를 건설하며, 모든 아이들이 교육 받을 기회를 가질 수 있도록 애써 노력하고, 13억 인민이 더욱 훌륭하고 더욱 공평한 교육을 받을 수 있도록 노력할 것이다." 2014년부터 국가는 여러 가지 조치를 병행하여 농촌빈곤지역의 교육을 대대적으로 발전시켰고, 의무교육이 취약한 학교의 운영조건과 중·소학교 학교건물 안전상황을 개선했으며, 극빈지역의 향·촌 학교와 교학 장소에서 근무하는 교사들을 생활적으로 보조해 주었으며, 도시와 농촌의 "두 가지 면제와 한 가지 보조"(농촌 의무교육단계에 있는 빈곤가정의 학생에게 "잡비와 책값을 면제해주고, 기숙생에게 생활비를 점차 보조해주는 정책을 가리킴")기준을 통일시켜 특수빈곤층도 양질의 교육자원을 공유할 수 있도록 했다.

18차 당 대회 보고에서는 "농민공(農民工, 도시로 이주해 노동자의 일을 하는 농민을 가리킴) 자녀들이 평등하게 교육을 받도록 적극 추진해야 한다."고 명확히 제기했다. 중앙의 정신에 따라 지방의 각급 정부는 농민공 자녀들의 취학문제를 해결하는 업무를 강화했다. 첫째, 취학 기회의 공평성을 보장했다. 도시 의무교육의 수용 량을 확대하여 부모를 따라 도시로 동반 이주한 농민공 자녀를 의무교육 대상에 "전면 포함"시켰다. 둘째, 교육과정의 공평성을 보장했다. 현지 정부의 규정에 따라 수용조건에 부합되는 농민공의 동반 이주 자녀에 대해서 공립학교에 취학할 경우 학비와 잡비를 면제해주고 차독(借讀, 거주지에 호적이 없는 중·소학생이 거주지 소재의 학교에 다니는 것)비용을 받지 않기로 했다. 그리고 정부의 위탁을 받고 의무교육의 학교운영임무를 맡고 있는 민영학교에 취학하는 농민공의 동반 이주 자녀에게도 상응하는 교육경비를 지급키로 했다. 교육부는 또 동반 이주 자녀와 도시 호적 학생들을 섞어서 반을 편성하며 교학과정에 동일시할 것을 학교에 요구했다. 셋째, 재정 장려와 보조를 확대했다. 중앙 재정은 장려금과 보조금을 지급하는 방식으로 각지에서 농민공 동반 이주 자녀의 의무교육을 해결하는 것을 장려하고 지원했다. 주로 동반 이주 자녀를 많이 수용한 동부와 중부 지역 성(省)들을 지원했다. 넷째, 도시교육의 수용량을 확대했다. 조건에 부합되는 동반 이주 자녀들이 "학교에 다닐 수 있도록" 확실히 보장했다.

노력을 거쳐 18차 당 대회 이후 공립학교에 취학한 농민공 동반 이주 자녀의 비례가 80% 좌우로 안정되었고 대다수 성(자치구·직할시)은 조건에 부합되는 동반 이주 자녀들이 유입지역에서 대학입시를 치를 수 있도록 했다. 교육부는 또 "취약한 학교 전면 개선"프로젝트를 가동했다. 중앙이 특별 자금을 투입하고 또 지방의 투자를 이끌어 맞춤식으로 학교운영조건을 개선했다. 프로젝트의 실시에 힘입어 취약한 학교의 전반적 기능의 향상을 떠밀어 기본 교학여건·학교운영조건·학교생활시설 등이 뚜렷하게 개선되었으며, 도심 학교 반급 학생 정원 초과현상이 효과적으로 통제되고, 교육 정보화 수준을 대폭 향상했으며, 농촌교원대오의 자질이 뚜렷이 향상되었다.

"211프로젝트"·"985프로젝트" 등 중점 건설로 인해 나타난 문제에 대하여 2015년 국무원은 통지를 반포하여 세계 일류대학과 일류학과 건설을 총괄 추진하여 중점 건설로 인한 신분의 고착화·경쟁의 상실·중복 및 교차 등 문제를 타파할 것을 제기했다. 「중화인민공화국 교육법」 새 개정안은 "국가 교육의 공평성을 촉진하고 교육의 균형적인 발전을 추진하는 조치를 취할 것"을 명확히 규정지어 교육의 공평성을 촉진하는 것을 국가 기본 교육정책에서 법률적으로 할 수 있도록 상승시켰다. 2016년 중국은 이미 3분의 1 이상을 차지하는 현(縣)이 국가 의무교육 균형발전 인정 기준에 도달했고 중등직업교육 학비 면제정책은 이미 91.5%의 학생들에게 적용되고 있으며, 29개 성(省)에서 동반 이주 자녀가 유입지에서 대학입시에 참가할 수 있는 정책을 실시하고 있어 정책 적용 대상에 포함된 수험생 규모가 8만 명에 이르렀다. 2017년 교육부는 "두 가지 일류" 건설 대학교 리스트와 "두 가지 일류" 건설 학과 리스트를 발표했는데, 서부지역의 12개 성·자치구·직할시의 27개 대학의 총 50개 학과가 "두 가지 일류" 건설 학과 리스트에 포함되었다. 이는 중서부지역의 교육수준을 전면적으로 향상시키고 지역 간 교육 격차와 도시와 농촌 간 격차를 줄이는데 매우 큰 촉진작용을 하고 있다.

중국 특색의 사회주의 새 시대에 교육 선택에 대한 인민대중의 수요가 갈수록 다양해지고 있고, 고차원의 공평한 교육 실현에 대한 기대도 갈수록 높아지고 있다. 2017년 시진핑 총서기가 19차 당 대회 보고에서 "교육사업을 반드시 선순위에 올려놓고 교육의 현대화를 가속 추진하여 인민이 만족할 수 있는 교육을 잘 건설해야 한다."라며 "당의 교육방침을 전면적으로 관철하여 덕을 쌓아 인재를 양성하는 근본 과업을 수행하고 자질교육을 발전시키며 교육의 공평성을 추진해야 한다."라고 강조했다. 이에 따라 중서부·빈곤지역·농촌지역의 교육이 뚜렷이 강화되어 인민대중의 교육에 대한 만족감이 크게 향상되었으며, 교육발전의 불균형 국면이 전면적으로 개선되었다. 중국교육의 초중교육 보급 정도는 고소득국가의 평균 수준과 거의 같거나 추월했고, 고중단계의 총 취학률은 중등소득국가와 고소득국가의 평균 수준보다 높으며, 대학교육은 세계가 공인하는 보급화를 향해 매진하고 있다. 중국의 교육사업은 고수준의 발전단계에 들어서게 되었던 것이다.

백방으로 취업 문제를 해결하다

신중국 창건 이전에 도시 실업자 인원수는 400만 명에 달했다. 신중국이 창건된 후 원래의 정치·경제·사회 구조에 대한 심층적인 개조 등 원인으로 또 많은 새로운 실업자들이 생겨났고, 신구 실업이 한데 겹쳐서 1950년~1952년 사이 실업절정기가 나타났다. 그러한 상황에서 중공중앙과 정무원 및 각 지방 정부 부처는 백방으로 실업문제의 해결에 나서 실제에 맞는 취업정책을 제정했다. 그때 당시 도시(鎭) 노동력 취업 배치는 '도맡아' '통일 배치'하고, 정부의 알선과 자체 취업을 결합하는 등 다양한 형태가 있었다. '도맡는' 취업배치 정책은 최초에 국민당 구정권의 군정인원과 관료자본기업의 직원, 문화·교육·보건위생인원이 적용 대상이었는데 "군직(軍職) 인원이든 문직(文職) 인원이든 모두 도맡아 배치하도록" 했다. 구체적으로 관료자본기업의 직원과 문화·교육·보건위생인원에 대하여 기존의 직업과 임금을 유지하도록 했다. 그리고 국민당 군정기관의 인원 중에서 중대한 문제가 없는 사람에 대해서는 전부 그들의 능력에 따라 일을 배치해 주고 새 정부의 근무인원과 동등한 대우의 공급제 또는 저 임금제를 실시하여 그들에게 생활의 출로를 열어주었다. 이러한 정책의 실행으로 생산의 회복과 발전을 촉진하여 신규 실업자의 발생을 방지했을 뿐만 아니라 사회질서를 안정시켜 인민정권을 공고히 할 수 있었다.

1949년~1952년 당과 정부가 농촌에서는 보편적 토지개혁을 전개하고 도시에서는 공공의 이익과 개인의 이익을 함께 고려하고 노사 쌍방에게 이익이 돌아가도록 하는 등 기본 방침을 관철 이행하여 여러 가지 경제요소가 각자 적재적소에 배치되어 국민경제의 회복을 실현함으로써 도시와 농촌의 대량의 잉여 노동력의 취업문제가 효과적으로 해결되었다. 1953년~1957년 사회주의 개조를 완성함과 동시에 '제

'1차 5개년'계획의 대규모적인 경제건설을 전개하여 많은 사람들에게 취업의 기회를 제공했다. 1957년에 이르러 구중국 시기부터 남아 내려온 도시의 실업자와 새로 성장한 노동력 대부분이 취업했다. 사회주의 계획경제 체제의 틀 안에서 통일적으로 분배하고 통일적으로 배치하는 노동취업제도를 실시했다. 대학교와 중등전문학교 졸업생과 기술학교 졸업생, 도시에 호적을 둔 퇴역 군인 등을 포함한 모든 도시 노동력의 취업을 국가가 통일적으로 '도맡아' 일자리를 배치했다. 국가가 통일적으로 도맡고 통일적으로 배치하는 것을 특징으로 하는 이런 취업제도는 고도의 집중 관리를 실행하는 계획경제 체제의 토대 위에서 점차 형성된 것으로서 신중국의 공업화 발전에 인력보장을 제공했다. 그러나 그 취업제도는 융통성 없이 지나치게 통일적이고 지나치게 도맡아 처리하고 있었으므로 직원들은 한 직장에 들어가면 나올 수가 없었고 한 번의 배치로 평생 직업이 결정되어버렸으며, 채용 단위는 생산의 수요에 따라 근로자를 선택할 수 없고, 직원도 직업을 자유로 선택할 수 없었으며, 노동력의 "부서 소유" "단위 소유"가 형성되어 일정한 정도에서는 또 기업과 근로자의 생산 적극성과 창조성 발휘를 저해했다.

'문화대혁명' 시기에 이르러 임시직·계약직 제도를 비판하는 바람이 일면서 800여 만 명에 달하는 임시직·순환직 근로자가 정규직으로 바뀌면서 국영기업의 고용제도는 거의 단일한 정규직제도가 되었다. 그 기간 각 지역의 학교들이 거의 휴교했고, 대학들은 학생을 모집하지 않았으며, 공장들은 직원을 모집하지 않았다. 초중·고중 졸업생

1,001만 명이 도시에 남아 할 일 없이 지내고 있었으며, 이는 심각한 사회문제가 되었다. 1968년에 마오쩌둥이 "지식청년들은 농촌으로 가서 빈하중농(貧下中農)의 재교육을 받으라."라고 호소함에 따라 일시에 전국적으로 대규모의 '산으로, 농촌으로'(上山下鄕. 도시 지식청년이 산간벽지로 들어가고 농촌으로 내려감)붐이 일어났다. 노동력이 도시에서 농촌으로 이전하여 취업함으로써 도시에서는 식량 공급위기가 완화되었고, 농촌에서는 농업생산의 회복과 발전을 촉진시켜 농촌의 면모를 개선하는데에도 일정한 역할을 했다.

직원 자녀가 부모를 교체해 취업하는 것을 '승계 교체'라고도 한다. 이는 부모가 정년퇴직하거나 중도에 퇴직하면서 비는 일자리를 그 자녀가 수속을 밟아서 부모를 교체하여 부모가 원래 일하던 직장에 들어가는 것을 가리킨다. 이런 방식은 1950~80년대 사이에 전민소유제 단위에서 직원을 모집하는 중요한 방식 중의 하나였다. '문화대혁명' 기간에 잠시 중단되었다가 70년대 말에 다시 전국적으로 기업과 기관사업단위의 퇴직 노동자들 심지어 간부들 사이에서 널리 보급되었으며, 80년대 초에 이르러 자녀들의 승계 취업이 절정에 이르렀다. 그 정책의 실시로 노약자와 장애인 직원을 적절하게 안치하고 거대한 도시취업 압력을 덜어주었으며, 산과 농촌으로 갔던 지식청년들이 도시로 복귀할 수 있는 경로를 넓혔다는 점에서 어느 정도는 적극적인 역할을 했다. 그런데 자녀의 승계 취업이 전개됨에 따라 각지에서 자녀 승계 취업 실천 과정에 국가의 관련 정책에 부합되지 않는 문제들이 많이 나타났다. 적지 않은 지역에서는 간부 정년퇴직, 중도 퇴직 시

자녀 1명을 채용 취업시키는 규정을 자체로 정해 승계 교체 범위를 확대시켰고, 승계 교체 과정에 허위 조작하고 사리사욕에 눈이 멀어 불법행위를 하며 규율과 정책을 어기는 상황이 대량으로 나타났으며, 학교교육과 가치관념 그리고 사회기풍에 악영향을 끼쳤다. 이에 대해 국무원은 각지에 대대적인 검사를 진행하여 정돈하고 바로잡는 데 진력할 것을 요구했다. 1986년 국무원은 일련의 규정을 반포하여 국영기업 노동자 채용에서 반드시 "전 사회적으로 공개 모집하며, 전면적인 심사를 거쳐 우수한 인원을 채용해야 한다."라고 규정했으며, 반드시 노동계약제를 실시하고 자녀 승계취업제도 등 제도를 폐지한다고 규정했다. 그 후 전국적으로 전민소유제단위들이 오랫동안 실시해오던 자녀 승계 취업정책을 잇달아 폐지함에 따라 자녀 승계 취업이라는 사회현상이 거의 자취를 감추어버렸다.

개혁개방 초기에 취업문제는 비교적 두드러진 사회문제였다. 취업체제의 경직화와 '문화대혁명'의 영향으로 도시에 대량의 실업자가 축적되었는데, 1979년 실업률이 5.4%에 달했다. 그러한 상황에서 당과 정부는 취업문제 해결을 위한 다양한 방안을 모색하지 않을 수 없었다. 덩샤오핑은 쓰촨(四川)성위원회의 업무보고를 받는 자리에서 "취업 경로를 널리 개척하자"는 구상을 내놓았다. 1980년 중공중앙은 전국노동취업업무회의를 열고 노동당국의 취업 알선, 자발적으로 조직하여 취업하는 것, 스스로 직업을 모색하는 것을 결합시키는 '3결합' 취업방침을 제시했다. 실천이 증명하다시피 '3결합' 취업방침을 실시한 후 도시 취업 업무에서 상당한 진전을 거두었다. 1985년에 이르러 절대다수 성·자치구·직할시의 미취업문제가 기본적으로 해결되었다. 이에 따라 또 노동취업제도개혁을 가동하여 노동력시장의 육성을 힘 있게 추동했고 사람들의 취업관념을 바꿔놓았으며, 여러 가지 소유제 경제의 발전을 촉진시켰다.

경제체제 개혁이 심화됨에 따라 통일적으로 도맡아 통일적으로 배치하는 취업방법 및 그에 상응하는 정규직제도가 초래한 "쇠 밥그릇" "큰솥 밥 먹기"(평균 분배를 가리킴) 등의 폐단이 갈수록 경제발전에 부응할 수 없게 되었다. "직원이 직장에 들어올 수 있어도 나갈 수가 없었고, 올라갈 수 있어도 내려올 수가 없었으며, 일을 많이 하나 적게 하나 모두가 다 똑같고, 기술수준이 높으나 낮으나 다 똑같으며, 1선과 2선 노동자의 대우가 다 똑같았다." 그런 제도 하에서 어떤 사람들은 기업과 국가의 등에 편안히 업혀서 마음 편히 "큰솥 밥"을 먹으면서 일하지 않거나 또는 적게 일하고 다른 사람의 노동성과를 차지하곤 했다. 그러니 근로자의 적극성과 창조성을 살릴 수 없었으며 많은 인재들이 묻혀버리고 말았다. 이런 제도는 객관적으로 선진을 공격하고 후진을 보호하는 작용을 하여 생산력의 발전을 심각하게 속박했다.

80년대 중반에 이르러 "쇠 밥그릇"과 "큰솥 밥"을 부숴버리고 사람들의 사회주의 적극성을 충분히 동원하고 생산력을 해방시키기 위하여 국가는 기업에서 노동계약제를 실시하기 시작했다. 노동계약제도의 기본 특징은 노동계약을 체결하는 형식으로, 노동자와 고용단위의 의무와 권리에 대해 규정짓고 책임·권리·이익의 상호 결합을 실행한 것이다. 직원 개인에게 있어서는 적극적으로 노동만 하면 일자리가 보장되었으며, 또 일을 많이 하면 수당을 많이 받을 수 있었다. 1992년부터 전국적으로 전원 노동계약제 시행조치를 실시하기 시작했고, 1996년부터는 노동계약제도의 적용 범위가 모든 기업과 개인경제조직에까지 확대되었다. 노동계약제 취업의 실시는 30여 년간 실행되어온 "쇠 밥그릇" 노동관계의 변화를 상징하며, 기업 직원이 기업에 들어올 수는 있어도 나갈 수 없었던 제한을 타파했으며, 이는 신중국 창건 이래 노동취업제도에 대한 중대한 개혁이었다.

졸업생에 대한 배치를 책임져주지 않는 조치가 1978년부터 각지에서 새로 개교한 단기직업대학들에서 실행되기 시작했다. 1984년 그 조치를 실행하는 학교가 82개소에 달했다. 이들 학교 학생들은 학교에 입학할 때 일정한 학비와 잡비를 지급하도록 했으며, 졸업한 후 학교에서 추천하고 채용단위에서 우수한 졸업생을 선택하여 채용하곤 했다. 실천이 증명하다시피 이러한 제도의 장점은 바로 '쇠 밥그릇'에 대한 의존을 타파하여 학생들의 학습에 대한 적극성을 불러일으키는 것이었다. 1989년 국가교육위원회가 처음으로 지령성 '통일 배치' 계획을 전면 취소하고 학교가 추천하고 학생이 직업을 선택하며 고용단위가 우수한 학생을 선택하여 채용하는 '양방향 선택'이라는 배치 방법을 전면 실시했다. 그때로부터 '양방향 선택'은 전국의 대학교들 가운데서 보편적으로 보급되기 시작했다. 1999년 말 교육부가 통지를 반포하여 2000년부터 「전국 일반 대학교 졸업생 취업 파견 신고서」와 「전국 연구생졸업생 취업 파견 신고서」의 사용을 중지하고 「전국 일반 대학교 본과·전문대학 졸업생 취업 신고서」와 「전국 연구생졸업생 취업 신고서」를 사용할 것을 요구했다. 이는 수 십 년 동안 사용되어오던 대학졸업생 국가 통일 파견 배치방식이 역사가 되어 사라지고. 시장경제의 수요에 부응하여 국가가 대학 졸업생 일자리 배치를 도맡지 않고 졸업생이 자주적으로 직업을 선택하는 방식으로 바뀌었음을 의미하며 "양방향 선택, 자주적 직업 선택" 방식의 대학 졸업생 취업제도가 확립되었음을 상징한다. 새 세기에 들어선 후 대학 졸업생수가 해마다 증가되어 대학생 취업형세가 매우 준엄해졌다. 이에 대해 당과 정부는 여러 가지 조치를 취했다. 첫째, 시장 선도의 원칙을 견지하면서 정부가 대학생의 취업을 조력 추진했다. 둘째, 대학생 촌 간부 계획 등을 가동하여 대학 졸업생들이 도시와 농촌의 기층에 내려가서 취업하도록 이끌었다. 셋째, 대학 졸업생들이 중서부지역·민족지역·빈곤지역·간고한 국경지역 및 중소기업에 취업하는 것을 권장했다. 넷째, 대학 졸업생들의 자주적 창업을 권장했다. 여러 방면의 노력을 거쳐 대학생 취업난이 크게 개선되었다.

장기간 중국인구의 70% 이상이 농촌에서 생활해 왔는데, 인구가 많고 경작지가 적어 대량의 농촌 노동력이 장기적으로 잠재적인 잉여 상태에 처해 있었다. 개혁개방 이후 농촌경제 체제 개혁이 추진됨에 따라 갈수록 많은 사람들이 경작지 경영에서 벗어나 도시에 들어가 취업기회를 찾아야 하는 절박한 수요를 느끼게 되었다. 1980년대에 당과 정부는 농촌의 남아도는 노동력에 대해 "농사에서는 벗어나도 농촌은 떠나지 않는 방침"을 세우고, 소도시를 대대적으로 건설하고 향진(鄕鎭) 기업과 상업 및 각종 서비스 업종의 발전을 권장하기 시작했다. 향진 기업의 굴기와 더불어 "농사에서는 벗어났지만 농촌은 떠나지 않은" 수많은 농민들에게 일자리를 제공하게 되었다. 더욱 큰 변화는 동남연해지역의 경제가 고속 발전함에 따라 취업기회가 늘어나면서 농촌 노동력의 지역 간 이동 규모가 계속 확대되고, 타지방 취업이 농촌 잉여 노동력의 취업 문제를 해결하는 중요한 경로로 된 것이다. 1990년대 초에 지역 간 이동 농촌 노동력이 약 5,000만 명에 달했다. 수천 만 명의 대규모 이동은 전례 없던 현상이었다. 특히 매년 춘제(春節, 음력설)를 전후하여 노동력이 대량으로 집중해서 이동하는 "민공조"(民工潮)현상이 나타났다.

대량의 농민들이 도시로 밀려들어 노무에 종사함으로써 도시의 부를 창조하고 농촌의 소득을 증대시켰으며, 도시와 농촌의 발전에 활력을 불어넣으면서 공업이 농업을 이끌고, 도시가 농촌을 이끌며, 발달한 지역이 낙후한 지역을 이끄는 효과적인 형태가 형성되었으며, 도시와 농촌의 이원화구조를 바꾸고 '삼농(농업·농촌·농민)' 문제를 해결하기 위한 새로운 길을 개척했다. 그리고 귀향 창업하는 농민공들은 자금과 기술 및 시장경제 관념을 가지고 돌아와 사회주의 새농촌 건설을 직접 촉진토록 했다. 2007년 전국인민대표대회는 「중화인민공화국취업촉진법」을 채택하여 "국가가 도시와 농촌을 총괄하는 취업정책을 실행하고, 도시와 농촌 노동자의 평등 취업 제도를 수립하고 완성시켜 남아도는 농업 노동력이 질서 있게 이전 취업할 수 있도록 이끌 것"을 규정했다. 이때로부터 도시와 농촌을 총괄하는 취업

서비스 구도가 점차 형성되었다.

　시장경제를 실시한 후 당과 정부는 국유기업 고용방식의 노동력시장 채용을 더욱 추진했다. 이로부터 산업구조 조정과 기업조직구조 조정 과정에서 갈수록 많은 국유기업의 남아도는 직원이 정리 실업을 당하는 상황이 초래되었다. 1998년 중공중앙과 국무원이 「국유기업 정리 실업자에 대한 기본생활보장과 재취업 업무를 확실히 잘 처리하는 데에 관한 통지」를 반포하여 처음으로 중공중앙 문건의 형식으로 재취업 업무에 대해 전면적으로 배치했다. 통지에서는 전국적으로 정리실업자가 있는 국유기업은 재취업서비스센터를 보편적으로 설립하여 국유기업 정리실업자의 기본생활을 보장하고 재취업을 촉진시킬 것을 요구했다. 새 세기에 들어선 후, 중공중앙과 국무원은 또 여러 부의 문건을 발표하여 정리 실업을 당한 직원의 재취업을 촉진케 하는 일련의 정책을 진일보 적으로 출범시켰다. 첫째, 스스로 직업을 찾고 자주적으로 창업하는 것을 권장한다. 둘째, 기업이 정리 실업자를 받아들여 재취업하는 것을 권장한다. 셋째, 공익성 일자리를 개발하여 형편이 어려운 정리실업을 당한 직원의 재취업을 배치한다. 2007년 말까지 남아 내려오던 체제전환으로 인한 국유기업의 정리 실업자 재취업문제가 기본적으로 해결되었다. 재취업사업의 실시와 더불어 시장 주도의 취업메커니즘의 구축도 명확히 제기되었다. 시장 주도의 취업 메커니즘은 노동자와 고용단위의 시장주체지위를 진정으로 확립할 것을 요구하며, 비교적 완벽한 노동력시장구조와 운행기능을 구축할 것을 요구했다. 2005년 말 절대다수의 지역에서 국유기업 정리실업자의 기본생활보장제도를 실업보험제도와 '통합'시키는 목표 임무를 기본적으로 실현했다.

새 세기 초에 노동력 총량이 많이 증가하고, 취업압력이 막심한 상황에서 당과 정부는 새로운 청년 취업 절정의 압력을 효과적으로 해소했고, 국제금융위기가 취업에 가져다준 심각한 충격에 성공적으로 대처하여 취업 규모의 지속적인 확대와 취업형세의 기본적인 안정을 유지했다.

18차 당 대회에서는 더욱 질 높은 취업의 실현을 추진하여 취업 우선 전략과 더욱 적극적인 취업정책을 실시할 것을 제시하고, 더욱 충분한 취업의 실현을 샤오캉사회의 전면적 실현을 중요한 목표로 삼을 것을 제시했다.[76] 그리고 "노동자의 자주적 취업, 취업에 대한 시장의 조정, 정부의 취업 추진과 창업 권장"의 취업방침을 더욱 명확히 했다. 이를 위해 당 중앙은 취업 촉진을 경제와 사회발전의 선순위로 정하고 여러 가지 조치를 취하여 취업을 확대했다.

시진핑 총서기는 줄곧 취업에 의한 빈곤구제를 맞춤형 빈곤구제의 중요한 조치의 하나로 삼아 "취업과 창업의 추진을 통해 사회사업을 발전시키고 빈곤구제 개발 난관공략전을 잘 치를 것"을 강조하고 있다. 취업의 안정을 통해 "한 사람의 취업으로 한 가구의 빈곤 퇴치를 실현하는" 목표를 달성할 수 있다. 농촌 빈곤 노동력의 취업을 촉진시키기 위해 인력자원 및 사회보장부·국무원 빈곤구제판공실 등 관련 부서는 취업에 의한 "빈곤구제 작업장"을 구축하고, 취업에 의한

---

76) 『시진핑 국정운영을 말하다』 제2권, 외국문출판사 2017년판, 371쪽.

빈곤구제기지를 건립하는 등 다양한 형식을 채택했다. "빈곤구제 작업장"은 농촌의 빈곤 노동력의 현지 취업을 실현할 수 있는 새로운 경로이다. 빈곤퇴치 난관공략에서 취업우선전략을 실시하는 것은 농촌 빈곤인구를 도와 빈곤에서 벗어나 치부의 길로 나갈 수 있는 확실하고도 효과적인 조치이다. 중공중앙과 국무원의 요구에 따라 관련 부서는 또 대학 졸업생의 취업과 창업, 과잉생산능력 해소 과정에서의 직원 안치 등 중점 계층의 취업을 둘러싸고 상응한 취업촉진정책을 제정함으로써 새 시대 취업정책체계를 더욱 완성시켰다. 그중 중대한 변화의 하나가 바로 3차 산업이 고용 창출 최다 산업으로 부상한 것이다. 혁신구동의 발전전략이 깊이 있게 실시됨에 따라 "인터넷+"와 지능제조를 대표로 하는 새로운 경제가 활발하게 발전하면서 창업혁신의 붐이 일어났고, 동시에 대량의 새로운 직업과 새로운 일자리도 창출되었다.

취업의 질은 취업환경·취업능력·취업상황·노동자의 보수·사회보호·노동관계를 가리킨다. 중공중앙과 국무원 및 관련 부서의 중시 아래 국가는 노동기준체계와 노동관계조정 메커니즘을 보완하고, 노동 보장 감찰과 분쟁 조정 중재를 강화하며, 노동자의 취업과 사회보험의 각종 권익을 보장하여 노동자 취업의 질이 전면적으로 향상되고 있다. 농민공의 노동시간 연장은 줄곧 농민공의 신체건강에 심각한 영향을 주는 중요한 문제가 되었었다. 국가통계국의 매년 농민공 감측 조사보고에 따르면 최근 몇 년간 농민공의 노동시간 연장 상황이 꾸준히 개선되고 있다.

취업은 경제발전에 따른 민생 혜택의 중요한 수단으로서 경제발전·사회의 조화와 안정을 지탱해주는 적극적인 역할을 충분히 발휘했다. 같은 시기 전 세계 상황을 보면 많은 국가들이 실업이라는 난국을 겪고 있었다. 2016년 유럽의 실업률이 10%를 넘어섰으며, 중국의 취업은 "이곳만 유일하게 경치가 멋진 상황"이었다고 표현할 수 있다. 국제노동기구(ILO)는 중국의 적극적인 취업정책을 "현대 취업 이념·세계 각국의 경험과 중국 실제의 최상의 결합"이라고 높이 평가했다. 취업은 억만 인민대중의 직접적인 이익과 연결되어 있다. 노동자의 각도에서 보면, 그들은 취업을 통해 수입을 얻어 생계를 유지하고 나아가 생활수준을 향상시켜 사회의 존중을 받게 되었다. 그래서 취업은 민생의 근본이며, 인민대중이 가장 관심을 갖고 그들에게 가장 직접적이며 가장 현실적인 중대한 문제이고, 민생을 보장하고 개선하는 가장 중요한 대사이다.

70년 발전의 역사과정에서 당대 중국 노동력 취업제도는 계획적 관리에서 시장화로의 전환을 거쳤고, 다시 취업 우선의 국가전략으로 전환하기에 이르렀다. 그 과정에서 취업규모가 꾸준히 확대되고 취업구조가 점차 개선되었으며, 취업의 질이 뚜렷이 향상되면서 노동취업사업에서 세인이 주목하는 성과를 거두었고, 귀중한 역사적 경험을 쌓았다. 첫째, 취업 문제를 해결하려면 결국 경제성장에 의지해야 있다. 발전만이 확고한 도리이다. 경제발전을 통해 취업을 확대하는 것은 취업 문제를 해결하는 근본적인 수단이다. 둘째, 시장 고용은 취업 발전의 기본 방향이다. 개혁개방 40년의 변혁을 거쳐 "과거에는 정부가 일자리를 해결해주었지만, 지금은 시장에서 일자리를 찾아야 한다."라는 새로운 취업 관념이 이미 사람들 머릿속에 깊이 자리 잡았다. 19차 당 대회에서는 취업에 대해 더 높은 요구를 제시했다. 즉, "더 높은 질과 더 충분한 취업을 실현해야 한다는 것"이다. 그 목표를 실현하려면 반드시 시장지향적인 개혁을 확고부동하게 견지하고 노동자의 자주적 취업, 시장에 의한 취업 조정, 정부의 취업촉진 방침을 진일보 적으로 관철하여 시장조정의 기초역할을 충분히 살리고, 노동자의 자주적 직업 선택의 적극성을 격려하고 동원하며, 정부의 취업촉진 책임을 강화하면서 개혁을 심화하는 과정에 통일되고 규범화되고 신축성 있는 인력자원시장을 구축하여 취업의 원동력을 증강하고 활기를 주입해야 할 것이다.

사회보장체계를 수립하고 완성시키다

사회보장제도는 사회의 정상적인 운행을 유지시키는 '안전망'과 '안정장치'이다. 그 제도는 국가를 주체로 하고 일정한 법률과 규정에 근거하여 국민소득의 재분배를 통해 생활수준이 최저기준에 도달하지 못하는 사람에게 기본생활보장을 제공하는 동시에 전 사회 구성원의 물질 및 문화 복지를 점차 증진시키는 제도이다. 일반적으로 사회보장체계는 사회보험·사회구제·사회복지·우대위무안치(보훈) 등으로 구성된다. 그중 사회보험은 사회보장체계의 핵심 내용이다.

사회보험이란 국가가 입법을 통해 여러 경로로 자금을 조달하여 근로자를 대상으로 연로·실업·질병·산업재해·출산으로 인해 근로소득이 줄어들었을 때, 경제적으로 보상해주어 그들의 기본생활이 보장되도록 하는 시스템이다. 중국에서 사회보험은 주로 양로보험·의료보험·산업재해보험·실업보험·출산보험 등 다섯 가지 내용을 포함하고 있다.

1951년 정무원이 「중화인민공화국 노동보험조례」를 제정했다. 그중에는 기업 종업원의 노동보험에는 장해·질병·출산·연로·사망 등과 종업원이 부양하는 직계 친족의 대우가 포함된다고 규정짓고 있다. 노동보험이 보편적으로 실시된 후 노동자들은 신구사회의 변화를 피부로 느끼게 되었으며, 새로운 정권에 대한 긍정적인 인식이 크게 증강되었다. 1960년대에 이르기까지 노동보험이 기업과 기관에 점점 널리 보급되고 여러 가지 노동보험 혜택을 누리는 사람이 점점 더 많아졌으며, 노동자·직원·기관 간부의 범위를 넘어서 "다섯 부류의 반동분자"(五類分子, 지주[地主]·부농[富農]·반혁명[反革命]·우파[右派]·악질분자 등 다섯 부류를 말함)와 자산계급 상공업자에게까지 혜택이 미치게 되었다. 그런데 '문화대혁명'이 사회 역사발전의 정상적인 진척에 혼란을 가져다주었고, 노동보험제도는 "봉건주의·자본주의·수정주의를 타도하는 물결" 속에서 큰 충격을 받았다.

새 시대에 들어선 후, 노동보험 사업이 점차 회복되기 시작했다. 특히 최초 몇 년 동안은 이직 휴양·정년퇴직 제도의 보완, 퇴직보조금의 발급 및 도시 집체기업 종업원의 보험 적용에 주력했다. 포괄범위가 다소 확대되고 보장수준이 다소 향상되었다. 80년대 중반부터 '노동보험'을 정식 '사회보험'으로 칭하기 시작했다. 노동당국은 국영기업에서 사회양로보험제도를 실행하기로 결정했다. 그 뚜렷한 특징은 "기업과 노동자가 규정 시간에 따라 제때에 양로보험기금을 납부"하면 그 기금을 더 이상 기업이 직접 관리하지 않고 노동당국 산하의 사회보험 전문기구에서 관리하는 것이다. 각 지역, 각 기업이 탐색을 거쳐 얻은 경험을 토대로 1991년에 국가가 「기업 종업원 양로보험제도를 개혁하는 데에 관한 결정」을 정하고 "양로보험을 전적으로 국가와 기업이 도맡던 방법을 바꿔서 국가·기업·개인 3자가 공동으로 부담하는 방법을 실행하여 종업원 개인도 일정한 비용을 납부하도록" 했다. 즉 이른바 '3결합' 모델이다.

1993년에 중공중앙 제14기 제3차 전체회의에서는 "실업보험제도를 한층 더 완성시켜 기업이 종업원 임금총액에 따라 일정한 비례로 통일적으로 보험료를 조달 납부할 것"을 명확히 제시했다. '실업보험'이 전문용어로 중앙 문건에 기입되었던 것이다. 같은 해 국가에서 새로운 「국유기업 종업원 취업대기보험 규정」을 반포하여 취업대기보험의 업무방향을 명확히 제시하고, 취업대기보험금의 조달과 발급방법을 개진했으며, 취업대기보험 대우기준을 높였다. 1997년에 국무원이 종업원 개인 양로보험계좌를 통일시키고, 기본양로보험의 계산발급방법을 통일시키며, 기업과 종업원의 보험료 납부비율을 규범화하기로 결정했다. 그때 당시 국유기업은 개혁의 난관돌파기에 접어든 단계여서 불가피하게 대량의 기업 종업원들이 정리 실업자가 되었다. 정리 실업을 당한 직원의 양로문제는 국영기업의 개혁문제일 뿐만 아니라, 더욱이는 심각한 사회문제였다. 이에 대해 국가의 관련 정책은 "어디서 일하든, 양로보험은 계속 이어진다."라고 명확하게 규정했다. 그리하여 정리실업을 당한 직원의 양로보험이 타당하게 처리되어 원래 국유기업 정리실업자들이 여러 가지 유형의 비공유제기업에 취업할 수 있는 정책적 보장을 마련했다.

2009년 국무원은 「도시 기업 종업원 기본양로보험 관계 이전 접속 잠정방법」을 반포하여 "보험 가입자가 각지에서 보험료를 납부한 연한을 합산하고 개인계좌 금액을 누적 계산하며 농민공에 대해서도 동일한 기준을 적용한다." "전국적으로 통용되는 사회보장카드를 발급한다."라고 규정했다. 현 시대 중국에서 농민공의 양로보험문제가 해결되는 날이 바로 도시 기업 종업원의 양로보험이 전면적으로 보급되는 날이다. 같은 해 국무원은 신형농촌사회양로보험 시행사업을 전개하기로 결정하여 "첫째, 기초양로금과 개인계좌 양로금을 결합하는 양로대우를 실행하고, 국가재정이 최저기준 기초양로금을 전액 지급한다. 둘째, 개인 납부, 집체 보조, 정부 보조를 결합하는 자금조달 방법을 실행하고, 지방 재정이 농민 납부분의 보험비용을 보조해주도록 한다."라고 규정했다. 신형농촌사회양로보험은 농촌의 실제 상황을 더 많이 배려했던 것이다.

개혁개방과 시장경제의 발전과정에서 중국은 도시인구가 날이 갈수록 늘어나고, 구조가 복잡해졌으며, 취업 패턴이 다양해지고 있고 점점 더 많은 '단위의 사람'이 '사회 사람'으로 바뀌고 있다. 도시의 여러 부류 종업원들의 양로보험문제를 해결했다고 하여 도시의 모든 인구의 양로보험문제를 해결한 것은 아니다. 2010년에 채택된 「사회보험법」에서는 도시의 미취업 주민이 도시 주민 사회양로보험에 가입할 수 있다는 규정을 내와 도시기업의 종업원에서 시의 주민에 이르기까지 "전면 포함" 목표를 특히 잘 구현했다. 그 보험대우는 신형농촌사회양로보험과 거의 일치하며, 도시와 농촌 간의 격차를 줄임으로써 도시와 농촌 주민의 신분 전환과 보험 가입의 맞물림에도 유리하게 되었다.

18차 당 대회 이후 전면 포함, 기본 보장, 다차원, 지속가능의 방침에 따라 공평성을 강화하고 유동성을 적용하며 지속 가능성을 보장하는 것에 중점을 두고 제반 사회보험제도를 꾸준히 보완하여 사회보험 적용 범위가 날로 확대되고 대우수준이 안정적으로 향상되었다. 2016년부터 당과 정부는 전국 각지에서 "전 국민 보험가입등록 계획"을 대대적으로 추진하여 "실제수치를 파악한 기초 위에서 맞춤형 관리를 실현"하기 시작했다. 19차 당 대회 보고에서 시진핑 총서기는 "전 국민 보험가입 계획을 전면적으로 실시할 것"을 정식으로 제기했는데 이는 새 시대 사회보험 건설과 완성의 총체적 방향이 되었다. 그 이듬해 말에 인력자원 및 사회보장부·재정부가 지도 의견을 인쇄 반포하여 도시와 농촌주민의 기초양로금 최저기준 조정방안을 제기하여 전국 각지에서 도시와 농촌 주민 기본양로보험 보험료 보조 동적 조정 메커니즘을 구축하는 것을 격려하고, 경제발전·개인의 보험료 납부와 재력 상황에 근거하여 보험료 납부 보조수준을 합리적으로 조정키로 함으로써 새 시대 양로보험이 민중의 생활에 가까이 접근하고 전체 민중에게 혜택을 줄 수 있도록 하는 기본 이념을 추구하고 있음을 충분히 구현했다.

신중국 창건 70년간, 사회보험제도의 변화와 발전은 대체적으로 다음과 같은 몇 가지 기본 특징을 보이고 있다. 첫째, 적용 대상 범위로부터 볼 때 사회보험제도는 우선 공장·광산 기업의 종업원들 속에서 실시되었고 얼마 후에는 국가 기관 공무원들에게까지 확대되었다. 둘째, 실시지역으로부터 볼 때 사회보험제도는 도시에서 시작하여 1980년대에 이르러서 농촌으로 확대되기 시작했다. 2000년 이후 신형농촌합작의료제도와 신형농촌사회양로보험제도가 널리 보급되면서 농민들은 진정으로 국가의 사회보험체계에 편입되었다. 셋째, 구체적인 내용을 보면 사회보험제도는 처음에 양로·질병과 부상·출산에서 시작하여 후에는 양로·의료·산업재해·실업·출산 다섯 가지의 일체화로 확대되었으며 매 하나의 세부 항목에 포함된 내용도 끊임없이 확대되고 있다. 넷째, 자금조달방식으로 볼 때 사회보험기금의 조달방식은 국가가 도맡아오던 데로부터 사회적으로 통일 계획하는 다양화로의 전환을 실현했다. 다섯째, 사회기능으로부터 볼 때 사회보험제도는 정치적 동원을 위주로 하던 데로부터 권리보장을 위주로 하는 데로 전환되었다. 현 시대 중국사회보험제도의 변화와 발전을 분석해보면 각기 다른 발전단계에 중앙과 지방, 정부와 민중의 상호 작용을 쉽게 보아낼 수 있으며 그 배후의 국가와 개인 관계의 큰 변화를 보아낼 수 있다.

사회 구제는 사회보장의 밑바탕이다. 신중국 창건 초기에 여러 가지 사회문제가 매우 크게 불거져 나왔다. 빈곤·실업·유랑민·거지 등

정부의 구제가 시급히 필요한 부분이 많았다. 복잡하고 막중한 지원 임무에 직면한 당과 정부는 스스로 돕고, 남을 도우며, 생산에 의해 스스로를 구제하는 방법을 통해 최종적으로 "인민대중의 구제 및 복지 사업"을 건설할 것을 제시했다. 빠르고도 효과적으로 문제를 해결하기 위해서 중앙과 지방 각급 정부는 목적성 있는 특별 구제 지도 기구를 설립했다. 예를 들면 중앙재해구조위원회·중앙생산가뭄방지 판공실 등이다. 1954년 이후, 사회 구제의 방침을 "생산에 의한 자구, 대중의 상호 협조, 정부의 필요한 구제를 보조 수단으로 한다."라고 수정했다. 제한된 조건에서 정부의 제한된 자금으로 빈곤 민중에 대한 제한된 구제를 실시했다. 사회주의 개조가 완성된 후 국가·단위·집체가 서로 결합된 사회보장형태가 대체적으로 확립되었다. 도시에서는 단위의 보장을 위주로 하고 국가의 구제를 보조 수단으로 했으며, 농촌에서는 집체 보장을 위주로 하고 국가의 구제를 보조 수단으로 했다. 이러한 이중 구제 관리체제는 의지할 사람이 없는 노인·장애인·어린이의 기본 생존 문제를 국가와 집체·개인의 공동 노력으로 해결할 수 있도록 했다. 계획경제방식 하에서 사회 구제 대상은 뚜렷한 "경계성" 특징을 띤다. 이 또한 어느 정도에서 사회구제제도의 "경계성"을 결정했다.

개혁개방 이후, 계획경제에서 시장경제로 전환함에 따라 전통적인 방식의 사회구제제도의 폐단이 드러나기 시작했다. 구제효과의 향상으로부터 출발하여 당과 정부는 개혁과 입법을 통해 도시와 농촌의 사회구제제도를 꾸준히 보완했으며 도시와 농촌의 최저생계 구제 기준을 지속적으로 향상시켰다. 그중에는 수용·송환제도와 같은 불합리한 제도를 폐지하고 각지에 구제소를 설립한 것과 같은 시대에 어울리고 인성에 알맞은 새로운 구제제도를 건립한 것 등 내용이 포함되었다. 이밖에도 교육·주택·의료 등 분야를 포함하여 도시와 농촌을 대상으로 한 범위의 특별구제도 있다. 빈곤구제사업도 농촌구제의 방식 중의 하나이다. 그 사업은 생산에서부터 착수하여 정신적인 격려를 보조 수단으로 하여 국가와 집체에서 생산·생활·자금·기술 등 방면으로 빈곤 가정을 종합적인 지원해주었다. 이와 같은 지원조치는 전국 각지의 빈곤상황을 개변하는데 아주 큰 작용을 했다. 2013년에 이르러 시진핑 총서기는 샹시(湘西)를 시찰할 때 처음으로 정확한 빈곤구제 개념을 제기했다. 그 개념에 담긴 "6가지 정확" 이념과 "3위 1체"의 대규모 빈곤구제 구도가 사회구제업무를 새로운 단계로 끌어올렸다. 수십 년 동안 당과 정부는 도시와 농촌 주민의 최저생계보장제도, 이재민 임시구제제도, 도시와 농촌 의료구제제도, 농촌 5가지 보장 부양제도 및 유랑 걸식 인원 구제제도를 꾸준히 보완했다. 동시에 의료·교육·주택·법률 등 방면의 구제제도도 날로 완성되었다. 중국은 도시와 농촌 주민을 아우르는 사회구제체계를 기본적으로 건설했다. 그중에서도 짚고 넘어갈 것은 "사회 구제 일체화 프로젝트 건설"이다. 그 중심 내용은 사회구제의 여러 가지 내용들을 효과적으로 연결시켜 도시와 농촌 최저생계보장을 중심으로 형편이 어려운 대중의 생활 수요에 따라 여러 가지 실용적인 종합 구제 작업을 파생시켰다.

예를 들어 상하이시가 2014년에 제일 먼저 출범한 "9+X" 사회구제 정책체계는 사회구제 일체화 프로젝트를 건설하기 위한 최초의 시도였다. "X"는 여러 가지 특정 구제정책을 실시할 때 필요에 따라 설정한다. 그 특징은 다음과 같다. 첫째, 구제대상범위를 최저생계보장대상자와 특별 빈곤 부양대상자에서 저소득빈곤가정으로 확대했다. 둘째, 도시와 농촌 최저생계보장 기준의 일체화를 실현하고 도시 "3무"인원 구제와 농촌 5가지 보장 부양을 통일적으로 계획하여 소득이 극빈자 부양기준보다 낮은, 조건에 부합되는 인원을 부양범위에 포함시켰다. 셋째, 병환 지출형 빈곤 가정의 생활지원정책의 수혜범위를 확대하여 취학 전 교육, 일반 고중 및 중등직업교육 단계의 최저생계보장가정의 학생, 극빈 부양자 및 저소득층 빈곤가정 학생을 교육지원범위에 포함시켰다. 넷째, 정부 구제와 사회 역량이 참여하는 통일계획메커니즘을 구축하고 완성시키며 사회 역량이 사회 구제에 전면적으로 참여하도록 격려하고 인도했으며 지원했다. 이러한 사회 구제 일체화는 점차 전국적으로 보급되어 구제범위가 확대되고 구제효과가 향상되었다.

70년 동안 사회구제사업은 임시 구제에서 정기적, 정량적 구제로 발전했고 구제의 실효성을 강조하던 데로부터 구제법규정책을 규범화하는 데로 발전했으며, 위급한 것을 구제하던 데서부터 빈곤을 구제하기에 이르고 단일 구제에서 종합적 구제에 이르며 조방한 구제에서 정확한 구제에 이르기까지 무에서 유를 창조하고 점차 체계를 이루는 역사 과정을 보여주었다.

신중국 창건 초기에 사회복지와 사회구제는 서로 구분하지 않고 통틀어 '구제복지사업'이라고 칭했다. 정부는 생계원이 없거나, 노동능력이 없거나, 의지할 곳이 없는 노약자·장애인·고아·무의탁 아동 등 취약계층에 대해 사회복지원·아동복지원 등 시설에 배치하여 생활하게 하며 사회복지 생산업체를 많이 건설하여 이들 취약계층이 사회생산에 융합할 수 있도록 도와주었다. 그때 국가는 전면적인 복지 책임을 짊어졌는데, 복지 범위는 넓었지만 복지를 누릴 수 있는 차원이 낮은 수준이었다. 1956년에 사회주의 개조가 거의 완성된 후 사회복지사업과 사회구제사업이 점차 분리되어 발전했다. 계획경제시대에 사회복지는 크게 직원복지와 민정복지의 두 가지로 나눌 수 있었다. 직원복지는 "국가—단위체제"의 건설을 통해 높은 취업, 저임금, 높은 복지의 형태로 단위 내부에서 취업 직원의 여러 가지 복지를 보장해주는 것을 가리킨다. 민정복지는 미취업자, 단위 밖의 사람 또는 도시의 무의탁 노인 및 고아·장애인 등에 대해 민정당국이 보장해주는 것을 가리킨다. 절대다수의 농촌 '3무'계층 또는 홀아비·과부·독거 특수 계층에 대한 복지는 농촌에서 집단으로 조직하여 해결한다. 이에 따라 국가는 다양한 형태로 단위 내부와 단위 밖, 도시와 농촌의 격차가 큰 사회복지체계를 구축했다. '문화대혁명' 기간 동안 사회복지와 관련된 많은 규정제도들이 폐지되고 복지기관들이 강제로 통폐합되었으며' 복지시설들도 심각하게 파괴되어 사회 복지사업 서비스의 질이 보편적으로 크게 떨어졌다.

1980년대부터 경제개혁의 전개와 함께 사회복지제도의 개혁도 막이 올랐다. 중요한 목표의 하나는 사회화된 사회복지제도를 수립하여 국가에서 도맡아하는 국면을 변화시키는 것이었다. 1987년 민정부가 "지역사회서비스"라는 개념을 처음으로 제기하여 전통적인 사구(社區, 假道) 사회 복지 망을 대체했다. 2년 뒤 민정부는 "50% 이상의 사구에서 지역사회 서비스 네트워크화를 실현할 것"을 요구했다. 지역사회 서비스의 내용은 매우 풍부한데 지역사회 노인을 위한 서비스, 장애인을 위한 서비스, 형편이 어려운 가정을 위한 서비스, 아동을 위한 서비스 및 기타 편민(便民, 백성을 편하게 하는 것) 서비스가 포함되었다. 일정 기간의 보급을 통해 지역사회 서비스는 모든 종류가 갖추어지게 하고, 기획설계가 합리적이며, 서비스 질이 높다는 등의 특징으로 전국 각지에서 모두 양호한 효과를 거두었다.

1990년대부터 국가가 "사회복지의 사회화" 정책을 강력하게 추진하기 시작하면서 정부가 도맡아오던 구도가 빠르게 바뀌기 시작했다. 중국에 여러 가지 소유제 요소와 여러 가지 사회 역량이 사회복지사업을 일으키는 여러 가지 사회화 실천활동이 활발하게 전개되기 시작했고, 법제건설과 서비스 플랫폼의 구축 및 다원화 운영 메커니즘의 건설 등 방면에서 모두 뚜렷한 성과를 거두었으며, 여러 복지정책과 제도 및 기구가 날로 완성되면서 '저수준' '광범위한 범위'에서 '공유형' '발전형'으로 바뀌기 시작했다.

18차 당 대회 보고에서는 "사회복지제도를 보완하고 자선사업의 발전을 지원해야 한다."라고 지적했다. 이러한 방침에 따라 사회복지는 점차 '제도' '인원' '서비스'를 전면 포괄하는 목표로 나아가기 시작했다. 이와 동시에 적당한 '보편적 특혜' 사회복지제도를 하루 빨리 구축하고 보완하는 것을 의사일정에 올려놓았다. 보편적 특혜 사회복지란 국가가 주도하는, 보편적이면서도 사회 모든 구성원에게 혜택이 돌아가도록 하는 사회복지제도로서 이는 상대적으로 평등하고, 시장경제 하에서 빈부격차를 점차 줄일 수 있도록 보장하며, 중하층 빈곤층의 기본 생활 수요를 충족시킬 수 있도록 보장하는 일종의 제도적 설계이다.

사회 우대·위무(慰撫, 보훈)제도는 군인과 군인가족을 대상으로 하는 사회보장제도로서 "국가와 사회가 상이군인의 생활을 보장해주고, 열사 가족을 위무하며, 군인가족을 우대하기 위해" 마련한 제도이다. 1950년부터 1953년까지 국가 내무부는 혁명전쟁 연대에 실시한 우대위무제도를 종합한 토대 위에서 국내의 실제 상황과 결부시켜 우대·위무·포상 및 옹군우속(擁軍優屬, 군대를 옹호하고 군인가족을 우대함) 등 몇 가지 방면에서 신중국의 우대위무규정제도를 제정하여 초보적인 우대위무체계를 구축했다.

항미원조전쟁 시기로부터 사회주의 전면 건설 시기에 이르기까지 국가는 농촌에서 대리경작과 우대노동을 주요 내용으로 하는 우대제도를 실시했을 뿐만 아니라, 무휼기준도 꾸준히 올려 열사의 사적에 대해 전면적으로 표창하는 동시에 다양한 옹군우속(擁軍優屬) 활동을 전개했다. 예를 들면 명절을 맞아 군인가정을 방문하여 위문하고, 위문공연 또는 좌담회를 열며, 군민 친목행사를 열고, 사회 각계를 동원하여 열사와 군인 가족의 집안일을 도와주는 등의 활동을 전개했다. 그러나 '문화대혁명'이 일어나면서 제반 우대·위무사업이 파괴당했다. 우대·위무기구가 철폐되고, 규정제도가 무효화되었으며, 심지어 우대·위무대상이 박해를 받기까지 했다.

1978년 제5기 전국인민대표대회 제1차 회의에서 민정부를 설립하기로 결정하고, 산하에 우(대)(위)무국(優撫局, 후에 우무사[優撫司]로 개칭)을 설치하여 우대·위무업무를 전담하도록 하여 '문화대혁명' 이전의 일부 우대조치를 빠르게 회복하고 새로운 우대정책을 제정했다. 예를 들어, 국가는 노홍군(老紅軍)과 열사·군인 가족에 대한 우대정책을 다시 실행하고, 비판 투쟁을 당했거나 신분 분류가 잘못된 일부 열사·군인 가족에 대한 잘못된 판결을 바로잡았다. 1984년 제6기 전국인대 제2차 회의에서 「중화인민공화국병역법」을 채택하여 현역 군인, 열사·군인 가족과 상이퇴역군인에 대하여 승차권·통신권 및 우대금 등 방면에서 상응하는 규정을 세웠다. 1988년에 국무원이 「군인무휼우대조례」를 반포하여 우대·위무 대상자의 여러 가지 비용 감면 등에 대하여 규정했다. 이와 동시에 또 일부 우대 보충정책도 제정했다. 예를 들면 국가농업위원회·민정부가 통지를 하달하여 현역·퇴역 군인과 그들의 가족들이 토지 권익 면에서 우대를 받을 수 있도록 보장하고, 도시의 군인·열사 가족들의 취업과 주거 등 방면에 대해서도 "동등한 조건 하에서 우선적으로 배치하도록" 보장했다.

국가 표창사업 면에서 법제화 추세를 보이기 시작했다. 열사평정조례·열사기념건물보호조례 등 표창조례가 잇따라 반포된 것이 주요 표현이다. 표창조례가 제정됨에 따라 열사기념건물에 대한 관리 사업이 점차 정규화 되기 시작했다. 표창제도의 보완은 표창사업을 효과적으로 전개할 수 있는 토대를 마련해주었고, 표창사업이 진정으로 의거할 법이 있게 되어 차례차례 점진적으로 전개되었다. 영예 추서, 추모 제사, 기념건물 건조 등을 포함하여 과거의 열사 표창 방식 중 일부는 여전히 그대로 답습하고 있었지만 구체적인 내용에는 뚜렷한 변화가 생겼다. 개혁개방 초기에 많은 옹군 우속 운동이 원래의 내용과 방식을 이었지만, 사회경제의 발전과 더불어 옹군 우속은 이전과는 다른 발전특징을 보였다. 즉, 전문 지도기구를 설치하고 일정한 법규와 조례에 포함시킨 것 등이다.

전국 옹군 우속사업을 더욱 잘 전개하기 위하여 국가에서는 1991년에 국무원과 중앙군사위원회가 공동으로 지도하는 전국옹군우속옹정애민사업지도소조(옹정애민[擁政愛民], 정부를 옹호하고 인민을 사랑함)를 설립하고, 산하에 행정실(辦公室)을 설치하여 전국 '쌍옹(두 가지 옹호)'사업지도소조] 행정기구가 되어 일상적인 업무를 담당하도록 했다. '쌍옹'사업을 추진하고 보장하기 위하여 그 기구는 전국적으로 '쌍옹' 모범인물 평의활동을 전개했다. 1997년 국가가 반포한 「중화인민공화국 국방법」은 '쌍옹'사업에 대하여 한발 더 나아가 "국가와 사회는 군인을 존중하고 우대해야 하고, 군인의 합법적인 권익을 보호해야 하며, 다양한 형식의 옹군 우속활동을 전개해야 한다."고 규정했다. 시장경제의 꾸준한 발전과 더불어 국가에서는 사회경제발전이 가져온 변화에 부응하고자 원래의 일부 우대 법규를 수정했다. 국무원은 각각 2004년과 2007년 두 차례에 걸쳐 「군인무휼우대조례」를 개정하면서 무휼 내용을 크게 조정했다.

　18차 당 대회 이후 사회 우대·위무사업이 새로운 단계에 들어섰다. 각지는 옹군·우대·위무·안치에 관한 정책과 법규를 적극 보완하고 실행하여 현역·퇴역 군인과 우대·위무대상자의 현실적인 문제를 해결하여 개혁과 발전의 성과를 함께 공유하도록 했다. 중앙과 국가기관 관련 부서는 퇴역군인 취업과 창업 지원, 군대개혁 기간의 퇴역군인 안치 등 60여 가지 정책과 규정을 연구 제정했고, 각지에서는 실제와 결부하여 320가지 관련 제도를 제정하여 상하가 맞물리는 정책법규 체계를 형성했다. 국가에서는 상이군인 무휼금 기준과 열사 가족 정기 무휼금 기준, 농촌 거주 퇴역 홍군 노전사의 생활보조금 기준을 여러 차례 연속해서 인상했으며, 다양한 우대조치를 출범시켜 대학생의 군 입대를 격려하고 군인과 군인가족의 합법적인 권익을 수호하는데 전력했다. 2018년 제13기 전국인민대표대회 제1차 회의에서 중화인민공화국 퇴역군인 사무부의 설립을 비준함에 따라 군인과 군인가족의 합법적 권익을 수호할 수 있는 더욱 훌륭한 제도적 플랫폼이 마련되었다. 국가는 중국인민항일전쟁승리기념일·열사기념일·난징(南京)대학살 희생자 국가추모일을 제정하고 전국적으로 기념활동 및 추모활동을 널리 조직하고 전개했다. 또 재한 지원군 열사들의 유해와 평화유지 희생 열사들을 높은 격식으로 영접하여 귀국 안치했으며, 흩어져 묻힌 열사와 해외 열사의 기념시설에 대한 복구작업을 실시했다. 각급 민정당국·'쌍옹' 등 관련 부서와 사회조직은 옹군 우속사업을 전개하여 군인의 직업 흡인력과 군인·군인가족의 영예감을 꾸준히 향상시켰다.

18차 당 대회 보고에서 "도시와 농촌의 사회보장체계건설을 총괄 추진할 것"을 제시하여 사회보장건설사업을 효과적으로 지도했다. 시진핑 총서기는 민생문제에 대해 여러 차례 중요한 담화를 발표하여 민생보장과 개선의 중요한 의미에 대해 깊이 상세하게 설명했으며, 그리고 현재와 이후 광범위한 인민대중을 응집시켜 행복을 추구하는 중국의 목표를 실현하는 것에 민생사업의 착안점을 두고 사회보장체계 건설을 전면적으로 추진하여 보장사업을 날로 완성시키고, 제도가 안전하고 질서 있게 운행되도록 하며, 보장수준을 안정적으로 향상시켜 인민대중이 경제와 사회발전의 성과를 더욱 많이 누릴 수 있도록 해야 한다고 강조하여 지적했다. 여러 가지 관련 정책이 잇달아 출범됨에 따라 최저생계보장제도는 민생혜택, 민중의 걱정 해소, 안정보장, 조화촉진 등 방면에서 두드러진 기여를 했고, 빈곤대중의 기본생활을 효과적으로 보장했으며, 사회주의 시장경제 체제와 어울리는 사회보장제도의 틀을 기본적으로 형성케 했다.

사회보험 적용 범위가 꾸준히 확대되고 사회복지의 사회화 행정이 가속화되어 여러 부류의 어려운 계층의 기본생활을 보장했으며, 사회모순을 완화하는데 일정한 역할을 일으켰고, 일정한 정도에서 사회의 조화와 안정을 촉진시켰다. 그러나 동시에 사회보장제도 건설은 아직 보완단계에 있다는 것도 알아야 한다. 사회보장 방면에 대한 정부의 투입은 아직 낮은 수준이다. 양로보험 통일 조달 차원이 낮은 편이고, 각기 다른 지역의 양로보험 권익이 통일되지 않았다. 전

사회의 자선의식이 비교적 취약하여 자선기부금의 기부수량이 여전히 적은 수준이다. 고령화 사회의 도래가 양로보장제도 건설과 의료보건사업의 발전에 압력을 주고 있다. 시진핑 총서기는 수가 방대한 노년층의 다방면적인 수요를 만족시키고, 인구 고령화로 인한 사회문제를 적절하게 해결하는 것은 국가발전의 전반 국면에 관계되며, 백성들의 복지와도 관계된다고 지적했다. 2014년에 국무원은 「중화인민공화국 사회보험법」의 관련 규정에 따라 신형농촌사회양로보험과 도시주민사회양로보험 시행 경험을 총결한 토대 위에서, 신형농촌양로보험과 도시주민양로보험 두 가지 제도를 합병 실시하여 전국적으로 통일된 도시와 농촌주민의 기본양로보험제도를 수립하기로 결정했으며, 몇 년 안에 공평하고 통일되고 규범화된 도시와 농촌 주민양로보험제도를 전면적으로 구축하여 사회구제·사회복지 등 기타 사회보장정책과 서로 결부시켜 가정양로 등 전통 보장방식의 적극적인 역할을 충분히 발휘시켜 보험에 가입한 도시와 농촌주민의 노년의 기본생활을 더욱 잘 보장하기로 계획했다.

새 시대의 새로운 요구에 따라 19차 당 대회 보고에서는 사회보장사업을 발전시키는 데에 대해 전면적으로 배치했다. 즉, "최저생계보장, 세밀한 보장체계 구축, 메커니즘 구축의 요구에 따라 전 국민을 아우르고 도시와 농촌을 총괄하며, 권리와 책임이 명확하고 보장이 적절하며 지속가능한 다차원의 사회보장체계를 전면적으로 구축할 것"을 요구했다. 특히 사회구제, 사회복지, 자선사업, 우대·위무·안치 등의 제도를 보완할 것을 요구했다. 이런 배치는 민중의 기대를 탄탄히 다졌으며, 중국의 사회보장제도 건설은 점차 어린이는 양육을 받을 수 있고, 학생은 교육을 받을 수 있으며, 일하면 수당을 받을 수 있고, 아프면 치료를 받을 수 있으며, 노인은 부양을 받을 수 있고, 거주할 곳이 있으며, 사회 취약계층은 지원을 받을 수 있는 보편적 특혜 사회보장목표를 향해 한걸음씩 나아가고 있다.

의료보건사업을 발전시키다

의료보건사업은 인민의 생명건강과 관계된다. 1949년 이전에 중국은 보건위생 상태가 매우 열악했다. 페스트·콜레라·천연두·혈흡충병(水因性 전염병) 등 여러 가지 전염병과 기생충에 의한 병이 많이 돌았다. 신중국이 창건된 후 당과 정부는 빠르게 결정을 내려 여러 가지 조치를 취하여 인민의 건강을 증진시켰다. 1950년 제1회 전국보건사업회의가 열렸는데 회의에서는 "노동자·농민·병사를 대상으로 예방을 위주로 하면서 중의사와 양의사를 단합시킬 것"이라고 하는 보건사업발전방침을 확정했다. 1952년 제2회 전국보건사업회의에서는 또 "보건사업과 대중을 결합"하는 발전원칙을 제시했다. 두 차례의 회의는 그 후 30년간 보건사업의 발전방향에 영향을 주었다. 대표적인 표현이 바로 의료보건이 오직 소수자만을 위한 것이던 상황이 바뀌어 광범위한 노동인민과 노동자·농민·병사 계층을 위한 것으로 전환된 것이며 특히 의사와 약품이 결핍한 농민을 위해 봉사하게 된 것이다. 토대가 매우 취약한 상황에서 국가에서는 공공위생건설을 대대적으로 강화하여 인민대중의 생명건강을 크게 개선시켜 전반적으로 국민의 건강수준을 뚜렷이 제고시켰다. 동시에 민중의 위생관념·위생행위도 점차 바뀌어 의료보건에 대한 중시하는 정도가 꾸준히 향상되었다.

1953년부터 전국의 성·지구·현의 각급 위생방역소가 점차 설립되었다. 그리고 바로 이어 철도 분야, 광·공업 기업들도 위생방역소를 세웠다. 1955년 국무원이 반포한 「전염병관리방법」은 위생방역사업의 첫 법정 문건이었다. 그 「방법」에서는 전염병을 갑·을 2대류 총 18종으로 분류하고, 각종 전염병의 발생 상황 보고 및 예방 치료 처리에 대해 구체적으로 규정함으로써 방역 업무에서 의거할 수 있는 법이 생긴 것이다. 1958년 국가에서는 "네 가지 해로운 것"을 제거하는 운동을 전개하여 진일보로 환경위생을 정비하여 질병의 전파를 예방했다. 꾸준한 노력을 거쳐 위생방역사업은 짧은 기간에 뚜렷한 효과를 거두었다. 1950년부터 중국은 천연두를 통제하고 소멸하기 위하여 전 국민들 속에서 보편적으로 우두백신을 접종하기 시작했다. 5년 후에는 접종률이 접종 대상 인수의 90%에 달했다. 이에 따라 천연두 발병률이 바로 대폭 하락했다. 1961년에 윈난(雲南)성 시멍(西盟)현에서 환자가 한 명 보고된 뒤로 더 이상 중국에서 천연두가 발생하지 않았다. 이와 마찬가지로 콜레라도 소멸되어 1952년에 톈진(天津)에서 한 명이 나타난 뒤로 더 이상 발견되지 않았다. 페스트는 1955년에 이르기까지 전국적으로 단 39명이 발생했고 거의 통제되었다. 성병도 구 중국에서 광범위하게 유행했었다. 신중국이 창건된 후 정부가 행정적 강제수단으로 환락가를 폐쇄하여 성병의 주요 전파 경로를 차단했다. 동시에 발병률이 높은 지역에서 보편적 조사와 보편적 치료를 진행하여 1959년에 이르러 성병은 전국적으로 거의 소멸되었다. 나아가 전국적으로 결핵 발병률과 사망률이 크게 하락했다. 그리고 다른 전염성 질병들도 효과적으로 통제되었다.

여성과 아동, 특히 임산부와 영유아는 의료보건사업의 중점 대상이다. 1954년 「중화인민공화국헌법」은 "혼인·가정·어머니와 아동은 국가의 보호를 받는다."라고 규정했다. 이로써 국가는 여성의 출산대우(임신·출산휴가, 출산보조 등), 여성 노동자의 노동보호 등에 대해 명확히 규정했다. 출산과정에서 산모와 영아의 건강위험을 낮추기 위해 국가에서는 새로운 조산방법을 대대적으로 보급했는데 이로써 임산부와 영아의 사망률이 꾸준히 하락했다. 신생아 파상풍이 대·중도시에서 거의 소멸되었고, 농촌에서도 거의 통제되었다. 30년 동안 중국 여성·영유아보건소 수가 9개에서 2,353개로 늘었다. 이는 여성·영유아보건사업의 성과를 충분히 보여주었다.

식품 위생은 민중의 생활 및 건강과 밀접한 관계가 있다. 1957년 국무원은 「식품위생관리시행조례」를 반포했는데, 이는 신중국의 첫 식료품위생에 관한 행정입법이었다. 1973년 위생부의 주도로 여러 방면의 힘을 모아 공동으로 우유·육류·알류·식량·식용유·청량음료·술·조미료·식품첨가제·수산물·아플라톡신·유기염소농약·수은 등 14가지 식품위생기준에 대한 초안을 작성했으며, 최종 14개 항목의 54가지 식품위생기준초안을 제출하여 1978년 5월 1일부터 국내에서 시행되기 시작했다. 대대적인 공업건설이 전개됨에 따라 생산위생 특히 직업병 예방치료도 날로 중시를 받게 되었다. 1949년~1977년 국무원과 관련당국은 99건의 직업병 퇴치에 관한 법규문건을 제정 반포했다. 보건·노동 등 부서는 체계적인 생산기준의 제정과 공업보건 감독을 전개했다. 중국 직업병 중 위해성이 가장 큰 진폐증(그중에서도 가장 흔한 것이 규폐증이었음)에 대해 국무원은 「광공업체에서 규진(규소 먼지) 위해를 방지하는 데에 관한 결정」을 정하여 "광공업체의 작업장 또는 근무 장소의 매 1㎥ 당 유리 이산화규소 함량이 10%이상에 이르는 분진을 1956년 내에 반드시 2㎎으로 낮춰야 하고, 1957년 내에는 반드시 2㎎ 이하로 낮춰야 한다."라고 요구했다. 이와 동시에 규진을 접촉하는 노동자에 대해서는 정기적으로 건강검진을 받도록 하고, 병에 걸린 노동자에 대해서는 치료·전근·요양 등의 조치를 취하도록 했다. 1963년에 국무원은 또 규폐증의 퇴치 및 관련 사회보험·생활복지대우에 대하여 구체적인 규정을 정했으며 진폐증의 퇴치사업이 뚜렷한 효과를 거두었다.

의료보건사업의 발전에서 농촌의료보건사업이 특히 괄목할만하다. 신중국 창건 초기에 공업건설의 수요로 인해 국가의료보건사업은 도시를 중점으로 했으며, 농촌에 의사와 약품이 부족한 국면은 미처 빠르고 효과적으로 개선되지 못했다. 1964년의 통계에 의하면, 고급보건기술인원의 69%가 도시에 있고, 31%가 농촌에 있었으며, 그중 현(縣) 이하가 10%밖에 안 되었다. 농촌의 중·서 의학 종사자가 인구대비 평균 비례가 도시보다 훨씬 낮았을 뿐만 아니라 대대수는 기술수준도 매우 낮았다. 경비사용에서도 농촌이 차지하는 비율이 현저하게 낮았다. 그 해에 마오쩌둥이 두 차례나 고위급간부보건제도를 비판했다. 이듬해에 그는 또 "위생부는 노동자·농민·병사를 상대할 생각이 있는가"라고 문책하고, 위생부는 "인민의 위생부가 아니라" "도시 나으리들의 위생부"라면서 "현재 병원의 검진·치료 방법은 애초에 농촌 농촌에 부합되지 않는다"고 비판했다.

그 후 위생부 당조(黨組, 국가 기관이나 민간단체 지도부 내의 당조직)가 마오쩌둥과 중앙에 「보건사업의 중점을 농촌으로 돌리는 데에 관한 보고」를 올려 "사실조사 결과 위생부 업무 지도 면에서 확실히 농촌보건사업을 소홀히 하는 과오를 범했음이 완전히 증명되었다"고 깊이 성찰했다. 이에 따라 일련의 개선 조치를 제정했다. 즉, 도시 의약·보건 인원들을 조직하여 농촌에 파견하여 농민들을 위해 봉사하게 하고, 농촌 의약·보건 인원을 대대적으로 양성하며, 농촌 보건 조직을 정비하고, 농촌의 약품과 의료기자재의 수요를 가급적 보장하도록 한다는 등이다. 이런 조치는 뚜렷한 작용을 발휘했다. 1975년에 이르러 전국 보건경비의 65% 이상이 농촌에 사용되었다. 이와 동시에 국가는 도시 보건인원의 농촌순회의료사업을 전개했다. 1976년에 이르러 전국적으로 연인원수로 110여 만 명의 도시와 인민해방군 의료 종사자가 농촌에 내려가 순회 의료봉사를 진행했고, 10여 만 명의 도시 의료 종사자가 농촌에 정착, 생활하기에 이르렀다. 의약대학 졸업생의 70% 이상이 농촌에 배치되었다. 전국의 5만 여 개에 달하는 농촌인민공사가 거의 보건소를 설치했고, 농촌의 의료보건 상황이 크게 개선되었다.

의료보건사업의 효과를 높이기 위하여 국가에서는 의료보장제도 건설을 꾸준히 강화했다. 1960년 중공중앙은 위생부의 「인민공사 보건사업의 몇 가지 문제에 관한 의견」을 비준 전달했다. 의견에서는 "당면한 상황에 근거하여 인민공사 사원 집단보건의료제도를 실시하는 것이 적절하다. 즉 현재 각지의 '보건비용'방법 또는 '합작의료'는 매년 사원이 일정한 액수의 보건비용을 납부하고, 진료를 받을 때 약값 또는 소액의 접수 요금만 지급하고, 가능한 범위 내에서 공사·생산대의 공익금으로 일부를 보조해주도록 한다."라고 제기했다. 이는 "합작의료"라는 단어가 처음으로 중앙 문건에 등장한 것이다. 이어 전국적으로 농촌합작의료를 실시하는 붐이 일어났다. 1976년에 이르러 전국적으로 합작의료제도를 실시하는 생산대대(행정촌)의 비중이 93%에 달했으며, 전국 농촌인구의 85%를 아우르게 되었다.

합작의료제도에 힘입어 중국은 선진국의 100분의 1도 안 되는 의료보건 지출로 인구의 절대다수를 차지하는 농민층의 의료보장문제를 해결하여 세계에서 "개발도상국이 보건경비를 해결하는 유일한 범례"로 불리게 되었다. 이를 두고 성공한 '보건혁명'이라 회자되고 있다. 1983년에 세계보건기구(WHO)가 산동(山東)성에서 세계합작의료 워크숍을 개최했는데, 중국이 "후진국의 경제수준에서 선진국의 보건 수준에 도달했고" "저소득 개발도상국에서 유례가 없는 성과"를 거둔 것이라고 극찬 받았다. 합작의료제도와 밀접히 연결하여 중국 농촌에서 또 맨발의사제도가 형성되어 농촌보건의료보장의 중요한 구성부분이자 버팀목이 되었다. 맨발의사는 '문화대혁명' 기간에 절정에 달했는데 기본적으로 농촌 인구 500명 당 맨발의사가 1명, 한 생산대에 맨발의사가 1~3명 배치되었다.

30년의 노력을 거쳐 중국의 의료보건사업은 거족적인 진보를 가져왔다. 개혁개방 전에 중국은 이미 비교적 완전하고 배치가 합리적인 의료 위생보건체계를 구축했다. 도시에서는 시·구 2급 병원과 사수(가도) 진료부(소)로 구성된 3급 의료서비스 및 보건방역체계를 형성했다. 농촌에서는 현(縣) 병원·향진(鄕鎭)공사(公社) 위생원·촌(생산대대) 위생소(의료소, 보건소)의 3급 의료체계도 수립되었다.

개혁개방 이후, 경제의 발전에 따라 중국의 보건비용이 뚜렷하게 증가했다. 1978년~2017년 총 보건비용이 110억 2,000만 위안에서 5조 2,598억 2,800만 위안으로 늘어났고, 1인당 보건비용은 11.5위안에서 3783.8위안으로 늘어났다. 보건경비 투입이 늘어남에 따라 중국 의료보건기구와 시설이 크게 발전했다. 전국 의료보건기구의 수량은 약 17만 개 가까이 되던 데로부터 98만 7,000개로 발전했고, 침대 수가 약 4배 가까이 늘어났다.

18차 당 대회 이후, 중공중앙은 "전 국민의 건강이 없으면 전면적인 샤오캉사회도 없다"는 사상을 이어받아 "건강 중국 전략"을 폈으며 의료보건 건설 사업이 전반적으로 향상되었다. 시진핑 총서기는 "중대 질병의 예방과 통제를 중시하고 질병퇴치 전략을 개선하여 사람들이 병에 걸리는 것을 최대한 줄여야 한다."라고 제시했다. 의료보건 영역의 개혁은 기층을 중점으로 하여 예방을 위주로 하고 중·서의학을 동시에 중시하며 인민이 공동으로 건설하고 공유하는 것을

제창했다. 급별 진료제도·현대병원관리제도·전 국민 의료보험제도·
약품공급보장제도·종합감독제도·기본의료보건제도의 보완에 주력했
다. 이런 개혁조치는 의료체제개혁이 더 깊이 전개될 수 있는 관건적
인 절차이며, 의료보건영역의 사회 공평을 촉진하는 중요한 절차이기
도 하다.

기본의료보건제도의 보완은 사회 공평과 밀접히 연결될 뿐만 아니
라 빈곤구제사업과도 밀접히 연관된다. 중대 질병은 대중이 다시 빈
곤으로 되돌아가는 중요한 원인이다. 최근 몇 년간 정부는 "중대 질
병 집중 치료, 만성병 계약서비스관리, 중병 기본 보장"의 구상에 따
라 건강 빈곤구제 프로젝트를 실시하여 구체적인 사람에게까지 조치
가 닿고, 병에 맞춰 정확하게 치료하며, 분류 치료하여 의료보장체계
를 점차 완성시켰다. 의료보건사업에 대한 투입이 지속적으로 늘어나
고 도시와 농촌 주민의 중대질병보험이 전면적으로 보급되었다. "그
렇게 큰 병에 걸렸는데 고작 1만 위안밖에 안 들 줄은 미처 생각지도
못했다." 안휘이(安徽)성 진자이(金寨)현 화스(花石)향 다완(大灣)촌의
빈곤가구 왕넝바오(王能保) 씨는 2017년에 위암 진단을 받고 안휘이의
과대학 제1부속병원에서 수술을 받고 잇달아 9차례 입원 치료를 받
았다. 그 과정에 의료비로 총 9만 7,000위안을 썼는데 개인이 부담한
부분은 겨우 9,300위안 남짓밖에 안 되었다.

의료보장체계를 건전히 하려면 정부가 보건과 사회보장 간의 권리
와 책임 관계를 잘 조율해야 할 뿐만 아니라 동시에 사회의 역량을
도입하여 참여시켜야 한다. 사회 역량이 참여하도록 이끄는 것은 의

료보건자원의 공급을 늘려 더욱 신축성 있고 효과적으로 사회의 실제 수요를 만족시키는 데 유리하다. 정부의 지원을 확대하는 동시에 시장메커니즘을 도입하여 자원의 배치에 참여하도록 하여 더 많은 건강 관련 새로운 산업과 새로운 방식을 탄생시켜 더 큰 범위에서 민생의 수요를 만족시켜야 한다. 정부가 주도하는 것을 전제로 하고 시장진출의 문턱을 낮추며, 인재의 이동과 대형 의료기기 설비의 구매 제한을 줄이고, 의료서비스행위에 대한 감독 관리를 강화하며, 일정한 시장경쟁메커니즘을 도입하여 의료보건업계에 활력을 주입함으로써 의학영역 혁신메커니즘의 형성과 보완을 추진했다. 개혁개방 40년 동안에 의료보건 지출의 비중이 점차 늘어난 반면에 개인의 보건지출이 총 보건비용에서 차지하는 비중은 꾸준히 줄어들었다.

보건사업과 의료보장사업의 꾸준한 발전에 따라 인민의 건강수준이 전반적으로 향상되었으며, 중국인의 평균 기대 수명이 1953년의 34.91세에서 2017년의 76.7세로 늘어났다. 의료시설과 사회보장이 가져다준 공평감은 민중들의 사회에 대한 공감을 크게 증가시켰다.

19차 당 대회에서는 "건강 중국 전략"을 제시하여 "병에 걸리면 치료를 받을 수 있도록 하는" 난제를 가장 먼저 해결해야 할 과업이라고 제시했다. 사회 주요 모순의 변화는 국민 생활의 각 방면에서 구현되고 있는데 의료보건 영역의 "불균형과 불충분"문제가 매우 두드러졌다. 빈곤지역과 빈곤 현에 대한 맞춤 지원을 진행하고 현지 의료보건 인재를 무료로 양성하는 것이 그 문제를 해결하는 중요한 조치이다. 전문가팀이 기층 병원에 내려가 현지 대중을 위해 정성껏 병을 치료하는 동시에 기층에 "현지에 남아 봉사할 의료팀"을 남겨 "병에 걸리면 치료를 받을 수 있던" 데로부터 "병에 걸리면 훌륭한 치료를 받을 수 있는" 데로의 전환을 실현하도록 했다. 건강은 국민 행복의 중요한 상징이다. 국민건강정책을 보완하여 인민대중에게 전 방위적이고 전주기적인 건강서비스를 제공하는 것은 향후 의료보건사업 발전의 또 하나의 목표이다.

주거환경과 교통환경을 개선하다

주거는 인민생활의 가장 기본적인 공간 수요이다. 신중국 창건 초기 종업원들의 주거조건은 아주 열악했다. 마오쩌동은 "수년 내에 노동자 주택 문제를 해결할 것"을 제기했다. 이에 따라 각 지방, 각 부서는 계획적 단계적으로 노동자 기숙사를 건설했다. 계획경제가 실시됨에 따라 국가는 점차 저임대료 고복지 도시주택제도를 점차 형성했다. 즉, 주택을 복지배분방식으로 광범한 종업원들에게 분배하여 거주하게 하고 저렴한 임대료를 받아 주택보수비용으로 사용했다. 1953년에 국가가 자금을 투자하여 많은 종업원주택을 지었다. 그러나 주거문제는 여전히 종업원의 생활에서 중대한 문제로 되고 있었으며 주택 증가속도는 종업원 대중의 수요에 훨씬 미치지 못하고 있었다.

'대약진'시기에 국민 경제발전의 균형이 파괴되었기 때문에 도시 주택 건설 규모도 따라서 하락했다. 1960년, 건축공정부 당조가 중앙에 제출한 「도시 주택문제 해결에 관한 보고」에서는 계획적 점차적으로 문제를 해결할 것을 제기했다. 즉, 국가·지방·광공업체와 광범한 대중의 힘을 동원하여 통일적으로 계획 배치하고 분기별로 단계별로 건설하는 두 가지 방법을 병행하기로 했다. 그 후 각지에서는 주택문제를 해결하는 여러 가지 방법을 고안했다. 첫째, 기존의 가옥에 대한 보수를 강화했으며, 자금은 주택 임대 수입으로 해결하고, 자재는 국가에서 조달하도록 한다. 둘째, 신설 기업은 반드시 상응한 주택을 건설해야 한다. 셋째, 지방의 기업과 사업단위 및 행정기관의 주택은 지방에서 통일적으로 계획하여 배치하며 국가에서 보조한다. '문화대혁명기간 도시주택 건설은 침체기에 이른데다가 도시인구의 증가가 너무 빨라 도시 주택공급이 크게 부족한 상황이었다. 그러나 전반적으로 볼 때 1978년 이전까지 전국 3,400개 도시의 신축주택 건축면적은 4억 9,300만㎡로 적지 않은 수준이었으며, 수천 수백만 대중이 새집에 입주했으며, 대중의 주거조건이 어느 정도 개선되었다. 그러나 도시주택은 여전히 공급이 많이 부족하고, 평균 주거 면적이 많이 작은 수준이었다. 주택 증가속도는 도시인구 증가속도에 비하여 여전히 수요에 훨씬 못 미치고 있다.

1978년 이후 중공중앙은 인민의 주거조건을 개선하는데 큰 관심을 기울였다. 덩샤오핑은 7년 안에 도시 1인당 평균 주거면적 5㎡ 달성목표를 실현해야 한다고 제기했다. 이에 따라 국가건설위원회는 베이징에서 특별히 도시주택건설사업회의를 열어 주택건설 7년 계획과 2년 구상 및 계획 실시의 구체적 조치를 제정하고, 각 성·시에 주택건설 전문 대오를 조직하여 건축자재의 공급을 확실하게 보장할 것을 요구했다. 회의 후 국가건설위원회는 국무원에 「도시 주택 건설을 가속화하는 데에 관한 보고」를 올렸다. 그리고 국무원은 얼마 지나지 않아 바로 "각 지역·각 부서는 구체적인 상황과 결부시켜" "빠른 시일 내에 주택건설 전문팀을 구성하여 주택 건설 사업을 발전시키라"는 지시를 내렸다. 이에 따라 각 도시에서는 전례 없는 규모의 주택건설을 보편적으로 전개하기 시작했다. 1979~1985년 도시 주택 준공 면적이 연간 평균 11.2%의 속도로 늘어났으며, 신축 주택 면적이 총 8억 2,500만㎡에 달하여 36년간 건설한 주택 총면적의 60%를 차지했다. 중국은 인구가 날로 늘어나고 도시가 끊임없이 팽창함에 따라 도시주택 제도의 폐단이 날로 불거지기 시작했다. 1990년대에 이르러 계획경제 체제하의 복지주택제도가 이미 사회주의시장경제의 발전에 부응하지 못하게 되었으며, 날로 심각해지는 주택부족문제를 해결하는데도 불리했다. 분명한 것은 오직 주택 상품화의 실현을 통해 국가·집체·개인의 다양한 적극성을 동원해야만 그 문제를 근본적으로 해결할 수 있고, 도시 주민의 주거 공간 확보를 실현할 수 있다는 것이다.

중국의 주택제도개혁은 복잡하고 체계적인 사업으로서 특히 도시 주민의 경제적·심리적 수용력과 관계된다. 1987년 13차 당 대회 보고에서는 처음으로 '부동산'을 '생산요소시장'에 포함시켰다. 이듬해 제7기 전국인민대표대회 제1차 회의 「정부업무보고」에서는 "주택제도의 개혁과 결합시켜, 부동산시장을 발전시킬 것"을 제시했다. 주택 및 부동산 개혁은 먼저 장소사용료 또는 토지사용료를 수취하는 방법을 채택하여 토지를 장기적으로 무상 사용하는 국면을 변화시켰고, 나아가 토지시장을 건립하여 토지사용권과 토지소유권을 분리시켜 토지사용권 유상 양도와 양도제도를 실행했다. 1988년 상반기까지 전국적으로 200개에 가까운 부동산거래소·거래시장 또는 거래센터가 설립되었다.

1990년대의 처음 몇 년 동안 중국 많은 지역에서 갑자기 부동산 붐이 일어났다. 부동산 개발회사가 급증했고, 투자가 빠르게 증가했으며, 부지 투기와 프로젝트 투기를 위주로 한 부동산시장이 이례적으로 활발하여 심각한 부동산 버블이 형성되었다. 1993년 중공중앙은 경제에 대한 거시적 조정을 진행하기로 결정하고 "부동산시장을 규범화하고 발전시킬 것"을 제시했다. 부동산 과열은 매우 빨리 억제되었다. 이듬해 국무원은 「도시주택 제도개혁을 심화하는 데에 관한 결정」을 발표하여 개혁의 근본 목적은 "주택의 상품화·사회화를 실현하고, 주택건설을 가속화하여 주거조건을 개선하는 것"이라고 지적했다. 「결정」에서는 처음으로 중·저소득 가정을 대상으로 하는 사회보장 성격을 띤 경제실용주택 공급체계와 고소득 가정을 대상으로 하는 분양주택 공급체계를 구축할 것을 제기했다. 주택자금 면에서는 처음으로 주택적립금제도를 전면적으로 실시하고, 주택금융과 주택보험을 발전시키며 정책성과 상업성이 공존하는 주택신용대출체계를 구축할 것을 제기했다. 공유 주택 매각 면에서 고소득 종업원 가정에 공유 주택을 판매할 경우 시장가격을 적용하고 중·저소득 종업원 가정에 공유주택을 판매할 경우 비용가격을 적용할 것을 제기했다. 1995년 국무원 주택제도개혁지도소조는 또 국가 안거프로젝트(安居

工程, 저소득 가정을 위한 비영리 주택) 실시방안을 제기하여 주택을 비용가격으로 중·저소득 가정에 직접 판매하며, 또 무주택가구와 위험주택가구 그리고 주택난에 시달리는 가구에 우선 판매하고 고소득 가정에는 판매하지 않는다고 하여 일반인들의 주택조건이 크게 개선되었다.

1998년 국가는 주택산업을 새로운 경제성장점으로 육성하기로 확정하고 제반 정책과 조치를 실시하여 중국 부동산시장과 부동산산업은 새로운 발전기에 들어섰다. 전국 도시에서 주택실물분배가 중지되었고, 주택건설에 가속도가 붙고 주택금융이 빠르게 발전했으며, 2급주택시장이 활기를 띠기 시작했다. 이듬해에 재정부와 국가세무총국은 통지를 발부하여 개인이 구매하여 1년 이상 거주한 일반 주택을 판매할 경우 영업세를 면제해주고, 개인이 자체 주거용 일반주택을 구매할 경우 잠시 부동산 계약세를 반감해주며, 주민 개인이 소유하고 있는 일반 주택을 양도할 경우 토지 부가가치세를 감면해준다고 규정했다. 이에 따라 전국 도시 주택건설이 빠른 발전을 이루었으며, 그중에는 경제실용주택과 저임대료 주택건설이 포함되어 있다. 주택금융제도가 수립되고 실시됨에 따라 도시 주민의 주택소비관념이 점차 바뀌어 개인이 구매하는 주택이 주택 수요에서 차지하는 비중이 꾸준히 늘어났으며, 개인 또는 가정이 분양주택시장의 주체로 되었다. 21세기에 들어선 후, 국가가 개혁을 강화하여 복지형 주택배분제도를 전면 취소하고, 대신 도시 주민의 주택 화폐화 정책으로 대체했다. 이에 따라 중국 인민을 오랫동안 괴롭혀온 주거 문제가 거의 해결되는 추세를 보이기 시작했고, "주택 면적을 늘려 주거의 질을 개선하는 새로운 단계에 들어섰다." 일반인의 주택에 대한 요구는 이미 "비바람을 막아주는" 거처를 찾던 데로부터 더욱 아름다운 환경과 더욱 완비된 기능을 갖춘 주거공간으로 바뀌었다. 부동산시장에서 사람들은 자신의 경제실력에 따라 자신의 근무지 또는 자녀의 취학지점 등과의 거리를 감안하여 주택을 구매하거나 임대할 수 있게 되었으며, 주택문제에서 더 이상 근무단위의 제약을 받지 않게 되어 심신이 해방되었다. 그러나 중국 주택제도개혁 후에 또 저소득 가정의 주택난, 대·중 도시 부동산 가격의 고공행진 등 일련의 새로운 문제가 나타나 주민의 생활에 각기 다른 정도로 영향을 주었다는 사실도 보아야 한다. 주택 실물 배분을 중지한 후, 집값은 줄곧 사회에서 보편적으로 관심을 갖는문제로 되었다. 2003년 초 중국에 경제과열 조짐이 나타났다. 그 후 부동산투자가 급증하고 부동산가격이 폭등하면서 주택공급 구조의 모순이 불거지고 부동산시장 질서가 어지러워졌다. 이에 정부는 잦은 정책과 조치를 출범하여 부동산시장에 대한 새로운 거시적 조정을 진행했다. 2005년 국무원 판공청이 「주택가격을 확실하게 안정시키는 데에 관한 통지」를 발부하여 주택가격 폭등을 억제하기 위한 8가지 조치를 제기하여 주택가격 안정을 정치적 차원으로 끌어올려 지방 각급 정부가 주택가격 안정의 책임을 실제적으로 짊어질 것을 요구했다. 동시에 주택보장제도의 건설을 강화했다. 2007년 국무원은 「도시 저소득 가정의 주택난을 해결하는 데에 관한 몇 가지 의견」을 발표하여 "도시 저소득 가정의 주택난 해결사업을 실제적으로 강화"하여 "저임대료 주택제도"를 수립하고 보완시키는 데 박차를 가해야 한다고 지적했다. 17차 당 대회 보고에서 이에 대해 재차 강조하면서 "주민주택"은 대중의 직접적인 이익과 관계되는 문제라고 지적했다. 이는 부동산시장의 거시적 조정 중심의 이전으로 간주되었으며, 정부가 부동산가격의 지나친 상승을 억제하는 것과 도시 저소득 가정의 주택난을 해결하는 것을 구분 짓기 시작했음을 의미한다. 이 같은 요구에 따라 도시 저소득 가정의 주택난을 해결하기 위한 일련의 관련 정책이 잇달아 출범하고 절대다수 도시들에서 저임대료 주택제도를 진일보 적으로 수립하고 보완했으며, 경제실용주택제도를 개선하고 규범화했다. 중국 도시주택제도의 개혁은 도시 주민의 생활에 거대한 변화를 가져다주었다. 첫째, 주택조건과 거주환경이 뚜렷이 개선되었다. 2007년에 이르러서는 "도시 주민 1인당 거주면적이 22.6㎡에 이르러" 1978년보다 4.4배 늘었다. 거주조건에 대한 사람들의 추구가 단순한 수량 추구에서 수량과 질을 다 같이 중시하는 데로 바뀌었으며, 특히 주거의 질에 대해 중시하기 시작했다. 둘째, 주택시장의 구매 주체가 이전의 단위 또는 집단으로부터 주민 개인으로 바뀌었다. 이런 조건에서 주민들은 주택 공사의 품질·면적·구조·기능·거주 환경 등에 대해 자주적인 선택권을 누릴 수 있을 뿐만 아니라, 집값·거주 쾌적도·부동산관리 등 요소도 고려했다. 이처럼 주택문제에서 사람들의 선택과 자유의 정도는 더 커져갔다.

주거문제 이외에 외출하거나 직장에 일하러 가거나 주민의 생활과 가장 관련이 큰 것이 바로 교통운송수단이다. 신중국 창건 초기에 중국의 도로 개통 거리는 겨우 8만 700㎞밖에 안 되었고 도로등급도 모두 2급 이했다. 그러한 낙후한 국면을 돌려세우기 위하여 정무원은 각지의 도로교통부서에 인력·물력을 조직하여 6개의 주요 간선도로를 신속히 구축할 것을 명했다. 1978년 이전에 중국 도로건설의 뚜렷한 특징은 바로 일방적으로 수량의 증가만 추구하는 것이었다. "부유해지려면 길부터 닦아라." 개혁개방 후 도로 인프라 건설에서 역사적인 전환이 일어났다. 도로 길이가 신속하게 늘어났으며, 특히 고속도로건설이 신속하게 발전했다. 현재 간선도로와 지선도로가 잘 맞물리고 배치가 합리적이고, 사통팔달한 전국 도로망이 이미 형성되었다.

철도는 대중적인 교통수단으로서 안전하고 경제적이며 편리하고 실용적이며 전천후 운송의 특징을 띤다. 신중국 창건 이전에 철도사업은 전체적으로 난국이었고 매우 낙후한 상황이었다. "철도 길이가 겨우 2만 1,000여 ㎞밖에 안 되었으며, 주로 징광(베이징-광저우) 철도 동쪽의 연해지역과 화북·동북 지역에 집중되었다. 서북·서남 지역에는 철도가 얼마 되지 않았으며 칭하이(靑海)·닝샤(寧夏)·신장(新疆) 등 성·자치구에는 철도가 아예 없다." 신중국이 창건된 후 대규모적인 철도간선 건설을 진행하여 각 성에까지 통하는 철도간선과 전국을 아우르는 철도망을 부설했다. 30년 동안 국가에서 "철도 신축에 들인 총 투자가 300여 억 위안 이상에 달한다. 신축 철도의 75%가 징광철도 서쪽의 넓은 지역에 분포되었다." 이로써 중국철도망의 분포를 뚜렷이 바꿔놓았고 연해와 내지의 연계를 강화시켰다. 개혁개방 이후 철도간선의 건설은 낡은 철도선에 대한 개조를 위주로 하면서 새 철도선 부설을 겸하던 데로부터 서부 대 개발에 순응하여 서부 철도를 부설하기까지, 다시 고속철도와 도시 간 철도를 대대적으로 발전시키는 3단계를 거쳤다. 개혁개방의 추진과 더불어 인구의 이동이 갈수록 활발해지면서 철도운송의 압력도 커졌다. 운송 압력을 완화하기 위해 중국 정부는 중국 남북을 관통하는 징주(베이징—홍콩 주룽(九龍))철도를 부설하는 동시에 서부 철도 인프라 건설을 강화하여 동·서부를 관통시켰다. 1997년 이후 중국은 고속철 발전시대에 접어들었다. 고속철도는 빠르고 안전하며 편안하여 엄청난 '인기'와 '집결 효과'를 낳았다. 2008년 8월 1일 중국 첫 고속철도인 징진(베이징—톈진) 도시 간 철도가 개통되었다. 이어 고속철도의 건설이 전면적으로 전개되면서 다차원의 철도망이 이미 형성되었다. 2015년 말까지 "전국 철도 운행 총 길이가 12만 1,000㎞에 달하여 세계 2위의 규모를 좀했다. 그중 고속철도가 1만 9000㎞로 세계 1위를 차지했다. 고속철도를 골자로 하고, 도시 간 철도를 보충으로 하는 급행 여객 운송 네트워크가 기본적으로 구축되었다." 외출할 경우 고속철을 이용하는 것이 이미 중국인 생활방식의 특징 중의 하나가 되었다.

　항공편을 이용하는 것도 주민들이 외출할 때 사용하는 중요한 방식 중의 하나이다. 신중국 창건 초기 민용 항공 사업은 매우 낙후했다. 중국 민용 항공은 항로가 12개밖에 없었으며, 여객 수송량은 1만 명밖에 안 되었다. 1953년 국가가 민항발전 "제1차 5개년 계획"을 제정 실시하여 1957년에 계획을 초과 완수했다. "민항 항공편이 이미 베이징을 중심으로 38개 국내 도시와 6개 외국 도시를 연결하는 29

개 정기 항로에서 운행되고 있다." '대약진'운동과 그 후에 일어난 '문화대혁명'이 중국 민항산업의 발전을 크게 방해했다. 1978년 이후, 중국 민항은 점차 시장에 진출하기 시작했다. 1980년에 덩샤오핑이 민항업무보고를 듣는 자리에서 "민항은 반드시 기업화해야 한다. 이 방침은 이미 정해졌다."라고 지적했다. 이에 따라 중국민용항공총국은 군대편제에서 국무원편제로 바꾸어 기업화 관리를 실시했다. 이는 중대한 개혁이었다. 그때부터 중국 민항은 '기업화'의 길에 들어섰다.

1987년 중국정부는 항공사와 공항을 분설하는 것을 특징으로 하는 민항업계 체제개혁을 결정했다. 민항총국이 더 이상 항공 기업을 직접 경영하지 않고, 전국에 6대 기간항공사를 설립하고 독립채산제를 실시하여 손익을 자체로 책임지게 했다. 그 개혁을 통해 민항사업의 발전을 크게 촉진했다. 2002년에 이르러 정기항공편 항로 총수가 1,176개에 달하여 1978년보다 54배 증가했다. 같은 해 중국정부는 민항 사업에 대한 재편을 진행하여 총국 직속의 9개 항공사를 3개의 대형 항공그룹으로 구성하여 민항총국과 분리시켰다. 동시에 민항업의 투자접근규제와 투자범위를 점차 완화하여 비공유 자본에 대문을 활짝 열어줌으로써 민항이 진정으로 시장화로 나아갈 수 있게 되었다. 2011년까지 중국의 1인당 연간 항공기 탑승 차수가 0.2차에 달해 1978년보다 100배 증가했다.

18차 당 대회 이후, 중국 민항업의 발전은 새로운 단계에 들어섰고 민용공항체계가 기본적으로 형성되었다. 2015년 말까지 "전국 민항운송공항이 210개에 달했고 베이징·상하이·광저우 등 국제 허브공항을 중심으로, 성 정부 소재지 도시와 중점 도시 지역 허브공항을 기간으로, 또 기타 간선, 지선 공항이 서로 호응하는 구도를 초보적으로 형성했다." 중국은 국내적으로 사통팔달하고 국제적으로는 세계 주요 국가와 지역을 연결하는 항공 운송 네트워크가 이미 형성되어 주민들의 지역 간, 국경 간 출행이 더욱 편리해졌다.

70년의 건설을 거쳐 중국의 교통 운송 사업은 도로·철도·민용 항공 등으로 공동 구성된 종합 운송망을 형성했다. 고속도로와 고속철도는 시공간적 거리를 단축시켰고, 하나하나의 국내·국제 항로들이 세계 구석구석까지 뻗어 닿고 있다. 편리한 교통으로 출행이 편리해졌고 생활이 윤택해졌다. 총체적으로 70년간 중국은 먹고 입는 문제도 해결하기 어려운 저소득국가로부터 생활이 넉넉한 상·중등 소득 국가로 일약 부상했고, 인민의 생활에 역사적인 대격변이 일어났다. 빈곤하던 것으로부터 먹고 입는 문제를 해결했고, 전사회의 샤오캉사회 실현으로부터 샤오캉사회의 전면적 실현을 향해 매진했다.

이처럼 인민의 생활에 거대한 변화가 일어날 수 있었던 원인은 무엇일까?

첫째, 중국공산당의 정확한 지도사상과 정확한 영도가 있었기에 가능했다. 시진핑 총서기는 다음과 같이 총 정리한 적이 있다. "인민이 옹호하는지 않는지, 찬성하는지 않는지, 좋아하는지 않는지, 동의하는지 않는지를 개혁과 모든 사업을 평가하는 근본 기준으로 삼아야 한다는 덩샤오핑 동지의 중요 사상으로부터 중국공산당은 반드시 시종일관 가장 광범위한 인민의 근본 이익을 대표해야 한다는 장쩌민 동지의 중요 사상에 이르기까지, 또 반드시 가장 광범위한 인민의 근본 이익을 과학적 발전관을 관철 이행하는 근본적인 출발점과 귀착점으로 삼아야 한다는 후진타오 동지의 중요 사상에 이르기까지 우리는 하나의 주선을 이루는 사상이 일맥상통하면서 시대의 발전과 더불어 발전해오고 있음을 명확히 볼 수 있다. 그 사상은 바로 '언제나 인민대중의 입장에 서서 모든 것은 인민을 위하고, 모든 것은 인민을 믿으며, 모든 것은 인민에 의지하여 성심성의껏 인민을 위해 이익을 도모한다'는 것이다." 시진핑 동지가 총서기직을 맡은 후, 또 "인민을 중심으로 하는 발전 사상"을 제기하고 "인민의 생활을 개선하고 인민의 복지를 증진하는 것을 출발점과 귀착점으로 삼아야 한다."라고 제기했다. 그는 또 "우리 당과 정부가 행하는 모든 일의 출발점과 귀착점은 모두 인민이 잘살 수 있도록 하는 것"이라고 거듭 강조했다. 누차 얘기하지만 "궁극적으로는 인민이 진정으로 실제적인 혜택을 받았는지, 인민의 생활이 진정으로 개선되었는지를 보아야 한다."는 것이다. 샤오캉사회를 전면적으로 실현하는 것은 바로 인민이 잘살 수 있도록 하는 것이다. 중국공산당의 올바른 영도가 없었더라면 인민 생활의 개선은 상상도 할 수 없었을 것이다.

이렇게 한 결과 또 역으로 중국공산당이 인민의 진심 어린 지지와 옹호를 받게 되었다. 잘살고 있는지 여부는 인민이 하나의 정부 또는 한 가지 건설 방안을 평가하는 가장 감성적인 기준이다. 의식주행용(衣食住行用)은 얼핏 보기에는 가장 간단해 보이지만, 이 문제는 사람들이 정치적으로 선택 여부를 결정하는 중요한 근거가 된다. 세계적으로 사회주의 국가에 또 다른 '격변'이 일어난 배경에서 중국의 사회주의 개혁이 성공을 거듭할 수 있는 것은 개혁과정에서 인민의 생활 개선을 중시한 것과 결정적인 관계가 있다. "인민을 위한 개혁이 이루어짐에 따라 인민은 무궁무진한 원동력과 창조력을 갖추게 되었으며, 개혁에 참여해 개혁을 추진하려는 제반 분야의 적극성을 동원할 수 있었던 것이다." 소련과 동유럽에서 본래 의미에서의 공산당이 정권을 잃은 것은 어쩌면 중국처럼 인민의 생활을 실제적으로 꾸준히 개선하지 못했기 때문일 것이다. 사회 발전에서 가장 능동적인 요소는 '사람'이다. '사람'으로서의 각종 수요를 충분히 충족시킨 후에야 사회는 비로소 진정으로 강력한 동력을 얻을 수 있다. 동시에 집권당에 대하여 인민들은 그 당의 영도 아래서 생활이 갈수록 좋아지고 있다는 것을 절실히 느껴야만 당을 확고하게 지지하고 옹호하게 된다. 그러므로 인민의 이익을 자체 이익으로 간주하고 인민의 아름다운 생활에 대한 동경을 실현하기 위해 최선을 다하여 광범위한 인민의 생명 존재가 '끊임없이' 개선되도록 하는 것은 중국공산당이 신중국 70년간 얻은 가장 중요한 경험이며, 또한 집권당으로서 영원히 불패의 지위에 우뚝 설 수 있는 가장 중요한 비결이다.

둘째, 중국 특색의 사회주의 길을 개척했기 때문에 가능했다. 신중국은 사회주의 혁명과 건설을 중심으로 발전했다. 비록 그 과정에서 이러저러한 편파적 경향도 있었지만 최종적으로는 중국 특색의 사회주의 길·이론·제도·문화를 형성했다. 사회주의사회에서 더욱 부유하고 더 좋은 삶을 살게 되면서 인민의 우월감과 긍지감이 자연적으로 생기게 되었다. 사회주의의 기본 가치와 목표가 바로 다 같이 부유해지는 것이다. 그러나 다 같이 부유해지는 것은 단번에 이루어질 수 있는 것이 아니다. 마오쩌동은 일찍 "정책과 책략은 당의 생명"이라고 말한 적이 있다. 개혁 개방 이후 중국공산당이 인민의 공동 부유를 실현하기 위하여 취한 전략은 일부 사람들이 먼저 부유해지는 것을 격려하고 일부 지역이 먼저 부유해지는 것을 격려한 뒤 먼저 부유해진 사람과 지역이 후진 사람과 지역을 이끌어 부유해지게 하는 것이며, 꾸준히 조치를 취하여 도시와 농촌 간, 지역 간, 서로 다른 군체 간의 불균형을 해결하여 공동 부유의 목표를 향해 안정적으로 질서 있게 발전하는 것이다. 일부 사람들이 먼저 부유해지도록 하는 전략을 써서 최종적으로 다 같이 부유해지도록 하는 전략의 대문을 열었다고 말할 수 있다. 공동 부유를 실현하는데서 가장 주요한 것은 차이를 없애는 것이 아니라 빈곤을 없애는 것이다. 그래서 중국공산당은 2020년에 이르러 전면적 빈곤퇴치를 실현하는 것을 샤오캉사회 전면 실현의 중요한 상징으로 삼아 사회주의의 기본 가치를 충분히 구현했다. 빈곤퇴치의 난관 공략은 부자의 재물을 빼앗아 빈곤 가구를 돕는 것이 아니라 중국의 발전성과를 전체 인민이 공유하도록 하는 것이다. 전체 인민의 전면적인 샤오캉사회의 전면적 실현에 따라 인민의 생활은 필연적으로 새로운 경지에 들어서게 될 것이다.

6

생태문명건설을 추진하다

6

생태문명건설을 추진하다

　생태환경 보호와 개선에 대한 사상은 오랜 역사를 가지고 있지만, 전 세계적으로 진정으로 생태환경의 보호와 개선을 중시하기 시작한 것은 산업화 과정에서 생태문제에 부딪치면서부터 시작되었다. 중국에서도 생태환경보호 이념이 현대화 건설을 진행하는 과정에서 서서히 형성되었다. 개혁개방 이래, 중국은 고속발전을 실현함과 동시에 대량의 공해도 발생했다. 어떤 지방은 지하수가 오염되어 주민들이 생수통에 담긴 생수를 마실 수밖에 없었고, 어떤 지방은 토지가 오염되어 독이 든 쌀 "카드뮴 오염 쌀"이 나타났으며, 어떤 내륙 호수에는 물고기와 새우가 줄어들고, 어떤 하천에서는 이상한 냄새가 코를 찔렀으며, 또 어떤 기업은 오염물을 함부로 배출했다. 중국공산당은 자손만대를 위해서는 절대로 "인년(寅年)에 묘년(卯年)의 식량을 먹듯" 자원을 앞당겨 써서는 절대 안 되며 반드시 지속적인 발전을 이뤄야 한다는 것을 점차 깨닫게 되었다. 그래서 환경보호를 꾸준히 강화했다. 시진핑 총서기는 생태환경의 보호를 크게 중시하여 생태문명건설을 "오위일체"(五位一體)의 총체적 배치에 포함시켰으며 환경보호에 대한 톱다운 전략적 설계를 강화하고 환경보호감독을 강화하여 생태문명건설에서 역사적인 변화가 일어날 수 있도록 추동했다. 미국 쿤 재단 로버트 로렌스 쿤(Robert Lawrence Kuhn) 회장은 중국의 환경 문제를 추적해 온 지 20년이 된다. 그는 중국이 환경 정비 방면에서 취한 조치들이 매우 효과적이라고 인정했다. 오늘날 중국은 환경이 매우 많이 개선되었다.[77]

식수조림하여 조국을 녹화하다

1949년 신중국이 창건되었을 때, 나라는 만신창이가 되어 있었고 발전을 위한 토대가 취약한 상황에 있었을 뿐만 아니라, 자연재해가 잦아 자연환경에도 많은 문제점이 존재했다. 예를 들면, 중국의 삼림과 식생을 위한 면적비율이 상당히 낮고 사막화 현상도 비교적 뚜렷했다. 그래서 반드시 "강산을 재정비"해야 한다는 정책이 출범했지만, 생태보호국은 식수조림하고, 황폐한 산을 녹화하며, 사막화를 퇴치하는 것에만 초점을 맞추어 실행했다. 1950년대에 전국적으로 유행했던 구호는 마오쩌둥이 내건 "조국을 녹화하자"였다. 1951년 9월 저우언라이도 정무원회의에서 수림을 조성하고 보호(造林護林)해야 하는 중요성에 대해 강조했다. 그는 "'산을 끼고 있는 곳에서는 산을 이용해서 먹고 살고, 강을 끼고 있는 곳에서는 강을 이용해서 먹고 산다.'라는 이 두 구절을 적절하게 이용해야 한다"며 "그렇지 않으면 '산을 끼고 있는 곳에서 산을 이용하여 먹고 산다'고 하여 산 속의 나무를 모조리 베어버리게 되면 재해가 닥칠 것"이라고 말했다.

---

77) 「국제인사, 중국 생태문명건설 적극적 평가」, 『인민일보』 2018년 3월 14일자, 3면.

이러한 중앙 지도자들의 중시하에 1950년대에 중국에서는 대규모의 식수조림 운동을 대대적으로 전개했다. 당 중앙이 채택한 1956~1967년 「전국농업발전요강」 초안에는 1956년부터 12년 내에 녹화가 가능한 모든 황무지와 민둥산을 녹화하고, 모든 집 옆, 마을 옆, 길가 옆, 물가 및 황무지와 민둥산에 가능한 한 계획적으로 나무를 심어야 한다고 규정했다. 이에 따라 전국 각지에서는 이러한 호소에 적극 호응하여 곧바로 전례 없는 규모의 식수조림활동을 전개했다. 1955년 가을부터 1956년 봄까지 전국적으로 6,660만 명의 청년이 활동에 참가하여 조림 면적이 546만 무(畝)에 달했고, 22억 그루의 나무를 심었다. 1956년 한해만 하여도 전국적으로 1억 2,000만 명의 청소년이 식수조림활동에 참가하여 수만 팀을 헤아리는 청년조림돌격대를 조직하여 창장·황허·장성(長城)·서북 황토고원 등에 대한 녹화활동을 잇달아 전개했고, 동북·서북·네이멍구(內蒙古)에 방호림 지대를 조성했으며, 동쪽은 산시(陝西)성 푸꾸(府谷)에서 시작하여 서쪽은 딩벤(定邊)까지 이르는 산뻬이(陝北)의 사막화를 방지하는 수림지대를 조성하여 수천수만의 황폐한 산과 황량한 개펄과 모래톱, 황폐한 골짜기 등에 대한 녹화작업을 진행했다. 1958년 8월에 열린 베이다이허(北戴河)회의에서 마오쩌동은 "우리 조국의 강산을 모두 녹화해야 하고, 원림화를 이루어야 하며, 이르는 곳마다 다 아름답도록 자연의 면모를 바꿔야 한다."고 재차 강조했다.

저우언라이는 공화국의 총리일 뿐만 아니라 중국의 환경보호대사라고도 할 수 있다. 그는 일찍이 "환경보호는 민족의 존망에 관계되는 대사로서 반드시 크게 중시해야 한다."라고 말한 적이 있다. 1960~1962년 저우언라이 총리는 하이난다오(海南島)·꿰이쩌우(貴州)·광시(廣西)·윈난(雲南)·지린(吉林) 등지를 시찰하면서 식수조림의 중요성에 대해 거듭 언급했다. 1969년 1월 닉슨 미국 대통령이 취임한 후 연설에서 환경 보호와 삶의 질 향상에 대해 언급했다. 저우 총리는 서류를 읽은 뒤 곧바로 외국의 환경보호 관련 서류들을 수집할 것을 지시했다. 그 서류들에는 오염·환경보호의 의미, 오염문제에 대한 서양 국가들의 견해와 정부가 취한 조치 등의 내용이 포함되어 있었다.

70년대에 들어선 후 중국은 식수조림에 주력하던 데로부터 점차 환경오염예방퇴치에 주의를 돌리는 방향으로 전환하기 시작했으며, 국제회의에 적극 참가하고 신중국 역사상 최초로 환경보호회의를 개최했다. 1972년 2월 쿠르트 발트하임(Kurt Waldheim) 유엔 사무총장이 인류환경회의(즉 유엔 제1차 환경회의)에 중국을 초청했다. 이는 인류 역사상 최초로 개최되는 환경보호에 관한 세계적 회의였다. 중국은 국내적으로 사정이 매우 어려운 상황에서도 30명으로 구성된 대표단을 그 세계회의에 파견하기로 결정했다. 저우언라이 총리는 "회의를 통해 세계 환경 상황을 알고, 세계 각국의 환경문제가 경제·사회 발전에 끼치는 중대한 영향에 대해 파악하며, 이를 거울로 삼아 중국의 환경문제를 인식해야 한다."라고 지시했다. 1972년 10월, 저우 총리는 과학자 첸웨이창(錢偉長)에게 "영국·스위스·캐나다·미국을 방문하는 동안에 특별히 각국의 환경 보호 상황에 대해서도 고찰할 것을 지시했다. 첸웨이창은 귀국한 후 5만 자에 달하는 환경보호고찰

보고서를 제출함과 아울러 당시 중국의 환경보호 관리와 정책적 건의를 제기했다.

1973년 8월 5일부터 20일까지 중국에서 제1차 전국환경보호회의가 열렸다. 회의가 열리기 전에 국무원 환경검측소조가 전국적인 조사를 진행했는데 다롄완(大連灣)·자오쩌우완(膠州灣) 및 상하이·광쩌우 등 연해지역의 해수오염이 비교적 심각한 것으로 발견했다. 상하이는 공업이 집중된 도시로서 환경문제가 꽤 불거져 있었으며, 대기오염과 수질오염이 매우 심각했다. 저우언라이 총리는 제1차 전국환경보호회의 상하이팀 토론에 참가하여 "베이징의 물을 마셔 보십시오. 상하이의 물보다 맛이 좋지요. 상하이 사람들은 상하이의 물에서 냄새가 난다며 상하이 수질에 큰 불만을 가지고 있습니다. 황푸강(黃浦江)의 오염을 계속 방치하면 곤란합니다."라고 말했다. 회의에서 국내 환경보호상황을 연구하고 예방을 위한 환경정비 구상을 제시하여 환경보호사업을 추진했다. 1973년 9월 16일 저우언라이 총리가 조르주 퐁피두(Georges-Jean-Raymond Pompidou) 프랑스 대통령을 배동하여 시후(西湖)를 유람하면서 모터 유람선 배꼬리에서 둥둥 떠다니는 기름얼룩을 보고 저장성 책임자에게 말했다. "현재 세계적으로 많은 유명한 호수풍경구역들이 오염되어 수초가 말라 죽고 물고기들이 자취를 감추어 더는 유람하고 감상할 수가 없게 되었다. 우리 시후도 더 이상 오염되어서는 안 된다. 앞으로 우리 자손 후대들에게 그림 같은 풍경이 있는 시후를 남겨주기 위해, 그리고 더 많은 외국 손님들이 천국보다 더 아름다운 이곳 호수와 산의 경치를 감상할 수 있도록 하기 위해 앞으로 시후에서 모터 유람선을 가능한 한 적게 이용하여 호수의 오염을 막아야 한다."[78] 그 시기에 국무원은 또 베이징 관팅(官廳) 댐 오염사건을 처리했다.

사막화 현상이 심각한 상황에 비추어 사막화 예방퇴치사업이 신중국이 창건 후 얼마 안 되어 바로 의사일정에 올랐다. 1958년 국무원이 서북 네이멍구 6개 성·자치구 사막화퇴치회의를 열고 허뻬이성 중부와 서부, 산시(陝西)성 북부, 허난성 동부, 동북 서부, 네이멍구 동부 등 넓은 사막지대에서 방풍·방사림 건설을 조직 실시하여 사막화 피해와의 투쟁의 서막을 열었다. 그중 산시(山西)성 여우위(右玉)현위원회가 대를 이어가며 인민대중을 인솔하여 사막을 다스리고 수림을 조성한 이야기는 지금까지도 널리 전해지고 있다. 산시(山西)성과 네이멍구의 경계, 마오우쑤(毛烏素)사막의 변두리에 위치한 산시(山西)성 여우위현은 줄곧 큰 바람받이지역이었지만, 신중국 창건 초기에는 삼림면적비율이 0.3%도 안 될 정도였기에 그야말로 모래바람이 기승을 부리는 불모지였다. 그때 당시 여우위현 주민들은 집집마다 출입문을 달 때 밖으로 밀어서 열도록 다는 것이 아니라 집안으로 당겨서 열도록 달곤 했다. 문을 그렇게 달지 않으면 이튿날 모래바람이 불고 지나간 뒤에 문 앞에 쌓인 모래에 문이 막혀 열 수 없기 때문이었다. 1949년 6월부터 1952년 3월까지 당시 장룽화이(張榮懷) 여우위현 현위 서기가 현지 간부들과 깊이 조사연구한 뒤 "모래바람을 잠재우

---

78) 허리보(何立波), 「저우언라이, 환경보호 허위행위에 "산 사람도 속이고 죽은 사람도 속였다" 질책」, 『당사박람』(黨史博覽) 2012년 2월 15일.

려면 나무를 많이 심어야 한다."고 판단했다. 장룽화이 현위 서기를 시작으로 여우위 현위 서기들이 대대로 녹색 릴레이를 이어오면서 간부와 대중들을 이끌고 꾸준히 식수조림을 진행했다. 그렇게 수십 년을 꾸준히 견지해온 결과 지금은 삼림면적비율이 이미 54%에 달했고, 약 2,000㎢가까이 되던 면적의 황폐한 변방지역의 고원이 기적처럼 녹색 바다고 변했다. 이로부터 산시성 여우위현은 중국 사막화 예방퇴치의 본보기가 되었다. 푸젠(福建)성 동산(東山)현도 꾸원창(谷文昌) 현위 서기의 인솔 하에 십여 년을 하루같이 산과 들에 온통 목마황(木麻黃)나무를 심어 동산현은 사막화에서 벗어나 푸른 숲이 우거진 울창한 녹화 선진 현으로 되었다. 청명이 되면 동산현에는 "먼저 꾸(谷) 공에게 인사하고, 그 다음에 조상에게 제사를 지낸다"는 설이 있을 정도였다. 이로부터 동산현 민중들이 꾸원창을 얼마나 그리워하고 추대하고 있는지를 알 수 있다. 싸이한(塞罕) 댐은 허뻬이성 청더(承德)시 웨이창(圍場)만족몽골족자치현 경내에 있다. "누런 모래가 하늘과 해를 가리고 새들이 머물 나무가 없는" 황막하던 모래땅이 55년간 사람들의 조림을 거쳐 드넓은 숲의 바다로, 탄소를 격리하고 이산화탄소의 배출을 줄이는 "천연 산소 카페"로 바뀌었는데, 이는 세계의 기적으로 불리고 있다. 2017년 12월 5일 중국의 싸이한 댐 임장(林場) 건설자들이 유엔환경계획(United Nations Environment Programme, UNEP)으로부터 환경보호 최고상인 "지구수호자상"을 수여받았다. 중국이 지속적으로 생태문명건설을 꾸준히 추진해온 노력과 성과는 국제사회의 높은 인정을 받았던 것이다.

생태환경을 보호하고 개선하다

  개혁개방 이후 공업화가 빠르게 진행됨에 따라 오염문제는 날로 심각해져 갔다. 국가통계국의 자료에 따르면 1981년 당시 중국의 삼림면적은 약 18억 무(畝)였고, 삼림면적비율이 고작 12.5%밖에 안 되어 생태환경문제가 낙관할 수 없었다. 이런 상황에서 덩샤오핑은 "식수조림을 통해 조국을 녹화하여 후대들에게 행복을 가져다주자"고 호소했다. 1979년 제5기 전국인민대표대회 상무위원회 제6차 회의에서는 매년 3월 12일을 중국 식수절로 정했다. 1990년 중국정부는 "생산환경과 생태 환경을 보호하고 개선하며, 오염과 기타 공해를 예방 퇴치하는 것은 중국의 기본 국책"이라고 명확히 제기했다. 그 시기 중국은 일련의 중대한 생태복원사업을 전개하고 지속가능한 발전전략을 제정했으며, 「중화인민공화국 환경보호법」 등 일련의 법률을 반포하여 여러 방면으로 환경보호를 강화했다.

  삼북 즉 서북·화북·동북 지역에서 보호림사업을 실시했다. 삼북은 전 국토면적의 절반 이상을 차지한다. 장기간 과도한 개간과 잦은 전란의 파괴를 겪어 개혁개방 초기에 삼북지역은 삼림 식생이 급격히 줄어들어 삼림면적비율이 전국 평균 수준의 절반에도 미치지 못했다. 삼림의 생태 보장이 파괴된 후, 삼북 지역에 모래바람이 잦고 수토 유실이 심각한 현상이 나타나 현지 경제와 사회의 발전을 심각하게 제약했다. 그런 준엄한 상황에서 1978년에 덩샤오핑을 비롯한 중앙 지도자들은 「우리나라 북방지역에 대형 보호림지대를 건설하는 데에 관한 건의」를 통해 중요한 지시를 내려 삼북 지역에 대한 보호림 건설을 강화했다. 그 프로젝트는 삼북 보호림체계 구축 프로젝트로 불렸다. 그 프로젝트는 "바람과 모래를 막고 물을 저장하고 토양을 보호하자"는 건설 취지를 정하고, 70년의 시간을 들여 5억 3,500만 무의 삼림을 조성하여 북방에 튼튼한 녹색 장벽을 구축한다는 계획이었다. 1988년 프로젝트가 시작된 지 10년 만에 이미 커다란 성과를 거두었다. 그래서 덩샤오핑은 "녹색 장성"이라는 제자(題字)를 써서 프로젝트 건설을 높이 평가했다. 2018년 관련 보도에 따르면, 40년 동안 삼북프로젝트 건설에서 앞 4단계 건설임무를 순조롭게 완수하고 현재 5단계 프로젝트를 실시하고 있는 것으로 알려졌다. 삼북프로젝트 전개 과정에서 조림 보유면적은 누계로 3,014만 3,000헥타르에 달했고, 삼림면적비율은 5.05%이던 데로부터 13.57%로 상승했으며, 입목 축적량은 7억 2,000만 ㎥이던 데서 33억 3,000만 ㎥로 늘어났다. 삼북 보호림의 건설은 화북지역을 위한 녹색 장벽을 구축했고, 수토 보존에서 뚜렷한 효과를 거두었으며, 모래바람을 다스림에 있어서 "사막화 면적이 확대되고 사람의 주거지가 줄어들던" 데로부터 "주거지가 확대되고 사막화 면적이 줄어드는" 근본적인 변화를 실현했다. 수도 베이징의 황사 날씨가 점차 줄어들어 "큰 바람이 불면 모래가 흩날리고, 온 도시가 황금 갑옷을 입던" 현상이 다시는 나타나지 않았다. 여기서 삼북 보호림의 공을 빼놓을 수 없는 것이다.

지속 가능한 발전전략을 실시했다. 지속 가능 발전의 개념은 1972년 스톡홀름에서 열린 유엔 인류환경회의에서 처음 논의되었다. "지속 가능 발전"이란 "현 세대의 개발 욕구도 충족시키면서 미래 세대의 욕구를 충족시킬 수 있는 기반을 저해하지 않는 발전"을 가리키는데, 이는 경제·사회·문화·기술·자연환경을 포괄하는 종합적이고 역동적인 개념이다. 이 개념은 1987년 당시 노르웨이 총리 그로 할렘 브룬틀란(Gro Harlem Brundtland) 여사를 비롯한 세계환경개발위원회(WECD) 회원들이 유엔 총회에 제출한 「우리 공동의 미래」 보고서에서 나온 개념이다. 1992년 6월 유엔 환경 및 개발대회가 브라질의 리우데자네이루에서 열렸다. 회의에서는 세계 지속 가능 발전전략인 「21세기 아젠다」를 제출하고 채택했으며, 각국에 자국의 상황에 따라 각자의 지속가능한 발전을 위한 전략과 계획 및 대책을 제정할 것을 요구했다. 회의에서는 또 「리우 선언」 등 중요한 문건을 채택했다. 회의 참가국들은 지속가능한 발전의 길을 걷는 것을 미래의 장기적인 공동 발전전략으로 삼을 것을 약속했다.

대회에서 리펑(李鵬) 총리가 중국정부를 대표하여 "중국은 최대 개발도상국으로서 경제와 환경보호의 조화로운 발전을 유지하고 「21세기 아젠다」를 행동에 옮길 것"이라고 전 세계에 엄숙하게 약속했다. 그리고 그해 8월에 중국 정부는 "중국 환경 및 발전 10대 대책」을 내오고 지속가능한 발전의 길을 걷는 것은 중국 현재와 미래의 필연적인 선택이라고 명확하게 지적했다. 같은 달, 중국 정부는 21세기 아젠다 지도소조와 그에 따르는 판공실(辦公室, 행정실)을 설립하고 「중국 21세기 아젠다」를 제정하고 조직 실시하는 업무를 담당하도록 했다. 이어 또 구체적인 관리기구인 중국 21세기 아젠다 관리센터를 설립하고 국가개발계획위원회와 과학기술부의 지도 아래 지도소조와 그에 따르는 판공실의 요구에 따라 「중국 21세기 아젠다」의 제정과 실시 관련 일상 관리업무를 담당하도록 했다. 1994년 국무원 상무회의에서 「중국 21세기 아젠다」를 채택하고 지속가능발전전략의 실시를 확정했다. 같은 해 중국 정부는 「중국 21세기 아젠다─중국 21세기 인구·환경 및 발전 백서」를 정식으로 반포하여 중국의 21세기 지속 가능한 발전 관련 총체적 전략 프레임과 각 분야의 주요 목표를 확정했다. 중국의 기본 국정에서 출발하여 중국 인구·경제·자원 및 환경이 조화로운 발전을 위한 총체적 전략과 행동방안을 제시했다. 중국은 세계에서 제일 먼저 국가급 21세기 아젠다를 제정한 나라이다. 그 전략의 실시는 생태보호에 대한 중국의 인식이 새로운 차원에 올라섰음을 의미하며 과학적 발전관을 제시하기 위한 사상적 자원과 행동적 지지를 제공했다.

천연림 보호 프로젝트(天保工程)를 실시했다. 중국의 천연림 보호 프로젝트는 판즈화(攀枝花)에서 시작되었다. 1996년 10월 주룽지(朱鎔基) 국무원 부총리가 판즈화를 시찰할 때 "나무를 적게 베고 많이 심어야 한다"며 "'삼림호랑이'(대규모 삼림 벌목이 특징인 '목재경제'를 비유적으로 이르는 말)를 산에서 모셔 내려와야 한다!"고 제기했다. 장기간 우리나라 천연림자원의 지나친 소모로 인해 생태환경이 악화되고 있는 현실에 비추어 1998년 홍수와 침수 재해가 발생한 후 당 중앙과 국무원은 우리나라 사회경제의 지속 가능한 발전의 전략적 차원에서 천연림 자원 보호 프로젝트를 실시하는 데에 대한 중대한 결정을 내렸다. 프로젝트는 천연림의 벌목을 금지하고 상품목재의 생산량을 대폭 줄이며 임업지역의 종업원들을 계획적으로 분산 안치하는 등의 조치를 통해 우리나라 천연림의 회복과 발전문제를 해결하는데에 취지를 두었다. 실시 범위는 창장 상류와 황허 상중류 지역, 동북·네이멍구 등 중점 국유 임업지역의 17개 성(자치구·직할시)의 734개 현과 163개 삼림공업국을 망라했다. 천연림 보호 프로젝트 실시 지역의 삼림지역 면적은 10억 2,300만 무이며, 그중 천연림 면적이 8억 4,600만 무로 전국 천연림 면적의 53%를 차지했다. 1998년부터 시범을 시작한 이래 2017년 말까지 국가에서 천연림 보호 프로젝트에 투입한 특별자금이 3,313억 5,500만 위안에 이르는데, 이는 투입강도가 최대인 임업생태사업 중의 하나이다. 인민망(人民網)의 2018년 보도에 따르면, 20년간 천연림 보호 프로젝트는 2억 7,500만 무의 공익림 건설 임무를 완성했고, 1억 무의 중·유령림(어린 나무 숲) 육성 임무를 완수하여 19억 3,200만 무의 천연림이 원기를 회복하도록 했다. 프로젝트 실시 구역의 천연림 면적이 약 1억 무 가까이 증가하고 천연림 축적면적이 12억 ㎥ 증가했는데, 증가된 총량이 각각 전국의 88%와 61%를 차지했다. 천연림 보호 프로젝트를 통해 전국 90%의 육지 생태계 유형, 85%의 야생동물 개체군, 65%의 고등 식물 개체군을 효과적으로 보호했다. 프로젝트 실시 구역 내에서 이미 종적을 감춘 지 몇 년이 되었던 새와 짐승들이 다시 모습을 보이기 시작했고, 야생 판다 개체군의 수가 1,864마리에 달했다. 천연림 보호 프로젝트의 실시를 통해 큰 하천의 범람을 다스리고 국토의 생태 안전을 효과적으로 보장하여 프로젝트 실시 구역의 산사태·수토유실·토석류 등의 지질 재해가 크게 줄었다. 싼샤(三峽)댐 구역의 수토유실 총면적이 2010년에 이르러서 2000년에 비해 1,312㎢ 줄었고, 황허의 모래 함유량은 1㎥당 1.92Kg 줄어드는 등 생태환경이 취약한 중점지역의 생태환경이 뚜렷하게 호전되었다. 천연림 보호 프로젝트의 실시를 통해 기후 안전을 효과적으로 수호했다. 8차 전국삼림자원 조사결과의 통계에 따르면 우리나라 삼림 식생의 총체적 탄소저장량이 이미 84억 2,700만 톤에 달하는데, 그중 80% 이상은 천연림이 기여한 것이다. 프로젝트 실시 구역의 남아도는 종업원 95만 6,000명을 적절하게 배치하고, 67만 명의 장기적 안정 취업을 실현했으며, 민생이 눈에 띄게 개선되고 보호의식이 뚜렷이 증강되었으며, 하나의 프로젝트 건설을 통해 향촌의 진흥을 촉진시키고, 맞춤형 빈곤퇴치를 이끄는 발전과 혁신의 길을 개척했다. 시진핑 총서기는 모든 천연림을 힘써 보호해야 한다고 지적했고, 19[79]차 당 대회 보고에서도 천연림보호제도를 보완할 것을 제시했다. 앞으로도 천연림 보호 프로젝트는 계속될 것이다.

생태환경을 더 잘 보호하기 위해서 중국은 또 경작지를 삼림으로 환원하고 초원으로 환원하는 등 중대한 프로젝트를 대대적으로 실시하고 있으며, 삼강원(三江源)자연보호구를 설립하고 임업지역에서 윤벌(輪伐)제도를 실행했다. 이와 동시에 국가환경보호총국을 설립하고 역량을 강화하여 오염퇴치사업을 진행하며 일부 오염사건의 책임자들을 엄숙하게 처리함으로써 환경보호사업을 강화했다.

---

79) 「천연림 보호 프로젝트, 20년간 무엇을 수확했는가?」, 인민망 2018년 5월 22일.

녹수청산이 곧 금산·은산이다

생태를 보호함에 있어서 이념이 선행해야 한다. 2005년 8월 15일 시진핑 그때 당시 저장성위 서기가 저장성 안지(安吉)현 위촌(余村)에서 조사연구를 진행할 때, 좌담회에서 환경보호와 경제성장 문제를 어떻게 처리할 것인지를 놓고 간부와 대중들 사이에 나타난 사상적 모순과 곤혹·방황에 대해 "녹수청산이 곧 금산·은산이다"라는 중요한 이념을 제기했다. 이로써 "생태 보호에 의한 현(縣) 진흥"을 추진하는 관건적인 시각에 처한 안지현에 방향을 가리켜주었고, "성장 과정의 번뇌"에 빠진 저장성이 생태성(省)의 건설을 추진하는데 중요한 이론적 지침과 실천적 근거를 제공했다.

시진핑이 제기한 그 이념으로 간부와 대중들은 깨달은 바가 있었으며 풍부한 상상력을 발휘할 수 있었다. 위촌은 "녹수청산이 곧 금산·은산이다"라는 이념의 중요한 발원지이자 실천지이며, 수혜자였다. 10년이 넘는 동안 안지현은 위에서 아래까지 그 중요한 이념을 확고부동하게 관철하여 지도자들이 대를 이어 하나의 청사진을 끝까지 그려오면서 생태환경이 아름답고 산업이 번창하며 백성이 부유해지는 과학적인 발전의 길을 성공적으로 걸어 경제발전과 생태보호의 선순환을 실현했다. 위촌은 현재 원근에 이름난 생태문명시범촌으로 되었고, 생태문명건설의 명실상부한 성지가 되었다. 매일 소문을 듣고 찾아오는 국내외 관광객과 참관자들의 발길이 끊이지 않고 있으며, 안지 농촌의 생태환경과 인문환경은 유럽 농촌과 비교해도 전혀 손색이 없다고 극찬하고 있다. 안지현의 위촌은 "녹수청산이 곧 금산·은산이다"라는 이념을 실천한 중국의 모범사례이자 하나의 모델이며 기치이다. "녹수청산이 곧 금산·은산이다"라는 이념은 이미 중국 대지의 생생한 실천 모델로이 되었으며, 중국에서 남녀노소를 막론하고 모르는 사람이 없다고 할 수 있는 정도가 되었으며, 간부와 대중이 가장 힘차게 부르짖는 구호일 뿐만 아니라 점차 자발적인 행위로 자리잡아가고 있다.

"녹수청산이 곧 금산·은산이다"라는 이념은 인류와 자연 관계의 흐름에 순응했을 뿐만 아니라 생태문명건설에 대한 시진핑의 깊은 통찰력을 반영하고 있다. 개혁개방 이후 사회 발전과 인민 생활수준의 향상에 따라 깨끗한 물, 맑은 공기, 안전한 식품, 아름다운 환경 등에 대한 중국인민의 요구가 점점 높아져 생태환경이 대중 생활의 행복지수에서 차지하는 지위가 계속 두드러지고 있고, 환경문제가 날로 중요한 민생문제로 대두되고 있다. 국민들이 과거에는 "따뜻하게 입고 배불리 먹을 수 있기만 바라던" 데로부터 지금은 "환경 보호를 갈망"하고 있으며, 과거에는 "생존만 추구"하던 것이 지금은 "생태를 추구"하고 있다. 바로 인민들의 날로 늘어나는 아름다운 생활에 대한 욕구 특히 생태환경에 대한 욕구에 비추어 시진핑 총서기는 "환경이 곧 민생이고 푸른 산이 곧 아름다움이며, 푸른 하늘 또한 행복이고 녹수청산이 곧 금산·은산이다.", "자기 눈을 보호하듯이 생태환경을 보호해야 하고, 생명을 대하듯이 생태환경을 대해야 한다.", "생태환경을 희생하는 대가로 경제의 일시적인 발전을 도모해서는 절대 안 된다."고 거듭 강조했으며 이에 따라 시진핑 생태문명사상이 점차 형성되게 되었다. 시진핑 생태문명사상은 매우 풍부하고 폭넓은 내용을 포함하고 있어 신시대 생태문명 건설의 목표와 방향을 명확히 제시해주었다. 시진핑 총서기는 "생태계가 흥하면 문명이 흥하고, 생태계가 쇠하면 문명도 쇠한다."라고 지적했다. 그는 생태문명건설을 중국 특색 사회주의의 총체적 배치의 중요한 내용으로 삼아 "인류와 자연은 생명공동체로서 인류는 반드시 자연을 존중하고 자연에 순응하며 자연을 보호해야 한다."라고 제기했다. 또 "사회주의 현대화는 인류와 자연이 조화롭게 공존하는 현대화로서 더욱 많은 물질적 부와 정신적 부를 창조하여 날로 늘어나는 인민의 아름다운 생활에 대한 욕구를 충족시켜야 할 뿐만 아니라 더욱 많은 양질의 생태제품을 제공하여 날로 늘어나는 인민의 아름다운 생태환경에 대한 욕구도 충족시켜야 한다."고 제기했다. 그는 "반드시 절약 우선, 보호 우선, 자연 복원을 위주로 하는 방침을 견지하고, 자원을 절약하고 환경을 보호하는 공간구도·산업구조·생산방식·생활방식을 형성하여 산과 물이 보이고, 향수를 기억하는 아름다운 중국을 힘써 건설해야 한다."라고 지적했다. "녹수청산이 곧 금산·은산이다"라는 이념에 대한 시진핑 총서기의 논술은 생태문명건설에 근본적인 지침을 제공해주었다. 녹수청산은 인민의 행복한 생활의 중요한 내용으로서 금전으로 대체할 수 없는 것이다. 녹수청산과 금산은산은 절대 대립되는 것이 아니며 사람이 관건이고 사고방식이 관건이다. 일부 지역은 생태환경자원이 풍부하지만 상대적으로 빈곤하기 때문에 더더욱 개혁과 혁신을 통해 생태적으로 빈곤에서 벗어날 수 있는 새로운 길을 모색해야 한다. 빈곤지역의 토지·노동력·자산·자연풍경 등 요소를 활성화시켜 자원을 자산으로, 자금을 투자로, 농민을 주주로 변화시켜 녹수청산이 금산 은산으로 전환하도록 해야 한다.

시진핑 생태문명사상은 2018년 5월에 열린 전국생태환경보호대회에서 최초로 명확히 제기되었다. 대회에서는 18차 당 대회 이래 시진핑 동지를 핵심으로 하는 당 중앙이 왜 생태문명을 건설해야 하고, 어떤 생태문명을 건설해야 하며, 생태문명을 어떻게 건설해야 하느냐는 중대한 이론과 실천 문제에 대해 깊이 있게 해답했고, 일련의 새로운 이념, 새로운 사상, 새로운 전략을 제시하여 시진핑 생태문명사상을 형성했으며, 이는 시진핑 신시대 중국특색사회주의 사상의 중요한 구성부분이 되었다. 시진핑 생태문명사상은 생태문명건설의 지위·원칙·체계 등 여러 분야를 아우르고 있다. 시진핑 총서기는 대회 연설에서 "생태문명건설은 중화민족이 영원히 발전을 이어갈 수 있는 근본 대계"라고 지적했다. 그는 생태문명건설을 추진하는 6가지 중요한 원칙을 제시했다. 그 6원칙인 즉, "인류와 자연의 조화로운 공존" "녹수청산이 곧 금산·은산이다", "양호한 생태환경은 가장 보편적인 혜택성을 띤 민생 복지이다", "산·물·삼림·밭·호수·초원은 생명 공동체이다", "가장 엄격한 제도와 가장 엄밀한 법치로 생태 환경을 보호해야 한다", "세계 생태문명건설을 함께 도모해야 한다"라는 것이다. 그 6원칙을 견지하기 위해 시진핑 총서기는 또 최초로 생태문명체계의 "5가지 체계"를 가속 구축해야 한다고 제기했다. "5가지 체계"는 생태문화체계·생태경제체계·목표책임체계·생태문명제도체계·생태안

전체계이다. 이 "5가지 체계"는 처음으로 생태문명체계의 기본 틀을 체계적으로 확정한 것이다. 그중에서 생태경제체계는 물질적 토대를 제공하고, 생태문명제도체계는 제도적 보장을 제공하며, 생태문화체계는 사상적 보장과 정신적 동력 및 지력 지원을 제공하고, 목표책임체계와 생태안전체계는 생태문명건설의 책임과 원동력이며 마지노선과 레드 라인이다. "5가지 체계"는 "6원칙"을 관철시키기 위한 구체적인 배치이자 생태문제를 근본적으로 해결하기 위한 대책체계이다.

전국환경보호대회의 개최를 통해 시진핑 생태문명사상을 명확히 제기했을 뿐만 아니라 다음 단계의 생태문명건설에 대해 배치하여 방향감을 증강시켰고 로드맵을 마련했다. 시진핑 총서기는 다음과 같이 제시했다. 생태문명건설은 현재 겹겹의 압력을 극복하며 중임을 떠메고 힘겹게 전진하는 관건시기에 처해 있고, 더욱 많은 양질의 생태제품을 제공하여 날로 늘어나는 인민의 아름다운 생태환경에 대한 욕구를 만족시켜야 하는 난관 돌파의 시기에 들어섰으며, 또 생태환경의 불거진 문제를 해결할 수 있는 조건과 능력을 갖춘 잠복기에 처했다고도 할 수 있다. 인민대중이 관심을 두는 일과 바라는 일, 시급한 일에 적극 호응하면서 생태문명건설을 힘써 추진하여 더욱 많은 양질의 생태제품을 제공하여 인민대중의 날로 늘어나는 아름다운 생태환경에 대한 욕구를 꾸준히 충족시켜야 한다. 양호한 생태환경은 가장 보편적인 혜택을 띠는 민생복지이다. 생태 건설로 국민에게 혜택을 제공하고, 생태 건설로 국민을 이롭게 하며, 생태 건설로 국민을 위하는 원칙을 견지하고 대중의 건강을 해치는 두드러진 환경문제를 중점적으로 해결해야 하며, 두드러진 생태환경문제를 해결하는 것을 민생의 우선 분야로 삼아야 한다. 푸른 하늘 보위전의 승리를 이룩하는 것은 가장 중요한 일이다. 대기질의 뚜렷한 개선을 어떠한 외부 압력에도 변하지 않는 확고한 요구로 삼고, 협동예방통제를 강화하여 오염이 심한 날씨를 기본적으로 없앰으로써 국민에게 푸른 하늘에 흰 구름, 모든 별이 반짝이는 하늘을 복원해 주어야 한다. 수질오염예방퇴치행동계획을 깊이 있게 실시하여 식수안전을 보장하고 도시의 악취가 풍기는 오염수역을 기본적으로 없애 국민들에게 맑은 물과 푸른 강기슭, 강바닥이 들여다보이고 물고기가 노니는 광경을 복원해 주어야 한다. 토양오염예방퇴치행동계획을 전면적으로 실행하여 중점 지역과 업종 및 오염물을 중점으로 둘러싸고 토양오염에 대한 관리와 원상회복을 강화하며, 위험을 효과적으로 통제하여 국민들이 걱정 없이 먹고 안심하고 생활할 수 있도록 해야 한다. 농촌 주거환경 정비행동을 지속적으로 전개하여 아름다운 농촌을 건설함으로써 국민들에게 꽃들이 만발하고 새들이 지저귀는 아름다운 전원풍경을 남겨 주어야 한다.

아름다운 중국을 건설하다

행동은 가장 설득력이 있다. 아름다운 중국 건설이 중요하다. 18차 당 대회에서는 생태문명건설을 중국 특색 사회주의 '5위1체'의 총체적 배치에 포함시켰고, 2017년 19차 당 대회 보고에서는 아름다운 중국 건설을 분투목표로 써넣어 금세기 중엽까지 중국을 부강하고 민주적이며 문명하고 조화로우며 아름다운 사회주의 현대화 강국으로 건설하는 목표를 명확히 제시했다. 2018년 제13기 전국인민대표대회 제1차 회의에서 채택된 헌법개정안에서는 그 목표를 국가 근본 대법에 기재했다. 아름다운 삶의 터전을 건설하기 위하여 중국은 녹색발전을 대대적으로 추진하고 일련의 근본적·개척적·장기적 업무를 전개하여 생태환경보호에 역사적·전환적·전반적인 변화가 일어나도록 추진하고 있다.

생태문명의 톱다운 전략적 설계와 제도체계 건설을 가속 추진했다. 2013년부터 2017년까지 사이에 중앙개혁전면심화지도소조가 소집한 38차 회의 중에서 생태문명체제 개혁과 관련된 것이 20차에 이른다. 시진핑 총서기 주재로 2015년에 심의 결정한 「생태문명체제 개혁 총체적 방안」에서는 2020년까지 자연자원자산재산권제도·국토공간개발보호제도·공간계획체계·자원총량관리 및 전면절약제도·자원유상사용 및 생태보상제도·환경정비체계·환경정비 및 생태보호시장 체계·생태문명실적 평가 및 책임추궁제도 등 8가지 제도로 구성된, 재산권이 분명하고 다원적으로 참여하며 격려와 제약을 병행하고 시스템이 완전한 생태문명제도 체계를 구축하여 생태문명 분야에서의 국가운영 체계와 국가운영능력의 현대화를 추진하여 사회주의 생태문명의 새 시대로 나아가기 위해 노력해야 한다고 명확히 제시했다.

강과 호수를 더욱 맑게 하기 위해 중국은 하장제(河長制)·호장제(湖長制)를 전면적으로 보급 실행하고 있다. 2016년 12월 중공중앙 판공청과 국무원 판공청은 「하장제를 전면 보급 실행하는 데에 관한 의견」을 인쇄 발부하고 통지를 발표하여 각 지역과 각 부서에 실제와 결부시켜 착실하게 관철 실행할 것을 요구했다. 하장제·호장제는 중국 각급 당·정부 주요 책임자가 '하장' 또는 '호장'을 맡아 해당 하천 또는 호수의 관리와 보호 업무를 책임지고 조직하고 지도하는 제도이다. 호장제도는 시행보급 중이다. 이로써 중국의 강과 호수는 모두 명확한 생태 '집사'(관리자)가 생겼으며 책임도 명확해졌다. 중국 5대 담수호의 하나인 동팅호(洞庭湖)는 창장 중류에 위치해 있으며 '창장의 콩팥'으로 불린다. 그런데 동팅호의 생태환경이 한때는 급격히 악화되었었다. 모니터링 데이터에 따르면 2003년부터 2013년까지 동팅호의 열5류(劣五類, 중국의 「지표수환경수질기준」에서 지표수를 5부류 기능 수역으로 분류하고 지표수 환경수질 기준치를 5개 부류로 분류하는데 열5류는 오염정도가 5류보다 더 심각한 수역에 해당됨)에 속하는 수질이 차지하는 비중이 0에서 5%로 늘어났으며, 2, 3류 수질 단면은 이미 사라졌다. 후난(湖南)성은 큰 결심을 내리고 동팅호 생태환경 보위전을 시작했다. 모래 채취 금지령을 내리고 제지 등 오염기업을 폐쇄했으며 그물 형 가두리 양식장을 철거했다.……이에 따라 푸른 물결이 출렁이는 팔백 리 동팅호의 장관이 점차 다시 모습을 드러내기 시작했다. 동팅호에서 퍼양호(鄱陽湖)까지, 뎬츠(滇池)에서 타이호(太湖)까지 바닥이 들여다보일 정도로 맑은 물에서 물고기가 자유로이 헤엄치고 푸른 물결이 출렁이는 아름다운 풍경들은 다년간 중국이 대대적으로 추진해온 생태문명건설의 성과를 증명해주고 있다.

19차 당 대회 이래 당과 국가기구의 개혁을 추진하는 과정에서 '녹수청산'을 더 잘 보호하고, 오염을 퇴치하기 위해 생태환경부와 자연자원부 두 부서를 설립했다. 이로써 생태문명건설의 전반 계획과 체제 메커니즘을 더 잘 실행할 수 있게 하는 데에 유리해져서 생태환경보호 분야의 "아홉 마리의 용이 물을 다스리는"(한 가지 일을 여러 사람 또는 여러 부문에서 관리할 경우 각자 의견이 달라 누구도 잘 관리할 수 없음을 비유한 말) 고질병을 치유하는데 도움이 되었다. 이는 우리나라가 생태문명건설 분야의 운영체계와 운영능력의 현대화를 추진하는 면에서의 큰 변화였다.

다른 또 하나는 생태환경보호 분야의 법치건설에 박차를 가했다는 점이다. 18차 당 대회 이후, 중국 생태문명건설의 총체적 구상에 근거하여 1980년대에 채택된 환경보호법을 개정했다. 환경보호법 개정법은 하루씩 연속적으로 벌금을 부과하는 등 집법수단을 늘려 "환경보호법이 마침내 이가 돋아났다"는 찬사를 받았다. 대기오염퇴치법·수질오염퇴치법·환경영향평가법 등 법률을 제정·개정하여 환경 위법비용을 높였다. 현재 제정 중인 토양오염퇴치법은 토양오염을 퇴치하는 "예리한 검"이 될 것이다.

생태문명건설은 반드시 확실하게 추진해야 한다. 18차 당 대회 이후 시멘트·판유리 등 낙후한 생산능력을 도태시키고 철강 공칭(公稱, 일반에게 널리 알려진 생산 기계나 무기 따위의 능력)능력 1억 7000만 톤 이상, 석탄 공칭능력 8억 톤 이상을 퇴출시키는데 전력을 다했다. 중앙에서 지방에 이르기까지 모두 민용 석탄의 정비를 강화하고, 중점 업종의 에너지 절약 및 오염물배출 감소를 추진하여 71%의 석탄 연소 발전설비가 초저배출을 실현했다. 연료의 품질을 향상시켜 황색표식차량(黃標車, 고오염 배출차량의 별칭)과 오래 되었거나 낡은 차량(老舊車, 현행 국가 4단계 배출 기준 차량) 2,000여 만 대를 도태시켰다. 중점 유역 해역의 수질오염퇴치를 강화하고 화학비료와 농약 사용량 제로성장을 실현했다. 중대한 생태보호 및 생태복원 프로젝트를 지속적으로 추진하고 사막화·석막화(石漠化, 석회암이 노출되면서 사막화되는 현상)·수토유실에 대한 종합정비를 강화했다.

중앙 환경보호감찰제도를 제정 실시했다. 2015년 12월 허뻬이성에서 감찰시범을 가동한 이래 중앙 환경보호감찰에서 꾸준히 박차를 가해 전국 각지에서 지속적인 환경보호감찰폭풍을 일으켰다. 2016년 7월과 11월, 2017년 4월과 8월에 4차례에 걸쳐 감찰을 전개하여 31개 성(자치구·직할시)을 전면 포함시켰다. 2018년에 전개된 뒤돌아보기 행동을 전개하면서 많은 곳에서 문제를 제대로 해결하지 못했음을 발견했다. 2018년 6월 6일 17시 중앙 제2환경보호감찰팀이 네이멍구에 대한 "뒤돌아보기" 신고전화를 개통했다. 6월 7일 12시까지, 하루도 채 안 된 사이에 받은 32건의 유효한 신고전화 중 2건이 동일 기업의 문제를 반영한 내용이었다. 후허하오터(呼和浩特)시와 린꺼얼(林格爾)현 시꺼우먼(西溝門) 이주민새마을 목기가공공장에서 페인트냄새가 코를 찌르고 소음공해가 심각한데다가 아무런 환경평가수속도 없다는 내용이었다. 일찍 2016년에 환경보호감찰팀이 네이멍구에 주둔하여 조사를 진행하면서 상기 목기가공공장에 대한 신고를 받고 목기가공공장에 대한 폐쇄조치를 취했었다. 그런데 2개월 뒤에 공장이

다시 가동되었고 생산규모를 점차 확대해나가고 있었던 것이다. 신고인이 몇 번이나 현지 관련 당국에 고발했지만 줄곧 해결을 보지 못했으며 공장은 검사를 피하기 위해 지난주에 생산을 잠시 중단한 상황이었다. 조사를 거쳐 그 공장은 1차 중앙 환경감찰 과정에서 고발당해 차압 처분을 받았으나 생산을 멈추지 않았다. 최근 일주일간 생산을 중단한 것도 감찰팀의 조사를 "겨냥한" 임시 조치였을 뿐이다. "이런 것이 바로 정돈 개선에 대처하고 얼버무려 넘기는 전형적인 방법이다."라고 중앙환경보호감찰팀이 지적했다. 후에 관계자들은 모두 엄중한 처벌을 받았다. 중앙 환경보호 감찰은 뚜렷한 성과를 거두어 각 방면의 생태환경보호 강화 및 녹색발전 추진 의식을 대폭 향상시켰고 대중 신변의 두드러진 환경문제를 확실하게 해결했으며 지방 산업구조의 전환과 업그레이드를 촉진했고, 지방 환경보호 및 생태문명 메커니즘의 보완을 효과적으로 추진했다. 환경보호를 강화함에 있어서 난관공략전도 치러야 할 뿐만 아니라 지구전도 치러야 한다. 환경보호 감찰에서 불어치는 환경보호 폭풍은 멈추지 않을 것이다. 그러나 획일적인 현상을 피하여 진정으로 환경보호와 발전의 상호 추진을 실현하게 될 것이다.

대기·물·토양 오염퇴치 3대 행동계획을 깊이 있게 실시했다. 힘겨운 노력을 거쳐 "대기 오염퇴치 10조"의 각항 임무를 순조롭게 완성했다. 2013년에 비해 2017년에 이르러 전국 338개 지구급(地級) 및 그 이상 도시의 PM10 평균 농도가 22.7% 하락했고 징진지(京津冀, 베이징-톈진-허베이)·창장삼각주(長三角)·주장삼각주(珠三角) 등 중점 지역의

PM2.5 평균 농도가 각각 39.6%, 34.3%, 27.7% 하락하여 하늘이 더욱 푸르러졌다. 사막화 토지를 누계로 1억 5,000만 무 정비했고 전국적으로 5억 800만 무의 조림을 완성했으며 삼림 면적 비율이 21.66%에 달하여 같은 시기 전 세계 삼림자원이 가장 많이 늘어난 국가가 되었으며 산은 더욱 푸르러졌다. 어느 한 중국 감독이 영화 촬영을 위해 산시(陝西)성에 갔는데 원래는 장관을 이룬 황토고원의 정경을 촬영할 생각이었으나 생각 밖으로 녹화가 잘 되어 옛날의 황토고원이 온통 푸른 옷을 입고 있는 상황이 펼쳐져 있는 것을 보고 놀랐다는 말도 전해지고 있다. 2012년에 비해 2017년에는 전국 지표수 3류 수질 이상이 차지하는 비중이 6.3%포인트 상승했고 열5류 수질의 수역 비율이 4.1%포인트 하락하여 물이 더욱 맑아졌다.

사막화 퇴치에서 뚜렷한 성과를 거두어 사막을 오아시스로 바꾸었다. 2013년 8월 1일부터 3일까지 제4회 쿠부치 국제사막포럼이 중국의 네이멍구에서 개최되었는데 포럼 주제는 "사막·생태·과학기술"이었다. 반기문 유엔 사무총장은 포럼의 개막 축사를 통해 "우리는 사막화라는 도전에 맞서서 선진기술을 사용할 수 있고 시장을 이용할 수도 있으며 경제적 수단을 토대로 자극을 줄 수도 있다"며 "쿠부치 국제사막포럼은 조림과 사막화퇴치에 관한 훌륭한 경험을 모두가 공유할 수 있는 플랫폼을 마련했다"고 말했다. 중국은 그 속에서 범상치 않은 지도력을 보여주었고 많은 중요한 성과를 거두었다. 국제사막포럼의 키워드로 쿠부치를 선정한 것은 중국인이 사막화의 퇴치, 특히 쿠부치사막의 정비에서 세계가 놀랄 만한 기적을 만들어냈기 때문이다. 쿠부치사막은 중국에서 일곱 번째로 큰 사막으로서 총면적이 1만 8,600㎢에 달하며 이동 모래언덕이 약 61%를 차지하며 한때 사람을 두려움에 떨게 하는 "죽음의 바다"였다. 하늘을 나는 새들도 쿠부치사막을 날아 지나갈 수 없었고 식생도 생존할 수 없어 사람이 거주하기에 적합하지 않았다. 1993년에는 11급 강풍이 황사를 400m 높이까지 휘말아 올려 마치 버섯구름처럼 치솟기도 했다. 그 엄청난 대재난으로 116명이 사망하고 400여 채의 가옥이 무너졌다. 그때부터 중국인민은 모래폭풍에 대해 인식하게 되고 연구하게 되었으며 다스리기 시작했다. 그러나 지금은 모래언덕에 올라서면 눈앞에 일렁이는 드넓은 금빛 모래바다 위에 군데군데 완연한 푸른빛이 떠서 넘실거리는 풍경이 펼쳐진다. 고요한 사막에서 선들선들 불어오는 바람소리와 새들의 구성진 우짖음 소리가 들려오고 식물들의 그윽한 향기가 은은하게 흩어지는 가운데 모래밭에 야생동물의 발자국이 깊거나 얕게 찍혀 있는데 동물들의 자취는 찾아보기 어렵다. 오프로드 차량 행렬이 강변을 가로질러 달리고, 사막 깊은 곳에서는 헤아릴 수 없이 많은 탐험가들이 자아도전에 나서고 있다. 세계에서 유일하게 전체적으로 다스리고 있는 사막으로서 쿠부치사막은 이미 교과서에 실릴 정도의 세계적인 기적이 되었다. 2015년에 쿠부치사막의 녹화성과는 더욱이 뛰어난 성적과 특수한 기여로 유엔에서 수여하는 연도 토지생명상을 수상했다. 2017년 7월 29일, 제6회 쿠부치 국제사막포럼이 네이멍구 어얼도스(鄂爾多斯)에서 개막했다. 시진핑 주석은 축하편지에서 다음과 같이 지적했다. 사막화는 전 세계가 공동으로 직면하고 있는 준엄한 시련이다. 사막화 퇴치는 "공적은 현대에 쌓았으나 그 이익은 천추에 오래 남을" 인류의 위대한 사업이다. 중국은 사막화 퇴치사업을 줄곧 크게 중시해왔으며 뚜렷한 성과를 거두어 아름다운 중국을 건설하는데 적극 기여했으며 국제사회의 생태환경 정비에 중국의 경험을 제공해 주었다. 쿠부치의 사막화 퇴치가 그중의 성공적인 예였다. 2017년 9월 유엔이 첫 번째 생태재부보고서를 발표했다. 보고서에서는 "쿠부치 사막의 녹화 복원 면적이 6,253㎢에 이르고 5,000여 억 위안의 생태재부를 창조했으며, 10만 명에 이르는 현지 농민과 유목민을 빈곤에서 벗어날 수 있게 했다"고 밝혔다. 그 배후에는 30여 년간의 몇 세대에 걸친 사막화 퇴치 인원들의 꾸준한 노력이 있었던 것이다.

중국은 세계 기후 관리에 적극 참여하여 가장 먼저 「중국 2030년 지속가능한 발전 아젠다 이행 국가방안」을 발표하고 「국가 기후변화 대응계획(2014~2020)」을 실시하여 일부 서양 선진국과 선명한 대조를 이루게 하여 대국의 품격을 보여주었다. 영국 런던정치경제대학 외교국제전략연구센터 고급연구원이자 중국 프로젝트 담당 위제(于潔)는 "생태문명건설은 환경보호의 필수 요소일뿐만 아니라, 중국의 다음 단계 경제전환에 필요한 것이며, 중국이 세계와 한 엄숙한 약속"이라고 밝혔다. 이는 또 중국이 기후변화 「파리협정」을 계속 이행하고 있음을 적극적으로 구현한 것으로서 대국으로서의 책임감을 보여주었다. 생태환경을 보호하고 아름다운 중국을 건설함에 있어서 책임이 무겁고 갈 길이 멀다. 생태문명건설을 진행함에 있어서 당과 정부의 영도가 필요하며 더욱이는 모든 중국인들이 직접 나서서 녹색 발전 이념을 실천하고 녹색 생활방식을 창도하여 녹색을 생활과 생명에 확실하게 융합시켜야 한다. 신중국 창건 100주년이 될 때면 중국이 녹색강국이 되어 있기를 진심으로 기원한다.

7

국방과 군대의 현대화건설을 강화하다

7

국방과 군대의 현대화건설을 강화하다

공화국의 역사를 보면 중국인민해방군은 파란만장한 세월이었다고 할 수 있다. 70년간 비바람을 맞받으며 걸어왔고, 70년간 만반의 전투준비를 해오면서 중국인민해방군은 작고 약하던 데서 강대해졌으며, 나라를 지키고 국경을 지키면서 용감하게 개혁 정진해왔다. 오늘날 인민군대는 시진핑 동지를 핵심으로 하는 당 중앙의 굳건한 영도 아래 힘차게 앞으로 매진하고 있다.

"중국은 반드시 강대한 국방군을 구축해야 한다"

국방의 현대화와 군대의 정규화 건설은 국가 건설의 중요한 구성부분이다. 신중국이 창건된 후 전국 정세의 변화에 따라 인민해방군의 임무에도 중대한 변화가 일어났다. 1949년 원단(元旦. 양력설)에 마오쩌둥이 「혁명을 끝까지 진행하자」라는 제목으로 신년사를 발표하면서 인민군대건설목표에 대한 초보적인 계획을 밝혔다. 그는 "1949년에 중국인민해방군은 창장 이남으로 진군할 것이며, 1948년보다 더 위대한 승리를 거두어야 한다.……인민해방군 주력 부대의 작전에 아직까지 존재하는 일부 유격성을 떨쳐버려 더욱 높은 수준의 정규화

차원으로 올라서야 한다."고 지적했다.[80] 1949년 9월 중국인민정치협
상회의 제1기 전체회의에서 마오쩌둥은 다음과 같이 지적했다. "우리
의 국방은 공고해질 것이다. 어떠한 제국주의자도 다시는 우리 땅을
침략하는 것을 절대 허용하지 않을 것이다. 시련을 이겨낸 용감한 인
민해방군을 토대로 우리 인민무장력은 반드시 보존되고 발전되어야
한다. 우리는 강대한 육군을 갖출 뿐만 아니라 강대한 공군과 강대
한 해군도 갖추게 될 것이다."[81] 1950년 9월 마오쩌둥은 한 걸음 더 나
아가 "중국은 반드시 강대한 국방군을 구축해야 한다."[82]면서 강대한
국방군과 강력한 경제력을 구축하는 것을 중국 인민 앞에 놓인 두
가지 중대한 과업이라는 위치에 올려놓았다. 이에 따라 중앙군사위
원회(이하 중앙군위)가 신중국 군대건설의 총체적 목표와 총체적 과
업은 "현대화·정규화한 국방군을 건설하기 위해 분투하는 것"이라고
제시했다. 이로부터 인민해방군의 건설이 단일 군종이던 데로부터 여
러 군종과 병종이 결합된 군대로 전환하고, 저급 단계에서 고급 단계
로 전환하는 과정을 시작했다.

(1) 여러 군종과 병종이 결합된 인민군대를 건설하다

과거 상당히 오랜 기간 인민해방군은 단일한 보병군대였다. 해방전
쟁의 승리를 앞둔 시점에서 중공 중앙과 중앙 군사위원회가 비록 공

---

80) 『마오쩌둥선집』 제4권, 인민출판사 1991년판, 1379쪽.
81) 『마오쩌둥 군사문집』 제6권, 군사과학출판사 중앙문헌출판사 1993년판, 4쪽.
82) 『마오쩌둥문집』 제6권, 인민출판사 1999년판, 95쪽.

군·해군·육군 각 기술 병종의 구축과 발전을 계획하기 시작했지만, 그러나 당시 전투 임무가 여전히 막중했기 때문에 많은 새로운 군·병종 지도기구의 설립과 보완 및 새로운 군·병종의 대규모 발전은 모두 전국 정권을 탈취한 후에야 실현되었다. 특히 항미원조전쟁은 공군과 포병·장갑병·공병·방공부대·철도병 등 기술병종의 건설에 지대한 촉진작용을 했다. 신중국 창건 초기 인민해방군은 "전투를 치르면서 건설을 병행"해왔는데 1953년에 이르러 이미 군·병종을 비교적 온전히 갖춘 합성화 된 군대로 발전시켰다. 일부 전문적인 기술병종을 증가시킨 것 외에도 가장 놀라운 의미를 띠는 것은 바로 인민해군과 인민공군을 창설한 것이다.

1949년 4월 23일 인민해방군 첫 해군부대인 화동군구(華東軍區)해군이 장쑤(江蘇)성 타이쩌우(泰州) 바이마먀오(白馬廟)향 제3야전군 동로도강(渡江)작전지휘부 주둔지에서 창설되었다. 후에 중앙군위는 이날을 중국인민해방군 해군의 탄생일로 비준했다. 2019년은 인민해군 창설 70주년 생일을 맞은 해였다. 70여 년 전 마오쩌둥이 "우리는 반드시 해군을 건설해야 한다. 그 해군은 우리의 해안을 보위하여 제국주의의 침략 가능성에 효과적으로 방어할 수 있어야 한다."라고 명령했다. 그리하여 신중국이 창건된 후 얼마 안 되어 마오쩌둥과 중앙군위는 바로 해군지도기구를 조직 설립했으며, 샤오진광(蕭勁光)을 해군사령관으로 임명했다. 마오쩌둥은 샤오진광에게 "바다가 있으면 해군이 있어야 한다. 지난날 우리나라는 바다가 있었으나 방어가 없었던 탓에 멸시를 당했다. 이제 우리는 해군을 구축했으니 제국주의 침략이 두렵지 않게 되었다."라고 말했다. 해군지도기구의 설립은 인민해군이 정식으로 중국인민해방군의 새로운 군종으로 되었음을 상징한다. 1950년 8월 해군건군회의가 베이징에서 열렸다. 회의에서 인민해군의 건설방침을 제기했다. "장기적 건설에 착안하고 당면한 상황으로부터 출발하여 현대화한 막강한 공격력과 방어력을 갖춘 근해의 경형 해상 전투력을 건설한다. 먼저 기존의 역량을 조직적으로 이용하고 발휘케 하여 기존의 역량을 바탕으로 어뢰정·잠수함 및 해·공군 등 새로운 역량을 발전시키면서 강력한 국가 해군을 점차 건설한다." 해군건군회의에서 확정한 원칙과 방침에 따라 육군의 대대적인 지원과 소련의 도움으로 인민해군은 초기 창업을 시작했다.

인민해군을 건설함과 동시에 마오쩌둥은 시기와 정세를 잘 파악하고 판단하여 인민공군 건설 임무를 제기했다. 마오쩌둥은 "우리는 수십 년 동안 전쟁을 해오면서 머리 위에 있는 것에 대처할 방법이 없었다. 그저 죽음을 두려워하지 않고 용감한 희생정신에 의지하는 수밖에 없었다. 그러나 이제 우리는 해군과 공군을 창설하고 강화할 수 있는 조건을 갖추었으니 착수하여 창설해야만 한다."라고 주장했다. 1949년 10월 공군지도기관이 설립되고 중앙군위는 류야러우(劉亞樓)를 공군사령관으로 임명했다. 11월 11일 중국인민해방군 공군사령부가 창설되었다. 후에 중앙군위는 이날을 인민해방군 공군 창설일로 확정했다. 이어 각 군구사령부 항공처를 군구공군사령부로 잇달아 확장하고 공군조직 지휘지도체계도 점차 완성되었다.

1950년 2월 마오쩌둥은 류야러우와 담화하면서 "공군의 역량을 반드시 속히 강화해야 한다."라고 말했다. 같은 해 4월 마오쩌둥은 『인민공군』 잡지에 "강대한 인민공군을 창조하여 잔적들을 섬멸하고 국방을 공고히 하자"라고 제사했다. 그 제사는 인민공군의 임무에 대해 논술했으며, 공군 건설사업의 사기를 크게 북돋아주었다. 1950년 8월 공군은 「인민공군 건설 4년(1950~1953년)계획요강」을 제정했다. 그 계획요강을 근거로 하여 인민공군의 초기 창업이 시작되었다.

조선전쟁이 발발하자 중국인민지원군이 참전했다. 마오쩌둥은 지원군 공군을 조직하여 빨리 항미원조전투에 참가할 것을 결정했다. 그는 "인민공군은 전투를 치르면서 건설해야 하고 전투를 치르면서 훈련해야 한다."라고 제기했으며, 공군 건설에 대한 실전 훈련의 중대한 의의를 거듭 강조했다. 그는 또 다음과 같이 강조했다. "옛날 우리는 20년이 넘는 동안 전쟁을 치렀지만 공군이 없었고 남들에게 폭격을 당하기만 했다. 이제는 공군도 생겼고 고사포·대포·탱크도 생겼다. 항미원조전쟁은 큰 학교이다. 우리는 거기서 대대적인 연습을 진행하는 것이다.[83] 그 연습은 군사학교를 운영하는 것보다 효과가 좋을 것이다." 그는 또 "이와 동시에 또 일정한 전투경험을 갖춘 비행사도 많이 양성해야 하며 전투경험이 있는 부대의 전투실력을 보존하고 전투영웅을 보존하는데 주의를 돌려야 한다."라고 강조했다. 마오쩌둥의 지시에 따라 공군지도기관은 공군부대를 조직하여 번갈아가며 항미원조작전에 투입시켰는데 10개 전투기사단(師)과 2개의 폭격기사단이 실전단련을 거쳤으며, 적기 425대를 격추했거나 공격하여 상처를

---

83) 『마오쩌둥 군사문집』 제6권, 군사과학출판사 중앙문헌출판사 1993년판, 316쪽.

입히는 빛나는 전과를 거두었다. 호이트 샌포드 반덴버그(General Hoyt Sanford Vandenberg) 미 공군 참모총장은 "공산당 중국은 거의 하룻밤 사이에 세계 주요 공군강국 중의 하나로 변한 것 같다."라고 경탄했을 정도였다.

중공중앙과 중앙군위는 인민공군의 건설과 발전을 크게 중시했다. 국가가 모든 사업을 일으켜야 하는 시기여서 재정이 매우 어려운 상황에서도 특별 자금을 조달하여 공군 건설을 위해 비행기를 구입하고 비행장을 건설했다. 1952년 2월 14일 마오쩌둥은 친히 샤오진광 등 해군 지도자들과 의논하여 함정을 구매하려고 마련한 외화로 비행기를 구매했다. 마오쩌둥과 중앙군위의 지도와 배려로 인민공군은 빠르게 성장하여 세인의 주목을 받는 공중 세력이 될 수 있었고, 항미원조전쟁의 승리를 쟁취하고 조국의 영공을 지키며 이장산다오(一江山島) 섬 등을 포함한 연해지역의 섬을 해방시키고, 국민당 군 비행기의 대륙 침입과 교란에 타격을 주는 등 전투에서 모두 중요한 역할을 발휘할 수 있었다.

(2) 정규화한 군사제도를 수립하다

혁명전쟁 동안은 장기간 분할상태에 있었기 때문에, 부대의 규정제도는 모두 각 전구(戰區. 본 전략방향의 유일한 최고 연합작전지휘기구)에서 자체적으로 제정했다. 중국 공농 홍군(工農紅軍)은 1930년과 1936년에 각각 첫 규율수칙 「공농홍군 규율잠정조례」와 「공농홍군 잠정내무수칙」을 반포했다. 그러나 혁명전쟁시기에 인민군대는 대열수칙이 없었기에 민국 28년의 「보병조전」(步兵操典)을 사용했다. 항일전쟁과 해방전쟁이 진행됨에 따라 내무수칙, 규율수칙은 수차례의 수정을 거쳐 인민군대의 행정관리제도가 체계화·규범화의 방향으로 나아가기 시작했다.

해방전쟁이 전국적으로 승리를 거둔 후 새로운 정세와 새로운 임무를 실현하기 위하여 편제를 통일하고 장비를 통일하며 동작을 통일하고 제도를 통일하는 것이 전 군의 일치된 요구였다. 중앙군위는 우선 공동 수칙의 제정사업부터 시작하였다. 1951년 2월 1일 총참모부는 마오쩌둥 중앙인민혁명군사위원회 주석의 명령에 따라 녜룽전(聶榮臻)이 명령에 서명하여 「중국인민해방군 내무수칙(초안)」과 「중국인민해방군 규율수칙(초안)」을 개정 반포했으며, 또 처음으로 「중국인민해방군 대열수칙(초안)」을 제정 반포했다. 이로써 인민해방군은 "공동 수칙"이라는 명칭을 갖게 되었으며, 공동 수칙의 완전한 체계와 장·절·조·항의 통일된 격식이 형성되었다. 공동 수칙은 먼저 전 군에서 시행되었고, 후에 시행 의견에 따라 개정하여 1953년 5월 1일 중앙인민혁명군사위원회 명령으로 전 군에 정식으로 반포했다. 그 후 공동 수칙 편찬위원회가 또 각 방면의 의견을 널리 수집하여 공동 수칙에 대해 여러 차례 개정했다. 1958년에 공동 수칙이 정식으로 반포되어 전 군에서 실행되었다. 공동수칙의 정식 반포는 인민해방군이 관리교육을 진행하고, 양호한 내외관계와 내무제도를 수립하며, 훌륭한 기풍을 양성하고, 규율을 수호하고 공고히 하며, 장려와 처분을 실시하고 대열훈련을 진행하는데 근거를 제공했다.

1954년 중국인민해방군은 신중국 창건 후의 첫 정치업무조례인 「중국인민해방군 정치업무조례(초안)」를 제정하여 정치업무의 중요한 지위를 선명하게 부각시켰다. 최초 심사용 조례 원본에는 "정치업무의 기본임무가 마르크스레닌주의 혁명정신으로 군대를 교육하여 전체 구성원의 공산주의적 각오를 향상시키고, 군대 내부와 외부의 단결을 공고히 하는 것"이라고 밝혔다. 마오쩌동 동지는 그 조례를 심사하면서 "기본 임무"라는 조항 첫머리에 "중국인민해방군에 대한 중국공산당의 정치업무는 우리 군의 생명선이다."라는 한 구절을 친필로 추가했다. 마오쩌동의 이 말은 깊은 의미가 있다.

그때 당시 우리 군의 건설은 중요한 역사적 전환의 고비에 처해있었다. 즉 장기간의 혁명전쟁을 거치고 항미원조전쟁의 정전협정 체결까지 거친 뒤 전쟁 연대가 기본적으로 결속되어 우리 군은 평화시기의 건설 단계에 접어들었다. 전 군은 위에서부터 아래에 이르기까지 소련군대건설의 경험을 배우고 참고하기에 바빴으며, 부대의 정규화와 현대화 건설을 추진하고, 의무병역제·봉급제·군계급제 구축에 대해 논증하며, 부대의 교육 훈련 관리 등 각종 규칙과 조례를 작성하기 시작했다. 그런데 그때 소련군은 오래 전에 이미 정치위원제도를 폐지하고 있었기에 우리 군도 소련군의 '수장제'를 그대로 옮겨와 정치위원을 없애자는 주장도 있었다. 마오쩌동은 "정치업무는 우리 군의 생명선"이라고 거듭 강조하여 군대의 평화건설 시기에 정치적 업무의 중요한 지위와 역할을 명확하게 규정지었을 뿐만 아니라, 동시에 또 정치업무가 우리 군 특유의 진정한 장점임을 더욱 명확히 했으며, 따라서 전쟁 연대든 평화 시기든 정치업무를 반드시 시종일관 견지하고 대대적으로 강화해야 한다고 명확히 밝혔다. 그 후 당 중앙과 중앙군위의 여러 차례 제정과 개정을 거쳐 반포된 「중국인민해방군 정치업무조례」에서는 언제나 "정치업무가 중국인민해방군의 생명선"임을 견지하고 강조했다.

이외에도 신중국 창건 초기에 인민군대의 정규화 건설 과정에 또 하나의 중대한 사건이 있었는데 바로 징병제도·봉급제도·군계급제도의 실행이었다. 1952년 11월 13일 펑더화이(彭德懷)가 중난하이(中南海) 쥐런탕(居仁堂)에서 주관하여 개최한 중앙군위 정례회의에서 중공중앙의 한 가지 중요한 결정을 전달했다. 즉 중국인민해방군이 1954년 1월에 징병제도·봉급제도·군계급제도의 3대 제도(후에 또 훈장메달제도를 추가하여 4대 제도라고 부름)를 실행할 것이라는 결정이었다. 1953년 12월 7일부터 1954년 1월 26일까지 전국 군사계통 당 고위급 간부회의가 열렸으며, 우리 군이 3대 제도를 실시하여 군대의 정규화 건설을 강화할 것을 명확히 제기했다.

혁명전쟁연대에 인민군대는 대중을 동원하여 자발적으로 참군하도록 함으로써 병력을 확대했으며, 참군한 후에는 장기간 군대에서 복역하도록 했다. 이는 그때 당시 조건에서 정확하고도 실행 가능한 유일한 방법이었다. 그렇게 하지 않았더라면 부대의 병력을 보장할 수 없었을 것이며, 따라서 장기적이고 힘든 혁명전쟁을 치를 수도 없었을 것이다. 전국 정권이 수립된 후 인민해방군은 상당한 수량의 현역 부대를 갖출 필요가 있었으며, 국가도 또 훈련이 잘 되어 있는 예비 병력을 충분히 비축할 필요가 있었다. 그래서 새로운 병역제도, 즉 의무병역제의 실시가 반드시 필요했다. 의무병역제를 실시한 후, 국가는 훈련이 잘 되어 있는 대량의 예비 병력과 충분한 예비역 군관을 보유할 수 있게 되어 평소에는 국방에 꼭 필요한 병력 정원만 유지하면서 인력·물력·재력을 절감하여 사회주의 건설에 집중하다가 일단 전쟁이 일어나면 빠르게 강대한 무장부대를 조직하여 국가의 안전을 보위할 수 있도록 했다. 1955년 7월 30일 제1기 전국인민대표대회 제2차 회의에서 「중화인민공화국 병역법」이 채택되었으며, 같은 날 마오쩌둥이 중화인민공화국 주석령에 서명하여 반포했다.

군대가 창건된 후 인민군대는 보장 면에서 줄곧 공급제를 실시했다. 그 제도는 신중국 창건 초기까지 줄곧 지속되었다. 그때 당시 나라가 과도기에 처해 있었는데, 한편으로는 대륙 국민당 잔여군대와 토비를 숙청하는 전쟁을 치러야 했고, 다른 한편으로는 또 사회주의 혁명과 생산 회복의 임무도 수행해야 했으며, 게다가 병역제도가 실시되고 있지 않았기 때문에 공급제가 군대의 현대화와 정규화 건설의 수요에 부응하는 효과적인 보장방식이 아니었음에도 불구하고 군대는 여전히 공급제를 보류했다. 그러나 저우언라이 총리가 제1기 전국인민대표대회 제1차 회의에서 말한 것처럼 비록 공급제가 "혁명전쟁 시기에 중대한 역할을 했었지만, 노동에 따른 수당 지급 원칙 및 경제 정산제와 모순되며, 오늘날에 이르러서는 해가 되는 경우가 이익을 가져다주는 경우보다 더 많았다."[84] 그래서 군대의 공급방식을

---

84) 『저우언라이 선집』 하권, 인민출판사 1984년판, 143쪽.

바꾸는 것은 필연적인 추세였다. 1952년에 인민해방군은 처음으로 등급평가를 진행하여 군관의 대우를 확정하는데 의거를 제공했다. 일련의 면밀한 준비를 거쳐 11월 19일 국방부는 「중국인민해방군 봉급·수당 잠정방법」을 반포하여 전 군 간부에 대해서는 1955년 1월부터 봉급제도를 실시하고, 병사에 대해서는 여전히 공급제를 실시하며 별도로 보조금을 지급한다고 결정했다.

바로 1952년 겨울 인민해방군 첫 등급평가가 막 끝난 지 얼마 지나지 않아 총간부부는 총정치부·총후근부·군무부의 관계자들 그리고 카슈린 소련 고문 등을 초청하여 군계급제 실행 문제에 대해 공동으로 연구했으며, 그해 11월 26일 마오쩌둥과 중앙군위에 군계급제 실시계획을 보고했다. 1953년 1월 9일 중앙군위는 「군계급제도 실시 준비업무에 관한 지시」를 반포하여 "가능한 한 올해 7월에 전 군에서 군계급제도와 봉급제도를 실시할 것"이라고 밝혔다. 1953년 군 계급 준비와 평가업무가 막중한 상황에 비추어, 동시에 군 계급 준비업무에 대해 통일적으로 연구 검토하고 또 장차 전 군의 군 계급등급에 대한 평가를 위하여 1953년 2월 17일 중앙군위는 군계급실시위원회를 설립하기로 결정했다. 3월 7일 군계급제도 실시의 구체적 업무를 담당할 군 계급 심사연구팀이 설립되어 군계급실시위원회에 소속되었다. 1953년 8월에 반복적인 연구와 여러 차례의 수정을 거쳐 「중화인민공화국 인민해방군 군 계급 조례(초안)」가 형성되었다. 1955년 인민해방군이 군계급제도를 정식으로 실시하기에 이르기까지 「군 계급 조례」는 또 여러 차례 수정을 거쳤으며, 최종 1955년 2월 8일 전국인민대표대회 상무위원회가 채택하고, 정식 입법한 「중국인민해방군 군관 복역조례」 제2장 "군 계급과 견장 부호"로 편입되었다.

　1955년 3월 전 군은 군 계급 감정 심사와 수정, 간부 등급 심사와 조정, 전형적 단위 시험평가 등의 업무를 전개했다. 4월부터 각 급 군 관 군 계급 평가업무가 정식으로 전개되었다. 9월 16일 국무원 제18 차 전체회의에서 중국인민해방군 새로운 제복과 계급견장·금장 및 병종·근무부호의 양식을 토론 비준했으며, 10월 1일부터 전 군에서 실행하기로 결정했다. 9월 23일 제1기 전국인민대표대회 상무위원회 제22차 회의에서 「주더(朱德) 등 10명의 중국인민해방군 고급 장군에 게 중화인민공화국 원수 계급을 수여」, 「주더 등 131명에게 1급 '8.1' 훈장을 수여」, 「주더 등 117명에게 1급 독립자유훈장을 수여」, 「주더 등 570명에게 1급 해방훈장을 수여」 등 결정을 채택했다.

(3) 조직 체제와 편제를 간소화하다

　신중국이 창건된 후 인민군대의 정규화 건설이 꾸준히 발전함에 따 라 군사력 조직체제와 편제도 조정을 거쳐 꾸준히 개선되었다. 신중 국 창건 후 첫 5년 동안 해군·공군 및 여러 특수부대(特種兵部隊)를 창설하고 중국인민해방군 서열 소속 공안부대를 편성 발전시킨 것 외 에 국민경제의 회복과 국가재정 경제상황의 근본적인 호전을 이루겠 다는 중심 과업에 맞춰 인민해방군은 또 세 차례의 간소화 개편을 진행했다.

　1950년 5월 전 군 참모업무회의에서는 인민해방군을 550만 명에서

400만 명으로 감축하기로 결정하고 각 부대 및 육·해·공군과 공안부
대의 정원수에 대해 규정했다. 이는 인민해방군 역사상 처음으로 진
행되는 대규모적인 간소화 개편이었다. 1950년 말까지 전 군은 94만
명을 감축했다. 특히 육군 부대 감원 폭이 17.1%나 되었고, 반면에 해
군·공군 및 특수부대는 크게 발전하여 총 병력이 60만 명에 이르렀
다. 그러나 얼마 지나지 않아 항미원조 전쟁의 필요성에 따라 간소화
개편 업무가 중단되고 군대는 다시 확충을 시작하여 1951년 10월에
이르러 전 군의 정원이 611만 명에 달하여 한때 인민해방군 역사상
병력이 가장 많은 시기가 되기도 했다.

그 후 전쟁의 형세가 어느 정도 안정되고 국내의 토비 숙청운동과
반혁명 진압운동이 뚜렷한 성과를 거둠에 따라 1952년 1월 중앙군위
가 「군사개편계획」을 반포하여 인민해방군의 제2차 대규모 간소화 개
편을 진행하였다. 그리하여 19개 군부와 73개 사단을 감축하고, 전체
군인을 406만 명으로 감축시켰다. 개편을 거쳐 야전군과 절대다수의
병단(兵團)급 지도기구를 0 취소했다. 개편 후 군(軍)과 사단(師)은 각
군구의 직접적인 지휘를 받게 하고, 군 이하의 부대는 통일적으로 편
성했다. 전국적으로 또 성군구(省軍區)·군분구(軍分區) 및 현(시) 인민
무장부를 통일적으로 설립하여 지방 무장부대를 지도토록 했다. 이
러한 간소화 개편을 거쳐 기관의 정원을 대폭 감축시켜 육군부대의
보병인수를 168만 명으로 줄이고, 특수부대의 편제인원수는 30여 만
명으로 늘렸다. 1953년 4월 중앙군위가 「국방군 육군 군부 편제표」와
「국방군 육군 보병사단 편제표」를 각각 반포했다. 새 편제에 따라 육

군 편제가 통일되었고, 기술병종이 강화되었으며, 육군은 분산적 지도에서 집중 통일 지휘로 전환히였으며, 단일보병체제에서 여러 병종의 합성체제로 전환하는 것을 기본적으로 완성했다.

항미원조 전쟁이 끝난 후 인민해방군의 정규화 건설이 전면적으로 전개되었다. 1954년 2월 합성화 군대건설의 수요에 부응하여 해·공군과 특수병과·기술병과의 규모를 발전시키고 강화시키기 위하여 중공중앙과 중앙군위는 다시 한 번 간소화 개편을 진행하기로 결정했다. 이번 간소화 개편은 유비무환·대세에 복종·집중통일지도·연합전술수준의 향상을 지도사상으로 하고 기관을 간소화하고, 업무를 강화하며, 현지실정에 맞게 대처하고, 평시와 전시를 결합하는 것을 편성 요구조건으로 했다. 그리하여 1955년 말까지 전 군의 총 병력을 23.3% 감축하여 406만에서 310만 명으로 감축했다. 그중 육군 부대 감원 비례가 29%로 제일 컸다. 간소화 개편을 통해 인민해방군은 전투력 건설 면에서 앞으로 크게 한 걸음 내디디었다. 그 뒤 치른 이장산다오전투에서 인민해방군은 각종 병력의 합동작전을 통해 승리를 거두었는데, 이는 인민해방군이 육·해·공 3군의 합동작전능력을 이미 초보적으로 갖추었음을 의미한다.

1956년 11월 8차 당 대회 정신을 관철시키고 국가 경제건설을 지원하며, 군비지출을 줄이고 군대의 질적 건설을 강화하기 위해 중앙군위 확대회의에서는 「군대의 수량을 감축하고 질을 강화하는 데에 관한 결정」을 내렸다. 1957년부터 인민해방군은 재차 간소화 개편을 진행하여 전 군에서 1개 군부, 46개 사단, 30여 개 병원 그리고 30여 개 대학을 집단으로 전업시켰거나 지방으로 이전시켰으며, 총 군인수가 약 240만 명으로 신중국 창건 초기에 비해 61% 감축되었다. 이와 동시에 총참모부·총정치부·총후근부 3개의 총본부를 회복했으며, 방공군과 공군을 통합하고, 국경수비·내위(內衛)·도시방위 부대를 경찰로 바꾸어 국가 안전부서로 이관시키고 공안군(公安軍) 번호(番號)를 취소했다. 이번 간소화 개편을 거쳐 인민해방군의 기관과 부대의 비례, 간부와 전사의 비례에서 합리화추세가 나타났으며, 조직의 비대화 문제가 기본적으로 해결되었으며, 군비가 국가 재정지출에서 차지하는 비중도 1953년의 34.2%에서 1958년의 12.2%로 줄어들었다.

1960년대 초 중국 주변의 안전정세가 긴장해지면서 전통적인 국가안보가 위협을 받게 되었다. 이러한 정세에서 중공중앙과 중앙군위는 "전쟁 대비 군대 정비"의 방침을 확정했다. 그 중 한 가지 중대한 임무가 바로 체제와 편제를 조정하여 군대 내에 여전히 존재하는 현대 전쟁의 수요에 어울리지 않는 문제를 해결하는 것이었다. 1960년 10월 중앙군위는 인민해방군 조직 편제와 장비 발전 8년 계획을 제정했다. 계획은 완전한 현대 국방공업체계를 수립하는 토대 위에 공군과 해군 및 여러 특수 병과를 대대적으로 발전시키는 한편, 보병과 일반병사의 수를 적당하게 줄이고 질을 힘써 제고시키며, 민병을 대대적으로 조직하고 간부와 기술력을 대대적으로 양성하고 비축하는 등의 건설 방침을 제시했다. 이어 국방부는 인민해방군 군·사단 단위의 편제표를 반포하여 남방과 북방의 특징과 방어지역의 중점에 따라 전 군 보병사단의 체제와 편제에 대한 전면적 조정을 진행했으며,

각 성·자치구·직할시 공안부대와 예비부대에 대해서도 상응하는 조정을 진행함으로써 전 군의 체제와 편제가 점차 통일화·정규화로 나아가기 시작했다.

(4) 무기와 장비의 현대화를 실현하다

무기와 장비의 현대화가 없이는 군대의 현대화도 있을 수 없다. 신중국 창건 후 미국이 중국에 대해 정치적으로 고립시키고 경제적으로 봉쇄하며 군사적으로 위협하는 등의 정책을 실시했다. 특히 조선전쟁 기간 미국은 자국의 핵 우위에 의지하여 여러 차례나 중국에 핵 위협을 가했다. 전쟁의 상처를 겪을 대로 겪은 중국은 평화가 필요했다. 그러나 평화는 더욱이 강대한 국방으로 보위해야 한다는 이치를 역사의 경험이 말해주고 있다. 제국주의의 핵위협을 타파하여 국가 안전을 수호하고 세계의 평화를 수호하기 위하여 중국은 반드시 하루 빨리 국방 첨단기술을 장악하고 자국의 미사일과 핵무기를 발전시켜 효과적인 자위적 핵 억지력을 보유해야만 했다.

50년대 중반부터 중국은 국방공업·기초공업·과학기술 면에서 서서히 첫 걸음을 떼기 시작했다. 중국공산당의 적극적인 영입 덕분에 첨단기술 분야에 고수준의 우수한 과학기술 전문가들이 점차 집결하게 되었다. 원자력과학기술 분야에서 중국은 전문화된 핵연구기관을 이미 설립하여 일부 이론연구와 과학실험을 전개하고 있었다. 로켓 및 제트 기술 분야에서 제트기를 생산할 수 있는 조건을 이미 갖추었으며 로켓기술에 대한 초보적인 연구를 전개하여 일부 경험도 쌓았다.

그때 마침 소련이 원자력과 미사일 기술 분야에서 중국에 기술적 원조를 제공하겠다는 의향을 밝혔다. 그러한 유리한 형세에서 중공중앙과 마오쩌둥은 멀리 내다보는 높은 식견으로 시기를 포착하여 국방 첨단기술의 발전을 국가의 의사일정에 올려놓았다.

1955년 1월 15일 마오쩌둥이 중공중앙서기처 확대회의를 주재하고 중국의 원자력사업을 발전시키는 데에 관한 중대한 전략적 결정을 내렸다. 중국의 핵 발전 결정은 위대한 시작으로 중국의 "양탄일성"(兩彈一星, 원자탄·수소탄 및 인공위성) 연구 제작의 파란만장한 역사가 시작되었다. 바로 중국의 핵 발전 결정을 내린 지 얼마 안 되어 국무원과 중앙군위는 즉각 미사일 기술 개발에 관한 연구에 착수했다. 1956년 5월 26일 중앙군위는 회의를 열고 정식으로 중국 미사일 무기 발전에 관한 결정을 내렸다.

주지하다시피 중국의 '양탄(원자탄·수소탄)' 사업은 첫 걸음을 뗄 때 소련의 원조를 받았었다. 그러나 1959년 여름 중국의 첨단무기사업이 막 정상 궤도에 들어섰을 무렵 소련이 갑자기 중국에 대한 기술 원조를 중단하기로 결정했다. 갑작스런 변화에 대처하기 위하여 중공중앙은 즉시 1959년 7월에 "자기 손으로 처음부터 시작하여 8년 동안에 원자탄을 연구 제작한다."라는 결정을 내렸다. 같은 해 10월 중앙군위는 중공중앙에 보낸 보고에서 국방공업은 첨단기술에 중점을 두어야 하는데 현 단계의 중점은 미사일이며, 동시에 핵탄두문제에도 주의를 돌려야 한다고 제기했다. 1960년 초 중앙군위가 소집한 확대회의에서 "양탄 위주 미사일 우선"이라는 국방 첨단기술 발전 방침을 명확히 제기하여 군대 장비 건설의 제반 업무는 모두 이 방침에 따라 중점을 두드러지게 내세우고 합리적으로 배치하여 인력·물력·재력을 집중시켜 '양탄' 연구 제조의 수요를 보장하여 최대한의 노력으로 최단 시간 내에 '양탄'기술에 대해 성공적으로 끝낼 것을 요구했다.

소련이 일방적으로 계약을 파기하고 지원을 중지한 것이 도리어 '양탄'의 난제 해결을 촉진케 하는 좋은 결과를 가져왔다. 원자탄 연구 제조 면에서 우라늄−235 생산라인이 빠른 시일 내에 생산준비단계에 들어섰으며, 원자탄의 이론과 구조 및 공예설계도 잇따라 전개되었다. 미사일 연구 제조 면에서는 1960년 11월과 12월에 중국이 모조한 단거리 지대지미사일이 세 차례 시험 발사를 거쳐 모두 성공을 거두었다. 그 후 곧 나타나게 될 당정군민(黨政軍民, '중국공산당·정부·중국인민해방군·인민'을 가리킴), 제반 업종, 관련 각 부와 각 위원회, 관련 지역이 '양탄'기술의 난관을 전면적으로 극복하기 위해 중공중앙은 전문 기구를 조직하고 '양탄'사업을 전담하도록 결정했다. 1962년 11월 중공중앙의 15명으로 구성된 전문위원회('중앙전위'로 약칭함)가 설립되었다. 중앙전위는 설립된 후 1964년에 첫 원자탄 시험을 주요 목표로 내세우고 원자탄 연구제조의 발걸음을 서둘렀다.

1964년 10월 16일 중국은 첫 번째 원자탄 실험에 성공했다. 그 후 미사일 핵무기를 발전시키기 위하여 운반수단을 해결하는 것이 긴박한 임무로 대두했다. 다시 말하면 중·단거리 지대지미사일의 연구 제조를 반드시 서둘러야 했다. 1966년 10월 27일 중국 최초의 핵탄두 장착 중·단거리 지대지미사일이 점화 발사되었으며, 핵탄두가 예정된 지점의 상공에 이르러 핵실험에 성공했다. 그때 당시 중국이 자국 땅에서 미사일로 핵실험을 진행하고 그것도 단번에 100% 성공시킨 것은 국제사회에서 독창적인 장거였다.

첫 핵실험에 성공해서부터 소형화 탄두 연구에 성공하기까지 미국은 13년이 걸렸고, 소련은 6년이 걸렸다. 그러나 중국은 2년 만에 성공한 것이다. 이로써 중국은 미사일핵무기를 갖게 되었을 뿐만 아니라 중·단거리 지대지미사일 연구제조의 전반 과정을 완성시키게 됨으로서 과학연구의 조직관리 경험을 쌓게 되었고, 자체적으로 지대지 전략 미사일을 연구제조하는 길을 개척했다. 그 후 중국은 중거리, 중·장거리, 대륙 간 지대지미사일과 고체지대지미사일의 비행시험에 잇달아 성공했다. 1967년 6월 17일 로브노르(羅布泊) 상공에서 원자탄보다도 더 아름다운 "버섯구름"이 하늘로 치솟아 피어오르면서 다시 한 번 세계를 놀라게 했다. 중국이 세계에서 가장 빠른 연구제조 속도로 엄청난 위력의 수소탄 시험에 성공한 것이다. 이에 대해 외신들은 "중국이 수소탄의 폭파에 성공한 것은 세계 최고로 중대한 사건"이라고 보도했다. 중국 인민이 창조한 기적은 핵 대국의 핵 독점과 핵 위협에서 벗어난 것이었으며, 중국을 핵 기술 선진국의 반열에 올려놓았다.

중공중앙과 중앙군위는 또 우주기술의 발전도 크게 중시했다. 1958년 5월 17일 마오쩌둥은 중국공산당 제8기 제2차 전체회의에서 "우리도 인공위성을 만들자"라고 호소했다. 60년대 중반에 중국 국민경제 상황이 호전되고 중·단거리 지대지미사일의 발사에 성공함으로써 인공위성의 연구제조와 발사를 의사일정에 올릴 수 있게 되었다. 1965년 1월 원단을 전후하여 자오지우장(趙九章)·첸쉐썬(錢學森)이 인공위성을 연구제조할 것을 잇달아 건의했고, 국방과학기술위원회도 이를 위한 타당성 논증을 진행하여 중앙전위에 보고했다. 1965년 5월 초 중앙전위는 보고를 비준함과 동시에 위성 연구 제조 임무를 국가계획에 포함시켰다. 1967년 12월 뤄순추(罗舜初) 국방과학기술위원회 부주임의 주재로 인공위성의 총체적 방안과 각 시스템 방안에 대해 심의했다. "중국의 첫 위성은 소련과 미국의 첫 위성보다 기술 수준이 반드시 좀 더 높아야 한다. 1,2,3단 운반로켓의 1,2단은 연구 제조 중에 있는 중·장거리 지대지미사일로 개조 제조한다. 3단은 고체 로켓으로 연구 제조한다."라는 방안이었다. 1968년 위성 연구 제조 사업을 담당할 우주기술연구원이 설립되었다. 계획에 따라 1970년경에 위성 발사에 성공할 수 있도록 확보하기 위하여 우주기술연구원의 연구 제조 인원들은 난제 돌파에 힘써 일련의 기술문제를 해결했다. 1970년 4월 24일 둥팡훙(東方紅) 1호 위성이 성공적으로 발사되었다. 우렁찬 '둥팡훙' 노래는 중국인민이 인공위성의 우주기술을 확보하는 데 성공했음을 전 세계에 선포했던 것이다.

국방과 군대건설의 제반 영역을 개혁하다

중공중앙 제11기 제3차 전체회의 이후, 개혁개방의 바람을 타고 인민해방군은 각종 복잡한 시련을 이겨내면서 언제나 인민군대의 혁명적 본색을 유지했으며, 국가 건설의 전반적인 국면을 자발적으로 위하면서 국가의 경제 및 사회발전을 적극 지원했다. 바로 그 과정에서 인민군대는 비약적인 발전을 가져왔던 것이다.

(1) 현대화·정규화한 강대한 혁명군대를 건설하다

전반 1980년대는 중국의 국방과 군대 개혁이 잦고 강도가 높았던 시기였다. 그 시기 국방과 군대건설의 전략적 총지휘자로서 덩샤오핑은 언제나 가장 심층적이고 근본적인 문제를 해결하는 데서부터 착수하여 전 국면을 지도하고 사업을 추진했다. 개혁개방 초기에 국방과 군대건설을 지도하는 사업에서 덩샤오핑이 가장 많이 사고하고 관심을 둔 것은 바로 지도사상의 전환이었다. 1981년 9월 덩샤오핑은 "우리 군대는 인민민주주의 독재의 튼튼한 버팀목으로 사회주의 조국을 보위하고 4가지 현대화 건설을 수호하는 영광스러운 사명을 짊어지고 있다. 그렇기 때문에 우리 군대를 반드시 현대화·정규화한 강대한 혁명군대로 건설해야 한다."고 지적했다. 1988년에 중앙군위는 「군대개혁을 가속화하고 심화하는 데에 관한 사업요강」을 제정하여 재차 다음과 같이 명확히 제기했다. "군대개혁의 총체적 임무는 국제전략 환경에 부응하고 국민경제의 발전수준과 국방건설의 수요에 부응하며 현대 전쟁의 요구에 부응하는 군사체제와 운영메커니즘을 구축하여 우리 군대를 중국 특색이 있는 현대화·정규화한 혁명군대로 건설하는 것이다. 이 시기 군대건설의 총체적 목표는 1950년대 인민군대의 정규화·현대화 목표에 대한 단순 반복이 아니라 과거의 '단순 군사 관점'과 '정치는 모든 것에 충격을 줄 수 있다'는 등의 잘못된 경향을 교훈 삼아 이전의 목표를 더욱 높은 토대 위에서 계승·발전시키는 것이다. 새로운 전략적 목표에서 혁명화는 전제조건이고 현대화는 중심이며 정규화는 보장이다. 3자는 서로 연관되고 서로 촉진하는 관계이다."

현대화·정규화한 강대한 혁명군대를 건설하려면 반드시 혁명화 건설을 우선자리에 놓고 일심전력으로 인민을 위해 봉사하는 인민군대의 취지를 견지해야 한다. 덩샤오핑은 새 시기 인민군대가 직면한 복잡한 환경을 깊이 분석하고 인민군대의 혁명화 건설을 강화하는 것을 크게 중시했다. 덩샤오핑은 인민군대에 "군대는 자신의 기치를 내세워서는 안 된다"라는 중요한 규칙을 세워놓았다. 그는 "군대·국가정권은 모두 이 길, 이 제도, 이 정책을 수호해야 한다"며 "당의 기본노선과 방침 정책의 충실한 집행자와 확고한 수호자가 되어야 한다."고 지적했다. 덩샤오핑은 언제나 당성과 인민성을 일치시켜야 한다는 것으로부터 군대의 성격을 강조했다. 1989년에 덩샤오핑은 수도 계엄부대 군급 이상 간부들을 접견하는 자리에서 "시험에 합격했다는 것은 바로 군대는 여전히 인민의 자제병(子弟兵, 인민의 아들딸과 같은 군대라는 의미)이라는 그 성격이 합격이라는 것"이라고 지적했다.[85] 그는 군위원회 지도자 직 퇴임을 앞두고 "우리 군대가 언제나 변함없이 자체 성격을 확고하게 견지할 수 있을 것임을 확신한다. 그것은 당의 군대이고 인민의 군대이며 사회주의국가의 군대라는 성격이다."라고 당부했다. 이로써 지도제도·근본 취지·핵심 기능의 3가지 방면으

---

85) 『덩샤오핑 문선』 제3권, 인민출판사 1993년판, 303, 304쪽.

로 인민군대의 혁명화 성격을 주밀하고도 엄밀하게 확정지었다.

1980년대 말과 90년대 초의 국제정세에는 거대하고도 심각한 변화가 일어났다. 제2차 세계대전 이후 형성된 양극 구도가 끝나고 세계의 다극화와 경제의 세계화가 처음으로 윤곽을 드러내기 시작했다. 1991년 걸프전이 발발하자 세계인들은 완전히 새로운 전쟁 형태와 전쟁 방식을 보게 되었다. 즉 육·해·공·천(天, 우주)·전(電, 전자)이 다원 일체를 이루어 지휘통제시스템과 정찰감시시스템·정밀유도무기·스텔스기 등 첨단기술 무기와 장비가 전쟁의 승패를 제약하는 중요한 요소가 된 것이다. 이로써 전 세계적인 군사변혁이 시작되었다. 이런 배경 하에서 인민군대가 세계 군사발전의 추세에 맞춰 앞으로 발생할 수 있는 첨단기술전쟁에서 승전할 수 있을지? 인민군대가 인민군대의 성질과 본성·기풍을 유지하여 시종 당의 절대적인 영도하의 혁명군대가 될 수 있을지? 이 두 가지의 역사적 과제가 해결됨에 따라 국방과 군대의 현대화 건설이 한 걸음 더 추진되었다.

장쩌민은 새로운 실천과 발전에 결부시켜 군대의 '3화(三化)'건설의 총체적 목표를 더욱 풍부히 하고 발전시켜 발전전략과 총체적 구상을 제때에 조정하고 보완함으로써 국방과 군대의 현대화 건설이 정확한 방향을 따라 빠르게 발전할 수 있도록 확보했다. 1990년 12월 장쩌민은 총참모부업무회의에서 군대건설의 기본 기준에 대해 "합격된 정치 자질, 강력한 군사 실력, 엄격한 규율, 유력한 보장"이라고 명확하게 제시했다. 이어 이듬해 '7.1' 창당기념 연설에서 그는 또 '우량한 기풍'을 보충했는데 이로써 군대건설의 '다섯 마디' 총체적 요구가 완전하게 형성되었다. '다섯 마디' 총체적 요구의 제기는 인식론과 방법론의 차원에서 군대건설을 전면적으로 추진하는 지도사상을 확립하게 했으며, 군대건설의 총체적 목표를 구체화하고 규범화한 것으로서 군대건설의 총체적 목표를 실현하는 것이 부대의 일상적인 기본활동이 되도록 했다.

걸프전쟁이 발발한 후 장쩌민은 걸프전쟁에 관한 세미나에 세 차례나 참가하여 국제정세의 변화를 명확히 보고 앞으로의 전쟁은 도대체 어떻게 치러야 할 것인지에 대해 연구하며, 국방 과학기술의 발전에 공력을 들이고 국방과 군대건설 문제를 전반적으로 고려할 것을 제기했다. 1993년 1월 중앙군위 확대회의에서는 군사전략 면에서 중대한 조정을 실시하여 군사투쟁준비의 기점을 현대기술 특히 첨단기술 조건하에서의 국부전쟁에서 승리하는 데 두었다. 새 시기 군사전략방침은 군대건설의 주요 모순을 포착하고 국방과 군대건설에 과학적인 의거를 제공했으며 발전방향을 제시했다. 2000년 12월에 열린 중앙군위 확대회의에서는 또 군대건설에서 기계화와 정보화 건설의 이중과업을 완수하고 도약식 발전을 실현하기 위한 새로운 구상을 제기했다.

새 세기 새 단계에 국가 개혁이 빠르고 힘찬 발걸음을 내디디기 시작했고, 세계 군사 영역에도 큰 변화와 발전이 발생했다. 당 중앙과 중앙군위는 이러한 시대의 특징을 잘 파악하여 사상을 해방하고 실사구시하며, 시대와 더불어 전진하는 방향을 견지하면서 국방과 군대건설 제반 분야의 개혁을 적극 추진했다. 2004년 9월 후진타오가 중공중당 제16기 제4차 전체회의에서 "인민군대는 중국공산당의 절대적인 지도를 받는 혁명군대이다. 인민군대가 변질하지 않도록 확보하려면 장기적으로 투쟁을 실천하는 과정에서 형성된 인민군대의 영광스러운 전통과 훌륭한 기풍을 발양하는 것이 매우 중요하다."라고 지적했다. 2005년 말에 군내의 중요한 회의에서 그는 또 한 걸음 더 나아가 "우리 당과 우리 군대의 훌륭한 전통을 어떻게 대대로 이어 내려가 인민군대의 성격과 본성 및 기풍을 유지함으로써 우리 군대가 시종일관 당의 절대적인 지도하의 인민군대가 되도록 할 것인가 하는 것은 혁명화 건설의 장기적이고 중대한 역사적 과업이다."라고 제기했다.

2007년 8월 1일 인민해방군 건군 80주년을 맞아 후진타오는 인민해방군의 훌륭한 전통에 대하여 "당의 지휘에 복종하고 인민을 위해 봉사하며 용맹하게 싸움을 잘하는 것"이라고 개괄하면서 군대의 사상정치건설을 강화하는 가장 근본적인 두 가지가 "군대에 대한 당의 절대적 영도를 견지하는 것과 일심전력으로 인민을 위해 봉사하는 것"이라고 지적했다. 17차 당 대회가 열린 뒤, 후진타오는 전 군에 17차 당 대회의 정신을 진지하게 학습하고 관철시키며 중국 특색의 사회주의 이론체계로 군 장병들의 사상과 행동을 이끌고, 기치를 높이 들고 당의 지휘에 복종하며, 사명을 이행하는 사상적·정치적 토대를 튼튼히 닦고, 중국 특색의 사회주의의 위대한 기치 아래에 군심을 결집시키며, 군대건설에서 확고하고 정확한 정치방향을 확보해야 한다고 강조했다. 이런 중요한 사상관점이 제기된 후 전 당, 전 군, 전국

에 대해 광범위한 영향을 주게 되어 새로운 정세에서 군대의 사상정
치건설을 힘 있게 추진함으로써 사상정치건설의 혁신과 발전을 실현
하는데 튼튼한 토대를 닦아놓았다.

(2) "정예화, 합성화, 고효율"의 발전방향을 견지하다

튼튼한 경제적 기반이 없다면 강력한 현대화 국방도 있을 수 없다.
국방을 강화하기 위해서는 반드시 경제를 우선적으로 발전시켜야 한
다. 그래서 덩샤오핑은 "군대는 전반적인 국가건설의 대 국면에 대해
복종해야 한다."고 거듭 강조했다.[86] 바로 이러한 대 국면에서 출발하
여 덩샤오핑은 주지하다시피 "군대는 인내할 수 있어야 한다." "군대
는 고생스러운 생활을 할 수 있어야 한다."라는 사상을 제기했다.

덩샤오핑은 "4가지 현대화도 선후의 순서가 있어야 한다. 군대 장비
의 진정한 현대화는 국민경제의 양호한 기반이 잘 구축되어야만 실
현 가능하다."라고 말했다.[87] 1985년 6월 전쟁과 평화문제에 대한 새
로운 판단을 기반으로 하여 국가경제건설 대국의 수요에 근거하여 덩
샤오핑은 과감하게 군대와 국방건설의 지도사상에 대한 전략적 전환
을 실시할 것을 제기했다. 즉, "(전쟁을) 일찍 치르고, 대규모 (전쟁을)
치르며, 핵전쟁을 치르는" 임전태세를 준비하는 것으로부터 진정으로
평화시기 군대의 현대화와 정규화 건설의 궤도로 전환하는 것이었다.

덩샤오핑의 주도 하에 인민군대는 경제건설을 중심으로 하는 전반

---

86) 『덩샤오핑 군사문집』 제3권, 중앙문헌출판사·군사과학출판사 2004년판, 274쪽.
87) 『덩샤오핑 문선』 제3권, 인민출판사 1993년판, 128쪽.

적인 국면을 위해 행동하는 것을 견지하며 "부기(浮氣) 빼기" 문제를 해결하는 데 주력했다. 그때 당시 중국 매 군구마다 10명이 넘는, 심지어 수십 명에 이르는 지도자를 보유하고 있었다. 이에 대해 덩샤오핑은 "마작을 하게 되면 몇 팀을 잘 꾸릴 수도 있겠다"라고 신랄하게 지적했다. "우리에게 존재하는 가장 큰 문제는 군대 조직이 너무 비대한 것이라는 사실을 반드시 분명하게 보아야 한다. 실제로 전투를 치르게 된다면 작전지휘는 고사하고 인원을 분산시키는 것도 쉽지 않다."[88] 그렇기 때문에 "체제문제는 실제로 '부기 빼기'와 한 문제의 양면이다. '부기 빼기'를 실현하려면 체제를 개혁하지 않으면 안 된다." 그리하여 1980년 8월 5일 중공중앙은 중앙군위의 「군대 간소화 개편 방안」을 비준 이첩했다. 이번 간소화 개편사업은 1980년 4분기부터 실시하기 시작하여 1981년 말에 거의 완성했으며, 전 군의 총인원수를 83만 명으로 감축했다. 1982년 6, 7월 사이에 중앙군위는 좌담회를 열어 군대체제개혁과 간소화 개편의 원칙이 정예화·합성화·평시와 전시의 결합·효율 등을 향상시키는 것임을 명확히 했다. 회의는 1980년의 간소화를 토대로 전 군의 체제와 편제를 진일보 적으로 조정 개혁하기로 결정했다. 이번 간소화 개편의 중점은 병종지도체제를 개혁하는 것이었다. 간소화 개혁을 거쳐 1983년에 이르러 인민해방군 정원을 400만 명으로 감축하여 총 5개 군구급 단위, 21개 군급 단위, 28개 사단급 단위가 줄어들었다. 이번 군축 강도가 매우 컸음에도 불구하고 덩샤오핑은 여전히 만족스러워하지 않았으며, 개편방

---

88) 『덩샤오핑 문선』 제2권, 인민출판사 1993년판, 284쪽.

안에 "만족스럽지 못한 방안이다. 첫 걸음을 뗀 셈 치고 실행하면 될 것 같다. 앞으로 더 연구해야 한다."라고 회시했다.

1984년 11월 1일 국경 35주년 대열병식을 마치기 바쁘게 중앙군위는 징시(京西)호텔에서 좌담회를 열었으며, 전 군 여러 큰 단위의 지도자들이 한자리에 모였다. "어디서부터 얘기를 시작할까요?" 덩샤오핑이 좌담회에 모인 여러 고위급 장군들을 바라보며 말했다. "이번 열병식에 대해 국내외 반응이 아주 좋았다. 그러나 한 가지 결함이 있었다고 본다. 그것은 80세가 되는 사람이 부대를 검열한 것 자체가 결함이다. 이는 우리 군대 고위층 지도자의 노화를 설명한다. 이런 상태가 바뀌지 않으면 안 된다." 어떻게 바꿔야 할까? 여전히 "부기를 빼는 것"이다. 비록 이전의 군축을 거쳐 인민해방군 정원이 이미 400만 명으로 줄어들었지만, 여전히 기관이 방대하며 군관이 많고 병사가 적어 군관과 병사의 비례가 1대 2.45인 실정이다. 이에 대해 덩샤오핑은 "현재 상황은 전투부대가 '비대'한 것이 아니라 각급 지도기관이 '비대'한 것"이라며, "'병사의 정예화'를 실시한다기보다는 '군관의 정예화'를 실시해야 한다."라고 정곡을 찔렀다. "간소화 개편은 군급 이상 인원과 간부·기관을 간소화하는 데 역점을 두어야 한다. 간소화 개편은 혁명적인 방법을 취해야 한다. 단번에 잘해야 한다. 미움을 사더라도 이번 한 번만 미움을 사는 것이다. 개량하는 방법으로는 애초에 안 되는 일이다."

이번에 덩샤오핑은 혁명적인 행동을 취하기로 마음을 먹었다. 즉 100만 명을 감축한다는 것이었다. 그때 당시 우리나라가 직면한 국제

정세는 낙관적이지 않았다. 그런 상황에서 100만 명을 감축한다는 것은 우리 군의 4분의 1이나 되는 병력을 감축한다는 의미이다. 이러한 결정을 내리려면 국내외 정세에 대한 정확한 판단과 과학적인 예견 능력이 필요하며 확고한 결심과 초인간적인 담략이 필요하다. 덩샤오핑은 "우리가 인민해방군 정원을 100만 명 감축할 결심을 내릴 수 있다는 것은 중국공산당과 중국정부 그리고 중국인민에게 힘이 있고 자신감이 있음을 보여준다. 이는 10억 인구를 가진 중화인민공화국이 자신의 실제 행동으로 세계 평화를 수호하는 데 기여할 용의가 있고 또 기여하고 있음을 보여준다."[89]

 1985년은 중국 '군축의 해'가 되었다. 이 해에 중국인민해방군 3개 총본부 기관의 인원편제를 개편 전에 비해 거의 절반 간소화하여 원래의 11개 대 군구를 7개로 통폐합하고 군급 이상 단위 31개를 줄였으며, 사단(師團)급 단위 4,050개를 없애버렸다. 현(縣)·시(市) 인민무장부를 지방 편제로 개편하여 간부와 전사들이 현역에서 퇴출했으며, 각급 지도부는 모두 부직(副職) 간부를 줄이고, 기관과 부대의 76가지 직무를 군관이 맡던 데서부터 사병으로 바뀌게 했다. 이번 대규모 군축은 예전과 달리 단순한 인원감축이 아니라 군대의 대규모 구조조정으로서 우리나라 국방과 군대건설의 지도사상이 "(전쟁을) 일찍 치르고, 대규모 (전쟁을) 치르며, 핵전쟁을 치를 준비"를 하던 데서 현대화 건설이라는 중심을 둘러싸고 현대화 전쟁의 지휘능력과 싸워서 이길 수 있는 능력을 전면적으로 향상시키는 토대를 구축하

---

89) 『덩샤오핑 문선』 제3권, 인민출판사 1993년판, 126쪽.

는 방향으로 바뀌었음을 의미한다. 사실이 증명하다시피 "100만 명 감원이 실제로 군대의 전투력을 약화시킨 것이 아니라 오히려 강화시켰다."[90] 확실히 중국 군영을 여러 차례 참관 취재한 적 있는 한 외국인 기자가 말했듯이 "군대는 규모가 점점 작아지는 반면에 전투력은 점점 강해지고 있다."는 형상이 되었다.

1990년대에 들어선 후 중공중앙과 중앙군위는 과학기술에 의한 강군전략과 "두 가지 근본적 전환"이라는 전략적 사상을 명확히 제기했다. "두 가지 근본적 전환" 즉, 군사투쟁준비에서 일반조건하의 국지전쟁에 대처할 준비를 하던 데로부터 현대기술 특히 첨단기술조건하의 국지전쟁에서 승리할 준비를 하는 데로의 전환, 군대건설에서 양적인 규모형에서 질적인 효율형으로, 인력 집약형에서 과학기술 집약형으로의 전환이었다. "두 가지 근본적 전환"을 실행함에 있어서 중점적으로 국방과학연구를 강화하고 무기와 장비를 개선하며, 장병의 과학기술 자질을 향상시키고, 과학적인 체제와 편제를 수립하며, 과학기술의 혁신능력과 과학적 관리 수준을 향상시킬 것을 요구했다. 이는 인민해방군 건설의 새로운 모델을 확정한 것이다.

두 가지 전환의 제기는 중국 특색의 군사변혁이 시작되었음을 의미한다. 1992년 하반기부터 1994년 말까지 전 군의 체제와 편제에 대한 초보적 조정과 간소화를 진행했다. 이번 조정과 간소화는 중공중앙과 중앙군위가 그때 당시 국제 국내정세와 군대건설의 실제에 근거하여 내린 중대한 결정이며, 1985년 체제개혁과 간소화 개편의 계속

---

90) 『덩샤오핑 문선』 제3권, 인민출판사 1993년판, 126쪽.

과 심화였다. 1994년 말까지 전 군은 중앙군위가 제기한 조직 감축, 구조 최적화, 인원 간소화, 관계 정돈 등의 중대한 개혁임무를 비교적 잘 완수했다. 1996년 1월 중앙군위는 「'9.5'계획기간 군대조직편제 건설계획」을 하달하여 계속하여 규모를 축소하고 기구를 간소화하여 "정예화, 합성화, 고효율"을 실현하기 위한 조건을 창조할 것을 제기했다. 1997년 9월 15차 당 대회에서는 중국이 80년대에 군대 정원을 100만 명 감원한 토대 위에서 3년 내에 군대 정원을 또 50만 명 감축할 것이라고 선포했다. 간소화와 조정을 통해 육군의 비중이 줄고 해군·공군·제2포병부대의 비중이 커졌으며, 합성과 소형화·경량화·다양화의 방향으로 한 걸음 나아갔다. 1999년 10월 1일 인민해방군·무장경찰부대·민병 예비역부대 총 1만 1,000명이 국경 50주년 열병식에 참가하여 인민해방군 현대화 병종의 합성, 군종 연합 특징 및 군사력 건설의 새로운 성과를 충분히 보여주었다. 2003년 9월 중국정부는 2005년 전까지 군대 정원 20만 명을 재차 감축하여 군대 총 규모를 230만 명으로 유지하기로 결정했다. 이번 체제와 편제의 조정개혁은 인민군대건설에 만족스러운 변화를 가져다주었으며, 중국 특색의 군사변혁과 군사투쟁준비를 힘 있게 추진했다. 인민군대는 적정 규모, 합리적 구조, 정예화한 조직, 민첩한 지휘, 막강한 전투력의 목표를 향해 새로운 발걸음을 내디뎠다.

(3) 중국 특색의 군민 융합 발전의 길을 개척하다

개혁개방 과정에서 부국(富國)과 강군(强軍)의 통일을 더 잘 실현하기 위해 당 중앙과 중앙군위는 새로운 정세에서 국방건설과 경제건설을 총괄 계획하고, 군민이 결합도;어 군민이 함께 하는(寓軍于民) 새로운 경로와 새로운 방법을 적극 모색하면서 중국 특색의 군민 융합 발전의 길을 점차 걷기 시작했다.

1982년 1월 5일 덩샤오핑은 군 지도자들과의 담화에서 "군민결합, 평시와 전시 결합, 군수품 우선, 민간기업 참여로 군 건설 촉진(軍民結合, 平戰結合, 軍品優先, 以民養軍.)"이라는 16자 방침('군민결합방침'으로 약칭)을 제시했다. 그 지시에 따라 11월 국가계획위원회와 국가경제무역위원회 그리고 국방과학기술공업위원회가 공동으로 "제6차 5개년 계획기간의 경공업, 기계전기제품·에너지·교통·화학공업·건축 등 업종을 위한 설비, 기자재 공급을 포함한 18대 분야 275종 민용제품의 발전계획을 제정했다. 12월 덩샤오핑은 국방공업 여러 부서에 국무원과 중앙군위가 지정한 무기와 장비의 과학연구와 생산임무를 완수하는 것 이외에 민용 제품의 과학연구와 생산에 전력을 다할 것을 지시했다. 1983년 3월 국방공업부와 19개 민용 공업부가 군수공업의 민용제품 개발 및 민용공업의 기술개조, 기초공업의 발전을 위한 장비 및 기술지원 가능성 등 문제에 대해 협상했다. 8월 국가계획위원회, 국가경제위원회, 국가국방과학기술공업위원회는 공동으로 군민결합업무회의를 열어 「국방과학기술공업 민용제품 과학연구·생산관리 방법」을 제정하고 '7.5'계획 기간 군용공업기업의 민용제품 개발 중점에 대해 기초적인 계획을 했다. 그 후 국가에서는 잇달아 두 차례에 걸쳐 총 300가지 군민 결합 중점 기술개조프로젝트를 배치하여 국방과학기술공업이 계획적으로 국가가 필요로 하는 민용제품을 생산하도록 추진했다. 1984년 덩샤오핑은 군사위원회 좌담회에서 "국방 공업은 설비가 좋고 기술 실력이 강하므로 그 실력을 충분히 활용하여 국가건설에 참가하도록 하여 민용제품의 생산을 대대적으로 발전시켜야 한다."라고 다시 한 번 강조했다. 1985년 이후 국방공업은 전략적 전환을 실시하여 과거에는 주로 국방건설을 위해 봉사하던 데서부터 점차 4가지 현대화 건설을 위해 봉사하는 데로 전환하여 군민 결합이 새로운 발전단계에 들어서게 했다.

군민 결합의 심층적 발전을 더욱 추진하기 위하여 1989년 10월 국가계획위원회·국가과학기술위원회·국방과학기술공업위원회는 공동으로 전국군민결합업무회의를 열어 10년간 군민결합의 경험에 대해 종합을 하고, 군민결합 방침을 전면 관철시키기 위한 여러 가지 조치와 건의를 제기했다. 국무원과 중앙군위의 관심과 지지 하에 국방과학기술공업의 운행방식은 단일한 군수품 생산형에서 군민결합형으로의 전환을 점차 실현하여 군용 첨단기술과 신기술이 민용으로 점차 방향을 바꾸게 하여 민용제품 개발 성과가 두드러지게 했으며, 국방과학기술공업계통의 민용제품 생산액이 연평균 20%이상의 성장속도로 성장하여 1979년부터 1988년까지 11.6배 성장했다. 국방과학기술공업이 국민경제 건설의 중요한 역량이 되게 하였다. 그 과정에서 민용제품 생산의 발전은 또 군수품 생산의 대폭적인 하락과 과학연구·생산능력이 대량으로 남아도는 문제를 해결함으로써 일부 군수공업기업이 피동적인 위치에 처해 있던 국면을 돌려세워 군수공업 대오를 안정시키고 군수품이 민용제품의 개발을 기술적으로 지원하고, 민용제품이 경제적 효과를 힘써 향상시켰으며, 군수품 발전을 지원하는 양호한 형세가 나타나게 하였다.

세기가 교체하는 시기에 15차 당 대회에서 제정한 "사회주의 시장경제 체제에 부응하는 국방공업 운영 메커니즘을 구축하고 보완하여 무기와 장비를 점차 갱신한다"는 전략적 조치에 따라 1998년부터 2008년까지 국방과학기술공업위원회는 국가 관련 부·위원회와 함께 시장경쟁시스템을 도입하고 군수공업기업의 배치를 개선하여 평시와 전시의 전환능력을 증강시켰고, 국민경제의 명맥과 국가안전에 관계되는 대형 기간기업을 중점적으로 발전시키면서 군수공업기업의 파산과 합병을 적절하게 추진하고, 군수공업 현대기업제도를 점차 실행했으며, 군수품 생산능력기구를 개선했다. 10년간의 노력을 거쳐 개방식 신군수산업체계를 기본적으로 구축했고, 절대다수의 군수공업기업이 1998년 이전의 공장제에서 회사제로 개편되도록 하였다. 그중 70%가 주식제를 실현했고, 상장회사가 1998년 이전의 22개에서 60여 개로 늘어났다. 또 단일한 공유제구조를 바꿔 재산권 주체를 다원화하는 방향으로 발전시켜 국가에서 확정한 군수공업 대·중형 결손기업 곤경탈출 목표를 달성했으며, 다년간 지속되던 결손국면을 끝내게 하고 전 업종이 이윤을 창출할 수 있는 상황을 실현했다.

2002년 16차 당 대회에서는 "국방과학기술공업체제 개혁을 심화하고, 민간기업과의 협력을 견지하며, 경쟁·평가·감독 및 격려 메커니즘을 구축하고 완성시키며, 자주적인 혁신능력을 강화하고, 국방과학기술과 무기와 장비의 발전을 가속화한다."라는 개혁목표를 확정했다. 이어 중앙 지도부는 또 국방과학기술공업 분야에서 과학적 발전관을 관철 이행하여 "군민결합, 우군우민 방침을 견지하여, 군민의 상호 작용을 촉진케 하고 조화롭게 발전토록 해야 한다. 계속 토대를 탄탄히 다지고 자주적으로 혁신하며, 과학연구수준과 제조수준을 힘써 높여야 한다. 계속 개혁을 심화하고 개방을 확대하며 무기와 장비의 연구·제조·생산과 시장경제의 요구에 부응하는 메커니즘을 하루 빨리 구축하고 완성시켜야 한다. 인간본위 방침을 견지하고 인재전략을 실시하여 자질이 높은 국방과학기술인재를 대거 양성해야 한다."라는 전략적 지도방침을 제기했다. 그 후 국방과학기술공업 계통은 이를 지침으로 군수기업과 사업단위의 조직에 대한 구조조정을 적극 추진하여 군수품을 근본으로 하는 동시에 민용제품 산업의 진흥을 중시했으며, 군민이 결합한 첨단기술 산업의 발전을 군수경제를 강화하고 군수산업 발전을 촉진시키고 보장하여 군민결합, 우군우민을 실현할 수 있는 전략으로 삼았다. 10년간 국방과학기술공업의 총수입이 연평균 20%이상 성장했고, 군수공업의 특색을 반영한 민용선박·민용 우주항공·민용 항공기·민용 원자력에너지가 빠르게 발전토록 했으며, 생산액은 연평균 48% 이상 성장했다. 민용선박의 규모가 더욱 확대되어 세계시장 점유율이 대폭 상승했다. 민용 우주항공 생산액은 1998년에 비해 8배로 증가했고, 위성 및 그 상업화·산업화 진도가 빨라졌으며, 민용 항공기 제조 산업의 핵심 기술 상의 난관을 돌파했고, 민용 원자력에너지 생산액은 1998년의 3.3배로 증가했으며, 기술 업그레이드와 선진 부품의 자체적 제조를 실현했다.

2007년에 열린 17차 당 대회에서는 "반드시 국가안보와 발전전략의 전국적 차원에서 경제건설과 국방건설을 통일적으로 계획하고, 샤오 캉사회를 전면적으로 건설하는 과정에서 부국과 강군의 통일을 실현 해야 한다."며 "군민결합, 우군우민의 무기와 장비 과학연구 생산체 계·군대인재 양성체계 및 군대 보장체계를 수립하고 완성시키며, 군 건설에서 근검절약의 원칙을 견지하면서 중국 특색의 군민 융합식 발 전의 길을 개척해야 한다."고 강조했다.

군민이 한집안처럼 융합되니 천하에 당할 자가 누가 있으랴. 현 시 대 정보화 전쟁 조건에서의 체계적 대항은 실질적으로 국가의 전반적 인 실력을 토대로 하는 체계적 대항이다. 전쟁의 수요에 따라 국가의 막강한 경제실력을 군대의 작전능력으로 신속하게 전환시킬 수 있는 자가 곧 강세를 유지할 수 있는 것이다. 세계를 둘러보면 깨닫는 바가 많다. 이라크전쟁 당시 미국의 실리콘밸리의 600개 기업이 미국 국방 부와 서비스 계약을 체결할 정도로 실리콘밸리는 엄연한 "무기 창고" 역할을 했다. 새로운 시기에 군민의 융합식 발전을 추진하는 것은 실 제로 정보화 조건 하에서의 인민전쟁의 재현이라고 형상적으로 말 한 사람도 있다. 일리가 없는 말은 아니다. 통신분야를 예로 들면, 군 대가 국가의 CDMA 네트워크를 기반으로 군용 이동통신 응용시스템 을 구축하는데 단 1%의 경비만 투입하고, 전국의 이동통신 네트워크 를 사용할 수 있다. 다시 말하면 공중인터넷이 보급된 곳이면, 군용 휴대전화의 원활한 통신이 가능하여 원촨(汶川) 지진 구조와 올림픽 및 엑스포 안보 등 중대한 임무를 수행하는 데서 그 무엇으로도 대체할 수 없는 역할을 했다. 후진타오의 강력한 추진 아래 군민 융합은 이전에 주로 국방과학기술공업 영역에 국한되었던 것으로부터 점차 국방과 군대건설의 제반 영역으로까지 확대되면서 전방위적이고, 종합적이면서 체계적으로 이를 실천해 나갔다. 다년간 국방경제의 연구에 종사해온 한 군대전문가는 군민융합 성과 중에서 가장 인상 깊은 것이 바로 무기와 장비의 과학연구와 생산에서 중대한 진전을 이룩한 것이라고 말했다. 그 전문가는 "20여 년 전 군수기업에 대한 조사연구를 진행하면서 큰 충격을 받았다. 어떤 기업은 심지어 북양(北洋) 시기 때부터 남아 내려온 오래 된 기계를 사용하고 있었다. 오늘날에 이르러서는 개혁개방과 군민융합의 바람을 타고 일부 기간 군수기업이 발전하고 강대해졌으며, 연구제조한 신세대 순항 미사일·주력 전차·주력기 및 함정이 잇달아 부대에 배치되어 업그레이드한 잡비의 교체를 실현했다."라고 말했다. 사실상 더욱 고무적인 것은 우리나라 군민 기술전환 체계가 기초적으로 형성되었다는 것이다. 일부 민영 하이테크 기업들이 '참군'하여 유인 우주선에서부터 군용 비행기의 연구제조에 이르기까지 여러 영역에서 활약하고 있다. 국민경제에 대한 국방과학기술공업의 견인역할도 날로 뚜렷해지고 있으며' 10만 가지가 넘는 군수공업기술이 민용으로 전환되었다.

중국 특색의 강군의 길을 걷다

18차 당 대회 이래 중화민족의 위대한 부흥이라는 중국의 꿈을 실현하는 전략적 차원에서 강군 목표의 실현과 세계 일류 군대건설에 초점을 맞춰 시진핑 총서기가 무거운 책임을 맡아 결단력 있게 국방과 군대건설을 직접 계획 추진하고, 전 군 장병들은 인솔하여 개혁에 정진하면서 군대를 강하게 일으키는 새로운 장정을 시작했다.

(1) 인민군대를 세계 일류의 군대로 건설하다

군대건설은 나라의 대사이다. 2014년 11월 시진핑 총서기는 전 군 정치업무회의에서 "국가의 최대 권력 중에 군대보다 더 중요한 것은 없다."라는 의미심장한 말을 했다. 역사의 경험에서 알 수 있다시피 강국을 이룩하려면 반드시 강군을 건립해야 하며, 군대가 강해야 나라가 태평할 수 있다. 지난날을 돌이켜보면 우리에게는 긍정적·부정적 양면의 경험교훈이 있다. 군사력이 약해서 얻어맞던 교훈도 있고, 강적을 두려워하지 않고 중요한 시기에 칼을 뽑아 압박을 이겨내고 나라의 독립·자주·안전을 지켜낸 경험도 있다. 우리는 패권을 부르짖지 않지만 패권주의자들이 노리는 "비계덩이"로 전락되는 것은 막아야 한다. 그래서 2017년 8월 1일 시진핑 총서기가 중국인민해방군 건군 90주년 경축대회 연설에서 지적했듯이 "새로운 역사의 기점에서 우리 중화민족이 고난에서 벗어나고 중국인민이 해방을 실현할 수 있었던 것은 영웅적인 인민군대가 있었기 때문이라는 사실을 더욱 절실히 느끼게 되었다. 중화민족의 위대한 부흥을 실현하고 중국인민의 더 아름다운 삶을 실현하기 위해서 반드시 인민군대를 세계 일류의 군대로 건설해야 한다."

사상은 행동의 선도자이고 이론은 실천의 지침이다. 새 시대의 강군사업을 추진하려면 우선 새 시대의 강군사상이 필요하다. 시진핑 총서기는 당 중앙의 핵심이자 전 당의 핵심과 군대의 총수로서 마르크스주의 정치가로서의 거대한 이론적 용기와 전략적 지혜로 국방과 군대건설에 대해 깊이 사고하고 전략적 계획을 세웠으며, 일련의 새로운 사상, 새로운 관점, 새로운 논단, 새로운 요구를 제기했다. 그는 "인민군대는 누구의 지휘를 따라야 하며, 군대정신을 어떻게 튼튼히 구축할 것인지" "무엇을 위해 강군을 이룩해야 하며, 강군을 어떻게 이룩할 것인지" "어떤 전투를 치러야 하며, 어떻게 승전할 것인지" 등 새 시대의 기본문제에 깊이 있게 해답했으며, 내용이 풍부하고 광범위하며 심오한 과학적 사상체계를 형성했고, 군사지도법칙에 대한 우리 당의 인식을 승화시켰으며, 마르크스주의 군사이론과 현 시대 중국의 군사 실천을 새로운 경지로 끌어올렸다. 19차 당 대회에서는 시진핑 강군사상을 시진핑 신시대 중국 특색 사회주의 사상의 중요한 구성부분으로 삼고, 인민군대에 대한 당의 절대적 영도를 견지하는 것을 새 시대 중국 특색의 사회주의를 견지하고 발전시키는 기본 방략에 포함시켜 새 시대 강군사업을 전면적으로 배치했다. 이는 당의 군사지도이론이 시대와 더불어 발전하고 있음을 상징한다. 이제 중국 특색의 사회주의는 새 시대에 들어섰으며, 국방과 군대건설도 새 시대에 들어섰다. 새로운 역사적 기점에서 국방과 군대의 현대화를 전면적으로 추진함에 있어서 얻기 힘든 역사적 기회를 맞이했을 뿐만 아니라 많은 중대한 도전, 중대한 위험, 중대한 저항, 중대한 모순에 부딪치게 되는 것도 불가피한 일이다. 우리 당과 우리 군대의 역사에서 국가와 민족의 중대한 고비에 처할수록, 건설과 발전의 관건적 시기에 처할수록 사상이론의 선도적 역할이 더욱 잘 살려 난관을 돌파할 수 있는 강대한 힘을 모아야 한다.

2012년 11월 29일 시진핑 총서기가 국가박물관에서 열린 "부흥의 길" 전시회를 참관하는 자리에서 처음으로 중화민족의 위대한 부흥을 실현하는 중국의 꿈에 대해 설명했다. 그로부터 열흘도 채 지나지 않아 시진핑 총서기는 처음으로 베이징을 떠나 외지 시찰 길에 나섰다. 광쩌우(廣州) 주둔 부대의 사단(師) 이상 지도자 간부들을 회견하는 자리에서 그는 재차 중국의 꿈에 대해 언급했다. 그는 "그 위대한 꿈이 바로 강국의 꿈이며, 군대로 말하면 강군의 꿈이기도 하다."라고 말했다. 이로부터 알 수 있다시피 강군의 꿈은 중국의 꿈 중의 중요한 구성부분이며, 강군의 꿈을 실현하는 것은 중국의 꿈을 실현하는 전제조건의 하나이다. "군사적으로 낙후한 상황이 일단 형성되면 국가 안보에 주는 영향은 치명적인 것이다. 나는 중국 근대의 역사자료를 자주 보곤 하는데, 낙후해서 얻어맞던 비참한 광경을 보면 가슴에 사무치는 고통을 느끼곤 한다!"라고 시진핑 총서기가 말했다. 그는 "새로운 군사혁명이 우리에게 천재일우의 기회를 제공했다"면서 "우리는 '강 한가운데로 가서 수영하듯이'(中流擊水) 분발향상하려는 뜻을 세우고, 개혁하지 않으면 안 되며, 개혁이 늦어져도 안 된다"라고 전 군 장병들을 일깨웠다. 그는 "이는 우리가 회피할 수 없는 시험으로서 군대는 반드시 당과 인민, 그리고 역사에 합격된 답안지를 바쳐야 한다."라고 말했다. 여기서 "강 한가운데(中流)"란 강군의 길을 가리킨다. 그리고 "강 한가운데로 가서 수영을 한다는 것"은 과감히 책임지고, 어려움을 두려워하지 않으며, 가시덤불을 헤쳐나가는 용기로 강군의 꿈을 실현해야 한다는 의미이다. 강군의 길을 직접 체험한 모든 사람이 "강 한가운데로 가서 수영을 하기"에 손색이 없는 담당자라고 할 수 있다.

2013년 3월 시진핑 총서기가 제12기 전국인민대표대회 제1차 회의 해방군 대표단 전체회의에 참가하여 "당의 지휘에 복종하고 승전할 수 있으며, 훌륭한 기풍을 갖춘 인민군대를 건설하는 것은 새로운 정세에서 당의 강군 목표이다."라고 명확하게 제시했다. 2013년 11월 중공중앙 제18기 제3차 전체회의에서는 「개혁의 전면 심화 관련 몇 가지 중대한 문제에 대한 중공중앙의 결정」을 채택했다. 그 중에 국방과 군대 개혁의 심화를 총체적 배치에 포함시킬 것을 명확히 하고, 또 개혁의 3대 방향 즉 군대 체제와 편제 조정 개혁을 심화하고, 군대정책과 제도조정 개혁을 추진하며, 군민 융합의 심층 발전을 추진하는 방향을 제시했으며, 시진핑 동지가 국방과 군대 개혁 심화 지도소조 조장, 군사위원회연합작전지휘센터 총지휘자, 중앙 군민융합발전위원회 주임을 직접 맡았다. 그 후 제18기 중앙정치국은 선후로 6차례 군사 관련 문제를 둘러싸고 집단학습을 조직했는데, 의제에는 해양강국 건설, 세계 군사발전의 새로운 추세와 우리 군의 군사혁신 추진, 국방과 군대개혁 심화 등이 포함되었다. 2015년 7월 22일과 29일 시진핑 총서기가 중앙군위 상무회의와 중앙정치국 상무위원회 회의를 각각 주재하여 「국방과 군대 개혁 심화를 위한 총체적 방안」을 심의하고 결정했다. 2015년 11월 24일 중앙군위 개혁업무회의가 베이징에서 열려 국방과 군대개혁을 심화하기 위한 지도사상과 목표·임무 및 전략·조치를 확립했다. 역사의 수레바퀴는 힘차게 앞으로 굴러간다. 오늘날 중국 군대는 대군에서 강군으로 나아가는 "중요한 도약" 단계에 처해 있으며, 강군개혁은 "이에 대한 하나의 도약"을 위해 거대한 힘을 모으고 있다. 새 시대 강군사상의 지도하에 5년간의 강군 실천을 거쳐 인민군대는 행장을 새롭게 꾸려 정치생태의 개조·조직형태의 개조·역량체계의 개조·기풍이미지의 개조를 실현하여 중국 특색의 강군의 길에서 힘찬 발걸음을 내디뎠던 것이다.

(2) 정치에 의한 군대건설을 확고부동하게 관철시키다

정치에 의한 군대건설은 우리 군대건설의 근본이다. 중국공산당이 영도하는 인민군대의 탄생·발전 및 장성은 중국역사의 발전 행정을 크게 변화시켰다. 90년 동안 우리 군은 기술 장비와 물질보장에서 동시대의 주요 상대에 비해 앞서지 못했거나 심지어 훨씬 뒤떨어졌지만 꾸준히 승리를 거듭해왔다. 이는 중국 군사 사에서나 세계 군사 사에서나 모두 유례가 없는 일이다. 90년간 인민군대가 어떻게 꾸준히 발전하고 장대해질 수 있었을까? 그 근본 원인의 하나가 바로 시종일관 정치에 의한 군대건설을 견지한 것이다.

역사적으로 전쟁의 불길 속을 걸어오면서 인민군대는 꾸뗀(古田)의 눈보라 속에서 "사상에 의한 당 건설, 정치에 의한 군대건설"의 불길을 지폈다. 꾸텐회의를 시작으로 인민군대의 정치업무는 일련의 훌륭한 전통과 기풍을 형성했다. 주로 다음과 같은 전통과 기풍이 포함된다. 당이 총체적으로 지휘하는 근본적인 원칙과 제도를 견지하고, 일심전력으로 인민을 위해 봉사하는 근본적인 취지를 견지했으며, 실사구시적인 사상노선을 견지하고, 대중노선의 근본적인 기풍을 견지했으며, 과학적 이론으로 장병을 무장하는 방침을 견지하고, 당과 군대의 중심 과업을 둘러싸고 봉사와 보장 역할을 발휘하는 것을 견지했으며, 간부의 선발과 등용에서 공정하고 정파다운 원칙을 견지하고, 관병의 일치와 민주 발양의 원칙을 견지했으며, 자각적이고 엄격한 규율을 견지하고, 간고분투·희생적·헌신적인 혁명정신을 견지했으며, 당원간부가 앞장서서 솔선수범하는 것을 견지한 것 등이다. 이러한 훌륭한 전통은 인민해방군 정치업무의 근본 원칙과 내용이며, 선배들이 피와 목숨으로 쌓아올린 정치적 기념비이다.

시진핑 동지를 핵심으로 하는 당 중앙은 새로운 역사조건 하에서 당이 사상적·정치적으로 군대를 건설하는 중대한 문제에 초점을 맞춰 인민군대 정치업무의 시대적 주제를 명확하게 제기하고, 인민군대를 이끌어 초심으로 돌아가 전통과 본색을 되살리면서 사상·기풍·정치생태를 새롭게 수립하며, 정치에 의한 군대건설의 새로운 방략과 혁명군인의 새로운 기준 및 인민군대의 새로운 이미지를 수립하여 강군의 목표를 향하여 힘차게 전진해야 한다고 제기했다. 첩첩의 푸른 산이 온통 붉게 물들고 혈맥을 이어 따스한 기운이 감돈다. 흰 벽에 검은 기와를 얹은 꾸텐회의의 유적지는 장엄하고도 고풍스럽다. "꾸톈회의는 영원히 빛나리"(古田會議永放光芒)라는 여덟 자의 한자가 눈부시게 빛난다. 이곳은 우리 당이 사상에 의한 당 건설과 정치에 의한 군대건설의 원칙을 확립한 곳이고, 우리 군의 정치업무가 정초한 곳이며, 신형의 인민군대가 형성된 곳이다. 일찍이 푸젠(福建)에서 근무하는 기간에 시진핑 총서기는 잇달아 7차례나 이곳을 찾아 꾸톈회의의 정신을 대대적으로 창도하고 고양했다.

2014년 10월 31일 오전 9시경 시진핑 총서기가 꾸톈회의 유적지를 찾아 전 군의 정치업무회의에 참석한 전체 대표들을 접견한 뒤 전체 중앙군위 위원들을 거느리고 함께 회의유적지를 참관했다. 시진핑은 회의유적지 여러 장소들을 다시 한 번 자세히 둘러보고 사진 한 폭 한 폭, 하나하나의 전시판 앞에 멈춰 서서 자세히 관람하면서 종종 해설원에게 질문을 하곤 했다. 그는 그해 마오쩌둥이 정치보고를 했던 대청에 이르러 기둥에 새겨져 있는 전투적 색채가 다분한 구호들을 눈여겨보고, 그해 회의 대표들이 추위를 이기기 위해 불을 지폈던 자국들을 주의 깊게 살펴보면서 관람자들과 함께 선배들이 혁명의 길을 탐색할 때, 당시의 힘들고 어려웠던 환경에서 분투하는 모습을 회고했으며, 매번 꾸톈을 참관할 때마다 보고 느낀 바를 이야기했다.

점심시간이 되자 시진핑은 식당으로 걸어 들어가 11명의 부대 기층 간부 및 영웅모범 대표들과 함께 둘러앉아 붉은 쌀밥에 호박국을 곁들인 "홍군의 밥"을 진지하게 먹었다. 시진핑 총서기는 둘러앉은 사람들과 함께 식사를 하면서 옛날 홍군의 더할 나위 없이 힘들게 전투했던 나날들을 회고했다. 시진핑 총서기는 "젊은 세대는 당과 군대의 미래이고 희망"이라며 "혁명 사업은 그대들이 이어받아 분투해야 하고, 훌륭한 전통은 그대들이 계승하고 발양해야 한다."라고 의미심장하게 당부했다. 그는 또 "군대의 정치업무는 모두가 함께 해나가야 하며 기층의 업무가 중요한 부분"이라고 말했다. 또 "앞장서서 전통을 배우고, 전통을 사랑하며, 전통을 중시하여 부대의 장병들을 이끌어 홍군의 홍색유전자를 잘 전승하고, 옛 홍군의 본색을 잘 지켜나가야 한다."고 당부했다. 오후에 시진핑 총서기는 전 군 정치업무회의에 참석하여 중요한 연설을 발표했다. 그는 "11가지를 견지하는" 훌륭한 전통을 개괄하고, 10개 방면의 불거진 문제를 예리하게 지적했으며, "4가지를 확고하게 수립하고" "5가지를 힘써 잘할 것"을 분명하게 강조했다. 그 중요한 회의에서 시진핑 총서기는 새로운 역사조건에서 당의 사상적·정치적으로 군대를 건설하는 데에 관한 중대한 문제를 깊이 있게 논했으며, 인민군대의 정치업무라는 시대의 주제를 명확하게 제기했다.

초심을 잃지 않고 계속 앞으로 나아가다. 인민군대는 꾸텐에서 행장을 다시 꾸려 새롭게 출발했다. 예를 들어 시진핑 주석이 꾸텐에서 열린 전 군 정치업무회의에서 지적한 10개 방면의 문제에 초점을 맞춰 전 군은 사상 정리, 인원 정돈, 조직 정비, 기율 정돈에 주력하여 간부업무의 대대적 검사, 재무업무의 대대적 실사, 주택·자동차·인원의 대조사, 기층의 기풍에 대한 조사 등 8가지 "특별 정리 정돈"을 집중적으로 전개하여 조목조목 선별하여 캐내서 그 내막을 밝혀 불법 승진, 서류 위조 변경 등 문제의 당사자와 관련 책임자에 대해 각각 조직처분과 규율처분 등 엄격하게 처리하였다. 이에 따라 규정을 어긴 지출 6억 5,600만 위안을 추적해서 찾아냈으며, 2015년 한 해에만 불합리한 주택 9,632채를 정리 반환하고, 공무 차량 2만 4,934대를 감축했다. 또 다른 일련의 수치를 통해 기풍건설이 가져다준 거대한 변화를 직관적으로 보여주었다. 2015년 군 이상 기관의 행정소모성 지출이 동기대비 50% 이상 줄어들었고, 전 군 각 부대 단위에서 대형 회의와 행사를 110여 개나 줄였다. 이와 동시에 전 군의 81,000여 명의 연대(團)급 이상 지도자와 기관 간부가 중대(連)로 내려가 소대(排)와 반(班)에서 합숙생활을 하면서 조사 연구와 업무지도를 했고, 군 이상 단위가 80여 억 위안의 경비를 투입해 기층의 난방·전기·식수·목욕·진료 등 실제적인 어려움을 해결해주었으며, 4만 여 명의 장병 가족의 취업과 자녀의 입학 및 취업을 도와주었다.

(3) 개혁을 통한 강군의 건립을 전면적으로 실시하다

개혁하면 강해지고 개혁하지 않으면 망한다. 이는 고금중외 군대의 흥망사에서 일관된 철칙이다. 전국시기 초나라 도왕(楚悼王)은 저명한 군사가인 오기(吳起)가 보좌하면서 개혁과 변법을 추진하여 "전투력이 강한 군대를 키워 천하를 평정하여" "제후국들이 강대한 초나라가 있어서 우려했던" 패업을 이룩했고, 역사적으로 "조나라 무령왕"(趙武靈王)으로 유명한 조옹(趙雍)은 "호복(胡服)으로 의복을 바꾸고 군제를 개혁하며 말 타기와 활쏘기를 익히는" 개혁을 추진하여 조나라를 일거에 진나라에 맞설 수 있는 강국으로 만들었다. 16세기에 무적함대를 보유한 에스파니아 해군은 오래된 악티움해전의 방식을 고집하다가 신군사기술로 개혁 혁신한 영국 해군에 패배하고 세계의 해상 패권을 내주었다. 19세기에 샤른호르스트(Gerhard von Scharnhorst)가 주장한 군사지휘체제와 병역제도 개혁은 도이치민족의 궐기를 위한 군사적 기반을 닦아놓았으며, 독일을 군사강국으로 만들었다. 제2차 세계대전 초기 세계 4대 육군으로 인정받았던 폴란드는 개혁을 추진하지 않고 기병대로 독일군의 전격전 탱크를 대적하려다가 결국 독일군에 패하고 말았다. 이로부터 알 수 있듯이 개혁은 강대한 군대를 만드는 기본 법칙이다. 왜냐하면 전쟁형태는 군사기술의 발전에 따라 끊임없이 발전하는 것으로서 오로지 적자만이 생존할 수 있기 때문이다.

전면적인 개혁은 성공을 거둘 수 있지만 국부적인 개혁은 패배하게 된다. 진정한 의미에서의 군사 개혁은 반드시 전체적이고 철저한 변혁이어야 한다. 전쟁 형태의 교체는 전쟁에 혁명적인 변화를 가져다준다. 작전양식·지휘방식·전투력 생성방식 등 모든 면에서 근본적인 변화가 발생하게 된다. 오로지 전면적이고 철저한 개혁을 거쳐야만 불패의 위치에 설 수 있다. 19세기 중엽, 미국의 "흑선"함대가 일본 에도 만에 침입함에 따라 일본은 하는 수 없이 쇄국 시대를 마감하고 "무국정책"을 실시하기 시작했다. 군사개혁을 전면적으로 추진하여 근대 군사지도지휘체제를 수립하고 참모본부를 설치했으며 육군 진대제(鎭臺制)를 폐지하고 사단제(師團制)로 교체했으며 서양의 선진적인 무기와 장비를 도입하여 갑오전쟁 전까지 현대화한 해군세력이 기본적으로 구축되었다. 그런데 청조(淸) 정부는 전반 군사체제를 건드리지 않는 상황에서 "새 것으로 낡은 것을 보충하는" 도배장이 역할에 만족하여 "무기와 장비만 바꾸고" "체제 개혁"은 실시하지 않았다. 결국 군대는 신식 총포로 무장되었지만 여전히 말을 타고 활을 쏘며 싸우던 시대의 낡은 군사편제를 유지하면서 서양의 무기와 장비는 모방했으나 서양의 선진적인 방법은 배우지 않고 "근본적인 것은 따르지 않고 지엽적인 것만 따른" 바람에 갑오 전쟁에서 패하게 된 것이다. 개혁을 상시화하면 강대해지고 어쩌다 한 번 개혁하면 취약한 법이다. 혁명적인 대 규모 개혁과 상시화 개혁을 서로 결합시키는 것을 반드시 견지해야 한다. 개혁은 단번에 이루어지는 것이 아니며 전쟁은 끊임없이 발전, 변화하고 있다. 그렇기 때문에 우리는 개혁을 상시화하여 전쟁의 새로운 변화에 끊임없이 적응해야 한다. 그래야만 전쟁의 주도권을 쟁취할 수 있다. 비잔틴제국이 천년을 번성할 수 있었던 것은 지속적인 개혁을 통해 세계 최강의 군대를 유지했기 때문이다. 제2차 세계대전이 종전된 후, 미군은 지속적인 개혁을 통해 군사 이론을 혁신하고 체제와 편제를 조정하여 새로운 군사 변혁의 물결 속에서 "선두주자"의 역할을 담당함으로써 군사적으로 슈퍼강국의 지위를 유지했다.

세계에 일고 있는 새로운 군사혁명의 물결에 직면한 인민군대는 오직 개혁을 통해 국방과 군대건설을 제약하는 체제적 걸림돌, 구조적 모순, 정책적 문제를 해결해야만 군사력체계를 새롭게 구축하고 세계 일류의 군대를 건설할 수 있다. 18차 당 대회 이래, 우리나라는 대국에서 강국으로 발전하는 관건단계에 들어섰다. 당 중앙과 시진핑 총서기는 세계적 안목으로 전반 국면을 살펴보고 시기와 정세를 잘 파악하여 향후 20년, 30년 국방과 군대 발전을 설계하고 군대의 미래를 부각하는 데 착안하여 국방과 군대 개혁을 심화하는 것을 개혁 전면 심화의 총체적 목표에 포함시키고 당의 의지와 국가 행위로 승격시켰다. 2015년 11월 24일, 중앙군위는 개혁업무회의를 열어 시진핑 주석이 개혁에 의한 강군전략을 전면적으로 실시하고 중국 특색의 강군의 길로 확고부동하게 나아갈 것을 호소하면서 우리 군 역사상 총체적이고 혁명적인 변혁을 시작했다.

군사위원회 개혁회의가 열린 뒤 제반 개혁업무가 빠르게 전개되면서 "목 이상"(머리. 지도자·지휘자를 지칭)개혁문제를 중점적으로 해결하여 지도지휘체제 개혁 분야에서 중요한 돌파를 이루어 군사위원회—전구(戰區, 합동작전지휘기구)—부대의 작전지휘체계와 군사위원회—군종—부대의 지도관리체계를 구축했다. 첫째, 군사위원회 지도관리체제를 개혁했다. 개혁을 통해 원래의 총참모부·총정치부·총후근부·총장비부 4대 총본부를 군사위원회 기관 "1청, 3위, 6부"의 15개 기능부서로 개혁했다. 새로운 군위기관이 조직 편성된 후 운행기제를 서둘러 보완하여 제반 사업이 질서 있게 전개되었다. 둘째, 전군 병종 영도관리체제를 보완했다. 2015년 12월 31일, 중국인민해방군 육군 지도기구·로켓군·전략지원부대 창립대회가 8.1청사에서 개최되었다. 시진핑 중공중앙 총서기, 국가주석, 중앙군사위원회 주석이 육군·로켓군·전략지원부대에 군기를 수여하고 훈화를 했다. 육군

지도기구가 조직 편성된 이래 육군 건설과 발전의 새로운 요구에 부응하여 어떠한 육군을 건설할 것인지, 육군을 어떻게 잘 건설할 것인지 하는 중대한 과제에 초점을 맞춰 규정과 제도를 차근차근 연구 제정했다. 전략지원부대는 조직 편성된 이래 우리 군의 합동작전을 제약하는 걸림돌을 겨냥하여 군사업무 기획 연구를 조직 전개하는 것으로부터 시작하여 임무를 어떻게 이해하고 어떻게 건설, 발전시키며 어떻게 더 높은 기점에서 첫 시작을 잘 열 것인지를 둘러싸고 폭넓은 조사 연구와 좌담 교류를 전개하여 부대의 기능 설정, 편성 구조, 지도 지휘 체제 등 중대한 문제에 대해 지속적인 연구와 논증을 진행했다. 셋째, 합동작전지휘체제개혁을 추진했다. 2016년 2월 1일, 중국인민해방군 전구(戰區) 창설대회가 8.1청사에서 개최되었다. 시진핑 주석이 동부전구·남부전구·서부전구·북부전구·중부전구에 군기를 수여하고 훈령을 발표했다. 원래의 7대 군구(軍區)를 5대 전구로 조정하여 전구 합동작전지휘기구를 조직 편성한 것은 우리 군의 합동작전체계의 구축에서 역사적인 진전이다.

(4) 과학기술에 의한 군대의 진흥을 대대적으로 추진하다

현재의 세계는 새로운 과학기술혁명과 산업혁명이 흥기하고 있고, 새로운 군사혁명이 가속 추진되고 있으며, 군사 영역에서 과학기술의 광범위한 응용은 전쟁형태와 작전방식의 큰 변화를 일으키고 있으며, 갈수록 전쟁의 승패에 영향을 주는 중요한 요소로 부상하고 있다. 당 중앙과 시진핑 총서기는 정세의 변화에 따라 기세를 몰아 세

계 군사 과학기술발전의 흐름을 타고 정보화 국지전쟁의 승리를 위한 요구에 부응하여 과학기술혁신에 의한 전투력 향상을 견지하면서 과학기술에 의한 군대 진흥을 대대적으로 추진하고 강군사업 발전의 새로운 경지를 힘차게 개척해 나가고 있다.

무기장비의 발전 방면에서 "중국의 무기와 장비의 발전은 폭발적 발전 양상이 나타났다." 외신들도 자주 이런 표현을 써서 중국 무기와 장비의 빠른 발전에 감탄을 표하고 있다. 2013년 이후 중국 신형 첨단무기가 대중들의 시야에 자주 들어왔다. 초 Y-20(運20, 중국 대형 제트 전략 수송기)의 성공적인 첫 비행에서 J-20(殲20, 중국 스텔스기)의 여러 차례 테스트에 이르기까지, 무직10(武直10, 중국 최첨단 무장 헬기)·052C 구축함의 대규모 군대 배치에서부터 056호위함의 대규모 건조에 이르기까지 모두 중국 무기와 장비의 번영 발전하는 모습을 보여주고 있다. 중국경제의 빠른 발전과 종합 국력의 증강과 더불어 현재 여러 가지 신형무기가 군 장비서열에 포함되고 테스트가 잦은 광경이 나타나고 있다. 특히 중국 해군의 군사력은 신형 군함들이 집중 배치됨에 따라 크게 증강되었다. 2013년 '랴오닝(遼寧)호' 항공모함은 첫 해상 훈련부터 전투력을 갖추기까지 완성하는 데 1년도 채 걸리지 않았으며, J-15(殲15) 함재기는 첫 이착륙에서 첫 선상 이륙, 그리고 첫 단거리 스키점프대에서의 이륙에 이르기까지 끊임없는 성과를 이룩했다. 2013년 1월 31일 창천호(長春號) 미사일 구축함이 동해함대에 배치되었고, 10월 27일에는 같은 052C형 지난호(濟南號) 미사일 구축함이 동해함대 모 군항에 정박되어 있는 사진이 선보였으며, 12월 26일에는 같은 형의 신형 구축함 정쩌우함(鄭州艦)이 동해함대에 배치되는 등 1년 사이에 3척의 신형 전투함이 동해함대에 배치되면서 동해함대의 새로운 라운드의 전투함 집중 교체 작업의 서막을 열었다. 공식 보도된 집계에 따르면 2013년에 17척의 신형 전투함이 중국 해군의 여러 함대에 배치되었으며, 배치된 전투함 총수가 세계 1위를 차지한 것으로 나타났다.

공군과 육군항공병 신형 전투기의 연구개발과 군 장비서열 배치도 희소식이 잇달아 들려왔다. 2013년 1월 26일 Y−20 대형 군용수송기가 첫 비행에 성공했다. 많은 군사전문가들이 보기엔 Y−20 첫 비행 성공의 의의는 유인우주선의 우주비행에 견줄 수 있다고 했다. 이는 중국 공군이 전략적 공군의 차원을 향해 힘찬 한 걸음을 내디뎠음을 의미한다. J−20, J−31 전투기의 시험비행 모습이 줄곧 끊이지 않았다. 12월 23일 중국군 "Z−20(直 20)"으로 불리는 국산 중형 다목적 헬기가 첫 비행에 성공해 국내 기종의 공백을 메웠다. Z−10, Z−19 무장 헬기는 2012년 주하이(珠海) 에어쇼에서 첫 선을 보인 뒤 대량으로 부대에 배치되는 모습이 꾸준히 공개적으로 보도되었다. 이 두 헬기는 중국 무장 헬기 산업의 화려한 변신이라고 할 수 있다. 이 두 기종은 중국 육군항공부대의 수요를 충족시킬 수 있다. 이밖에 중국은 2013년 말에 매우 큰 억지력을 갖춘 두 종류의 미사일 시험발사를 완성했다. 두 차례의 미사일 시험발사는 중국의 핵 공격 능력에 대한 외부의 높은 관심을 불러일으켰다. 이 두 종류의 미사일은 외국 매체에 의해 중국의 향후 20년 전략핵 억지력의 중견 역량으로 간주되고 있어 그 의의가 크다. 2017년 건군 90주년 기념 열병식에서 인민해방군은 최신형 무기와 장비들을 선보임으로써 현대화한 강군을 건설하려는 중국의 자신감과 의지를 충분히 보여주었다. 예를 들어 기동형 "둥펑(東風)-31A"시리즈 대륙 간 탄도 미사일의 사거리가 약 1만 킬로미터에 가까우며, 게다가 여러 개의 핵탄두를 탑재할 수 있어 미국 미사일 방어시스템을 뚫을 수 있는 더 훌륭한 능력을 갖추고 있다. 또 예를 들면 J-20 최신 세대 스텔스전투기는 미군의 F-22 또는 F-35 전투기의 잠재적인 경쟁자가 되어 중국 공군이 이웃 나라의 공중 역량을 능가하는 우위를 점했다. 이밖에 이번 열병식에서 항공모함 등 해상 목표물을 공격할 수 있는 YJ(鷹擊)-83K 미사일, 핵탄두 장착이 가능한 둥펑-26 중거리 미사일도 선보여 세계가 괄목했다. 한 외국 언론은 이에 대해 "신중국 창건 전의 '약한 군사력으로 강국에 대응'하려 했던 것으로부터 신중국 창건 후 전 세계에서 인원수가 가장 많은 군대가 되기에 이르기까지, 그리고 최근 몇 년 군대의 현대화 건설에 이르기까지 중국 군대는 현재 첨단기술 시대로 들어서고 있다"고 논평했다. 영국 로이터통신도 "세계 최대 규모의 중국 인민해방군은 현재 원대한 포부를 품은 현대화 행정을 추진 중"이라며 "군대 개혁에서 군축까지, 다시 기술투입과 장비 업그레이드에 이르기까지 스텔스전투기와 항공모함을 군 장비에 배치하는 것까지 포함되었다"고 보도했다. 현재 해방군 규모가 더욱 정예화되고 구조가 더욱 최적화되었으며, 조직편성이 더욱 과학적이 되어 장기간 이어져 오던 육상전투식 군사력 구조를 바꾸고 국토 방어식의 병력 작전구도를 바꿨으며, 대군 그룹과 수량으로 승부하는 방식을 바꾸어 양적 규모화에서 질적 효능화로, 인력 집약형에서 과학기술 집약형으로 전환하는 큰 걸음을 내디뎌 정예화 작전역량을 주체로 하는 합동작전역량체계가 형성되고 있는 것이다.

(5) 법에 의한 군대관리를 심층적으로 추진하다

18차 당 대회 이래 당 중앙과 중앙군위, 시진핑 주석의 강력한 지도하에 국방과 군대 법치화 행정이 전면적으로 추진되었고, 군사 입법·집법·사법·법치 선전교육과 군대 권익수호 관련 법률서비스 등 제반 업무에서 눈에 띄는 성과를 거두면서 인민군대는 법에 의해 군대를 다스리고, 군대를 엄하게 다스리는 길에서 힘찬 발걸음을 내디디었으며, 군사법치 건설의 혁신과 발전이 세인의 주목을 받았다. 2012년 12월 군위 주석에 막 취임한 시진핑 주석은 광쩌우 군구에서 조사연구를 진행할 때 처음으로 국방과 군대건설에서 "3가지를 명기하는 것"을 반드시 견지해야 한다고 강조했다. 그중에서 "법에 의해 군대를 다스리고 군대를 엄하게 다스리는 것이 강군의 기반"임을 시종일관 명심해야 하며, 법에 의해 군대를 다스리고 군대를 엄하게 다스리는 것을 '강국의 꿈', '강군의 꿈'을 실현하는 차원으로 끌어올려 국방과 군대건설에서 군사법치건설의 기초적 지위를 확립하여 새로운 정세에서 당의 강군목표를 실현하기 위한 기본적인 지침을 마련해주었다.

2014년 10월 시진핑 총서기의 창도 하에 중공중앙 제18기 제4차 전체회의에서 채택한 「의법치국 전면 추진 관련 몇 가지 중대한 문제에 대한 결정」에서 법에 의해 군대를 다스리고 군대를 엄하게 다스리는 것과 관련한 내용을 단독으로 써넣었으며, "법에 의해 군대를 다스리고 군대를 엄하게 다스리는 것을 깊이 있게 추진"하는 데에 대한 전략적 목표를 명확히 제시했다. 같은 해 12월 중앙군위 확대회의에서 시진핑 총서기가 법에 의해 군대를 다스리고 군대를 엄하게 다스리는 것에 대한 풍부한 내용을 전면적이고도 체계적으로 논술하면서 처음으로 그 내용을 군대 관리방침의 차원에서 군대관리 기본방략의 높이로 끌어올렸다. 2015년 2월 21일 시진핑 주석의 비준을 거쳐 중앙군위는 「새로운 형세에서 법에 의해 군대를 다스리는 것과 군대를 엄하게 다스리는 것을 깊이 추진하는 데에 대한 결정」을 인쇄 발부했다. 이는 우리 군 역사상 최초의 군사법치건설 강화에 관한 결정이었다.

18차 당 대회 이래 당 중앙과 중앙군위, 시진핑 총서기의 일련의 결정과 배치, 반복적인 강조 하에 법에 의한 군대관리가 국방과 군대건설 및 개혁에서 차지하는 지위와 역할이 날로 두드러지고, 군사법치건설의 총체적 배치와 거시적 계획의 실마리가 점차 보이기 시작했으며, 국방과 군대의 법치화 수준이 꾸준히 향상되었다. 그중에서도 특히 두드러진 표현은 군대의 집법 감독, 규율 집행 문책 강도가 갈수록 커지고, 청렴한 군대기풍의 건설과 부패척결 투쟁의 '고삐'를 갈수록 팽팽히 죄기 시작한 것이며' 과거 궈보슝(郭伯雄)·쉬차이허우(徐才厚) 등이 군대건설에 끼친 악영향을 철저히 제거하고, 그들의 남은 독을 숙청하여 군영 내에 맑고 신선한 바람이 불어 바른 기운으로 가 득 차게 하는데에 이른 것이다. 2014년 3월 15일 중공중앙은 당의 규 율조례에 따라 쉬차이허우의 규율위반혐의에 대해 조직적 조사를 진 행하기로 결정했다. 심사를 거쳐 쉬차이허우가 직무의 편리를 이용 하여 타인의 직무승진에 도움을 주고 직접 또는 가족들을 통해 뇌물 을 받았으며, 직무상 편의를 이용하여 타인을 위해 이익을 도모해주 었고, 그 가족이 타인의 재물을 받는 등 당의 규율을 엄중하게 위반 했으며, 수뢰범죄혐의가 있고, 죄상이 엄중하여 심각한 악영향을 끼 친 사실이 밝혀졌다. 2014년 6월 30일 중앙은 쉬차이허우의 당적·군 적을 박탈하고, 그의 상장(上將) 계급을 박탈하기로 결정했다. 2015년 3월 15일 쉬차이허우는 방광암으로 치료를 받던 중 효험을 보지 못하 고 사망했다. 「중화인민공화국 형사소송법」 제15조의 규정에 따라 군 사검찰원은 쉬차이허우에 대해 불기소 결정을 내리고 그의 수뢰범죄 혐의 소득에 대해서는 법에 따라 처리했다.

2015년 4월 9일 중공중앙은 당의 규율조례에 따라 궈보숑에 대해 조직적으로 조사를 진행하기로 결정했다. 조사를 거쳐 궈보숑이 직 무의 편의를 이용하여 타인을 위해 직무 승진 등 방면의 이익을 도모 해주었고, 직접 또는 가족을 통해 뇌물을 수수했으며, 당의 규율을 엄중하게 위반했고, 수뢰범죄혐의가 있으며, 그 죄상이 엄중하고 심 각한 악영향을 끼친 사실이 밝혀졌다. 2015년 7월 30일 중공중앙 정 치국회의에서 중앙군사위원회 규율검사위원회의는 「궈보숑에 대한 조직적 조사 상황과 처리 의견에 관한 보고」를 심의 채택하고 궈보숑에게 당적을 제적하는 처분을 하기로 결정했으며, 그의 심각한 수뢰 범죄혐의 문제에 대해서는 최고인민검찰원 권한 대행인 군사검찰기관에 이송하여 법에 의해 처리하기로 했다. 2016년 7월 25일 군사법원은 법에 의해 궈보슝 전 중앙군위 부주석의 수뢰사건에 대해 1심 판결을 내렸다. 궈보슝은 수뢰죄가 확정되어 무기징역에 처해졌으며, 정치적 권리를 종신 박탈당했다. 그리고 또 궈보슝 개인의 모든 재산을 몰수하고, 부정으로 모은 재산과 장물을 추징하여 국고에 반납토록 했으며 그의 상장 계급을 박탈했다.

종합하면 18차 당 대회 이래 당의 군사이론의 혁신과 군사실천의 창조가 동시에 발전하는 위대한 역사과정을 통해 시진핑의 강군사상은 강군실천을 선도하고, 강군실천 과정에서 승화되었으며, 또 인민군대를 승리로 이끄는 근본적인 방법으로서 이미 그리고 앞으로도 계속하여 우리 군을 이끌어 강군의 새 시대를 개척해나갈 것이라는 사실을 충분히 보여주었다. 실천이 보여주듯이 시진핑이 개척한 중국 특색의 강군의 길을 따라 확고부동하게 전진함에 있어서 반드시 시진핑의 강군사상이라는 기치를 높이 들고 동요하지 말아야 할 것이다.

8

조국통일의 대업을 추진하다

8
조국통일의 대업을 추진하다

　국가 통일을 실현하는 것을 자신의 임무로 여기는 중국공산당은 국가통일과 민족의 부흥을 꾸준히 추구하고 있다. 지난 70년 동안에 마오쩌동 동지를 핵심으로 하는 1세대 중앙 지도부는 국가통일문제를 일정에 올려놓고 정세의 변화에 따라 조국통일을 해결하는 데에 대한 구상을 내놓았다. 덩샤오핑 동지를 핵심으로 하는 2세대 중앙 지도부는 "한 나라 두 제도(一國兩制)"의 실시로 홍콩·마카오·대만 문제를 평화적으로 해결한다는 방침을 제시했다. 장쩌민 동지를 핵심으로 하는 3세대 중앙 지도부는 홍콩과 마카오의 귀환을 실현했다. 후진타오 동지를 총서기로 하는 당 중앙은 홍콩과 마카오의 번영과 안정을 유지하고 해협 양안 관계의 발전을 촉진했다. 새 세대에 들어선 후 시진핑 동지를 핵심으로 하는 당 중앙은 국가의 통일을 민족부흥의 주제에 마땅히 포함되어야 하는 내용으로 보고 일련의 방침과 정책을 제정하여 홍콩·마카오의 사회·경제·문화의 발전을 추진했고 양안관계의 평화적인 발전을 추진했다.

"나라의 통일은 민족의 소원"

"죽으면 모든 게 허무한 일이라는 걸 알지만, 조국의 통일을 보지 못하는 것이 슬플 뿐이다. 송(宋)나라의 군대가 북방을 평정하고 잃어버렸던 땅 중원을 수복하는 날, 제사를 지내 애비에게 알리는 걸 잊지 말거라."(死去元知萬事空, 但悲不見九州同. 王師北定中原日, 家祭無忘告乃翁。)라고 남송(南宋)의 시인 육유(陸游)는 「아들 보아라(示兒)」라는 시에서 이렇게 말했다. 아마 이 시를 모르는 사람은 없을 것이나 그럼에도 매번 읽을 때마다 공명(共鳴)을 자아내는 것 같다. 한평생 금나라(金)에 저항하여 나라를 위해 충성을 다하려는 뜻을 품고 있었으나 몇 번이나 집권파의 배척과 탄압을 받았던 육유는 중병에 걸려 "외딴 마을에 몸져누워" 있으면서 심지어 생명이 위독한 상태에서도 여전히 머리를 들고 북쪽을 바라보며 국가대사가 염려되어 마음을 가라앉히질 못했다. 강산이 찢기고 백성이 도탄에 빠진 상황에서 "조국이 통일되는" 그날을 자신은 끝내 볼 수 없을 것임을 알고 육유는 언젠가는 나라를 수복했다는 기쁜 소식을 아들이 구천에 있는 자신에게 전해 주기를 바라는 수밖에 없었다. 슬픔과 유감 뒤에는 나라의 통일이라는 소원이 있었다. 그리고 그 소원은 옛날부터 지금까지 대대로 이어져 내려오면서 중화민족의 자손들이 외래의 침략세력에 저항하는 정신적 동력이 되었다.

현재 세계에서 영토가 가장 큰 나라들 중의 하나인 중국은 유일하게 통일된 역사와 안정된 강역을 가진 나라이다. 통일된 국가·문자·문화·기년 및 통일 이념 자체가 이미 중화민족의 정신 속에 새겨져

"요(堯)임금의 현명함이나 걸(桀)왕의 포학함으로 인해 바뀌지 않고" 중국 역사의 대세를 부각하는 강대한 힘이 되었다. 역사적 사실로부터 볼 때, 수천 년의 역사를 거치면서 중국은 통일과 분열의 이중 변주곡을 연주하는 과정에서 통일이 시종일관 인심을 고무케 하는 강한 주선율이었다. 기원전 221년 진시황(秦始皇)이 중국을 통일한 이래 중국은 2000여 년 역사에서 800년을 대주기로 진(秦)·양한(兩漢)·위(魏)·진(晉)·남북조(南北朝), 수(隋)·당(唐)·오대(五代)·송(宋)·원(元)·명(明)·청(淸)·근현대(近現代)로 지나오면서 변화와 발전을 거쳤다. 그중 양한, 당·송 및 명·청·근대 등 3개의 500년이라는 꽤 긴 시간 동안 지속되었던 통일된 국면이 진·한 이후 역사의 3분의 2 이상을 차지한다. 그러므로 중국은 통일된 시간이 분열된 시간보다 훨씬 더 길다. 중국의 통일과 분열의 역사발전 추세를 보면 크게 분열되어 있던 시간은 갈수록 짧아졌고, 통일된 시간은 갈수록 길어졌으며, 통일의 규모가 갈수록 커졌고, 통일의 정도도 갈수록 커졌다. 청조에 이르러 대규모적인 중화민족의 대 통일을 실현하여 오늘날 중국 통일의 기본적인 판도가 형성될 수 있는 기반이 마련되었다.

세월이 흘러 청조 말기에 이르러 국운이 쇠한 청 정부는 서양 열강의 견고한 함선과 성능이 좋은 대포에 저항할 힘이 없었다. 그 결과 패전의 멍에를 앉게 되었고 청 정부는 서양 열강들과의 여러 가지 불평등조약의 체결을 강요당해야 했다. 그중 홍콩과 마카오 문제가 바로 "역사상 식민주의 침략으로 인해 남아내려 온 가장 큰 문제였다."

[91]1840년~1842년 중-영(중국과 영국) 간에 아편전쟁이 발발했다. 전쟁 결과 청 정부는 영국과의 「남경조약」(南京條約) 체결을 강요당했다. 이 조약에서 "홍콩이라는 섬을 대영군주 및 그 뒤를 이어 세습하는 군주에게 넘겨주어 지배하면서 편의에 따라 입법하고 다스리도록 한다."[92] 라고 규정했다. 제2차 아편전쟁에서 실패한 후 청 정부는 1860년 10월에 영국과 「북경조약」(北京條約)을 체결하고 홍콩 섬 맞은편의 주룽九龍)반도 남단의 침사추이구(尖沙咀區, 즉 지금의 바운더리가[界限街] 남쪽의 주룽)를 영국에 할양하게 되었다. 청일전쟁에서 중국이 보잘 것 없이 작은 일본에 패하면서 청 정부의 허약함이 더한층 폭로되었으며, 제국주의 열강들 사이에서 중국을 분할하려는 광풍이 일어났다. 그 광풍 속에서 영국은 중국의 웨이하이웨이(威海衛)를 강제로 조차하고 홍콩의 경계를 넓힐 것을 요구해왔다. 1898년 6월 9일 청 정부 대표 이홍장(李鴻章)과 중국 주재 영국 공사 두납악(竇納樂, 영문 이름은 Colonel Sir Claude Maxwell MacDonald[클로드 맥스웰 맥도널드 경])은 베이징에서 「홍콩 경계를 확장하는 데에 관한 특별조항」을 체결하고, 샤터우쟈오하이(沙頭角海)에서 선전만(深圳灣)까지의 최단 직선 이남과 바운더리가 이북의 주룽반도 전부(즉 신제[新界])를 영국에 강제로 임대해 주었다. 신제는 부근의 200여 개 섬을 포함하고 있으며, 임대 기간은 99년으로 만기일은 1997년 6월 30일이

91) 중공중앙 선전부,『덩샤오핑 동지의 중국 특색의 사회주의 건설 이론 학습요강』, 학습출판사 1995년판, 82쪽.
92) 『중외구약장집성』(中外舊約章匯編) 제1권, 삼련(三聯)서점 1957년판, 31쪽.

다. 마카오문제도 그 유래가 홍콩문제와 비슷한데 역시 불평등조약
이 낳은 악과이다. 1557년 포르투갈인이 광동성의 지방 관리에게 뇌
물을 먹여 마카오에서의 생산·무역·체류 권한을 얻었다. 근대 들어
포르투갈도 청 정부가 무능하다는 것을 발견하고 그 기회를 틈타 마
카오를 점령했다. 1887년 3월 포르투갈은 청 정부를 핍박하여 「중-
포회의잠정계약」(中葡會議草約)을 체결하고 "포르투갈은 마카오에 영원
히 머물며 통치하고, 포르투갈의 식민지인 마카오에 대해 포르투갈
은 다른 지역과 동일하게 통치한다."라고 확정했다. 12월에 계약에 정
식으로 체결되어 포르투갈정부는 마카오에 대한 영구적 통치권을 획
득했다.

　대만 문제는 중국의 국내전쟁이 남겨 놓은 문제이다. 그러나 여전
히 홍콩·마카오 문제와 마찬가지로 근본적인 원인은 역시 근대 중국
의 국세가 쇠약해진 결과이다. 1895년 중일 갑오전쟁의 가장 직접적
인 결과는 청정부와 일본이 「마관조약」(馬關條約)을 체결하여 중국 정
부가 대만과 평후열도(澎湖列島)를 일본에 할양한 것이다. 1943년에
이르러 세계 반(反)파시스트전쟁 승리의 서광이 비출 무렵, 중국·미
국·영국이 카이로에서 회의를 열고 회의 후 유명한 「카이로 선언」을
발표하였다. 그 선언에서 "일본은 빼앗아갔던 중국의 영토, 예를 들
면 만주·대만·평후군도 등을 중국에 반환해야 한다."라고 규정했다.
1949년 중화인민공화국이 창건된 후 대만을 해방시키기 위해 많은 준
비를 했지만, 얼마 안 되어 한국전쟁이 일어나 미국이 제7함대를 대
만해협에 파견하여 인민해방군의 대만해방을 저애함에 따라 대만해

방계획은 무산되었다. 1954년 12월 2일 미국은 장제스(蔣介石)의 국민정부와 「공동방어조약」을 체결하여 대만과 펑후열도를 미국의 "보호산 아래" 두고 중국의 통일을 저해하면서 대만해협을 두고 양안의 장기적인 단절 상태를 조성했다. 1979년 1월 1일 미국은 수교 3원칙(미국과 대만당국의 "외교 단절", 「공동방어조약」 폐지, 대만에서의 철군)을 인정하는 토대 위에서 중국과 공식적 외교관계를 수립했다. 중-미 수교 후에도 미국은 대만 문제에 있어서 여전히 이중정책을 취했다. 한편으로는 "하나의 중국"정책을 엄수하고 대만과는 비공식적인 관계만 유지할 것이라고 밝히면서, 다른 한편으로는 중국이 대만문제를 해결하는 것을 계속 저해했다. 예를 들어 중-미가 수교한 지 3개월도 채 안 되어 미국 의회는 이른바 「대만과의 관계법」을 통과시켜 대만을 계속 미국의 '보호' 아래 두려고 했다.

비록 홍콩과 마카오가 조국의 품을 떠나 있고 대만이 중국 대륙과 해협을 사이에 두고 마주보고 있지만, 조국의 통일을 갈망하는 홍콩·마카오·대만 인민들의 소원은 줄곧 강렬하고 변함이 없었다. 원이둬(聞一多) 선생이 1925년에 창작한 「일곱 자식의 노래(七子之歌)」는 홍콩·마카오·대만 인민들의 조국에 대한 그리움과 찬미를 남김없이 표현했다. "그들은 나의 육신을 빼앗아갔지만 그대는 여전히 내 마음의 영혼을 간직하고 있다." "어머니! 돌아올게요, 어머니!" 이 노래로 그는 어머니 조국의 품으로 돌아오려는 홍콩·마카오·대만 인민들의 마음을 표현했다. 만년에 대만에 머물었던 국민당 원로 위유런(于右任)은 곁에 친인척 하나 없이 살면서 낙엽귀근 하듯이 고향으로 돌아갈 수 있기만을 오매불망 갈망했지만 끝내 이루지 못했다. 그는 비분에 차서 「고향을 바라보다(望故鄉)」라는 글을 지었다. "나를 높은 산 위에 묻어다오. 고향을 바라볼 수 있게. 고향은 보이지 않아도 영원히 잊을 수 없구나. 나를 높은 산 위에 묻어다오. 대륙을 바라볼 수 있게. 대륙이 보이지 않아 통곡만 할 뿐이다. 아득히 높은 하늘이여, 한없이 넓은 들이여, 높은 산 위에서 이 혼이 고향을 바라보네!" 시가는 슬프고 애절한 감정으로 보는 이의 마음을 울린다. 연로한 위유런 노인의 고국에 대한 그리움, 고향을 그리는 아픔, 조국 분단의 슬픔이 모든 염황(炎黃) 자손의 영혼 깊은 곳에 있는 아픔을 깊이 표현하였다.

덩샤오핑이 말한 것처럼 "우리 조상은 염제(炎帝)·황제(黃帝)이다. 염황의 자손들은 모두 조국의 통일을 바라고 있다. 분단 상황은 민족의 의지에 어긋나는 것이다." 나라의 통일은 수천 수백 년을 내려오면서 중화민족 아들딸들의 변함없는 소원이다! 전국 여러 민족 인민의 이익을 대표하는 중국공산당도 이런 강렬한 애국적 자각과 감정을 가지고 있다. 1948년 마오쩌둥은 "중화민족의 대 번신을 이룰 것이다!" "중국 인민의 대 해방을 이룰 것이다!"라고 호기롭게 선언했다. 덩샤오핑도 "나라의 통일을 실현하는 것은 민족의 소원이다. 100년이 걸려도 통일을 이루지 못한다면 1000년이 걸리더라도 통일은 해야 한다."[93]라고 말했었다. 2014년 11월 14일 밤 시진핑이 버락 오바마 미국 대통령과 중난하이(中南海)의 잉타이(瀛臺)에서 이야기를 나누면서 "오

---

93) 『덩샤오핑 문선』 제3권, 인민출판사 1993년판, 59쪽.

늘의 중국을 이해하고 내일의 중국을 예측하려면 반드시 중국의 과거를 이해하고 중국의 문화를 이해해야 한다." "당대 중국인의 사고방식과 중국정부의 치국방략에는 중국 전통문화의 유전자가 들어 있다." "중국 인민은 예로부터 나라의 독립과 통일 그리고 존엄을 소중히 여겨오고 있다." "중국 정부는 반드시 인민의 의사에 따라 나라의 주권과 안전 그리고 영토의 완정을 확고하게 수호하고, 민족의 단결과 사회의 안정을 수호하며 확고부동하게 평화발전의 길을 걸어 나갈 것이다." 라고 지적했다. 이는 국내외의 모든 염황자손들에게 전하는 간곡한 메시지일 뿐만 아니라 공산당이 실천에 옮기고자 하는 행동서약을 만천하에 알리고자 한 것이다.

"우리는 파종을 잘하고 길을 잘 열어놓기만 하면 된다"

전국적으로 집권하기 전야에 중국공산당은 이미 나라의 통일을 수호하는 것을 의사일정에 올려놓았다. 1949년 2월 마오쩌둥은 비밀리에 중국을 방문한 아나스타스 미코얀(Anastas Mikoyan) 소련공산당 대표에게 중국의 정세에 대해 담론하면서 다음과 같이 말했다. "섬과 관련된 일은 비교적 복잡한 상황이다. 또 다른 융통성 있는 방식으로 해결하거나 또는 평화적으로 과도하는 방식을 취할 필요가 있다. 그러나 시간이 많이 걸릴 것이다. 이런 상황에서 홍콩·마카오 문제를 서둘러 해결하는 것은 별로 큰 의미가 없다. 오히려 이 두 지역의 원래 지위를 이용하는 것이, 특히 홍콩을 이용하는 것이 해외관계와 수출입무역을 발전시키는 데 좀 더 유리할 것 같다. 총체적으로 정세의 발전을 봐서 최종 결정을 할 것이다."[94] 이 한 마디로 정세의 변화에 따라 정책을 조정하는 중국공산당의 전통을 표현했다고 할 수 있다. 중국공산당은 하나의 중국 원칙을 고수하면서도 구체적 방침과 정책을 제정할 때는 "정세의 발전을 보면서 최종적으로 결정"했으며, 원칙성과 융통성의 통일을 실천했다.

신중국 창건 초기 당의 1세대 중앙지도부는 무력으로 대만을 해방시키기로 결정했다. 1949년 3월 5일 중국 관영 신화사(新華社)는 「우리는 반드시 대만을 해방시킬 것」이라는 제목으로 사설을 발표하여 처음으로 "대만 해방"이라는 구호를 제기했다. 사설에서는 다음과 같이 지적했다. "중국 인민(대만 인민 포함)은 국민당 반동파가 대만을 최후 발악의 근거지로 삼는 것을 절대로 용납할 수 없다. 중국인민해방 투쟁의 임무는 전 중국을 해방시키는 것이다. 대만과 하이난다오(海南島) 그리고 중국에 속하는 마지막 한 치의 땅을 해방시킬 때까지 투쟁은 계속될 것이다." 그해 12월 31일 중공중앙은 「전선의 장병과 전국 동포들에게 알리는 글」을 발표하여 중국인민해방군의 1950년의 전투 임무는 "대만과 하이난다오·시짱(西藏)을 해방시키고, 장제스 도당의 마지막 잔여세력을 섬멸하여 중국의 통일사업을 완성하는 것"이라고 밝혔다. 1950년 6월 마오쩌둥이 중공중앙 제7기 제3차 전체회의에서, 현 단계에서 당의 총체적 방침은 "국민당 잔여세력·특무·토비를 숙청하고, 지주계급을 쓸어버리며, 대만과 시짱을 해방시키고, 제국

94) 『역사의 거인 곁에서: 스저(師哲)의 회고록』 (수정본), 중공중앙문헌출판사 1995년판, 380쪽.

주의와 끝까지 투쟁하는 것"[95]이라고 지적했다. 대만을 해방시키려는 공산당의 결심은 세계의 주목을 받았다. 미국의 극동 정보처는 "대만이 7월 15일 이전에 중공의 전면 공격을 받을 것이다. 정부군이 해이해지고 민심이 흔들리고 있어 중공은 공격 개시 후 몇 주일 안으로 대만을 점령할 것이다."라고 탄식했다.

1950년에 조선전쟁이 발발한 후, 미군이 대만에 진주하면서 대만 문제가 복잡해졌으며, 중국공산당의 대만해방계획은 무산되고 말았다. 조선전쟁이 끝난 후 중국공산당은 재차 전국 인민에게 대만을 해방시키는 임무를 제기했다. 10월 중앙군위회의에서 마오쩌둥은 "한국전쟁이 정전하게 되면서 우리 어깨에 짊어진 짐이 한결 가벼워졌다.……이 2년 동안에 대만에 계신 우리 장 선생께서는 우리가 항미원조로 바빠 그를 돌볼 겨를이 없는 틈을 타서 '샘 아저씨'를 등에 업고 말썽을 피우며 대륙을 반격하려는 꿈을 꾸고 있다! 이제 우리는 짬을 낼 수 있게 되었으니 힘을 모아 대만 문제를 해결할 때가 온 것 같다."라고 말했다. 마오쩌둥은 "지금부터 착수하여 준비해야 한다. 장기적인 안정을 실현하려면 대만을 해방시키지 않으면 안 된다."라고 경고했다. 1954년 7월 중공중앙은 "대만을 반드시 해방시켜야 한다."라고 재차 결정을 내렸다. 마오쩌둥은 미국과 장제스의 군사적 정치적 연합을 격파하기 위해서는 "대만을 해방시키자"는 구호를 전국적으로, 전 세계적으로 외쳐야 한다고 지적했다. 마오쩌둥은 역사에 대한 성찰을 거친 후 다음과 같이 지적했다. "조선전쟁이 끝난 후 우리

---

95) 『마오쩌둥문집』 제6권, 인민출판사 1999년판, 74쪽.

는 제때에 (약 반년 늦어짐) 전국 인민에게 이 임무를 제기하지 못했고, 제때에 이 임무에 따라 군사·외교 분야 및 선전 분야에서 필요한 조치를 취하여 효과적인 업무를 진행하지 못했다. 이는 적절하지 못한 처사였다. 만약 우리가 아직도 이 임무를 제기하지 않고, 아직도 업무를 전개하지 않는다면 우리는 심각한 정치적 실수를 저지르게 되는 것이다."[96] 8월 22일 중국인민정치협상회의·중국공산당과 여러 민주당파·인민단체는 공동으로 「대만해방공동선언」을 발표하여 "대만은 중국의 영토로서 중국인민은 대만을 반드시 해방시킬 것이다."라고 전 세계에 엄정하게 선언했다.

모든 업무가 긴박하게 진행되고 있었다. 1958년 7월 12일 마오쩌동은 진먼(金門)을 포격할 준비를 할 것을 명령했다. 8월 17일 마오쩌동은 베이다이허(北戴河)에 가서 진먼 포격전을 진두지휘했다. 8월 20일 마오쩌동은 "즉시 역량을 집중하여 진먼을 포격하고 진먼을 봉쇄할 것"을 명령했다. 마오쩌동의 진두지휘 하에 8월 23일 오후 5시 30분 경, 수 천 수 만 발의 포탄이 진먼을 향해 날아갔다. 진먼다오(金門島)는 순식간에 불바다로 변했다. 포격은 2시간이 넘게 지속되었고 약 3만 발 가까이 포탄을 발사했으며, 국민당군 진먼 수비사령부 중장이하 장병 600여 명이 격살되었거나 부상을 당했으며, 국민당 해군의 대형 수송함 한척을 격파하고 진먼다오의 케이블 유선통신시스템에 큰 타격을 주었다. 9월 3일 해방군은 포화로 진먼을 봉쇄했으며 진먼을 점령할 날이 멀지 않았다. 그런데 바로 이때 마오쩌동이 갑자기

---

96) 페이젠장(裴堅章) 편찬, 『중화인민공화국 외교사』 (1949~1956), 세계지식출판사 1994년판, 337쪽.

"전선의 각 부대에 9월 4일부터 3일간 진먼에 대한 포격을 중지하라"
는 명령을 내렸다. 이해하기 어려운 결정이었다. 예페이(葉飛) 그때 당
시 푸저우(福州)군구 사령관은 그의 회고록에 "지금 와서 돌이켜보면
마오 주석이 진먼을 점령하지 않기로 결정한 중요한 이유는 대화의
가능성을 열어두고자 함이었다."라고 기록했다.

이는 마오쩌둥이 사전에 철저히 대비하여 대만과 대화할 수 있는
여러 가지 가능성을 열어두었음을 보여준다. 그때 장제스가 진먼·마
쭈(馬祖)를 포기하라는 미국의 제안을 거부했다는 소식을 이미 접한
마오쩌둥은 대(對) 미국 입장에서 자신과 장제스 간에 의기투합하는
부분이 있음을 알게 되었다. 마오쩌둥은 바로 결단을 내리고 진먼·
마쭈를 잠시 수복하지 않기로 결정했던 것이다. 10월 3일과 4일 마오
쩌둥이 중앙정치국 상무위원회 회의를 주재하고 대만해협의 정세에
대해 의논했다. 그는 "진먼·마쭈를 장제스에게 남겨두는 것이 어떠한
가? 그렇게 하는 장점은 진먼·마쭈가 대륙에서 아주 가까이 있어 그
곳을 통해 국민당과의 접촉을 유지할 수 있다. 긴장된 국면이 필요할
때면 포격을 가하여 올가미를 바짝 당겼다가, 완화 국면이 필요하면
풀어주면서 미국에 대처하는 수단으로 삼을 수 있다."[97]라고 말했다.
이것이 바로 유명한 올가미정책인 것이다.

올가미정책은 중국공산당이 정세를 잘 파악하고 면밀한 전술전략
을 세운 하나의 중요한 표현이며, 또한 중국공산당이 민족의 대의에
서 출발해 고민한 결과이다. 10월 13일 푸젠의 전선방송국을 통해 방

97) 『마오쩌둥 외교 문선』, 중앙문헌출판사 세계지식출판사, 1994년판, 356쪽.

송된 마오쩌둥이 작성한 「중화인민공화국 국방부장 명령」에서는 민족의 대의를 더욱 뚜렷이 보여주었다. 「명령」은 "오늘부터 포격을 2주일간 더 멈추고 적의 움직임을 살피는 한편 진먼의 군민 동포들이 충분한 보급을 받을 수 있도록 할 것"이라고 선포했다. 이와 동시에 "이는 민족의 대의"라며 우리 목표는 "미국인에 대처하기 위한 것"이라고 지적했다. 10월 25일 마오쩌둥은 펑더화이(彭德懷) 국방부장의 명의로 「대만동포들에게 재차 알리는 글」을 발표하여 대만에 개입하려는 미국의 목적을 밝히고 대만당국에 미국인의 악랄한 계략에 넘어가지 않도록 주의할 것을 귀띔해 주었으며, 미국인의 압박에 굴복하지 말 것을 대만당국에 권고했다. 이와 동시에 마오쩌둥은 "짝수일은 진먼의 비행장과 랴오뤄만(料羅灣)의 부두·모래사장·선박을 포격하지 않을 것이다.……그대들이 장기적으로 지키는 데 도움이 되도록 하기 위함이다."라고 선포했다. 그렇게 진먼에 대해 "홀수일만 공격하고 짝수일은 공격하지 않는" 국면이 1979년 1월 1일까지 줄곧 이어졌다. 1958년 8월 23일부터 1959년 1월 7일까지 포격은 130여 일간 지속되었다. 마오쩌둥의 지도와 지휘 아래, 푸젠의 전선부대는 7차례의 대규모 포격, 13차례의 공중전, 3차례의 해상전 그리고 수시로 종종 포격을 가하여 국민당 장병 7,000여 명을 격살 또는 부상을 입혔고, 34대의 적기를 격추 또는 격파했으며, 23척의 함정을 격침 또는 격파했다. 마지막 한 차례의 대규모 포격을 가한 뒤 하루가 지나서 마오쩌둥의 제의에 따라 중앙군위는 새로운 결정을 내렸다. 즉, "앞으로는 홀수일마다 반드시 포격해야 하는 것은 아니다." 이에 따라 포격 횟수는 점점 줄어들어 때로는 포격을 해도 모래사장과 같은 무인구역만 겨냥했다. 진먼·마쭈의 여러 섬에 대해서 봉쇄하지 않고 편안하게 굳게 지키도록 하는 방침을 취했다.

이러한 '형식적'인 포격은 1960년 6월 중순까지 계속되었다. 그때 아이젠하워(Dwight David Eisenhower) 미국 대통령이 대만을 '방문'했다. "두 개의 중국"을 만든 미국에 경고와 타격을 주고 대만을 저들의 식민지로 만들려는 미국의 의도를 깨뜨리기 위해 마오쩌둥의 지시에 따라 또 두 차례의 포격을 가했다. 두 차례 포격에서 총 7만 6천 발의 포탄을 발사했으나 섬의 군사목표는 공격하지 않았다. 진먼다오 위의 국민당 포병들도 반격을 가했으나 우리 군의 방법을 본받아 해안의 모래사장이나 들판에 모든 포탄을 쏟아 부었다. 그 포격은 대만해협의 마지막 대규모 포격전이기도 하다. 1961년 8월부터 중앙군위는 대만해협 정세의 안정을 유지하기 위해 더 이상 진먼제도의 국민당군을 공격하지 않기로 결정하고 "공포탄만 쏘고 실탄은 더 이상 쏘지 않는다."라고 강조했다고 회고하는 이도 있었다. 그 후 푸젠 전선의 전쟁은 기본적으로 중지되었다.

사실상 진먼을 포격하는 올가미정책이나 "홀수일에만 공격하고 짝수일에는 공격하지 않은 것"에서도 중국공산당이 대만 문제에 대해서 얼마나 신경을 썼는지를 알 수 있다. 민족적 대의 앞에서 중국공산당은 절대 전쟁을 위하여 싸운 것이 아니다. 무력으로 해결하는 것은 어쩔 도리가 없는 부득이한 방법이다. 민족의 대의를 위해서 중국공산당은 가능한 한 대만문제를 평화적으로 해결하려고 한다. 그러므로 중국공산당에게 있어서 대만을 무력으로 해방시키는 것과 대만 문제를 평화적으로 해결하는 것은 서로 모순되지 않는다. 게다가 어느 정도에서는 대만문제를 평화적으로 해결하는 것만이 중국공산당의 가장 기본적인 입장이라고 말할 수 있다. 1955년 4월에 마오쩌둥은 저우언라이가 반둥회의에 참가하기 전에 "적당한 기회를 보아 미국이 대만과 대만해협에서 군사력을 철수하는 전제 하에 대만 문제를 평화적으로 해결할 가능성을 제기하라"고 지시했다. 반둥회의 기간에 저우언라이는 성명을 발표하여 "중국정부는 미국정부와 마주앉아 담판을 통해 극동정세의 긴장 완화, 특히 대만지역에서의 긴장완화 문제에 대해 토론할 용의가 있다"고 밝힘으로써 중–미 대사급 회담을 성사시켰다. 1955년 5월 저우언라이는 전국인민대표대회 상무위원회 회의에서 처음으로 "중국인민이 대만을 해방시키는 데 두 가지 실행가능한 방법이 있다. 즉, 전쟁의 방법과 평화적인 방법이다. 중국인민은 가능한 조건하에서 평화적인 방법으로 대만을 해방시킬 용의가 있다."[98]라고 공개적으로 제기했다. 그리하여 50년대 중반부터 중국 공산주의자들은 대만에 대한 정책을 바꾸어 무력에 의한 대만 해방을 평화적 대만 해방으로 방향을 바꾸었다.

평화적인 방법으로 대만을 해방시키려는 주요 원인의 하나는 국내 경제건설을 위한 안정된 환경을 마련하기 위한 것이었다. 1956년 1월 25일 마오쩌둥은 제6차 최고 국무회의에서 다음과 같이 지적했다. "무릇 단합할 수 있는 우리 대오에 함께 가담하고자 하는 사람은 과

98) 천원린(陳雲林) 편찬, 『중국 대만 문제』, 주저우(九州)출판사 1998년판, 63쪽.

거에 그가 무엇을 하던 사람이건 불문하고 모두 단합해야 한다. 예를 들어 대만에 있는 많은 사람들 중에 그들이 애국주의 입장에 서있고 또 오기를 원한다면, 개별적이든 일부이든 집단이든 간에 어느 누구를 막론하고 그들이 우리의 공동목표를 위해 분투하는 것을 환영해야 한다."[99] 5개월 후 역시 국내의 경제건설에 필요한 평화롭고 안정된 환경을 위해 대국적인 생각으로 대만 문제에서 "화목이 으뜸" "애국자는 한집안"이라는 주장을 제기했다. 1956년 8월 마오쩌둥은 8차 당 대회 정치보고에 대한 회시 및 수정문에 이렇게 썼다. "우리는 애국심이 있는 대만의 모든 군인·정치인들이 평화적 담판을 통해 대만을 조국의 품으로 돌아오게 하는데 동의하기를 희망한다." 류샤오치(劉少)는 8차 당 대회 정치보고에서 다음과 같이 명확히 지적했다. "우리는 무력을 사용하는 것을 피해 평화적 담판 방식으로 대만을 조국의 품으로 돌아오게 할 용의가 있다. 만약 부득이하게 무력을 사용하게 된다면 그것은 평화적 담판의 가능성을 잃었거나 또는 평화적 담판이 실패한 후일 것이다. 어떤 방법을 취하든 대만을 해방시키는 정의로운 사업은 반드시 최후의 승리를 거둘 것이다."[100]

"제3차 국공(국민당·공산당)합작"도 바로 그 시기에 제기되었다. 1956년 7월 저우언라이가 국민당 중앙통신사 기자였던 차오쥐런(曹聚仁)을 접견한 자리에서 처음으로 제3차 국공합작에 대해 명확히 제기

99) 양친화(楊親華) 왕밍젠(王明鑒), 「마오쩌둥과 대(對) 대만 사업」, 『인민일보』, 1994년 2월 27일자.
100) 『류샤오치 선집』 하권, 인민출판사 1985년판, 255쪽.

했다. 차오쥐런은 중국 현대의 저명한 작가이자 학자이며 기자로 걸출한 애국주의 문화인사이다. 그는 젊었을 때 깐쩌우(贛州)에서 장징궈(蔣經國)를 도와『정기일보(正氣日報)』를 만들었고, 루쉰(魯迅)·저우쮜런(周作人) 형제와 가까운 사이였으며, 해협 양안의 많은 중요 인물들과도 교제하고 있었다. 1956년부터 1959년까지 저우쮜런은 여러 차례 초청을 받고 대륙으로 와서 취재를 했는데, 마오쩌둥은 그를 여러 차례 접견했고 저우언라이 총리와 천이(陳毅) 부총리도 그를 여러 차례 접견했었다.

마오쩌둥의 의견에 따라 저우언라이·천이·장즈중(張治中) 등이 먼저 저우쮜런과 회담을 가졌다. 1956년 7월 중순, 저우언라이가 저우쮜런을 잇달아 세 차례 접견했다. 저우언라이는 다음과 같이 지적했다. "국민당과 공산당은 두 차례 합작한 적이 있다. 첫 번째 합작을 통해 북벌전쟁의 승리를 거두었고, 두 번째 합작을 통해 항일전쟁의 승리를 거두었다. 세 번째 합작을 하지 못할 이유가 있는가? 대만에 대하여 항복을 권하는 것은 절대 아니다. 서로 상담해야 한다. 정권의 통일만 이룰 수 있다면 다른 것은 뭐든지 다 마주 앉아 함께 논의하여 배치할 수 있다."[101] 저우쮜런은 저우언라이의 말을 인용해 글을 써서 1956년 8월 14일자『남양상보(南洋商報)』에 발표했다. 이로써 국공이 제3차 합작을 할 수 있다는 메시지를 정식으로 해외에 전하여 해내외에서 강렬한 반향을 일으켰다. 1956년 10월 3일 마오쩌둥은 아흐메드 수카르노(Achmed Sukarno) 인도네시아 대통령과의 회견 시

---

101) 『저우언라이 연보(1949~1976)』 상권, 중앙문헌출판사 1997년판, 598쪽.

간까지 미루면서 특별히 저우쩌런을 접견하고 장시간 이야기를 나누었다. 마오쩌둥은 저우쩌런과 대만문제를 언급하면서 중국공산당의 '평화적 해방'을 위한 새 방침과 새 정책에 대해 명확하게 설명하고 저우쩌런이 대만에 말을 전해주기를 바랐다. 마오쩌둥은 "장 씨 부자가 미국을 배척한다면 우리는 그와 합작할 수 있다. 우리는 장제스가 진먼과 마쭈를 보존하는 방침에 찬성한다. 만약 장제스가 진먼과 마쭈에서 철수한다면 대세가 기울어지고 민심이 흔들리게 되어 무너질 가능성이 크다. 미국과 한통속이 되지만 않는다면 대만·펑후·진먼·마쭈는 모두 장제스가 관할할 수 있게 해줄 것이다.……단 통항(通航)을 허용해야 한다. 그리고 대륙에 와서 간첩활동을 하는 것은 안 된다. 대만·펑후·진먼·마쭈가 모두 조국으로 귀환되어야 한다."라고 말했다. 이어서 마오쩌둥은 "우리 방침은 미국을 고립시키는 것이다. 그에게 남은 건 이 길밖에 없다. 이 길을 가지 않으면 피동 상황에 빠지게 된다. 바르샤바에서 우리는 대만 문제에 대해 거론하지 않고 미국의 철수만을 요구할 것이라고 대만에 전해야 한다."라고 말했다. 마오쩌둥은 또 통일된 후 대만의 상황에 대해 서술했다. "그(장제스)는 군대를 보존할 수 있다. 그에게 군축을 강요하지 않을 것이며 행정기구의 간소화를 요구하지 않을 것이다. 삼민주의를 하고 싶으면 해도 된다. 공산주의를 반대하려면 거기서 하면 된다. 단, 비행기를 파견하거나 간첩을 파견해 말썽을 피우지만 않으면 된다. 그가 '백색' 간첩을 파견하지만 않는다면 나도 '붉은' 간첩을 파견하지 않을 것이다." 저우쩌런이 "대만인들의 생활방식은 어떻게 할 것이냐고 묻는 사람이 있다."고 말하자 마오쩌둥은 "자기들 생활방식대로 살아도 된다." 라고 말했다.[102] 저우언라이가 "미국은 진먼·마쭈로 대만·펑후를 바꾸려 하고 있지만 우리는 그와 담판할 생각이 전혀 없다. 대만이 미국에 저항하는 것은 공을 세우는 것이다. 대만의 소삼각(小三角, 장제스·천청[陳誠]·장징궈[蔣經國])이 단합할 수 있기를 바란다. 한 사람은 대통령을 맡고, 한 사람은 행정원장을 맡으며, 다른 한 사람은 부원장을 맡으면 가장 좋을 것 같다."라고 보충했다. 마오쩌둥은 그 자리에서 대만의 "고도의 자치" 권한을 명확히 제시했다. 즉, 군대를 유지하고 기존의 정치·경제 체제 및 권력 구조를 유지하는 것을 허용한 것이다. 저우쩌런이 대만에 돌아간 후 적극적으로 장징궈에게 편지를 쓴 사실 또한 마오쩌둥이 그와 담화를 나눈 의도를 증명해주고 있다. 그 후 중국공산당은 여러 경로를 통해 대만당국에 제3차 국공합작의 의향을 전했으며 "대만이 미국과 관계를 단절한다면 대표를 파견하여 전국인민대표대회와 정치협상회의 전국위원회의에 참가할 수 있다."라고 제안했다. 이로써 제3차 국공합작방식의 내용을 기본적으로 설명했다.

저우쩌런 이외에도 중국공산당은 또 다른 한 "로비스트"인 장스자오(章士釗)를 내세웠다.

1956년 봄 마오쩌둥은 장스자오에게 양안 소통의 책임을 맡아달라고 위탁했다. 그때 당시 마오쩌둥은 장스자오에게 부탁하여 "장제스와 연합해 미국에 저항하는" 중국공산당의 방침을 장제스에게 편지

---

102) 『마오쩌둥전(1949~1976)』 상권, 중앙문헌출판사 2003년판, 811쪽.

로 알리도록 했다. 편지에는 중국공산당이 대만을 평화적으로 해방시키는 것에 대한 구체적인 방법도 언급했다. 첫째, 대만은 외교 분야만 중앙에 통일시키는 것 외에 기타 인사 배치와 군정 대권은 장제스가 관장한다. 둘째, 대만은 경제건설 자금이 부족할 경우 중앙정부로부터 자금을 조달하여 보조를 받을 수 있다. 셋째, 대만 사회 개혁은 조건이 성숙될 때까지 기다렸다가 천천히 추진하며 또한 장제스의 의견을 존중하고 대만 각계 인민 대표들과 협상을 진행한다. 넷째, 국공 양자는 상대방을 파괴하는 일을 하지 않을 것을 약속하여 양당의 새로운 합작에 유리하도록 한다. 편지의 마지막에는 감정에 호소하여 마음을 움직이는 말을 남겼다. "평화(奉化)의 묘소는 그대로요, 시커우(溪口)의 화초도 무사하다네."(장제스의 고향인 저장성 닝보시 평화구 시커우진에 그의 어머니와 그의 부인의 묘소가 원래 모습 그대로 보존되어 있고, 시커우의 풀 한 포기 나무 한 그루 다 원래 모습 그대로 있다는 뜻.) "대만의 진먼·쭈마는 (대륙과) 입술과 이처럼 서로 의지하는 사이요, 먼 남쪽 하늘을 바라보고 있습니다. 건강하십시오." 마오쩌동은 이 몇 구절을 특히 마음에 들어 했으며 '남쪽 하늘(南天)'을 "남으로 떠가는 구름(南雲)"으로 직접 바꿔놓았다.

"평화의 묘소는 그대로요, 시커우의 화초도 무사하다네." 이는 마오쩌동이 미리 철저히 준비하여 조치한 절묘한 한 수였다. 1949년 5월 6일 마오쩌동은 저장성으로 진군 중이던 제3야전군 쑤위(粟裕) 사령관 대리와 장전(張震) 참모장에게 전보를 쳐서 "평화를 점령할 때 장제스의 저택과 사당 그리고 기타 건축물을 파괴하지 않도록 군 장병들에게 타이를 것"을 지시했다.[103] 이런 특별한 배려는 이전에 장제스의 부하 허젠(何鍵)이 일부러 사오산충(韶山沖)까지 가서 마오쩌둥 집안의 조상 묘지를 파헤친 것과 명확한 대조를 이룬다. 후에 듣기로는 장제스가 그 편지를 보고 또 보곤 했는데 매번 편지를 볼 때마다 깊은 생각에 잠기곤 했으며, 편지를 볼 때면 다른 사람이 방해하지 못하도록 했다고 한다. 1957년 장제스는 "입법위원"인 쑹이산(宋宜山)을 대륙에 보내 허실탄회하게 협상토록 했다. 쑹이산의 형 쑹시롄(宋希濂)은 원래 국민당 고급 장교였는데 해방전쟁에서 포로가 되어 당시 대륙의 공더린(功德林) 감옥에서 복역 중이었다. 쑹이산을 대륙에 파견한 것은 친척방문이라는 명분을 내세워 사람들의 이목을 가릴 수 있었기 때문이었다. 1957년 4월 쑹이산은 홍콩을 거쳐 입경하여 광쩌우를 경유하여 기차를 타고 베이징에 도착했다. 쑹이산은 베이징에서 저우언라이의 접견을 받았고 연회에 초대되었다. 쑹이산은 대만에서 자신을 파견한 목적은 중국공산당의 평화적 담판 의향을 알아보기 위해서라고 솔직하게 말했다. 저우언라이는 "우리는 모두 한 가족이다. 항일전쟁이 승리한 후 총칭(重慶)에서 담판할 때 장(蔣) 선생이 대혁명시기에 국공 양당 동지들은 한 방에서 회의를 하고 한솥밥을 먹었던 적이 있다고 말했었다. 우리가 다시 함께 합작할 수 있기를 바란다."라고 의미심장하게 말했다. 저우언라이의 말을 들은 쑹이산은 마치 따스한 봄바람이 불어오고 있는 느낌이 들면서 지난날 공산당에 대해 품었던 여러 가지 의혹들이 말끔히 가셔졌다.

---

103) 『창당 이래 중요한 문헌 선집(1921~1949년)』 제26권, 중앙문헌출판사 2011년판, 384쪽.

마오쩌동은 리웨이한(李維漢) 중공중앙 통일전선부 부장을 시켜 쏭이산에게 대만문제 해결에 관한 우리 당의 네 가지 구체적인 제안을 직접 전하기로 결정했다. 첫째, 양안은 대등한 담판을 통해 평화적 통일을 실현한다. 둘째, 대만은 중국 관할 하에 있는 자치구로서 고도의 자치를 실시한다. 셋째, 대만지역의 정무는 장제스가 지도하고 중앙은 사람을 파견하여 간섭하지 않으며 국민당은 사람을 베이징에 파견하여 전국의 정무를 지도하는데 참가할 수 있다. 넷째, 미국의 군사력을 대만해협에서 철수시키고 외국이 중국의 내정을 간섭하는 것을 허용하지 않는다. 홍콩으로 돌아간 후, 쏭이산은 15,000자에 달하는 서면 보고를 써서 저우언라이·리웨이한과 만났던 상세한 상황과 중공중앙의 평화적 통일 제안, 그리고 자신이 베이징에서 보고 들은 것을 장제스에게 사실대로 보고했다. 진먼 포격전 기간에도 중국공산당은 여전히 대만문제에 대한 기본 입장을 견지했다. 1958년 10월부터 11월까지 마오쩌동은 펑더화이 국방부장의 명의로 「중화인민공화국 국방부가 대만 동포들에게 알리는 글」, 「중화인민공화국 국방부 명령」, 「중화인민공화국 국방부가 재차 대만동포들에게 알리는 글」, 「중화인민공화국 국방부가 세 번째로 대만동포들에게 알리는 글」 등을 작성했다. 이러한 역사 문헌을 보면, 마오쩌동은 네 가지 중요한 제안을 체계적으로 제기했음을 알 수 있다.

　첫째, 해협 양안의 중국인들은 전쟁을 평화로 바꾸기를 바란다. "36계 중 화합이 상책"이다. 대만 당국이 중화민족의 대의를 중히 여기고, 평화 담판을 통해 대만이 조국으로의 귀환 문제를 해결할 것을 요구한다. "그대들과 우리 사이의 전쟁이 30년이 지나도록 아직 끝나지 않았다. 이는 좋지 않은 일이다. 담판을 진행하여 평화적으로 해결할 것을 제안한다."라고 간곡하게 호소한다. 오로지 평화적인 해결만이 양안 인민에게 이로우며 조국의 발전과 강성에 이로우며 아태지역과 세계의 평화에 이롭다.

둘째, "하나의 중국" 원칙을 함께 견지하고, "두 개의 중국"을 조성하려는 국제 반(反)중국 세력의 음모에 반대해야 하며, 이 문제에서 양측이 공동 인식을 이룰 것을 중점적으로 강조했다. "대만·펑후·진먼·마쭈는 중국의 일부이다. 다른 나라가 아니다. 세계에는 하나의 중국만 있을 뿐, 두 개의 중국은 없다." 해협 양안의 애국자들이 조국을 분열시키려는 국제의 반 중국 세력과 끝까지 꾸준히 싸우기 바란다.

셋째, 양안의 공식회담을 시작하기에 앞서 대만 당국의 현실적 선택과 이후의 출로 및 앞길을 가리켜주었다. 사리에 밝은 중국공산당은 "그대들이 지금 당장 미국인과 결별하라고 권고하지 않는다. 그렇게 생각하는 것은 비현실적이다. 다만 그대들이 미국의 압박에 굴복하지 말기를 바랄 뿐이다. 남이 시키는 대로 이리저리 흔들리다가 주권을 잃게 되면 결국 몸 둘 곳이 없이 바다에 던져지게 될 것이다."[104] 그리고 오늘날 "그대들이 쑨중산(孫中山) 선생의 애국삼민주의를 실행하다가 이 후 점차 사회주의로 들어서기를 바란다."[105]

---

104) 『건국 이래 중요한 문헌 선집』 제11권, 중앙문헌출판사 2011년판, 448쪽.
105) 『건국 이래 마오쩌둥 군사원고』, 군사과학출판사 2010년판, 443쪽.

넷째, 그때 당시 양안이 시급히 해결해야 할 급선무와 대만문제를 점차적으로 해결하는 데에 대한 우리의 태도를 설명했다. 우선, 대만해협은 "전쟁 중이다. 중지해야 한다. 그리고 전쟁의 불씨를 꺼버려야 한다." 그 다음 진먼·마쭈는 당분간 국민당이 점령하는 것이 우리에게 유리하다. 그래서 진먼·마쭈는 국민당에게 남겨두고 그들이 짝수 일에 충분한 보급을 받을 수 있도록 허용하여 장기적으로 지키는데 유리하도록 할 필요가 있다. 그리고 대만을 최종적으로 평화적으로 해방시킬 시간에 대해서는 인내심을 갖고 기다릴 수 있다. 지나치게 성급해하지 않을 것이다. "일시적으로 해결하기 어려우면 장기적으로 계획할 수 있다." 한마디로 말하자면 조건이 마련되기를 기다려야 한다는 것이다. 그때 미국이 대만당국 내부에 친미 세력을 키우는 것을 서두르고, 대만에 정치적·경제적 압박을 가하면서 "두 개의 중국" 정책을 펴려고 시도하는 바람에 대만 내부에서는 반미감정이 고조되었다. 반면에 우리는 시기적절하게 대만문제의 평화적 해결방안을 발표함으로써 대만문제의 평화적 해결을 위한 조건을 마련했다.

그 후의 일부 자리에서 중국공산주의자들은 대만문제를 더욱 세밀하게 계획했다. 1959년 2월 마오쩌둥은 어느 회의 장소에서 "대만은 장제스가 대통령을 맡는 게 좋을까? 아니면 후스(胡適)가 맡는 게 좋을까? 또는 천청이 좋을까? 그러나 국제적 장소에는 그가 있으면 우리는 가지 않을 것이다. '대통령'이 되는 것에 대해서는……10년, 20년이 지나면 변화가 생길 것이다. 그에게 밥을 먹여주고 군대를 조금 줄수도 있다. 간첩놀이를 하고 싶으면 하게 하고 삼민주의를 실시하게 할 수 있다. 역사적으로 부정하지 말아야 할 것은 모두 적절하게 평가해야 한다. 모든 것을 부정해서는 안 된다."[106]라고 말했다. 1960년 5월 중앙정치국 확대회의에서 마오쩌둥은 "대만은 장 씨 부자의 손에 맡길지언정 미국의 손에 넘어가게 해서는 안 된다. 우리는 장제스를 기다려줄 수 있다. 대만을 해방시키는 과업을 우리 세대에 꼭 완수해야만 하는 것은 아니다. 다음 세대가 처리하게 남겨둘 수도 있다. 지금 장제스에게 넘어오라고 하는 것은 어려운 일이다. 점차 여건을 만들어가다가 일단 시기가 무르익으면 쉽게 해결될 것이다."

1963년, 저우언라이가 장즈중·푸쬐이(傅作義)를 지목하여 천청에게 편지를 쓰게 했다. 편지에서 마오쩌둥이 제안하고 저우언라이가 개괄한, 대만문제를 평화적으로 해결하는 데에 대한 중국공산당의 구체적 방안 즉 '1강 4목(一綱四目)'에 대해 언급했다. 그중에서 '1강'은 "대만이 조국으로 돌아오기만 하면, 기타 모든 문제는 모두 총재(장제스를 가리킴)와 형님(천청을 가리킴)의 의견을 존중하여 타당하게 처리할 것"임을 가리킨다. '4목'에는 "대만이 조국으로 귀환한 후, 외교 분야에서는 반드시 중앙에 통일시켜야 하는 것 외에 모든 군정대권과 인사 배치는 모두 총재와 형님이 전권으로 처리하도록 한다. 모든 군정비용 및 건설비용 면에서 부족한 부분에 대하여 중앙에서 조달 지급한다. 대만의 사회개혁은 늦출 수 있다. 조건이 성숙되기를 기다렸다가 총재와 형님의 의견을 존중하여 담판을 결정한 다음 진행토록 한다. 양자 간에 서로 사람을 파견하여 상대측의 단합을 해치는 일

---

106) 황자수(黃嘉樹), 『대만에서의 국민당』, 남해(南海)출판사 1991년판, 319~320쪽.

을 하지 않기로 약속한다."[107] 어떠한 단어에서든 우리는 1세대 중앙 지도부의 조국 통일에 대한 간절한 바람을 엿볼 수 있다. 나라의 통일만 이룰 수 있다면, 그 어떤 문제든지 다 의논할 수 있다. 중국공산당은 조국의 평화적 통일을 촉진하기 위하여 구체적이고도 영향력이 큰 사업들을 대량 추진했다. 예를 들면, 국민당 전범과 무장 간첩을 특별 사면하여 대만당국과의 관계를 완화시켰고, 비밀경로를 통해 대만당국과의 접촉을 유지하고 정보를 전달했으며, 해외에 거주하는 국민당 정부요원들이 조국 대륙에 돌아올 수 있도록 쟁취한 것 등이다. 양안 간에 긍정적인 상호 작용이 일어나기 시작했다. 1965년 국민당 부총재이자 대만 '부대통령'인 천청이 사망했다. 그는 유언에서 '반공(공산당 반대)'이라는 말도 '반격'이라는 말도 언급하지 않았으며, 장제스에게 "중국공산당에 대하여 흐름을 거슬러서는 안 되고, 외국을 위한 일에 대만의 병력을 사용해서는 안 되며, 미국을 신임해서는 안 되고, 일본에 우롱 당해서는 안 된다."라고 진언했다. 대만의 국민당 우파들이 천청의 유언장에 '반공·반격' 따위의 내용을 추가하려고 했지만 천청의 부인이 동의하지 않았다. 그 부인이 장제스를 찾아갔을 때 장제스도 수정하는 것에 동의하지 않았다.

같은 해에 리쭝런(李宗仁) 국민당 정부 전 대통령 대행이 미국에서 조국으로 돌아왔는데 그 일로 국내외에 큰 파문이 일어났다. 마오쩌둥·저우언라이 등은 리쭝런을 접견한 자리에서 "해외에 나갔지만 돌아오기를 원하는 사람은 모두 환영하며 예의 있게 대할 것이다."라고

---

107) 진충지(金沖及): 『마오쩌둥전(1949~1976)』 (상), 중앙문헌출판사 2003년판, 881쪽.

강조했다. 얼마 후 리쫑런은 베이징에서 중외기자회견을 열고 조국에 돌아와 정착하게 된 동기와 조국의 평화적 통일을 바라는 자신의 소원을 명확히 밝혔다. 그 후 리쫑런은 조국의 평화적 통일 사업을 위한 많은 유익한 일들을 했다. 1969년 리쫑런이 세상을 떠나기 전 병상에서 마오쩌동·저우언라이에게 보낼 편지를 구술하여 받아쓰게 했다. 편지에다 그는 "세상을 떠나는 마지막 순간까지도 나는 대만과 해외에 남아 있는 국민당 당원과 모든 애국지식인들의 앞날이 염려된다. 이제 그들에게는 하나의 길밖에는 없다. 그것은 바로 나처럼 조국의 품으로 돌아오는 길이다." 저우언라이는 그 편지를 "역사 문건"이라고 표현했다. 그 편지에는 마오쩌동·저우언라이가 해외에 거주하는 인사들의 귀국을 쟁취하는 모든 의미가 담겨 있다.

1970년대, 중화인민공화국이 대만 당국을 대체하여 중국을 대표하여 유엔에 가입했고, 중-미 상하이 "공동 코뮈니케"의 발표, 중일 양국의 관계개선 등 중대한 사건들로 인해 대만의 처지가 급격하게 악화되었으며, 정세가 중국공산당에 매우 유리해졌다. 마오쩌동은 1972년 2월 21일 리처드 닉슨(Richard Milhous Nixon) 미국 대통령을 만났을 때 닉슨을 "오랜 친구"라고 불렀다. 그 소식은 미국과 홍콩에서 오래도록 전해졌다. 장제스는 또 다른 한 세절에도 주목했다. 즉, 마오쩌동이 닉슨에게 "실제로 우리와 그(장제스를 가리킴)의 친분은 당신들보다 훨씬 더 오래 되었다."라고 말한 것이다. 마오쩌동이 한 이 말을 두고 장제스는 오래 동안 생각했다.

그리하여 마오쩌동 저우언라이는 또 대만문제의 평화적 해결을 의사일정에 올려놓았다. 1973년 봄 마오쩌둥은 대만당국과 소통하고 평화 담판을 재개하는 특수 임무를 92세 고령인 장스자오에게 맡겼다. 그것은 장스자오가 자발적으로 자청한 일이기도 했다. 그때 병환으로 베이징병원에 입원해 있던 그는 "베이징에서 이렇게 굳어 있으니 차라리 홍콩에 가서 움직이는 편이 낫겠다."라는 내용을 편지로 써서 마오쩌둥에게 보냈다. 마오쩌둥은 편지에 회시를 적어 저우언라이에게 넘겨 중앙에서 전용기를 파견하여 장스자오를 홍콩으로 보내 대만에 대한 사무를 처리하게 했다. 1973년 5월 25일 장스자오를 태운 전용기가 홍콩 카이탁 공항에 도착했다. 홍콩에 도착한 이튿날 장스자오는 가까운 친구와 약속하고 만났다. 그런데 안타깝게도 한 달 반 후인 7월 1일에 장스자오는 홍콩에서 병환으로 별세하고 말았다. 장스자오가 세상을 뜬 후 홍콩 각계에서 추모제를 거행했는데 쉬샤오옌(許孝炎)·쏭이산·퉁관셴(童冠賢) 등 국민당 내 오랜 벗들과 홍콩·마카오 동포 1000여 명이 추모제에 참가하여 국공 평화 담판을 위해 애쓴 이 노인을 추모했다. 쉬샤오옌 등 이들은 장스자오가 가져온 중국공산당의 평화담판 조건을 하루 빨리 대만에 전하겠다고 밝혔다.

장스자오가 홍콩에서 별세했다는 소식을 접한 장제스는 겉으로는 아무렇지 않은 척 했으나 내면은 크게 흔들렸을 것이다. 일부 국민당 원로들도 감화를 받았다. 미국에서 대만으로 돌아온 지 얼마 안 된 천리푸(陳立夫)는 바로 홍콩 『중화월간』지에 조국통일을 호소하는 글을 한 편 발표했다. 그는 국공 양당이 담판을 재개하여 조국의 통일을 실현할 것을 주장했다. 그는 "중국인은 대륙에 있든 대만에 있든 또는 해외 각 지역에 있든 막론하고 전쟁을 그만두고 평화를 실현하는 것에 대해 칭송할 것임이 틀림없다."라고 자신에 차서 말했다.

대만문제를 평화적으로 해결하려는 마오쩌둥과 중공중앙의 움직임에 대하여 장제스가 제때에 반응을 보이지는 않았지만, 그는 시종일관 하나의 중국이라는 원칙을 견지했다.

중국공산당이 거듭하여 평화담판에 대해 제안하고 초청한데다가 또 대만의 앞날을 고려하여 장제스는 1년 남짓한 동안의 숙고를 거쳐 또 다시 중국공산당과 담판을 재개할 생각을 하게 되었다. 1975년 춘제(春節, 음력설) 기간, 장제스는 항일전쟁 전 국공 양당의 비밀담판을 주재했던 국민당 원로 천리푸에게 중국공산당과의 담판 재개의 사명을 맡겼다. 천리푸는 임무를 받자마자 "대통령부 국책고문"(總統府資政)의 명의로 비밀경로를 통해 중국공산당에 마오쩌둥의 대만 방문을 희망한다는 초청을 발송했다. 그때 당시 마오쩌둥은 건강상태가 매우 좋지 않았고, 저우언라이도 중병에 시달리고 있어서 그들은 모두 대만을 직접 방문할 수 없었다. 마오쩌둥은 그때 당시 당·정·군의 업무를 전면 주관하고 있던 덩샤오핑에게 "양안은 가능한 한 빨리 '3통'(三通, 통신[通信]·통상[通商]·통항[通航])을 실현해야 한다" "나를 대표하여 대만을 방문하도록 하라"고 분부했다. 마오쩌둥이 덩샤오핑을 대만에 파견하려 한다는 소식을 들은 천리푸는 매우 기뻤다. 그 소통의 실현에 맞춰 천리푸는 홍콩에서 「내가 마오쩌둥이라면」이라는 제목으로 글을 한 편 발표하기도 했다. 그 글에는 "마오쩌둥 또는 저우언라이가 대만을 방문하여 장제스와 담판을 재개하는 길을 개척하여 국가와 인민을 복되게 하는 것을 환영한다."라고 썼다. 그는 마오쩌둥이 "강대한 자가 약소한 자를 대함에 과거의 앙금을 따지지 말고 북벌전쟁과 항일전쟁에서 국공의 두 차례 합작의 전례를 살려 재차 합작하는 새로운 국면을 개척하기를" 바란다고 말했다. 그러나 마오쩌둥과 장제스는 다 국공이 평화 담판을 재개하는 것과 재차 합작하는 국면이 나타나는 것을 보지 못했다. 장제스는 1975년 4월 5일에 세상을 떠났다. 그 이듬해 9월 9일 마오쩌둥도 세상을 떠났다. 역사에 한으로 남은 것이다.

홍콩·마카오 문제에 대한 고민도 진행되었다. 1958년 4월 28일 저우언라이가 상하이에서 상공업계 인사 좌담회를 열어 홍콩문제에 대해 언급했다. 그는 "우리는 홍콩을 내지로 간주해서는 안 된다. 홍콩에 대한 정책은 내지에 대한 정책과 달라야 한다. 만약 그대로 옮겨 놓는다면 틀림없이 좋은 결과를 얻을 수 없을 것이다.……(홍콩은) 사회주의화할 수 없으며, 또 사회주의화해서도 안 된다. 홍콩은 완전히 자본주의제도에 따라야만 존재하고 발전할 수 있다. 그래야만 우리에게 유리하다."라고 말했다. 실제로 저우언라이의 상기 담화 내용에서 "한 나라 두 제도"의 모습을 보는 것은 어렵지 않다.

1963년 중-소 논쟁이 날이 갈수록 격화되자 미국 공산당은 성명을 발표하여 "사회주의 국가에서 의외로 식민지의 존재를 허용한다"며 중국공산당을 비난했다. 이런 상황에서 중국공산당은 어쩔 수 없이 침묵을 깨고 처음으로 홍콩·마카오 문제에 대한 기본 원칙과 전략적 구상을 대외에 공개적으로 논술하는 수밖에 없었다. "홍콩·마카오와 같은 문제는 역사적으로 남아 내려온, 제국주의가 중국에 강요한 일련의 불평등조약의 문제이다.……조건이 성숙되면 담판을 거쳐 평화적으로 해결하고 해결되기 전에는 현 상태를 유지하자는 것이 우리의 일관된 주장이다."[108] 그로부터 얼마 지나지 않아 마오쩌둥은 오마르 샤마르크 소말리아 총리를 회견하는 자리에서 "홍콩은 일부는 할양한 것이고 일부는 임대를 준 것이다. 임대 기간은 99년이며 기한이 아직 36년이 남았다. 이는 특수한 상황이다. 우리는 당분간 홍콩을 건드릴 계획이 없다. 홍콩인은 곧 우리 중국인이다."라고 말했다.

1972년 3월 10일 황화(黃華) 유엔 주재 중국 대표가 특별히 홍콩·마카오 지위 문제에 대하여 유엔 식민사무특별위원회에 「비망록」을 제출하여 홍콩·마카오는 중국의 영토임을 거듭 천명하고 시기가 성숙되면 중국이 그 문제들을 해결할 것이라고 밝힌 뒤 홍콩과 마카오를 식민지 명단에서 제외시킬 것을 유엔에 요구했다. 1974년 5월 25일 마오쩌둥은 중국을 방문한 전 영국 총리이자 보수당 당수인 에드워드 리처드 조지 히스 경(Edward Richard George Heath)을 회견하는 자리에서 홍콩의 미래에 대해 언급하면서 히스 경과 "1997년에는 홍콩이 안정적으로 이양되어야 한다."라는 공동 인식을 달성했다. 그때 당시 중국공산당은 미국을 위수로 하는 서양 국가들이 신중국을 전면 봉쇄한 상황에서 "당분간 움직이지 않고" "장기적으로 계산하며 충분히 이용하는" 홍콩문제 처리방침을 견지하여 중국을 외부 세계와 연결 짓는 "국제 통로"와 "창구·전망대·기상대·교두보"로서의 홍

---

108) 「〈미국 공산당 성명〉에 대한 평론」, 『인민일보』 1963년 3월 8일자.

콩·마카오의 특수한 지위와 역할을 유지함으로써 중국의 사회주의 건설을 추진함에 있어서 적극적인 역할을 했고, 또 2세대 중앙 지도부가 최종 홍콩·마카오 주권을 회수할 수 있는 토대를 마련하게 했다. 대만·홍콩·마카오 문제를 잇달아 의사일정에 올려놓고 마오쩌동을 대표로 하는 1세대 중앙 지도부는 정세의 변화에 따라 자신의 해결 구상과 방안을 내놓았다. 그러나 시대적 조건과 정세의 제한으로 그 문제들은 끝내 해결되지 않았다. 이에 대해 마오쩌동과 저우언라이도 예상하고 있었다. 1960년 5월 22일 마오쩌동은 회의에서 다음과 같이 말했다. "대만을 해방시키는 과업은 우리 세대에서 반드시 완성해야 하는 것은 아니다. 아래 세대에게 맡겨도 된다. 지금 장제스에게 넘어오라고 하는 것도 어려움이 있다. 점차 조건을 마련해 나가다가 일단 시기가 성숙되면 처리하기 쉬워질 것이다."라고 말했다. 저우언라이도 "대만 문제에서 조급해해도 소용이 없다. 앞으로 늦춰질 것이다. 우리 세대에 통일되는 것을 보지 못한다면 다음 세대 또는 그 다음 세대에 이르러서는 언젠가는 볼 수 있게 될 것"이라면서 "우리는 씨앗만 잘 뿌리고 길만 잘 개척해나가면 된다."[109]라고 거듭 강조했다. 마오쩌동을 핵심으로 하는 1세대 중앙 지도부가 제기한 평화적 통일 사상은 "한 나라 두 제도" 구상을 제기할 수 있는 이론적·실천적 토대를 마련했다. 이런 사상과 실천의 "씨앗"은 앞으로 반드시 거목으로 자라날 것이다.

---

109) 료신원(廖心文), 「양안의 평화적 통일의 길을 연 저우언라이」, 『백년조』(百年潮), 1997년 제2기.

"나라의 대동단결을 추구하나, 큰 차이가 있는 두 제도는 보존한다"

대만을 평화적으로 해방시키고 조국의 통일을 실현하는 것은 중국 공산당 1세대 지도부의 기본 구상이었고, 덩샤오핑을 핵심으로 하는 2세대 중앙 지도부는 그 구상을 이어받아 한 걸음 더 나아가 "한 나라 두 제도"이론을 제기했다. 1978년 11월 덩샤오핑은 한 미국기자를 회견하는 자리에서 "대만문제에 대한 나의 생각은 대만을 지방정부로 만들고, 기존의 자본주의제도를 보류하여 두 가지 제도를 실시할수 있다는 것"이라고 말했다.

1979년 1월 1일을 덩샤오핑은 평범하지 않은 날이라고 했다. 그는 "이 날을 평범하지 않다고 하는 것은 지난 원단과는 다른 세 가지 특징이 있기 때문이다. 첫째, 전국의 업무 중점을 4가지 현대화 건설로 전환했다. 둘째, 중-미관계의 정상화를 실현했다. 셋째, 대만을 조국의 품으로 귀환시키고 조국통일을 완성하는 대업을 구체적 의사일정에 올려놓았다."[110]라고 말했다. 전국인민대표대회 상무위원회는 「대만동포들에게 알리는 글」을 발표하여 당과 정부의 두 가지 중요한 결정을 선포했다. 첫째, 이날부터 중국인민해방군은 진먼 등 섬에 대한 포격을 중지하고 해협 양안의 군사적 대치를 끝내기 위한 조건을 마련한다. 둘째, "현실상황을 고려하여 조국통일의 대업을 완성할 것이다. 통일문제를 해결함에 있어서 대만의 현 상황과 대만 각계 인사들의 의견을 존중하고 합리적인 정책과 방법을 취하여 대만 인민이 피해를 보지 않도록 할 것"이라고 밝혔다. 덩샤오핑의 연설과 「대만동포

---

110) 『덩샤오핑 문선』 제2권, 인민출판사 1994년판, 154쪽.

들에게 알리는 글」이 발표된 후 얼마 지나지 않아 대만과 홍콩·마카오에서 큰 반향을 일으켰다. 언론들은 덩샤오핑이 참신한 방침을 내놓아 조국통일의 대업을 완성할 것이라고 추측했다.

1979년 1월 30일 미국을 방문 중인 덩샤오핑이 워싱턴에서 미국 상·하원 의원들에게 "우리는 더 이상 대만 해방이라는 표현을 쓰지 않을 것이다. 대만이 조국으로 돌아오기만 한다면 우리는 그곳의 현실과 기존의 제도를 존중할 것이다."[111]라고 말했다. 이는 "한 나라 두 제도"구상에 대해 처음으로 공개적으로 밝힌 것이다. 12월 6일 중국을 방문한 오히라 마사요시(大平正芳) 일본 총리에게 덩샤오핑은 대만 문제를 평화적으로 해결할 구체적인 구상에 대해 피력했다. "대만에 대한 우리의 조건은 매우 간단하다. 그것은 바로 대만의 제도에 변함이 없을 것이고, 대만 인민의 생활방식에도 변함이 없을 것이며, 대만과 외국 간의 민간관계에도 변함이 없을 것이다. 여기에는 외국인의 대만 투자와 민간교류가 예전대로인 것도 포함된다. 이는 외국인이 예전대로 대만에 투자할 수 있음을 의미한다. 대만은 중국의 지방정부 중의 하나이며, 자체적 자위력과 군사력을 보유할 수 있다. 다만 조건은 단 한 가지이다. 대만이 중국의 떼어놓을 수 없는 일부가 되어야 한다는 것이다. 대만은 중국의 한 지방정부로서 충분한 자치권을 누릴 수 있다.[112]

1981년 9월 30일 예젠잉(葉劍英) 전국인민대표대회 상무위원회 위원

111) 중공중앙문헌연구실 편찬, 『덩샤오핑사상 연보』 (1975~1997), 중앙문헌출판사 1998년판, 110쪽.
112) 『덩샤오핑문선』 제2권, 인민출판사 1994년판, 154쪽.

장이 대만의 조국 귀환으로 평화적 통일을 실현하는 9조항의 방침과 정책을 발표했다. 국공 양당의 대등한 담판, 3통(통신·통상·통항)의 실시 등을 제기한 것 외에 제3조와 제4조에는 대만 기존의 자본주의 제도를 보류한다고 분명히 밝혔다. 이를 역사적으로 '예9조(葉九條)'라고 부른다. 1982년 1월 11일 덩샤오핑이 리야오지(李耀基) 미국 중국인 협회 주석을 회견하는 자리에서 '예9조'를 인용하면서 '예9조'의 실질적인 내용은 "하나의 국가, 두 가지 제도이다. 두 가지 제도가 허용된다."[113]라고 개괄했다.

이듬해 6월 덩샤오핑은 베이징에서 미국 뉴저지 주 시튼홀대학교(Seton Hall University)의 양리위(楊力宇) 교수를 회견하는 자리에서 대륙과 대만의 통일에 관한 6가지 구상에 대해 구체적으로 이야기했다. 즉, 대만의 지방정부는 대내정책에서 자체 정책을 취할 수 있고, 사법의 독립권을 누리며, 대만은 대륙에 위협이 되지 않는 선에서 자체적으로 군대를 보유할 수 있고, 대륙은 대만에 군정인원을 파견 주둔시키지 않으며, 대만의 당·정·군 계통은 모두 대만 스스로 관리하고, 중앙정부는 대만에 정원을 남겨두기로 한다는 것이다. 이것이 바로 해내외에 널리 전해진 '덩6조(鄧六條)'이다. 1984년 제6기 전국인민대표대회 제2차 회의에서 발표된 「정부업무보고」에서는 "한 나라 두 제도"의 구상 및 관련 정책을 정식으로 제기했으며, 대회에서 채택되어 확인을 거친 후 법적 효력을 갖춘 기본 국책으로 되었다. 그해 10월 15일 주간지 『요망(瞭望)』은 「하나의 나라, 두 가지 제도」라는 제목

---

113) 『덩샤오핑 연보(1975~1997)』 (하), 중앙문헌출판사 2004년판, 797쪽.

의 덩샤오핑의 글을 실어 "평화적 통일, 한 나라 두 제도"라는 과학적 구상과 기본 국책을 더한층 체계화하고 이론화했다. 같은 달 중앙고문위원회 제3차 전체회의에서 덩샤오핑은 또 "하나의 나라, 두 가지 제도"를 "한 나라 두 제도"라고 개괄했다. 이로써 "한 나라 두 제도"의 구상은 하나의 이론체계로서 내용의 틀에서부터 개념의 표현에 이르기까지 모두 이미 형성되었다. 그 이후의 덩샤오핑 동지의 관련 논술과 당의 일련의 문헌에서 "한 나라 두 제도"의 구상은 꾸준히 풍부해지고 발전했다.

"한 나라 두 제도"는 하나의 완전한 체계로서 그 기본 내용은 조국 통일의 전제 하에 국가의 주체는 사회주의제도를 견지하고 동시에 홍콩·마카오·대만은 기존의 자본주의제도를 장기간 변경하지 않고 계속 유지한다는 것이다.

첫째, "하나의 중국" 원칙을 견지한다. 즉 중국은 반드시 통일되어야 한다. 한 나라 안에서 통일되어야 하고 세계에는 오직 하나의 중국만 있어야 한다. "하나의 중국"원칙은 국가 주권의 불가분성과 중화민족의 통일성을 구현했으며 평화적 통일을 실현하는 전제이다.

둘째, "두 가지 제도"가 공존한다. 조국 통일의 전제 하에 국가의 주체 부분에서는 사회주의제도를 실시하고 동시에 대만·홍콩·마카오에서는 기존의 사회제도와 생활양식을 장기간 바꾸지 않고 유지한다.

셋째, 고도의 자치권을 누린다. 조국이 완전히 통일된 후, 대만·홍콩·마카오는 특별행정구로서 중국의 다른 성·직할시·자치구와 달리고도의 자치권을 누린다.

넷째, '한 나라'와 '두 제도' 사이의 관계를 명확히 한다. '한 나라'는 "한 나라 두 제도"의 초석이자 전제이다. '한 나라'라는 전제가 없으면 이른바 국가의 통일도 있을 수 없고 '두 제도'도 존재의 기반을 잃게 된다. '두 제도'는 "한 나라 두 제도" 구상의 실질적 내용으로서 '두 제도'가 없으면 조국의 평화적 통일도 실현되기 어렵다. '두 제도'에서 대륙의 사회주의 제도는 국가의 주체 부분이고, 대만·홍콩·마카오 지역의 자본주의제도는 비록 사회주의 주체 부분과 장기적으로 공존하고 평화적으로 공존할 수 있지만 단지 종속적인 부분일 뿐이다.

다섯째, "한 나라 두 제도"는 기본 국책이다. 통일된 국가 내부에 두 가지 서로 다른 사회제도가 존재하는 것은 임시방편이 아니라 장기적으로 이행해야 할 기본 국책이다. "일시적으로 실시하는 것이 아니라 수십 년, 수백 년을 실시하며" "50년 불변", "50년 뒤에도 불변"이다. 동시에 이런 불변은 두 가지 사회제도 모두 불변이다. 즉 대만·홍콩·마카오 지역의 자본주의제도도 불변이고 국가의 주체인 대륙이 실시하는 사회주의제도도 마찬가지로 불변이다.

"한 나라 두 제도"는 역사와 현실을 충분히 존중하고, 여러 방면의 이익을 배려했으며, 민족의 단결을 수호하고, 조국의 완전 통일과 민족의 위대한 부흥을 실현하는 과학적 구상이며, 인류 정치문명에 대한 중화민족의 독특한 기여로서 중대한 의의가 있다.

이론의 완성과 동시에 실천도 추진되었다. 그 기간에 덩샤오핑은 여러 공개 장소에서 조국을 평화적으로 통일하려는 구상을 전했다.

그 영향을 받아 해협 양안이 서로 적대시해오던 긴장된 분위기가 점차 완화되었으며, 1988년 춘제부터 샤먼(廈門)과 진먼에서 동시에 불꽃놀이를 하고 폭죽을 터트리면서 함께 새해를 맞이했다. 오색찬란한 불꽃이 해협 양안에 상서롭고 화목한 분위기를 만들었다.

대만문제의 해결방법을 모색함과 동시에 홍콩문제도 의사일정에 올랐다. 1970년대 말 홍콩 '신제(新界)'의 임대기간 만기일(1997년 6월 30일 만기)이 다가옴에 따라 영국 당국은 끊임없이 홍[114]콩문제에 대한 중국정부의 입장과 태도를 시탐했다. 1979년 봄 덩샤오핑이 베이징에서 대륙을 방문한 맥레호즈(Crawford Murray Mac Lehose) 홍콩 총독을 회견하는 자리에서 중국은 1997년에 홍콩을 회수할 것이라고 밝혔으며, 동시에 중국정부는 홍콩을 특별행정구로 간주할 것이라고 그에게 알려주었다. 현 세기와 다음 세기의 상당히 긴 시간 동안 홍콩에서는 여전히 자본주의제도를 실시할 수 있다. 맥레호즈를 회견한 뒤에, 덩샤오핑은 직접 조사 연구에 나서서 홍콩의 일부 단체와 인사들을 베이징으로 초청하여 면담했고, 또 홍콩에 조사팀을 파견하여 실제 상황을 파악하도록 했다. 홍콩 문제의 해결방안과 홍콩에 대한 정책을 연구할 때 다음과 같은 두 가지 원칙을 확립했다. 첫째, 중국은 1997년 7월 1일에 홍콩을 회수하여 주권 행사를 회복한다는 것이다. 둘째, 홍콩을 회수한 후 홍콩의 사회안정과 경제번영을 반드시 유지해야 한다는 것이다. 이 두 원칙은 우리나라 정부가 홍콩 문제를 해결하는 출발점이자 귀착점이다. 1981년에 그는 "홍콩문

---

114) 『덩샤오핑 연보(1975~1997)』(상), 중앙문헌출판사 2004년판, 500쪽.

제가 이미 의사일정에 올랐으니 우리는 반드시 명확한 방침과 태도를 가져야 한다"며 "관련 부서들은 방안을 연구하여 제출하며 가급적 빨리 자료를 정리하여 중앙에 참고하도록 제공하기 바란다."라고 지적했다. 1982년 가을 영국 총리 마거릿 힐다 대처(Margaret Hilda Thatcher) 부인이 중국을 방문했다. 그때 당시 영국은 아르헨티나와 맬비나스(Malvinas)군도 전쟁을 치러 막 승리를 거둔 뒤라 사기가 올라 있을 때였다. '철의 여인' 대처 부인도 그때 당시 승리의 기쁨에 젖어 있을 때여서 베이징 방문 길에서 영국이 또 총성 없는 전쟁의 승리를 거둘 수 있으리라는 환상을 품고 있었다. 9월 24일 덩샤오핑과 대처 부인은 베이징 인민대회당에서 공식 면담을 가졌다. 영국은 오래 전에 이미 "절대 타협 없는" 홍콩문제 해결의 입장을 공개했고, 덩샤오핑은 "강 대 강"으로 맞서기로 결정했다. 회담 시작에 앞서 덩샤오핑은 신변의 업무인원들에게 "홍콩은 맬비나스가 아니고, 중국은 아르헨티나가 아니다."라고 말했다. 회담이 시작되자마자 덩샤오핑은 단도직입적으로 우리의 3가지 기본 입장을 제기했다. 첫째, 주권문제에 있어서 덩샤오핑은 "1997년에 중국은 홍콩을 반드시 회수할 것"이라며 "신제뿐만 아니라 홍콩섬과 주룽도 회수할 것"이라고 밝혔다. "중국은 이 문제에서 융통의 여지가 없다.······만약 회수하지 않는다면 그것은 중국정부가 청조 말기의 정부이고, 중국의 지도자는 이홍장이라는 것을 의미한다!······그리 되면 인민은 우리를 신뢰할 이유가 없다. 그리 되면 그 어떤 중국정부도 모두 퇴진하여 정치무대에서 자발적으로 퇴출해야 한다. 다른 선택의 여지는 없다." 둘째, 1997년 이후 중국이 어떤 방식으로 홍콩을 관리하고 홍콩의 번영을 계속 유지하느냐 하는 문제에 있어서 덩샤오핑은 "우리는 홍콩을 회수한 후 마땅히 실행해야 할, 여러 방면이 모두 수용할 수 있는 정책을 제정할 수 있다고 굳게 믿는다."라며 매우 큰 자신감을 보였다. 셋째, 중국과 영국 양국 정부는 어떻게 하면 지금부터 1997년까지의 15년 동안에 홍콩에 큰 파동이 생기지 않도록 할 것인지에 대해 타당성 있게 담판해야 한다. 이는 덩샤오핑의 가장 큰 걱정거리였다. 회담할 때 그는 "앞으로 15년간 과도기를 어떻게 잘 넘길 수 있을지가 걱정이다. 이 기간에 큰 혼란이 생길까봐 그리고 그 혼란이 인위적인 것이 될까봐 걱정이다. 그들 중에는 외국인만 있는 것이 아니라 중국인도 있을 수 있다. 그러나 거의가 영국인이다. 혼란을 조성하는 것은 쉬운 일이다." 덩샤오핑은 대처 부인에게 "우리는 또 생각하고 싶지 않은 문제까지도 생각했다. 바로 15년 간의 과도시기 내에 홍콩에 큰 파동이 일어난다면 어떻게 할 것인가? 라는 것이다. 그럴 경우 중국 정부는 어쩔 수 없이 회수 시기와 방식에 대해 다른 방법을 생각하지 않을 수 없다." 이는 덩샤오핑이 처음으로 홍콩 문제에서 '의외'의 일에 대한 처리를 언급한 것이다. 혼란스러운 상황이 발생할 경우 추호도 약한 모습을 보이지 않을 것이라는 확고한 태도는 또 혼란스러운 상황을 만들려는 의도를 가진 자들의 환상을 부숴버렸다. 담판 과정에서 중국 정부는 예의 바르고도 정중하고 힘 있게 담판을 이끌어갔기에 영국은 받아들일 수밖에 없었다. 결국 양국은 '공동성명'을 발표했다. 주권문제에서 중국이 양보할 것이라고 생각했던 환상이 결국 깨지고 말았다. 회담이 끝난 후 대처부인은 멍한 표정으로 인민대회당을 나섰다. 대처부인은 마지막 계단을 내려오다가 그만 넘어지고 말았는데 이를 두고 홍콩 언론들은 "한 번 발을 잘못 내디뎌 천추의 한이 되었다."라며 대서특필했다. 외신들에서도 "철의 여인이 강철 사나이를 만났다"고 농담조로 표현했다.

덩샤오핑과 대처부인의 회담은 중-영 양국 정부 간 홍콩문제 해결 관련 외교 담판의 서막을 열었다. 담판은 거의 2년 내내 지속되었는데 길고도 어려운 과정이었다. 그중 홍콩에 군대를 주둔시키는 문제가 양자 간 논쟁의 초점이었다. 중국이 홍콩을 수복한 후 군대 주둔의 권리를 행사하는 것은 국가 주권의 상징이다. 1984년 4월 15일 "중국은 홍콩에 군대를 주둔시키지 말라"는 제프리 하우(Geoffrey Howe) 영국 외무장관의 제안에 대해 덩샤오핑은 "우리가 군대를 파견하는 것은 국가의 안전을 수호하기 위한 것이지 홍콩의 내부 사무에 관여하기 위한 것이 아니다."라고 강조했다. 같은 해 덩샤오핑은 또 다른 자리에서도 "홍콩에 군대를 주둔시키는 사항은 반드시 견지해야 한다. 양보할 수 없다", "군대를 주둔시킬 권리가 없다면 어찌 중국 영토라고 할 수 있겠는가?" 등의 말을 했다.

중-영 양국의 꾸준한 담판과 노력을 거쳐 중국은 "한 나라 두 제도"전략을 견지하여 홍콩 문제를 해결하기 위한 12가지 방침을 제시했다. 방침에는 주로 "1997년 홍콩을 회수한다. 자본주의제도는 50년간 불변이다. 외교·국방 사무는 중앙에서 관리한다. 1997년 특별행정구를 설립하고 고도의 자치를 실시하며, 홍콩인이 홍콩을 다스린다."

등의 내용이 포함되었다. 이는 중-영 양국 담판의 토대가 되었고 마침내 홍콩문제에 관한 합의를 달성했으며, 마침내 1984년 12월 19일 오후 중-영 양국은 홍콩문제 해결에 관한 '합의'에 도달했고, 공식적으로 체결하는 의식을 갖게 되기에 이르렀다.

이어 중국정부와 포르투갈정부도 "한 나라 두 제도" 방침의 지도하에 마카오문제의 해결을 시작했다. 1984년 10, 덩샤오핑은 홍콩·마카오 동포 국경절 참관단을 접견하는 자리에서 "한 나라 두 제도, 마카오인이 마카오를 다스린다"는 원칙에 따라 마카오문제를 해결할 구상을 내놓았다. 1985년 5월 덩샤오핑은 안토니오 하말류 이아느스(António Ramalho Eanes) 포르투갈 대통령을 회견하는 자리에서 "중국과 포르투갈 사이에는 오직 마카오문제 하나만 존재한다. 이 문제는 양국이 수교할 때 이미 양해를 달성한 사항이다. 양국이 우호적인 협상을 통해 해결할 수 있다."라고 말했다. 1986년 중-포 양국은 마카오문제에 대한 담판을 시작했다. 포르투갈은 중국이 마카오에 더 많은 과도기를 주어야 한다면서 적어도 홍콩의 12년 과도기보다 짧아서는 안 된다고 강조했다. 그러나 덩샤오핑은 마카오문제는 "반드시 금세기 안에 해결해야 한다. 식민주의 꼬리를 다음 세기까지 끌고 가서는 안 된다."라고 강조했다. 그리고 1987년에 「중-포 공동성명」을 체결했다. 중-영, 중-포 두 공동성명이 체결된 후 전국인민대표대회는 역량을 조직하여 각기 4, 5년의 시간을 들여 홍콩·마카오 두 특별행정구의 「기본법」을 제정하여 두 개의 공동성명을 법률화·구체화했으며, 향후 두 특별구의 제도와 정책을 규정하여 "한 나라 두 제도"가 각각 1997년·1999년부터 홍콩·마카오에서 정식 실행될 수 있도록 보장했다.

대만문제에서 홍콩·마카오 문제까지 덩샤오핑을 대표로 하는 2세대 중앙 지도부는 1세대 지도부의 사고방식과 경험을 계승하고 발전시킨 토대 위에서 중화민족의 근본 이익과 관련된 조국 통일이라는 문제에서는 어떠한 타협과 양보도 없었으며, 조국의 통일과 안전을 수호하려는 중국공산당의 확고한 의지를 세인들에게 명시하여 국제 세력이 중국 사무에 개입하려는 환상을 부숴버렸다. 하나의 중국 원칙을 견지하는 동시에 중국공산주의자들은 구체적인 정책문제에서 융통성 있고 실무적이며 큰 국면에 착안하여 서로에게 이로울 수 있도록 하면서 홍콩·마카오·대만에서 자본주의제도를 보류하는 위대한 구상을 제기했다. "한 나라 두 제도"는 중국공산주의자들의 한결같은 애국 정서와 민족부흥의 위대한 소원을 보여준 것이었으며, 또한 덩샤오핑을 대표로 하는 중국공산주의자들의 위대한 정치적 지혜와 "가장 천재적인 창조"를 구현했던 것이다.

"식민주의는 떠나보내고 자본주의는 보존하다"

"한 나라 두 제도"의 설계자인 덩샤오핑은 "내가 1997년까지 살 수 있다면 중국이 홍콩을 회수한 뒤 반드시 우리 땅인 홍콩에 가보고 싶다."고 마음 속의 바람을 말한 적이 있다. 1997년 2월 19일 덩샤오핑은 93세를 일기로 사망했으며, 홍콩 귀환 후 홍콩 땅을 밟아볼 수 있는 그날을 끝내 기다리지 못했다. 그로부터 5개월이 지난 1997년 7

월 1일 0시 0분 0초, 150여 년 동안 홍콩 땅에 높이 걸려 있던 영국 국기가 내려지고 오성홍기(五星紅旗. 중국 국기)가 이 땅에서 서서히 게양되었다. 0시 4분 장쩌민 중화인민공화국 주석이 "중국은 홍콩에 대한 주권 행사를 회복한다. 중화인민공화국 홍콩특별행정구가 정식 으로 설립되었다. 이는 중화민족의 성대한 행사이자 세계평화와 정 의의 승리이기도 하다."[115]라고 엄숙하게 선언했다. 인계인수식이 끝난 후 중화인민공화국 홍콩특별행정구 설립 및 특구 정부 선서취임식이 거행되었다. 이날 오전 10시에 거행된 홍콩특별행정구 설립 기념식에 선 감동적인 장면이 나타났다. 덩샤오핑의 부인 쥐린(卓琳)과 그의 가 족 4명이 초대되어 참석한 것이다. 동졘화(董建華) 홍콩 초대 행정장 관이 장내에 쥐린이 왔다고 소개했을 때 장내에는 오랫 동안 박수소 리가 그치지 않았다. 쥐린이 일어나서 허리를 굽혀 경례를 하자 또 다 시 오래 동안 박수갈채가 이어졌다. 그 박수갈채에는 "한 나라 두 제 도"의 설계자인 덩샤오핑에 대한 감사와 그리움이 깃들어 있었다.

2년 남짓이 지난 1999년 12월 19일 자정부터 20일 새벽까지 중-포 양국 정부는 마카오 정권과 인계인수식을 거행했다. 포르투갈 국기 와 마카오 시청기가 내려지고 중화인민공화국 국기와 중화인민공화 국 마카오특별행정구 국기가 게양되었다. 장쩌민 중화인민공화국 주 석이 "중국 정부는 마카오에 대한 주권행사를 회복했다. 전 세계가 주목하는 이 중요한 시각을 역사는 영원히 기억할 것이다. 이 시각부

---

115) 『장쩌민문선』 제1권, 인민출판사 2006년판, 651쪽.

441

터 마카오는 새로운 발전의 시대에 접어들었다."[116]라고 엄숙하게 선언했다. 홍콩·마카오의 성공적인 귀환은 전 세계 중국인에게 고무적인 일이었다. 그런데 바로 그 기쁜 분위기 속에서 불협화음이 나타났다. 서양의 일부 언론들로부터 홍콩·마카오에 대한 '폄하'가 시작된 것이다. 미국의 유명한 경제잡지 『포춘(Fortune Magazine)』은 홍콩 귀환 전부터 "홍콩의 죽음"이라는 제목으로 표지를 만들어 귀환 후 홍콩은 더 이상 번영하지 않을 것이라고 예언했다. 확실히 홍콩과 마카오가 귀환한 후 이전의 식민통치가 남겨놓은 여러 가지 문제와 아시아 금융위기가 가져다준 심각한 영향에 직면했었다. 번영과 안정을 계속 유지할 수 있을까? 홍콩·마카오 문제는 해결했지만, 대만문제는 또 어떻게 해결해야 할까? 이러한 문제들이 중국정부 앞에 놓여졌다. 총체적으로 "한 나라 두 제도" 방침이 제기된 후의 20여 년 동안 중국공산당은 시종 변함없이 그 방침을 견지하며 조국 통일의 대업을 추진했다.

홍콩·마카오가 귀환한 후, 중국공산당은 "한 나라 두 제도" 방침을 더욱 전면적으로 관철시키고자 했다. 첫째, "한 나라 두 제도"를 홍콩·마카오의 사무를 처리하는 기본 방침으로 삼아 꾸준히 견지했다. 홍콩·마카오는 시종일관 조국의 일부로서 중국 내륙은 홍콩·마카오에 강력한 지원을 제공했다. 동시에 중국 국가의 주체는 사회주의제도를 실행하고, 홍콩·마카오는 기존의 자본주의제도를 계속 실행하며 생활양식을 바꾸지 않고 홍콩인이 홍콩을 다스리고 마카오인

---

116) 『장쩌민문선』 제2권, 인민출판사 2006년판, 484쪽.

이 마카오를 다스리는 원칙을 견지했다. 둘째, 법에 따라 홍콩과 마카오를 다스리고 특별행정구 기본법에 따라 사무를 처리함으로써 홍콩·마카오의 장기적인 번영과 안정 및 발전을 위한 중요한 보장을 제공했다. 셋째, 정력을 집중하여 경제를 발전시키고 민생을 개선하는 원칙을 견지했다. 넷째, 사회의 조화와 안정을 수호하여 홍콩·마카오의 장기적인 번영과 안정 및 발전을 위한 유리한 사회 환경을 조성했다. 이러한 기본 방침의 보장과 인도 하에 식민주의와 결별하고 자본주의 홍콩·마카오를 존속시켰으며, 금융위기의 악영향을 극복하고 경제의 안정적인 발전을 유지했으며, 법치수준이 안정적으로 향상되고, 홍콩·마카오 동포들이 나라의 주인이 되어 법에 따라 자유와 민주의 권리를 향유하게 되었으며, 홍콩·마카오 주민생활이 지속적으로 개선되고 사회의 전국면이 조화와 안정을 이루게 하였으며, 모든 사업이 전면적으로 진보하고 대외 교류가 꾸준히 확대되었으며, 제반 분야의 사업이 뚜렷하게 추진되고 향상되었다. 이러한 성과에 힘입어 "홍콩 폄하" 논조는 결국 숙으러들게 되었으며 "한 나라 두 제도"가 역사적으로 남아 내려온 홍콩·마카오 문제를 해결할 수 있는 최선의 방안임이 입증되었다.

이에 비해 대만문제는 다소 까다로웠다. 리덩훼이(李登輝)·천수이벤(陳水扁)이 잇달아 정권을 장악한 후 분열활동을 격화시켜 하나의 중국이라는 원칙에서 점점 멀어져갔다. 각종 분열행위에 대해 1995년 1월 장쩌민이 「조국 통일 대업을 완성할 수 있도록 촉진시키기 위해 계속 분투하자」 라는 제목으로 중요한 연설을 발표하여 조국의 평화적 통일을 추진하는 몇 가지 중대한 문제에 대한 8가지 주장과 견해를 내놓았다. "하나의 중국 원칙을 견지하는 것은 평화적 통일을 실현하는 토대와 전제이다. 대만이 외국과 민간의 경제문화 관계를 발전시키는 것에 대해 우리는 이의가 없다. 해협 양안의 평화적 통일 담판을 진행하는 것은 우리의 일관된 주장이다. 평화적 통일을 애써 실현해야 한다. 중국인들끼리 싸우는 일은 없어야 한다. 양안의 경제 교류와 협력을 적극 발전시켜야 한다. 양안 동포들은 중화 문화의 우수한 전통을 함께 계승하고 발양해야 한다. 대만 동포들의 생활양식과 나라의 주인이 되어 권리를 행사하려는 소원을 충분히 존중하고 대만 동포들의 모든 정당한 권익을 보호해야 한다. 대만 당국의 지도자들이 적절한 신분으로 대륙을 방문하는 것을 환영하며 우리도 대만의 초청을 받아 대만을 방문할 용의가 있다." 이것이 바로 유명한 '장8조(江八條)'이다. 후진타오(胡錦濤)를 총서기로 하는 당 중앙위원회도 여전히 대만문제에 가장 큰 관심을 돌렸다. 그는 여러 장소에서 대만문제를 해결하기 위한 풍부한 구상을 제공했다. 2008년 12월 31일 「대만 동포들에게 알리는 글」 발표 30주년 기념좌담회에서 그는 양안 관계의 평화 발전을 위한 기본 틀을 구축하는 데에 대한 "6가지 의견"을 제시했다. 첫째, 하나의 중국 원칙을 엄격히 지키고 정치적 상호 신뢰를 증진해야 한다. 둘째, 경제협력을 추진하여 공동 발전을 촉진시켜야 한다. 셋째, 중화문화를 고양하여 정신적 유대를 강화해야 한다. 넷째, 인적 교류를 강화하고 각계의 교류를 확대해야 한다. 다섯째, 국가 주권을 수호하고 대외 사무를 협상해야 한다. 여섯째,

적대시 상태를 종말 짓고 평화협의를 달성해야 한다. "6가지 의견"이 발표되자 바로 대만 당국의 선의적인 반응을 얻을 수 있었다. 대만 당국의 왕위치(王郁琦) 대변인은 보도기사를 통해 "후진타오의 연설이 지난 30년간 대륙의 대 대만 정책의 변화와 양안관계 발전을 촉진해 온 구상을 구현했다."라고 밝혔다.

"한 나라 두 제도"를 견지하여 조국 통일을 추진하다

18차 당 대회 이래 시진핑 동지를 핵심으로 하는 당 중앙은 새 시대에 어떻게 계속하여 "한 나라 두 제도" 방침을 관철시킬 것인지에 대해 많은 창조적인 새로운 관점, 새로운 논단을 제기했으며, 조국 통일 대업을 가속화하는 데에 대한 새로운 전략적 사상을 제기했다.

시진핑 총서기가 말한 바와 같이 "중화민족의 위대한 부흥을 실현하는 것은 근대이래 중화민족의 가장 위대한 꿈이다." 그리고 "중화민족의 위대한 부흥이라는 중국의 꿈을 실현하려면 홍콩·마카오와 중국 내지가 상호 보완을 견지하고 공동 발전해야 하며, 홍콩·마카오 동포와 중국 내지 인민이 서로 살피고 협조하며 함께 손잡고 나가야 한다." 그렇기 때문에 홍콩·마카오가 "한 나라 두 제도"를 더 잘 실천하는 것 자체가 바로 조국 통일과 중화민족의 위대한 부흥을 실현하는 데 반드시 포함되어야 할 내용이다.

시진핑 총서기는 마카오 귀환 16주년을 맞아 멋진 비유를 한 바 있다. "'테이블 위에서 큰 연극을 펼치는 격'으로 배치할 도리가 없다는 속담이 있다. 마카오 조국 귀환 15주년의 실천이 증명하듯이 방법이 옳고, 정책이 좋으며, 자세가 민첩하고, 사람들이 마음을 합치기만 하면 테이블 위에서도 큰 연극을 펼칠 수 있다." 귀환 후의 마카오가 그랬고, 귀환 후의 홍콩도 역시 그랬다. 18차 당 대회 이래, 시진핑 동지를 핵심으로 하는 당 중앙은 "한 나라 두 제도"의 근본적인 '방법'을 견지했고, 홍콩과 마카오의 발전에 부합되는 많은 '정책'을 제정했다. 홍콩·마카오는 시의적절하게 홍콩·마카오 동포들과 대륙 인민이 한마음 한뜻으로 협력하여 공동 추진 하에 새로운 역사 단계에 들어섰다.

18차 당 대회 이래 시진핑 동지를 핵심으로 하는 당 중앙은 "한 나라 두 제도" 방침의 이행을 계속 추진하면서 "한 나라 두 제도"의 실천이 변형되거나 변질되지 않도록 확보했으며, "홍콩인에 의한 홍콩 관리" "마카오인에 의한 마카오 관리"를 견지하여 중앙이 홍콩과 마카오에게 고도의 자치권을 부여했다. 그러나 최근 몇 년간 홍콩사회에서 일부 사람들이 홍콩은 이른바 "고유의 권력", "자주적 권력"이 있다고 주장하기 시작했다. 심지어 '홍콩의 독립'을 떠벌리면서 홍콩에 대한 중앙 정부의 지배권을 부정 왜곡하고 '고도적 자치'로 중앙의 권력에 대항하고 있다. 이처럼 복잡한 여론 앞에서 시진핑을 비롯한 중앙 지도부는 많은 장소에서 "중국은 단일국가의 원칙을 견지한다. 중앙은 홍콩·마카오 특별행정구를 포함한 모든 지방행정구역에 대한 전면적인 지배권을 갖고 있다. 그 어떠한 경우에도 '고도의 자치'라는 명분을 내세워 중앙의 권력에 대항하는 것을 허용하지 않는다."라는 엄정한 입장을 밝혔다. 사실 강력한 논조의 확정은 중앙이 "홍콩의 독립"을 겨냥해 칼을 빼든 것이다! 실제 행동도 진행 중이다. 예를 들어 2014년 6월 홍콩 사회에서 2017년 행정장관 보통선거 방법에 대해 토론하는 과정에서 나타난 일부 모호한 관점과 잘못된 언론을 겨냥하여 중앙은 처음으로 「홍콩 특별행정구에서 "한 나라 두 제도"의 실천」이라는 제목으로 홍콩 사무에 관한 백서를 발표하여 홍콩에 대한 중앙의 방침과 정책을 체계적으로 명백하게 논술하고, 중앙은 홍콩에 대한 전면적인 지배권을 갖고 있다는 등의 중요한 관점을 뚜렷이 강조함으로써 근본적으로 바로잡는 역할을 했다. 또 예를 들면 2016년 11월 6일 오전 제12기 전국인민대표대회 상무위원회 제24차 회의에서 홍콩특별행정구 기본법 제104조에 관한 해석을 만장일치로 통과시켰다. 그 조항에는 "홍콩특별행정구 행정장관·주요 관원·행정회의 구성원·입법회 의원·각급 법원 법관 및 기타 사법인원은 취임 시 반드시 법에 따라 중화인민공화국 홍콩특별행정구 기본법을 옹호하고, 중화인민공화국 홍콩특별행정구에 충성할 것을 선서해야 한다."라고 규정하고 있다. 그 조항은 조국 통일을 수호하는 데 대한 당 중앙의 결심과 용기를 설명하며 홍콩에서 국가를 분열하는 그 어떤 활동에 종사하는 것을 절대로 허용하지 않으며, 또 '홍콩독립' 분자들이 특별행정구 정권기관에 들어가는 것을 절대 허용하지 않을 것이라는 입장을 밝혔다.

물론 진정으로 '홍콩의 독립' 등 불안정 요소가 종적을 감추게 하려면 역시 홍콩·마카오 자체의 발전과 번영에 의존해야 한다. 18차 당대회 이래, 시진핑 동지를 핵심으로 하는 당 중앙의 확고한 지원 하에 특별행정구 정부와 행정장관은 법에 따라 정무를 수행하고, 적극적으로 경제를 발전시키고, 민생을 개선했으며, 법치를 수호하고, 민주를 추진했으며, 조화를 촉진했는데 이러한 일련의 훌륭한 정책은 홍콩·마카오의 양호한 발전을 유지케 했다. 이는 아래 일련의 데이터가 사실을 설명해준다. 1997년부터 2017년까지 홍콩 현지 국내총생산은 1조 3,700억 홍콩달러에서 2조 6,600억 홍콩달러로 성장했고, 홍콩 주식의 시가총액은 3조 2,000억 홍콩달러에서 27조 9,000억 홍콩달러로 성장했으며, 홍콩증권거래소의 상장회사는 619개에서 2,020개로 늘어났고, 주요 경제지표의 동기 성장속도는 선진 경제체(국) 중 앞자리를 차지했으며, 국제금융·항운·무역 중심의 지위가 한층 더 공고해졌다. 1999년부터 2017년까지 마카오 현지 국내총생산은 518억 7,200만 파타카(마카오달러)에서 4,042억 파타카로 성장했고, 입경 관광객은 연인수로 800만 명 미만이던 데서 3,260여만 명으로 증가했으며, 관광·전시·요식업·호텔 및 소매업이 번창하여 비약적인 발전을 이루었다.

홍콩·마카오의 이러한 발전 추세는 어느 정도 그들의 '민첩한 동작'에 힘입은 것이었으며, 그들이 국가발전의 대국에 적극 융합했기 때문이기도 하다. 홍콩·마카오가 국가발전의 대국에 융합할 수 있도록 지원하는 것은 "한 나라 두 제도"의 우위를 발휘하고, 홍콩과 마카오의 장기적인 번영과 안정을 유지하기 위한 필수 요구이다.

국가의 지속적이고 빠른 발전은 홍콩·마카오의 발전을 위한 절호의 기회와 무궁무진한 원동력과 광활한 공간을 제공했으며, 홍콩·마카오가 풍랑을 이겨내고 시련을 이겨내며 기회를 선점하도록 도와주었다. 한편 홍콩·마카오도 국가의 개혁개방과 현대화 건설에 적극 참여하여 국가 경제발전과 대외개방 속에서 지위와 기능을 꾸준히 향상시켰으며, 특별하고도 중요한 기여를 했다. 18차 당 대회 이래, 홍콩·마카오와 내지의 융합발전이 점차 추진되었다. 국가의 '13.5'계획 요강에서는 국가의 경제발전과 대외개방에서 홍콩·마카오의 지위와 기능을 향상시키고, 홍콩·마카오가 국가의 양방향 개방과 '일대일로' 건설에 참여하는 것을 지원한다고 명확히 제시했다. 2017년 3월 5일 리커창(李克强) 총리가 제12기 전국인민대표대회 제5차 회의에서 발표한 「정부업무보고」에서는 "내지와 홍콩·마카오 간 협력의 심화를 추진하고, 웨강아오(越港奥, 광동－홍콩－마카오) 대만구(大灣區) 도시군 개발계획을 연구 제정하여 홍콩·마카오의 독특한 장점을 발휘하여 국가 경제발전과 대외개방에서의 지위와 기능을 향상시켜야 한다."고 지적했다.

최근 몇 년간 중국 내지와 홍콩·마카오는 포괄적 경제동반자 협정(CEPA)이 틀 안에서 경제무역 협력을 꾸준히 확대하고 업그레이드시켜오고 있다. "후강퉁"(滬港通, 상하이 증권거래소와 홍콩 증권거래소 간의 교차 매매)·"선강퉁"(深港通, 광동성 선전 증시와 홍콩 증시 간의 교차 매매)·"채권퉁"(債券通, 중국 내지와 홍콩 채권시장 간 교차거래) 등 금융시장 간 서로 연계하고 통하는 메커니즘이 질서 있게 가동되었고, 홍콩의 위안화 업무가 전면적으로 발전했으며, 마카오 해역 범위가 명확해졌고, 광저우－선전－홍콩 고속철 등 인프라 건설이 가속 추진되고 있으며, '일대일로'와 웨강아오·대만구 건설 등 사업이 홍콩과 마카오의 발전에 새로운 중대한 기회를 마련했다. 그중에서 가장 사람들의 주목을 끄는 것은 2018년 10월 24일 오전 9시에 강주아오(港珠澳, 홍콩–주하이[珠海]–마카오)대교가 개통된 것이다. 총 길이가 50여 킬로미터에 이르는 강주아오대교는 홍콩·주하이·마카오를 잇는 해상 대교이다. 대교가 개통된 후 주하이와 홍콩 국제공항을 오가는 시간이 4시간에서 약 30분으로 단축되었으며 주장(珠江)삼각주 서부지역이 홍콩의 3시간 거리 범위에 포함되었다. 데이터를 살펴보면 강주아오대교가 개통된 후 반년 간 통관수속을 거쳐 출입경한 여객이 연인수로 804만 명이 넘었으며, 통관 차량이 25만 대(차)가 넘은 것으로 통계되었다. 이러한 데이터들은 지역 간 협동발전이 새로운 장정의 길에 들어섰음을 설명해 주고 있다. 강주아오대교의 건설과 개통은 완성된 네트워크, 합리적인 배치, 고효율 운행의 일체화를 이룬 종합교통운수체계를 형성하는데 이롭고 지역 내 경제 생산요소의 자유로운 이동에 이로워 그 지역이 지리적 제한을 타파하고 하나의 진정한 전일체가 될 수 있도록 했다.

"방법이 맞고" "정책이 좋으며" "동작이 민첩하려면" 모두 "일치된 마음"을 떠날 수 없으며, 나라를 사랑하고 홍콩을 사랑하며, 마카오를 사랑하는 힘의 육성과 발전이 필요하다. "한 나라 두 제도"의 전제는 "하나의 국가"이고, "홍콩인에 의한 홍콩 관리"와 "마카오인에 의한 마카오 관리"는 조국을 사랑하고, 분열을 반대하는 원칙 아래 진행되는 것으로서 애국자를 주체로 하는 것이다. 시진핑 총서기는 수많은 장소에서 홍콩·마카오 동포들의 국가의식과 애국정신을 증강시켜 홍콩·마카오 동포들이 조국 인민과 함께 민족부흥의 역사적 사명을 안고 조국의 번영과 부강의 위대한 영광을 함께 누릴 수 있도록 해야 한다고 강조했다. 홍콩·마카오의 애국자 주체들 가운데서 젊은 세대는 "한 나라 두 제도"의 위대한 사업을 개척해나가는 중요한 후계자이다. 시진핑 총서기는 홍콩·마카오의 청소년에 대한 교육과 양성을 크게 중시하고 있다. 예를 들어 마카오 귀환 15주년을 맞아 시진핑 총서기가 정위통서원(鄭裕彤書院)에서 열린 "중화 전통문화와 현대 청년"살롱에 참석했었다. 그는 현장에서 젊은이들의 발언을 듣고 "중화의 문화가 중국인에 대한 영향은 이미 뼛속까지 깊이 파고들었다. 그것이 바로 문화의 DNA이다."라고 논평했다. 그는 또 현장의 젊은이들에게 "중화민족과 우리나라의 역사에 대한 학습과 이해를 통해 문화적 자신감을 꾸준히 증강하고 중국인으로서의 기개와 바탕을 증강하며 애국주의정신을 더 한층 고양하기를 바란다."는 메시지를 전했다. 이는 사실 새 시대 홍콩·마카오 청소년 교육과 양성에 대한 중점 방향을 제시한 것이기도 하다. 즉 중국의 역사와 문화, 국정 교육을 중점으로 삼고 광범위한 홍콩·마카오 청소년들이 중화문명의 넓고 심오함을 더 많이 느낄 수 있게 하고, 근대이래 중화민족이 멸망의 위기에서 나라를 구하고 민족의 생존을 도모했으며, 분발하여 국가의 부강을 꾀한 빛나는 역사를 더 많이 깨달을 수 있게 하며, "한 나라 두 제도"와 중국 특색의 사회주의를 견지하고 발전시키는 것, 중화민족의 위대한 부흥이라는 중국의 꿈을 실현하는 것 사이의 내재적 연계를 더 깊이 이해함으로써 홍콩·마카오와 조국의 긴밀히 연결된 운명적 앞날에 대해 확실하게 파악하고, "한 나라 두 제도" 사업에 투신하려는 책임감과 사명감을 증강하며, 중화민족의 위대 한 부흥을 위해 기여하려는 책임감과 사명감을 증강해야 한다는 것이다.

홍콩·마카오의 성공적인 귀환과 귀환 후의 여러 가지 성과들은 "한 나라 두 제도"의 과학성을 증명했으며, 또 대만문제를 해결할 수 있는 중요한 구상을 제공했다. 양안 동포는 한 집안이다. 그 누구도 우리의 핏줄을 갈라놓을 수는 없다. 그렇기 때문에 "대만문제를 해결하고 조국의 완전한 통일을 실현하는 것은 전체 중화 아들딸들의 공동 소원이며 중화민족의 근본 이익과 관련된 일이기도 하다." "형제가 한마음으로 뭉치면 그 힘이 쇠도 자를 수 있을 정도로 예리하다"라는 말이 있다. 중화민족의 위대한 부흥을 실현하려면 양안 동포의 공동 노력이 필요하다. 손에 손을 잡고 양안관계의 평화적 발전을 추진하고, 한마음으로 중화민족의 위대한 부흥을 실현하는 것은 마땅히 양안관계의 주선율이 되어야 하고, 양안의 중화 아들딸들이 공동으로 수행해야 할 사명이 되어야 한다. 그러므로 반드시 "평화적 통일, 한 나라 두 제도"의 방침을 계속 견지하여 양안 관계의 평화적인 발전을 추진하고 조국의 평화적인 통일행정을 추진해야 한다.

시진핑 총서기가 말했듯이 "양안 관계의 평화적 발전은 평화적 통일로 가는 바른 길이다." '평화'는 대만문제를 해결하는 핵심 키워드이다. 시진핑 총서기는 다음과 같이 지적했다. 우리는 확고부동하게 평화적 발전의 길을 걸어야 하고, 확고부동하게 공동의 정치적 기반을 견지해야 하며, 확고부동하게 양안 동포들을 위한 복지를 도모해야 하고, 확고부동하게 손잡고 민족부흥을 실현해야 한다. 일련의 노력으로 양안의 정치관계가 역사적인 돌파를 가져왔다. 2015년 11월 7일 시진핑 중공중앙 총서기와 마잉주(馬英九) 대만 지도자가 싱가포르에서 회담을 갖고 양안관계의 평화적 발전을 추진하는 데 대해 의견을 나누었다. 양안 지도자들은 1949년 이래 첫 회담을 실현하여 양안 지도자 간 직접적 대화와 소통의 물꼬를 터 양안관계의 역사적인 한 페이지를 열어놓았으며, 양안관계의 평화적 발전과 정치적 교류를 새로운 단계로 끌어올렸다. 그러나 안타깝게도 양안관계의 발전추세가 최근 몇 년간 주춤하고 있다. 대만지역 지도자 차이잉원(蔡英文)이 고의로 "하나의 중국" 원칙을 흐리고 있기 때문이다. 이에 대해 시진핑 총서기는 중국공산당 창당 95주년 경축대회, 매년 3월 개최되는 전국 양회(兩會, 전국인민대표대회와 전국정치협상회의) 등 중요한 장소에서의 연설에서 "하나의 중국"이라는 원칙을 거듭 강조했으며, "92 공동인식"을 견지하는 것은 양안관계의 평화적 발전을 이루는 정치적 기반이라고 명확히 지적하면서 "대만 독립"을 반대하고 양안 교류와 협력을 추진하며 양안 경제와 사회의 융합 발전을 가속화해야 한다는 정책적 주장을 거듭 강조했으며, "한 나라 두 제도"의 원칙을 견지하고, 조국 통일을 촉진시키자는 분투목표를 명확히 밝혔다. 19차 당 대회 보고 중 대만 관련 논술에서도 "하나의 중국 원칙과 '92 공동인식'을 견지할 것"을 강조했으며, "'한 나라 두 제도'를 견지하고 조국통일을 추진하는 것"을 향후 한 시기의 기본 임무로 확정했다. 이러한 논술은 한편으로는 '하나의 중국' 원칙의 견고성과 중요성 및 필요성을 두드러지게 부각시켜 레드라인(최저 한계 기준선)을 명확하게 그음으로써 민진당(民進黨) 집권 후의 양안 관계 방향을 제시하고 규칙을 정했으며, "대만 독립"을 단호히 견제하고 억제하여 대만 정세의 변화가 양안 관계에 미치는 충격을 효과적으로 감소시켰고, 다른 한편으로는 대만당국에 호의를 표시한 것이다. 비록 양안관계와 대만해협의 정세가 복잡다단하지만 대만당국이 "92 공동인식"의 역사적 사실을 인정하고, 양안이 하나의 중국에 속한다는 것을 인정하기만 한다면, 양안 간에 대화를 진행하여 양안 동포들의 관심사 안을 협상하여 해결할 수 있으며, 대만의 어떤 정당이나 단체도 대륙과 교류하는 데 장애가 없을 것이다.

"'하나의 중국' 원칙이 양안관계의 정치적 기반"이라면, "양안은 한집안"이라는 것은 양안 관계의 평화적 발전을 촉진시키는는 감정적 기반이다. 18차 당 대회 이래 시진핑 총서기는 "양안이 한집안처럼 친하게 지내는 것"에 대해 여러 차례 언급했으며, 19차 당 대회 보고에 써넣었다. "양안은 한집안"이라는 표현은 얼핏 보기에는 평범해 보이지만, 실제로는 엄청난 정치적 지혜가 담겨 있다. 양안 동포는 뿌리가 같고 근원이 같으며, 문화가 같고 조상이 같으며, 마음이 서로 연결되어 있고 감정이 서로 통하는, 원래부터 운명을 같이 하는 피를 나눈 형제요, 물보다 진한 피가 흐르는 한집안이다. 그러나 특수한 역사적 처지와 서로 다른 사회 환경으로 인해 대만동포들은 자체의 생활방식과 사회제도를 갖고 있다. 이에 대하여 우리는 성실과 선의 그리고 혈육의 정으로 양안 동포들의 마음의 거리를 좁혀 자기 마음에 비추어 상대의 마음을 헤아리고 성의를 가지고 대할 용의가 있다. "사람들 간에 서로 이해하는 데 있어서 상대의 마음을 이해하는 것이 가장 귀중하다." 양안의 교류는 결국 사람과 사람 간의 교류로서 가장 소중한 것은 양안 동포들의 마음과 마음의 소통이다. 국가의 통일은 형식상의 통일만이 아니라 더욱 중요한 것은 양안 동포들의 마음의 결합이다. "양안은 한집안"이라는 이념을 가지고 진심으로 대하며 서로 마음을 나눈다면, 여러 가지 의혹과 오해를 해소하고 손잡고 양안의 평화적 발전을 추진할 수 있다. "양안은 한집안"이라는 표현이 어느 정도는 대만 대다수 민중의 공명을 불러일으켰음이 실제로도 증명되었다. 대만 『연합보』가 19차 당 대회가 폐막한 후 양안관계에 대한 연도조사를 진행했다. 조사 결과 대륙 민중들에 대한 대만 민중들의 소감이 처음으로 역전되어 호평이 많았다. 49%의 응답자가 대륙 민중에 대한 인상이 좋다고 답했고, 대륙 정부에 대한 호감도 역대 최고로 나타났으며, 40%의 응답자가 대륙에 와서 취업할 의향이 있다고 밝혔으며, 그 비중은 전해에 비해 9%포인트 증가한 수준이었다. 대만성 각계 인사들은 19차 당 대회에서 "양안은 한집안"이라고 거듭 천명하여 대만 동포들에 대한 존중을 표하고 대륙 발전의 기회를 제일 먼저 대만 민중들과 공유할 용의가 있다고 밝힘으로써 대만의 민심을 얻는 데 성공했음은 의심할 나위가 없다고 분석했다.

물론 양안관계의 평화적 발전에는 "양안은 한집안"의 '심적' 동력이 필요한 것 외에 양안 경제·사회의 융합을 위한 '물질적' 기반도 필요하다. 양안이 경제협력을 전개하는 데는 독특한 특징이 있다. 그것은 양안의 경제와 사회의 융합발전을 촉진시키는 것은 양안 동포의 공동 이익에 부합된다는 것이다. 새 시대에 새 기상이 나타난다. 조국 대륙의 제반 사업이 역사적인 성과를 거두었고, 역사적인 변화가 발생하여 양안 경제와 사회의 융합발전을 계속 추진할 수 있는 더욱 좋은 기반과 더욱 충분한 조건을 마련해주었다. 이와 상응하게 양안의 여러 분야에서의 교류와 협력이 적극 추진되고, 양안의 경제와 사회의 융합발전이 지속적으로 심화되어 좋은 성과를 거두었다. 상무부의 통계를 보면, 2013년부터 2017년 6월까지 양안이 신규 비준한 대만자금 프로젝트가 누계 1만 2,502개에 이르고, 실제 이용한 대만 자금은 87억 9,700만 달러에 이르렀다. 대륙이 비준한 대만 진출 투자 프로젝트는 327개이고, 총 투자금액은 20억 7,200만 달러에 달했다. 그 중 2016년에 대륙이 비준한 대만인 투자 프로젝트는 동기대비 18.7% 증가한 3,517개에 이르렀고, 실제 이용한 대만 자금은 동기대비 27.7% 증가한 19억 6,000만 달러에 달했다. 상기의 수치들은 양안의 경제교류와 협력이 깊이 추진되었음을 어느 정도 설명해준다. 이와 동시에 양안의 사회교류와 융합도 날로 밀접해지고 심화되었다. 통계에 따르면 2013년부터 2017년 6월까지 양안 간 인적 왕래는 연인수로 4,096만 7,000명에 달했다. 그중 2015년에 양안 인적 왕래가 연인수로 985만 6,000명에 달하여 동기대비 4.73% 증가했으며 사상 최고치를 기록했다. 대륙 관광객들은 대만에 68억 7,000만 달러의 외화수입을 안겨주었는데, 이는 대만에 입경한 관광객으로부터 얻은 외화 수입의 절반을 차지하는 규모이다. 여러 방면의 영향으로 2016년 양안의 인적 왕래는 연인수 937만 6,000명으로 2015년보다 4.87% 줄었다. 그러나 대만 주민의 대륙 방문자수는 동기 대비 4.2% 증가했다. 대만 동포의 대륙 방문자수가 증가한 배후에는 중앙과 대륙 각급 부서가 양안 간 교류와 협력을 촉진한 노력이 깃들어 있다. 예를 들면 국무원은 「중국 공민의 대만 지역 왕래 관리방법」을 개정했고, 대만 주민의 대륙 왕래에 대해 무비자 조치를 취하고, 카드식 대만동포증을 발급했다. 또 예를 들면, 19차 당 대회 직후인 2018년 2월 28일 국무원 대만사무판공실과 국가발전개혁위원회가 중공중앙 조직부·중앙선전부·중앙인터넷정보판공실 및 교육부·과학기술부·공업 및 정보화부·민정부·재정부 등 29개 기관과 조율하여 「양안 경제 문화 교류와 협력을 촉진하는 것에 관한 몇 가지 조치」를 반포하여 31가지 대만 민중에 대한 우대정책을 발표하여 대만 동포들이 대륙에 와서 공부하고 일하며 생활하는데 더욱 많은 편리를 제공하고 더욱 좋은 조건을 마련해주었다. 이번 대만 민중에 대한 우혜조치는 범위가 넓고 강도가 높으며 실행성이 강하여 새 시대 대만에 대한 정책의 역작으로서 시진핑 동지를 핵심으로 하는 당 중앙이 중화민족의 위대한 부흥을 실현하기 위한 전반적 이익에서 출발하여 더욱 자신감 있고 느긋한 자세로 대만문제에 대처하는 중대한 조치이며, 양안의 경제와 사회교류와 융합의 새 시대를 열었다.

"문화의 기운은 국운과 이어지고 문화의 명맥은 나라의 명맥과 연결된다." 18차 당 대회 이래 시진핑 동지를 핵심으로 하는 당 중앙은 문화를 중시하고 문화의 자신감을 강조해오고 있다. 이런 사고방식은 대만에 대한 정책에서도 구현되었다. 문화는 한 나라, 한 민족의 영혼이다. 중화민족은 5,000년이 넘게 이어져온 찬란한 문명을 보유하고 있으며, 중화의 우수한 전통문화는 양안 동포들의 마음속 깊은 곳에 뿌리내려 양안 동포의 '뿌리'와 '혼'을 이루고 있다. 양안 동포는 중화문화의 후계자로서 몸에는 중화민족의 피가 흐르고 있으며, 정신적으로는 중화민족의 혼이 깊이 자리 잡고 있다. 그러므로 양안 간 문화교류를 추진하고 양안 간 교육교류를 강화하며, 중화문화의 우수한 전통을 널리 알리고, 중화문화의 시대적 의미를 명백히 밝히며, 양안동포들 간의 정신적 유대를 끈끈히 하게 되면, 틀림없이 양안관계의 평화적 발전을 위한 문화적 토대를 마련할 수 있을 것이다. 1980년대 후기에 양안 동포들은 교육·과학·보건위생·종교·문학·체육·연극·회화·서예·영화와 텔레비전방송·신문·출판 등을 포함한 문화 분야에서 중화문화라는 쌍방의 최대 공약수를 찾았으며, 함께 중화문화를 바탕으로 하여 쌍방이 공감할 수 있는 교류의 기반과 공간을 형성했다. 18차 당 대회 이래 양안 각 분야의 문화교류가 진일보 적으로 추진되어 문화·예술·보건위생·체육·종교 및 공(회)청(년) 여(성) 활동 등 분야에서 서로 왕래하며 친목을 다져왔으며, 종묘 사당의 우아한 시가와 음악에서 시골 민간의 통속적인 놀이에 이르기까지, 학자의 학술교류에서부터 종친들 간에 회포를 푸는 모임에 이르기까지 양안의 계층별·유형별 인원이 해협 양안을 오가는 발길이 끊이지 않았다. 그러한 토대 위에서 위의 「양안 경제 문화 교류와 협력을 촉진하는 것에 관한 몇 가지 조치」는 양안 문화교류의 일부 성공적인 방법과 경험을 정책화하여 19조항의 양안 문화교류 관련 조치를 제기함으로써 대만 동포들이 대륙에서 학습·창업·취업·생활을 하는 과정에서 점차 대륙 동포들과 동등한 대우를 받을 수 있도록 했다. 그 조치에는 주로 대만 동포들에게 134가지 국가 직업 자격 시험을 개방하여 대만 인사들이 자격증을 따서 대륙에서 구직할 수 있도록 더 많은 편리를 제공한 것, 대만 동포들이 "천인 계획" "만인 계획"과 여러 종류의 기금 항목을 신청하고, 중화의 우수한 전통문화의 전승과 발전 프로젝트 및 시상 프로젝트·영예칭호의 선정에 참여할 수 있도록 허용한 것, 사회단체조직과 업종협회에 가입할 수 있고, 대륙의 기층업무에 참여할 수 있도록 한 것, 대만의 영화와 텔레비전방송·도서 등의 시장접근규제를 완화한 것 등 조치가 포함되었다. 그리고 이러한 조치들이 점차 실행되고 있다.

종합하면 조국의 통일을 추진하고 중화민족의 위대한 부흥을 실현하는 것은 전체 중국인의 "공동의 꿈"이다. 홍콩·마카오·대만 동포들을 포함한 중화의 모든 아들딸들이 역사의 대세에 순응하고, 민족의 대의를 함께 짊어지고, 민족의 운명을 스스로 확실하게 장악하여 손잡고 함께 조국 통일대업을 추진하기 위해 애쓴다면, 반드시 중화민족의 위대한 부흥을 실현하는 아름다운 미래를 함께 창조해나갈 수 있을 것이다.

9

인류 운명공동체를 구축하다

9
인류 운명공동체를 구축하다

1949년 10월 1일 중화인민공화국이 창건되었다. 혹독한 재난을 겪은 중화민족이 오랜 세월 동안 침략 받고 억압당하고 능욕 당하던 역사를 끝내고, 세계 민족의 대열에 우뚝 섰다. 중국역사가 신기원을 열었으며, 중국외교도 새로운 역사의 장을 펼쳤다. 덧없이 흐르는 세월 속에서 풍운변화를 겪으며, 신중국의 외교는 70여 년간 찬란한 성과를 거두었던 것이다.

새로운 외교방침의 제기와 실천

신중국 창건 초기에 마오쩌둥은 "중국에 대한 제국주의의 통제를 철저히 분쇄(粉碎)하고, 국가의 독립과 주권회복"을 신중국 외교의 가장 중요한 임무로 확정했다. 신중국 창건 이전에 마오쩌둥은 세계 정세에 대해 충분히 파악하여 이를 바탕으로 시기와 형세를 판단하여 1949년 봄에 "부뚜막을 새로 짓기"(새롭게 시작한다는 뜻), "집안을 깨끗이 청소한 뒤 손님을 초대하기", "일변도(한쪽으로 쏠린다는 뜻)"의 3대 방침을 제기하여 신중국의 외교정책에 전략적 지침을 제공했다.

"부뚜막을 새로 짓기"란 구중국의 굴욕적인 외교관계를 단절하고, 구중국이 어떠한 외국과 수립한 모든 외교관계를 인정하지 않으며, 주권과 영토의 완정을 서로 존중하고 평등하며 서로에 이득을 주는 토대 위에서 담판을 통해 세계 각국과 새로운 외교관계를 수립한다는 것이다. "집안을 깨끗이 청소한 다음 손님을 초대하기"는 바로 구중국 시기부터 중국에 남아 내려온 제국주의의 특권과 잔여세력을 철저히 숙청한 후 다시 손님을 초대하여 적대세력이 "기어들어와" 말썽을 피우는 것을 피한다는 의미이다. "일변도"라는 것은 소련을 위수로 하는 사회주의 진영 쪽으로 기울어질 것을 뜻한다.

이러한 전략을 실시하기 위해 중국은 우선 소련 및 여러 사회주의 국가들과 수교하고 우호적인 합작관계를 발전시켜나갔다. 1949년 10월 2일 소련정부는 중화인민공화국을 승인하고 중화인민공화국과 외교관계를 수립하기로 결정하는 각서를 보내왔다. 마오쩌둥은 각서를 보고 크게 기뻐하며, 기밀문서인 각서를 전하러 온 비서와 감격하여 악수를 나눴다. 그 중요한 각서는 신중국의 "일변도" 외교의 기조를 확립했다. 같은 해 12월 마오쩌둥은 초청을 받고 소련을 방문했다. 한 번도 국문을 나섰던 적이 없는 마오쩌둥은 기차를 타고 만 리 길을 달려 모스크바로 갔다. 그의 이번 방문 목적은 두 가지였다. 하나는 스탈린의 칠순 경축활동에 참가하기 위한 것이고, 다른 하나는 소련과 새로운 중-소 동맹조약 체결에 대해 상담하기 위한 것이다. 1950년 2월 14일 중-소 양국은 「중-소 우호동맹호조조약」을 체결하여 국민정부가 소련과 체결한 중국의 권익에 손상을 주는 「중-소 우호동맹조약」을 대체했다. 이는 신중국 창건 후 처음으로 평등을 토대로 외국정부와 체결한 조약으로서 양국의 안전을 보장하고, 양국의 우의와 협력을 발전시키며, 극동지역과 세계의 평화를 수호하는데 모두 긍정적인 역할을 했다. 이와 동시에 중국과 사회주의 국가들 간의 우호적인 협력관계도 전면적으로 발전했다. 불가리아·루마니아·헝가리·조선·체코슬로바키아·폴란드·몽골·독일민주공화국·알바니아·베트남 등 사회주의국가들도 잇달아 중국과 공식 외교관계를 수립했다.

"일변도" 외교정책을 폄으로써 새로 수립된 인민 정권이 든든한 발판을 마련할 수 있었다. 더 많은 국제적 친구들을 사귀기 위해서 마오쩌동과 저우언라이 등 공산주의자들은 또 지혜를 발휘하여 모든 국가 관계를 처리하는데 적용되는 평화공존 5원칙을 제기하여 신중국 외교의 장기적 전략 방침으로 삼았다. 1953년 12월 31일 저우언라이가 인도 담판대표단을 접견하는 자리에서 처음으로 평화공존 5원칙을 비교적 완전하게 제시했다. 그 5원칙은 바로 영토의 보전과 주권의 상호 존중, 상호 불가침, 내정의 상호 불간섭, 평등호혜, 평화공존 등의 원칙이다.("평등호혜"는 후에 "평등호리"로 바뀜) 1954년 6월 저우언라이 총리가 인도와 미얀마를 방문했을 때, 공동성명에 평화공존 5원칙을 포함시키고 5원칙을 국제관계를 처리하는 준칙으로 삼을 것을 제안했다. 1954년 10월 네루(Nehru) 인도 총리가 중국을 방문했을 때, 마우쩌동이 네루 총리를 회견하는 자리에서 평화공존 5원칙을 모든 나라와의 관계를 처리하는데 보편적으로 적용할 것을 제기했다. 마오쩌둥은 다음과 같이 말했다. "우리는 협력에서 한 가지 경험을 얻었다. 사람과 사람 간의 협력이거나 정당과 정당 간, 또는 국가와 국가 간의 협력이거나를 막론하고, 모두 반드시 서로에 이득이 되어야지 어느 한쪽이 손해를 보아서는 안 된다. 만약 어느 한쪽이 손해를 보게 된다면 협력은 유지될 수 없다. 이러한 이유 때문에 우리가 제기한 5원칙 중의 하나가 바로 평등호리라는 것이다." 12월에 마오쩌둥은 우누(U Nu) 미얀마 총리를 접견하는 자리에서 다시한 번 "5원칙은 큰 발전이며, 또 5원칙에 따라 해야 할 일들이 있다. 우리는 5원칙을 말로만 하고 마는 추상적 원칙에 그치지 말고 구체적으로 절차 있게 차근차근 실현해야 한다. 현재 세계에는 두 가지 태도가 있다. 하나는 말만 하고 말자는 태도이고, 다른 하나는 구체적으로 실현하자는 태도이다. 영국과 미국도 평화공존을 원한다고 말하지만, 그들은 말만 하고 말 뿐 진정한 평화공존은 원하지 않는다. 그러나 우리는 그렇지 않다. 우리는 5원칙을 장기적인 방침이라고 주장하고 있다."[117]라고 지적했다.

중국은 평화공존 5원칙을 적극 창도하고 선전하여 금세 세계 각국의 광범위한 인정과 긍정을 받았다. 1955년 4월 제1차 아시아−아프리카회의가 인도네시아의 반둥에서 개최되었다. 아시아와 아프리카 국가들의 단합과 협력을 촉진하기 위하여 저우언라이는 중국대표단을 인솔하여 회의에 참석했다. 회의기간 중국대표단은 "일치하는 점을 취하고 의견이 서로 다른 점은 잠시 보류하는" 방침을 견지하면서 성

---

117) 『마오쩌둥 문집』 제6권, 인민출판사 1999년판, 374쪽.

과적으로 사업을 전개해나갔다. 그래서 평화공존 5원칙을 추진하는 토대 위에서 유명한 '반둥 10원칙'을 달성하여 아시아-아프리카 각국의 단합과 협력을 강화하는데 중요한 공헌을 했다. 아시아-아프리카회의 이후 중국은 '평화공존 5원칙'의 토대 위에서 아시아·아프리카 국가들과의 우호적 협력관계를 한층 더 발전시켰으며, 또 일부 아시아·아프리카 국가들이 중국과 잇달아 수교했다.

신중국 창건 초기에 미국의 이데올로기 면에서의 적대시, 정치적 고립, 경제적 압살, 군사적 위협 태세 등 앞에서 중국은 미국과 단호하고도 힘 있는 투쟁을 전개했다. 1950년 6월 25일 한국전쟁이 발발했다. 6월 26일 미국은 일본에 주둔하고 있던 자국 공군과 해군부대를 동원하여 한국에 들어왔고, 동시에 필리핀에 주둔하고 있던 해군 제7함대를 파견하여 대만해협에 들어왔다. 7월 7일 미국은 유엔안전보장이사회의 의결로 '유엔군'을 결성하여 조선에 침입하는 결의안을 통과시켰다. 미국의 일련의 행위는 중국의 안전을 직접 위협했다. 10월 초 중국은 "항미원조, 보가위국"(抗美援朝, 保家衛國)의 결정을 내리고 펑더화이를 사령관 겸 정치위원으로 하는 중국인민지원군을 조직하여 한반도에 들어가 참전하기로 결정했다. 3년 1개월간의 결사적인 대결 끝에 미국은 마침내 1953년 7월 27일 정전협정에 사인했다. 연합군이 또 중국 서남지역에 대해 간섭하려고 하자, 중국은 극히 어려운 조건에서 프랑스 식민주의와 미국의 간섭에 저항하여 싸우는 베트남을 지원했다.

항미원조전쟁과 프랑스에 저항하여 싸우는 베트남 지원 투쟁의 승리는 신중국이 이제는 아시아와 세계의 평화를 수호하는 중요한 세력이 되었음을 보여주는 것이었다. 1954년 4월 중국은 5대국 중의 일원으로 한반도문제와 인도지나문제에 관한 제네바회의에 참가했다. 저우언라이 총리가 대표단을 인솔하여 회의에 참가하여 확고한 원칙과 신축성 있는 책략을 바탕으로 한 외교술로 다른 참가국들과 함께 상기 의문제를 해결하는 데에 중요한 역할을 하였다.

중국은 미국에 단호히 맞서는 동시에 미국과의 긴장된 관계를 완화할 수 있는 방법을 적극 모색했다. 1955년 4월 저우언라이 총리는 아시아아프리카회의에 참가하는 기간에 성명을 발표하여 "중국인민과 미국인민은 서로 우호적인 사이이다. 중국인민은 미국과 싸우기를 원하지 않는다. 중국정부는 미국정부와 함께 마주 앉아 담판을 통해 극동지역 긴장정세를 완화시키는 문제에 대해 토론하고, 특히 대만지역의 긴장정세를 완화시키는 문제에 대해 논의할 용의가 있다."라고 밝혔다. 중국정부의 평화에 대한 성의는 각국 정부와 인민들의 보편적인 찬양을 받았다. 이런 상황에서 미국은 중국과의 양자 담판 가능성을 배제하지 않을 것이라는 입장을 밝히지 않을 수 없었다. 이로써 훗날 중-미 대사급 회담을 위한 길을 열어놓게 되었던 것이다.

"두 개의 중간지대"와 "세 개의 세계"

중간지대이론은 제2차 세계대전 종전 후 마오쩌둥이 국제문제를 관찰하고 분석하는 중요한 이론적 출발점이었다. 1946년 마오쩌둥은 안나 루이스 스트롱(Anna Louise Strong) 미국 기자와 이야기를 나누면서 처음으로 "자본주의와 사회주의 사이의 식민지·반식민지 국가들이 중간지대를 구성하고 있다."라는 관점을 제기했다. 그때 당시 세계에서 일부 사람들이 반(反)소련전쟁 여론을 부추기고 있는 것에 비추어 마오쩌동은 "이는 미국을 위수로 하는 반소련집단이 직접 직면하고 있는 많은 실제 모순에 대하여 연막을 치는 것"이라고 지적했다. 그는 이러한 모순들이 바로 미국 반동파와 미국 인민 간의 모순이고, 미 제국주의와 기타 자본주의국가·식민지·반식민지국가 간의 모순이라고 지적했다. "미국의 반 소련전쟁 구호가 현 시기에 갖는 실제 의미는 미국 인민을 억압하고 자본주의세계로 침략세력을 확장시키는 것이다." "미국과 소련 사이에는 너무나도 드넓은 지대가 있다. 그 지대에는 유럽·아시아·아프리카의 많은 자본주의국가와 식민지·반식민지국가가 있다. 미국 반동파는 이들 국가를 굴복시키기 이전에는 소련을 공격하는 데 대해 거론할 수 없다."[118] 마오쩌동의 이러한 관점이 종전 후 국제정세에 대한 그의 기본 시각을 형성했고, 그가 중국인민해방전쟁을 지도하고 중-미 관계를 처리하며, 세계 평화와 전쟁 문제를 분석하는 기본 출발점이 되었다.

1960년대 세계에서 여러 세력들이 "대혼란, 대분열, 대개편"을 거쳐 새로운 전략적 구도를 형성했다. 사회주의 진영은 중-소 마찰이 격화되면서 파열되기 시작했다. 소련은 대외관계 분야에서 갈수록 패권주의 경향을 드러냈으며, 미국과 치열한 쟁탈을 벌이는 한쪽이 되었다. 서양 진영에서는 프랑스·일본·캐나다 등 국가와 미국 간의 갈

---

118) 『마오쩌동 외교문선』, 중앙문헌출판사 1994년판, 59쪽.

등이 더한층 확대되어 드골을 대표로 하는 일부 유럽국가가 미국으로부터의 '독립'을 주장하고 나섰다. 아시아·아프리카·라틴아메리카의 민족독립운동이 발전하면서 일련의 신흥 개발도상국들이 점차 하나의 정치세력을 형성하여 국제무대에 등장했다. 마오쩌둥은 한 걸음 더 나아가서 중간지대를 구분하여 중간지대 국가들의 성격이 서로 달라 실제로는 두 개의 중간지대가 존재한다는 관점을 제기했다. "아시아·아프리카·라틴아메리카가 첫 번째 중간지대이고, 유럽·북미 캐나다·대양주가 두 번째 중간지대이다. 일본도 두 번째 중간지대에 속한다."[119] 유럽 각국 중 영국·프랑스·벨기에·네덜란드 등은 식민지를 가지고 있으면서 식민지·반식민지의 인민을 억압하고 있다. 그 중 어떤 나라는 그 자체가 제국주의이지만 미국과 모순이 있다. 이는 혁명 인민들이 이용할 수 있는 부분이다. 마오쩌둥은 중국이 '중간지대'의 광범위한 국가들 간에 존재하는 공통점을 발견했고, '중간지대'에서 중국의 외교가 할 수 있는 일이 많다는 사실을 발견했다.

이러한 외교전략 사상의 지도하에 중국외교의 독자적인 일면을 형성하여 한편으로는 아시아·아프리카·라틴아메리카 각국이 미제국주의와 신구 식민주의에 저항하는 혁명투쟁을 대대적으로 지원하면서, 다른 한편으로는 외교영역을 적극 넓혀 서유럽·일본과의 관계를 발전시켰으며, 동시에 미국과 소련이 세계적 범위에서 확장과 패권다툼을 벌이는 것을 힘써 반대했다.

중국은 이집트·이라크·레바논 등 아라비아국가들이 제국주의와

---

119) 『마오쩌둥 외교문선』, 중앙문헌출판사 1994년판, 506쪽, 509쪽.

팽창주의에 저항하기 위해 진행하는 투쟁을 지원하고, 쿠바·파나마·도미니카 등 라틴아메리카국가들의 반미 애국투쟁을 지원했으며, 사하라 이남 아프리카 국가와 인민들이 식민주의와 인종주의에 저항하여 펼치는 투쟁을 적극 지원했고, 기니·가나·말리·콩고·탄자니아 등 국가들과 잇달아 우호조약과 경제기술협력협정을 체결하여 서로 간의 정치적·경제적 협력관계를 강화했으며, 앙골라·기니비사우·모잠비크·짐바브웨·나미비아 등 국가의 독립을 쟁취하기 위한 무장투쟁과 남아프리카공화국 인민들의 백인종족주의에 대한 저항투쟁을 적극 지원했다. 중국은 또 선린우호정책을 실시하여 우호적 협상을 통해 잇달아 미얀마·네팔·몽골·아프가니스탄과 역사적으로 남아 내려온 국경문제를 해결하고 국경조약을 체결했으며, 파키스탄과 중국의 신강과 파키스탄 실제 국방사무 통제 지역 간의 국경협정을 체결했으며, 인도네시아와 화교의 이중국적문제를 해결했다. 중국은 비동맹운동을 적극 추진하여 중국의 대외 원조 8원칙을 제기했으며, 아시아·아프리카 각국과의 관계를 꾸준히 강화했다.

서유럽 경제의 회복과 발전, 그리고 유럽 공동체의 점차적 형성에 따라 서유럽 국가들의 독립자주, 연합 자강의 경향이 날로 발전했다. 특히 프랑스가 드골 대통령 재집권 후 미국과 소련이 함께 꾸며낸 부분적 핵실험 금지조약의 체결을 거부하고, 나토(NATO, 북대서양조약기구)의 군사일체화기구에서 퇴출함으로써 미국의 통제를 받는 것을 원하지 않고, 적극적으로 독립자주를 추구하려는 서유럽의 경향을 강하게 반영했다. "두 개의 중간지대" 전략사상의 지도 아래 중국은 서유럽 국가와의 관계를 적극적으로 발전시켰다. 그중 1964년 중국과 프랑스의 수교는 외교 분야에서 위의 전략적 이론의 성공적인 실천이었다. 두 개의 "자존심이 있는 민족과 독립정책을 실시하는 국가"가 3개월이 넘는 동안 힘겹고도 효율적이며, 서로 이해하면서 원칙적인 문제에서는 한 치의 양보도 없는 수교를 위한 담판을 진행했다. 저우언라이와 천이가 프랑스 대통령 특사 에드가 포르(Edgar Faure)와 베이징과 상하이에서 잇달아 6차례에 걸친 실질적인 회담을 진행했으며, 우여곡절 끝에 중-프 양국은 끝내 수교 협의를 달성했다. 중-프 수교의 의의는 양자관계를 훨씬 뛰어넘어 중국과 프랑스, 나아가 중국과 유럽 관계 발전의 새로운 역사의 장을 열었으며, 국제정치와 세계구도의 발전에 깊은 영향을 주었다.

그 시기에 중국은 이미 미국과 소련으로부터 독립한 한 갈래의 중요한 세력이 되어 아시아와 세계의 평화를 수호하는데서 중요한 역할을 발휘했다. 중국이 유엔에서 합법적 의석을 회복한 것도 바로 그러한 큰 배경에서 이뤄진 것이다. 1971년 7월 알바니아·알제리 등 17개국 대표가 유엔 사무총장에게 편지를 보내 중화인민공화국의 합법적 의석을 회복하고, 장제스집단 대표를 유엔에서 축출하는 데에 대한 결의안을 그해 유엔총회 의정에 올려 상정할 것을 요구했으며 총회에서 채택되었다. 10월 25일 총회에서 그 결의안을 표결에 부친 결과, 찬성 76표, 반대 35표, 기권 17표의 압도적 다수로 통과되어 유엔에서 중국의 합법적 의석을 회복할 수 있었다. 마오쩌동은 "이는 아프리카 흑인 형제들이 우리를 (가마에) 태워서 (유엔으로) 들고 들어

간 것"이라고 유머스럽게 표현했다. 실제 상황은 상기의 결의안을 제출한 23개국 중 아프리카 국가가 12개국이고, 아시아 국가가 7개국이며, 유럽 국가가 3개국, 라틴아메리카 국가가 1개국이었다. 신중국이 유엔에서의 합법적 의석을 회복하는 투쟁에서 승리를 거둔 후 마오쩌동은 크게 기뻐하면서 그날 밤으로 회의를 소집하고 대표단을 조직하여 유엔에 파견할 사안을 연구 배치했다. 21일 뒤 신중국은 첫 외교대표단을 파견하여 유엔총회에 참가했다. 이로써 중국은 마침내 유엔무대에서 자신의 목소리를 낼 수 있게 되었다.

70년대에 국내외 정세에는 또 중대한 변화가 일어났다. 마오쩌동은 국제정세의 변화를 고려한 기초 위에서 세 개의 세계 구분 이론을 제기했다.

중국과 소련의 분열이 표면화에서 군사적 대항으로 넘어갔고, 사회주의진영이 실제로 더 이상 존재하지 않게 되었으며 기존의 국제주의는 이미 현실적 의존의 기반을 잃어버렸다. 중·소 관계가 결렬된 후, 마오쩌동은 깊은 전략적 견지에서 생각하면서 소련과 미국이 연합하여 중국에 대적하는 상황이 나타날까봐 우려했다. 그래서 처음부터 흐루시초프가 고취하는 국제적 '완화', "소·미 합작"에 대해 높은 경계심을 유지하고 있었다. 1969년 중·소가 전바오도(珍寶島)에서 무장충돌이 발생하자, 마오쩌동은 전국 군민에게 "전쟁에 대비할 것"을 호소하여 전민 전시 대비 태세에 들어갔으며, 군사적으로 소련의 기습 공격에 대응할 준비를 하면서 또 소련사회의 제국주의에 저항할 수 있는 새로운 국제 통일전선의 결성을 모색하기 시작했다. 1969

년 중국공산당 제9차 전국대표대회를 전후하여, 마오쩌둥의 제의에 따라 저우언라이는 천이(陳毅)·예젠잉(葉劍英)·쉬샹첸(徐向前)·녜롱전(聶榮臻) 네 명의 원수에게 천이의 주도로 국제문제를 연구하여 중앙의 결정에 자문을 제공할 것을 지시했다. 당면한 국제정세에 대해 분석한 전제 하에서 네 명의 원수는 "중·미·소 삼각관계에서 중·소 모순이 중·미 모순보다 크고, 소·미 모순이 중·소 모순보다 크다." "중국을 겨냥한 전쟁이 지금 당장은 쉽게 일어나지 않을 것이다." "지금 소·미 양국이 모두 '중국카드'를 쓰기에 급급한 현 상황에서 중국은 전략적 주도권을 쥐고 있다." 라고 판단했다. 이는 중·미·소 모순관계에 대한 비교적 이른 시기 중국의 전략적 사고였다.

미국은 베트남전의 수렁에 깊이 빠져 미·소의 패권 다툼에서 점차 수세에 몰렸다. 1969년에 닉슨이 미국 대통령에 당선된 후 미국의 세계전략을 조정하기 시작하면서 중국에 대한 정책이 점차 바뀌기 시작했다. 3월 전바오도 사건이 있은 후 닉슨은 대 중국관계를 변화시킬 시기가 되었다고 판단하고 중국과의 화해에 박차를 가하기 시작했다. 7월 닉슨은 괌에서 미국의 전선 축소 및 "신아시아정책"을 제시하였는데, 이른바 "닉슨 독트린"이다. 이와 동시에 미국은 대 중국 무역 및 관광 등 분야의 규제를 점차 완화한다고 선언했다. 8월 닉슨은 아그하 무함마드 야히아 칸(Agha Muhammad Yahya Khan) 파키스탄 대통령을 통해 중-미 관계를 개선하려는 염원을 중국에 전달했다. 9월 미군은 베트남에서 4만 명의 병력을 철수시켰다. 10월 미국은 대만해협에 구축함을 파견하여 순찰하는 것을 중지할 것이라고 중국에 전했다. 미국정부는 중국에 좀 더 "현실주의"적인 태도를 취하기 시작했고, 중국의 강대함과 무시할 수 없는 국제 전략적 지위를 조금씩 인정하기 시작했다. 1970년 10월 닉슨은 니콜라에 차우셰스쿠(NicolaeCeausescu) 루마니아 대통령을 환영하는 연회에서 미국 대통령의 신분으로 처음으로 중화인민공화국이라는 명칭을 사용함과 아울러 파키스탄과 루마니아 루트를 통해 중국을 방문하려는 의향을 중국에 전했다.

마오쩌둥은 세계 구도의 거대한 변화를 예리하게 포착하고 중-미 관계를 다시 짚어보기 시작했으며, 미국이 끊임없이 관계개선의 메시지를 보내고 있는 기회를 포착하고 빠르게 반응하여 대미정책을 조정하여 중-미 양국관계의 완화를 추진했다. 1970년 8월 마오쩌둥은 그의 오랜 벗인 에드거 스노(snow)를 또 한 번 중국으로 초청했다. 이로써 스노는 '문화대혁명'이 시작된 이후 중국 입국이 허용된 첫 서양 언론인이 되었다. 10월 1일 마오쩌둥은 스노 부부를 톈안먼성루로 초대하여 직접 접견했다. 이튿날 주석과 스노 부부가 함께 찍은 사진이 『인민일보』의 뚜렷한 위치에 게재되었다. 그 사진은 마오쩌둥이 미국정부에 보낸 함축적이나 깊은 뜻이 담긴 메시지로 볼 수 있다. 12월 18일 스노는 마오쩌둥의 초청을 받아 중난하이(中南海)로 왔다. 그 담화 자리에서 마오쩌둥은 대미관계를 개선할 용의가 있음을 명확히 밝혔다. 마오쩌둥은 "닉슨 대통령이 올 의향이 있으면 나는 그와 대화할 의향이 있다. 얘기가 잘 되어도 좋고 잘 안 되어도 좋다. 다퉈도 좋고 다투지 않아도 좋다. 여행자의 신분으로 와서 이야기를 나눠도 좋고 대통령의 신분으로 와서 이야기를 나눠도 좋다. 아무튼 어찌하든 다 좋다."라고 말했다. 1971년 2월 스노는 중국을 떠나 귀국했다. 그는 이탈리아 간행물에 마오쩌동과 나눈 담화 내용을 발표하여 미국과 전 세계에서 큰 반향을 불러일으켰다.

1971년 3월 제31회 세계탁구선수권대회가 중-미 양국관계의 완화에 역사적인 기회를 마련해주었다. 경기장에서 중-미 양국 선수들 간의 접촉이 점차 많아졌으며, 미국선수단이 중국선수들에게 중국을 방문하기를 원한다는 소원을 밝혔다. 4월 6일 저녁 여러 방면으로 심사숙고를 거쳐 마오쩌동은 즉시 미국탁구선수단을 중국으로 초청하는 데에 관한 지시를 내렸다. 4월 14일 저우언라이가 베이징에서 방중한 미국탁구선수단에 "그대들의 이번 초청방문이 양국 인민 간의 우호적 왕래의 대문을 열었다."라고 말했다. 이에 미국은 적극 호응하여 중국에 대한 일련의 제재와 규제를 철회한다고 선언했다. 중-미 양국관계에는 전례 없는 전환기가 나타났다. 7월 9일 중국은 베이징에서 헨리 키신저(Henry Alfred Kissinger) 미국 대통령 특사를 맞이했으며 쌍방은 닉슨 미 대통령이 곧 중국을 방문하게 된다는 성명을 발표했다. 꽁꽁 얼어붙었던 중-미 관계의 해빙기가 시작된 것이다.

1972년 2월 21일 닉슨이 베이징에 도착하여 중국을 방문했다. 트랩을 채 내려오기도 전에 그는 멀리서부터 저우언라이에게 두 손을 내밀었고 저우언라이는 바로 마주 걸어 나갔다. 닉슨은 저우언라이에게 "태평양을 건너 중국 인민과 악수하러 왔다."라는 유명한 말을 남겼다. 이날 오후 마오쩌동이 중난하이에서 닉슨을 회견했다. 마오쩌동은 닉슨의 손을 맞잡고 1분 동안이나 놓아주지 않았다. 마오쩌동과 닉슨은 우호적이고 편안한 분위기 속에서 양국의 관심사안에 대해 솔직하게 의견을 교환했으며 중-미 관계 수립의 원칙을 기본적으로 확정했다. 원래 15분으로 예정되었던 회담이 1시간 동안이나 이어졌으며 회담에 배석한 저우언라이가 어쩔 수 없이 귀띔의 표시로 세 번이나 손목을 들어 시계를 들여다보아야 했다. 닉슨이 작별 인사를 하고 나올 때 마오쩌동은 업무인원의 부축을 받으며 일어서서 미국 손님과 작별인사를 했다. 2월 28일『중-미공동성명』이 상하이에서 발표됨에 따라 중-미 양국 간의 장장 20년이 넘는 심각한 대치국면을 종말 짓고 중-미 관계 정상화의 대문을 열었으며 향후 중-미 수교의 길을 닦아놓았다.

닉슨 미국 대통령의 중국 방문은 전 세계를 들썩이게 했으며 특히 이웃나라 일본에 큰 충격을 주었다. 일본 정계는 혼란에 빠졌다. 닉슨이 중국을 방문한 지 5개월 후, 다나카 가쿠에이(田中角栄) 내각이 구성되었다. 새로 출범한 내각은 중일관계 개선에 대한 명확한 태도를 가지고 있었다. 다나카 가쿠에이는 취임 당일 바로 성명을 발표하여 중일 국교 정상화를 가속화하기 위해 노력할 용의가 있음을 표명했다. 1972년 9월 29일 중일 양국 정부 지도자들이 베이징에서 「중일공동성명」을 체결하면서 양국은 국교의 정상화를 선언했으며, 중일관계는 이로써 새로운 장을 열었다.

중-미, 중-일 관계의 개선은 중국의 국제외교 환경을 근본적으로 변화시켰고, 세계의 전략적 구도에 중대한 변화를 가져다주었다. 중·

미·소 3각 전략관계가 형성되기 시작했고 중국은 외교적 주도권을 더 한층 얻을 수 있게 되었다. 새로운 국제정세에서 마오쩌둥은 중국의 외교에 대하여 새로운 생각을 하기 시작했고 새로운 국제전략이론을 제기했다.

1973년 2월 마오쩌둥은 키신저 미 대통령 특사를 회견하는 자리에서 "하나의 선" 구상을 제기했다. 그는 "하나의 가로선을 형성해야 한다는 것은 바로 위도를 말하는 것으로서 미국·일본·중국·파키스탄·이란·터키·유럽을 포함한다."라고 지적했다. 이는 사실상 연합하여 소련에 대항하는 국제 반(反)패권 통일전선을 구축하는 데에 대한 전략적 구상을 제기한 것이다. 1974년 1월 마오쩌둥는 오히라 마사요시(大平正芳) 일본 외무상을 회견하는 자리에서 한 걸음 더 나아가 "하나의 드넓은 지역" 구상을 제기했다. 즉 "하나의 선" 주변의 국가들을 가리킨다. 그 목적은 "하나의 선"과 "하나의 드넓은 지역" 범위에 있는 미국·일본을 포함한 국제적으로 이용할 수 있는 모든 세력을 단합시켜 소련의 확장추세에 공동으로 대처하기 위하는데 있었다. "하나의 선"에서 "하나의 드넓은 지역"에 이르는 전략적 확장은 중국 외교전략이 전 세계의 지리적인 구도전략을 펼치는 데에 대한 총체적인 배치를 한 것이었다.

1974년 2월 마오쩌둥은 케네스 카운다(Kenneth Kaunda) 잠비아 대통령을 회견하는 자리에서 처음으로 3개의 세계를 구분하는 데에 대한 전략적 사상을 전면적으로 제기했다. 마오쩌둥은 이렇게 말했다. "내가 보기에 미국·소련은 제1세계이다. 그리고 중간파에는 일본·유럽·오스트레일리아·캐나다가 포함되며 이들은 제2세계이다. 우리는 제3세계이다.""미국과 소련은 원자탄을 많이 보유하고 있고 좀 더 부유한 편이다. 제2세계에 속하는 유럽·일본·오스트레일리아·캐나다는 원자탄이 그렇게 많지 않고 그렇게 부유하지도 않지만 제3세계보다는 부유하다.""제3세계는 인구가 많다.""아시아에서는 일본을 제외하고 모두 제3세계에 속한다. 아프리카 전체가 제3세계이고, 라틴아메리카도 제3세계이다.""[120] 3개의 세계 구분 이론은 70년대 중국 외교의 토대를 이루었으며, 이는 마오쩌둥의 중간지대이론의 중요한 발전이다. 4월 10일 덩샤오핑이 뉴욕에서 열린 유엔총회 제6회 특별회의에서 처음으로 마오쩌둥의 이 같은 전략적 관점을 전 세계에 명백히 밝혔다. 덩샤오핑은 다음과 같이 지적했다. "국제관계의 변화로 볼 때, 현재 세계에는 사실상 서로 연결되면서도 서로 모순되는 3개의 측면, 3개의 세계가 존재한다. 미국과 소련은 제1세계이다. 아시아·아프리카·라틴아메리카의 개발도상국과 기타 지역의 개발도상국은 제3세계이다. 그 두 세계 사이에 있는 선진국은 제2세계이다." 덩샤오핑의 이와 같은 발언은 중앙정치국의 토론을 거쳐 채택되고, 마오쩌둥에게 보고하여 심사 비준을 거쳐 완성된 것이다. 덩샤오핑의 발언으로 마오쩌둥의 3개 세계의 전략적 사상을 만천하에 널리 알렸던 것이다.

마오쩌둥이 제기한 3개 세계 구분의 취지는 광범위한 제3세계 국가들을 단합하고, 제2세계국가들을 연합하여 가장 광범위한 국제 반

---

120) 『마오쩌둥 외교문선』, 중앙문헌출판사 1994년판, 600~601쪽.

(反)패권 통일전선을 결성하기 위한 데 있었다. 미국과 소련의 패권 다툼에서 미국이 전략적으로 보수적인 지위에 있고, 소련이 전략적으로 공격태세를 취하고 있는 상황에 비추어 볼 때, 소련의 패권주의는 세계평화에 가장 큰 위협이었고, 각국 인민들에게는 가장 위험한 적이었던 것이다. 이와 동시에 마오쩌동은 미·소 양국이 세계패권을 쟁탈하는 과정에서 양국은 투쟁도 하고 결탁도 했었지만 그 쟁탈과 투쟁이 주를 이룬다고 단정했다. 그래서 국제 반 패권 통일전선의 매우 중요한 전략적 원칙의 하나가 미소 양국의 모순을 이용하면서 주로 소련의 확장을 반대하는 쪽으로 치우쳤던 것이다.

"3개 세계 구분"이론의 제기는 급변하는 세계 구도에서 중국의 생존과 발전에 유리한 국제환경을 쟁취하고자 애쓴 마오쩌동의 꾸준한 노력을 보여준다. 미·소 양극 구도에서 새로운 세계구도로 발전 변화하는 세계정세에 대해 분석하는 국제전략 이론으로서의 마오쩌동의 "3개 세계 구분"이론이 시대와 역사발전의 한계성을 띠게 되는 것은 불가피했다. 그러나 그 전략적 조정으로 중국은 앞뒤로 적을 맞는 불리한 국면을 돌려세울 수 있었고, 중국은 자체의 실력을 훨씬 능가하는 국제적 지위를 얻을 수 있었으며, 세계의 구도에 영향을 미치는 미·소·중 대삼각관계가 형성되어 중국이 개혁·개방 시기에 국제사무에 전면적으로 참여하고, 전 방위적인 독립자주의 평화적 외교를 펼칠 수 있는 길을 개척해주었다.

독립자주의 평화적 외교

1978년 중공중앙은 중국을 변화시키고 세계에 영향을 주게 되는 중대한 결정인 '개혁개방'을 실시한다는 결정을 내리고 업무의 중점을 사회주의 현대화 건설로 옮겼다. 그 중대한 결정을 실행에 옮기려면 양호한 국제환경이 필요했다. 1980년대에 중국 외교는 혁명적 외교에서 실무적 외교로의 "화려한 변신"을 이루면서 개혁개방과 현대화 건설을 위한 평화적이고 안정된 외부 분위기를 마련했다.

1979년 1월 1일 중-미 양국이 수교했다. 새해 첫날 덩샤오핑은 전국인민정치협상회의 좌담회에 참석하여 다음과 같이 지적했다. "오늘은 평범하지 않은 날로 세 가지 특징을 띤다. 첫째, 전국 업무의 중점을 4가지 현대화의 건설로 옮겨왔다. 둘째, 중-미 양국관계의 정상화가 실현되었다. 셋째, 대만의 조국 귀환과 조국 통일의 대업을 완성하는 것을 구체적 의사일정에 올려놓았다. 이 세 가지 특징은 '4인방'을 무너뜨린 뒤 우리가 국내 사업과 국제 사무에서 모두 큰 성과를 거두었음을 반영한다."[121] 이로부터 중-미 수교의 의미가 얼마나 큰지를 충분히 알 수 있다.

중-미 양국관계의 발전을 한층 더 추진하기 위하여 덩샤오핑은 1979년 음력 정월 초하루에 미국 방문 길에 올랐다. 짧은 9일 동안 미국에 "덩샤오핑 회오리바람"이 몰아쳤으며, 중국이 대외개방을 실현할 것이며, 미국과 양호한 관계를 유지하기를 희망한다는 메시지를 분명하게 전했다. 그는 미국에서 연설을 발표하여 "우리는 전쟁을 원

---

121) 『덩샤오핑 연보(1975년~1997년)』 (상), 중앙문헌출판사 2004년판, 461쪽.

하지 않는다. 우리 목표는 현대화를 실현하는 것이다. 이에 따라 오랜 기간 동안의 평화적인 환경이 필요하다."라고 밝혔다.

중국의 대외개방구도에서 미국은 매우 중요한 역할을 맡고 있다. 덩샤오핑은 장원진(章文晉) 외교부 미주사무담당 부부장에게 "개혁개방정책을 실시함에 있어서 제일 먼저 미국에 개방해야 한다. 미국에 개방하지 않고 다른 어떤 나라에 개방하는 것은 소용이 없는 일이다."라고 말했다. 종전 후 가장 발달한 자본주의국가로서 미국은 시장·자금·기술 등 방면에서 중국에 대해 매우 큰 흡인력을 가지고 있으며, 중-미 양국 간의 경제기술 협력은 양국관계에 있어서 지속적인 추진력이 되었다. 중-미 관계는 전략적 차원의 협력이지 전술적 차원의 협력은 아니다. 1980년대에 중-미관계에서 마찰이 생기긴 했지만 전반적으로 양호한 상호 작용을 유지했다.

이와 동시에 중국은 또 소련과의 관계도 점차 완화시켰다. 1982년 3월 24일 소련 지도자 레오니트 브레주네프(Leonid Brezhnev)가 소련 중앙아시아지역에 가서 우즈베키스탄공화국 수도 타슈켄트에서 장편 연설을 발표했다. 연설은 여전히 중국을 공격하는 내용들을 많이 포함하고 있었지만 중국이 사회주의국가라는 점을 명확하게 인정했고, 대만에 대한 중국의 주권을 강조했으며 중국과의 관계를 개선할 용의가 있다고 밝히면서 양국이 협상하여 양국이 모두 받아들일 수 있는 조치를 취하여 중-소 관계를 개선할 것을 제안했다. 3월 25일 황화(黃華) 당시 외교부 부장이 덩샤오핑에게 상황을 보고하고 지시를 내려줄 것을 요구했다.[122] 덩샤오핑의 직접적인 지시에 따라 3월 26일 중국 외교부가 마련한 제1차 뉴스브리핑에서 첸치천(錢其琛) 당시 외교부 뉴스사(司) 사장이 이와 관련하여 단 세 마디로 간단명료한 성명을 발표했다. 즉, "중국은 브레주네프 주석이 타슈켄트에서 발표한 중-소 관계에 관한 연설 내용에 주의를 돌리고 있다. 중국은 연설 내용 중 중국에 대한 공격에 반대한다. 중국은 소련의 말보다는 실제 행동을 더 중시한다."[123] 이러한 간단명료한 성명은 이튿날 『인민일보』 1면 중간위치에 발표되었으며 중외 기자들의 큰 주목을 받았다.

1982년 여름 덩샤오핑은 천원(陳雲)·리셴녠(李先念), 그리고 외교부 주요 책임자 등을 불러 회의를 열고 중-소 관계문제에 대해 연구했다. 덩샤오핑은 큰 행동을 취하여 소련에 메시지를 전하는 것으로 중-소 관계의 큰 개선을 이끌어낼 것을 제기했다. 그러나 중-소 관계의 개선은 반드시 원칙이 있어야 한다. 조건은 소련이 자발적으로 "3대 장애물"을 제거하는 것이다. 즉, 중-소 국경지역과 몽골에서의 철군, 아프가니스탄에서의 철군, 캄보디아에서 철군하도록 베트남을 설득하여 중국의 안보에 대한 위협 해소 "3대 장애물"이다. 어떤 방식으로 메시지를 전할 것인가 하는 문제에 대해서 덩샤오핑의 제안에 따라 외교부 소련·동유럽사(司) 사장을 대사관 업무 시찰을 명분으로 모스크바에 파견하기로 했으며 방문 일정에 폴란드의 바르샤바도 포함시켰다. 8월 10일 위홍량(于洪亮) 소련·동유럽사 사장이 모스

---

122) 황화(黃華), 『직접 보고 듣고 겪다. 황화회고록』, 세계지식출판사, 2008년판, 357쪽.
123) 첸치천(錢其琛), 『외교십기』(外交十记), 세계지식출판사 2003년판, 3~5쪽.

482 중국공산당은 어떻게 중국을 바꿔놓을 수 있었는가?

크바로 떠났다. 그는 중-소 양국관계의 개선을 위해 공동으로 노력할 것을 제안하는 중국 측의 메시지를 일리체프 소련 외교부 부부장에게 전했으며, 양국관계 장애물 중의 한 두 가지 중요한 문제를 해결하는 데서부터 착수하여 양국관계의 새로운 국면을 열 것을 제안했다. 8월 20일 소련은 공식적인 답변으로 양해각서를 보내와 언제어디서 그리고 어느 급별 기관에서든 소-중 양자관계 문제에 대해중국과 토론하여 관계 정상화를 위한 장애물을 제거할 용의가 있음을 밝혔다. 덩샤오핑은 중-소 담판을 재개하는데 동의하기로 결정했다.[124] 1982년부터 중-소 양국 간의 정치와 경제관계를 처리하는 면에서 중국은 어느 정도 정책을 조정하기 시작했으며, 소련과 경제무역·과학기술·문화 등 방면에서 관계를 점차 완화하기 시작했다.

중-소 관계 정상화는 1989년에 최종적으로 질적인 합의를 실현했다. 그해 5월 15일부터 18일까지 소련공산당 최고 지도자 미하일 고르바초프(Mikhail Gorbachev)가 중국을 방문했다. 덩샤오핑은 접견을 적절히 하는 것을 중시하여 만날 때 "악수만 하고 포옹은 하지 말것"을 제기했다. 이로부터 양국 관계의 미래상을 형상적으로 그려냈음을 알 수 있다. 회담 주제도 덩샤오핑이 심사숙고 끝에 결정했으며 "과거를 결속 짓고 미래를 개척하자"라는 것이었다. 그 고위급회담을통해 서로 인접해 있는 중-소 두 대국은 마침내 수십 년 동안의 관

---

124) 『덩샤오핑 연보(1975~1997)』 (하), 중앙문헌출판사 2004년판, 835쪽, 『리셴녠전』 (李先念傳) 편찬
팀 편찬, 리셴녠전(1949~1992)』, 중앙문헌출판사 2009년판, 1233쪽, 첸치천(錢기琛), 『외교십
기』 (外交十기), 세계지식출판사 2003년판, 6~10쪽.

계 비정상상태를 종말 짓고 정상적인 국가관계를 새롭게 수립했다.

중국은 바로 이처럼 대미, 대소 관계에 대한 조정을 거치는 과정에서 덩샤오핑을 필두로 한 중국의 의사결정자들이 결심을 내리고 대외정책을 조정하고 더욱 유연성 있는 외교방식으로 중국에 더욱 유리한 대외 환경과 전략적 지위를 쟁취했던 것이다.

1982년 9월에 열린 12차 당 대회에서 중국은 외교정책에 대해 사람들의 이목을 끄는 조정을 진행했다. 12차 당 대회 보고에서는 중국 대외정책의 요지가 "독립자주의 외교정책"을 견지하는 것이라고 명백하게 밝혔다. 1984년 5월 덩샤오핑이 중국의 대외정책을 독립자주의 외교라고 개괄했다. 그는 "중국의 대외정책은 독립자주적인 것"이라면서 "진정한 비동맹"이라고 지적했다. 구체적으로 "동맹에 가담하지 않고 고립하지 않으며 대항하지 않고 제3국을 겨냥하지 않으며 전방위적인 외교활동을 전개하는 것"으로 구현된다. 그 핵심은 비동맹(동맹에 가담하지 않는 것)이다. 중국은 독립자주와 비동맹의 외교정책에 따라 여러 주요한 대국들과의 관계를 개선하고 발전시켰다. 모든 세력을 연합하여 소련을 견제하는 "하나의 선" 전략을 조정하고, 어떠한 대국 또는 국가 그룹과도 동맹을 맺지 않았으며, 이데올로기로 관계의 친밀 여부를 결정하지 않았다.

1985년 중국은 새 시기 외교방침에서 비약적인 발전을 이루었다. 3월 덩샤오핑이 일본 손님을 회견하는 자리에서 '평화'와 '발전'은 현시대 세계의 2대 문제라고 명확히 제기했다. 그는 "현시대 세계에서 실제로 큰 문제이자 전 세계적인 전략 문제는 하나는 평화 문제이고,

다른 하나는 경제문제 또는 발전문제이다."라고 말했다. 덩샤오핑은 일본 손님들에게 최근 몇 년간 전쟁에 대한 중국의 관점이 조금 변화했다고 말했다. 그는 "전쟁의 위험이 의연히 존재하기는 하지만 전쟁을 제약하는 세력 때문에 긍정적인 발전을 가져왔다는 것을 중국이 느끼고 있다."라고 말했다. 이는 시대문제에서 중국 지도부의 인식에 거대한 변화가 일어났음을 반영하였으며, 그 변화를 거쳐 과거문제에서 가지고 있던 "전쟁과 혁명"의 관점이 철저하게 바뀌었다.

1985년 6월 4일 중공중앙 군사위원회 확대회의에서 덩샤오핑은 중국 외교에 관해 연설을 하면서 국제정세에 대한 판단과 대외정책 면에서 중국 지도자들의 생각과 결론을 개괄했다. 덩샤오핑은 다음과 같이 말했다. 몇 년간의 관찰과 생각을 거쳐 중국의 의사결정자들은 두 가지 중요한 변화를 이루었다. 첫 번째 변화는 "전쟁의 위험이 임박했다고 여기던 기존의 견해가 바뀐 것"이다. 과거에는 전쟁이 불가피하고 눈앞에 닥쳐왔다고 생각했었다. 몇 년 동안 세계정세에 대한 분석과 중국의 주변 환경에 대한 분석을 거쳐 비교적 오랜 기간 안에는 대규모의 세계전쟁이 일어날 가능성이 없어 세계평화가 수호될 가망이 있다는 결론을 얻어냈다. 두 번째 변화는 소련의 위협에 대비하여 취했던 "하나의 선" 전략을 포기한 것이다. 즉 반(反)소련 국제통일전선 정책을 포기하고, 더 이상 이른바 "미·중·소 대 삼각"이라는 사고의 틀 안에서 중국의 대외정책을 정하지 않게 된 것이다. 이 두 가지 변화는 하나는 국제정세에 대한 판단에 따른 것이고, 다른 하나는 그 판단을 바탕으로 대외정책에 상응하여 조정한데 따른 것이다.

덩샤오핑의 연설은 개혁개방 이후 중국 외교정책에 대한 조정이 완성되었음을 의미한다.

국제정세에 대한 중국 지도자들의 판단, 특히 시대의 주제에 대한 덩샤오핑의 해석은 깊은 영향을 주었는데, 이는 중국 외교의 거대한 변화를 가져왔을 뿐 아니라 중국의 사회주의 현대화 건설을 위한 중요한 과학적 근거를 제공했다.

평화적 발전의 길을 견지하다

1989년 봄과 여름사이에 일어난 한차례의 정치풍파가 중국 외교를 곤경에 빠뜨렸다. 정치풍파가 일어난 다음 날, 미국정부가 중국정부에 대한 3가지 제재 조치를 발표했다. 그 조치에는 중−미 양국 간의 모든 무기 판매와 중국에 대한 상업성 무기 수출을 중단하고, 중−미 양국 군사 지도자 간 상호 방문을 중단하며, 중국인 유학생들의 체류기간 연장 청구를 재검토한다는 내용이 포함되었다. 미국의 주도 아래 20여 개 선진국이 중국에 대한 제재에 참여했고, 유럽공동체 이사회는 6월 27일 중국을 비난하는 성명을 발표했으며, 일본도 7월 서양 7개국 정상회담에 참가하여 중국을 비난하는 정치성명을 발표했다. 한동안 중국은 외부와의 각종 접촉이 거의 모두 중단되다시피 하였다.

1989년 봄부터 1991년까지 사이에 국제정세에도 격변이 일어났다. 동유럽 사회주의국가에 격변이 일어나 이들 국가의 공산당이 잇달아 정치풍파 속에서 집권 지위를 상실했다. 그 후 얼마 안 되어 정치적 혼란이 소련에까지 만연되어 소련공산당의 집권 지위가 흔들렸으며 소련의 국가 응집력이 약화되었다. 1991년 8월 19일 소련에 정변이 발생한 후 소련의 여러 동맹 공화국들이 잇달아 독립을 선언했으며, 그해 말에 소련지도자 고르바초프가 사직을 선언했고, 소련은 해체되었다. 소련과 동유럽의 격변으로 인해 유럽 사회주의진영이 철저히 사리지고 냉전은 소련의 해체로 종말을 고하는 결과가 나타났다.

복잡한 국내와 국제정세에 직면한 중요한 순간에 덩샤오핑은 "냉정히 관찰하고, 발판을 탄탄히 다지며, 침착하게 대처하고, 자신을 감추고 때를 기다리며, 절대 앞에 나서지 말고, 우직함을 지키며, 적극 참여하여 하고 싶은 일을 하는" 등 일련의 대외관계 지도방침을 내놓았다. 그는 "중국은 반드시 자신이 선택한 사회주의 길을 따라 끝까지 갈 것이다. 그 누구도 우리를 좌절시키지 못한다. 중국이 무너지지 않는 한 세계적으로 5분의 1의 인구가 사회주의를 견지할 것이다. 우리는 사회주의 앞날에 대한 자신감에 차있다."라고 지적했다.

1989년 6월 23일 중공중앙 제13기 제4차 전체회의를 소집하고, 인사 교체를 진행했다. 장쩌민이 중공중앙 총서기에 임명된 후, 덩샤오핑이 확정한 대내외정책에 따라 대내적으로는 안정을 유지하고, 대외적으로는 서양국가의 압박을 배격했다.

서양의 제재를 극복하기 위해 중국은 외교적으로 적절한 응변조치를 취했다. 1989년 6월 21일 조지 허버트 워커 부시(George H. W. Bush) 미국 대통령이 비밀리에 덩샤오핑에게 서한을 보내 특사를 파견하여 중국을 방문하여 중국과 완전 솔직한 담화를 나눌 것을 제안했다. 중국은 미국의 제안을 받아들여 양국이 절대적으로 비밀을 지키는 전제하에 미국대통령 특사의 방중을 환영한다고 밝혔다. 덩샤오핑은 직접 회담할 용의를 밝혔다. 7월 1일 브렌트 스코크로프트(Brent Scowcroft) 미국 국가안보보좌관이 대통령 특사로 C-141 수송기를 타고 중국에 도착했다. 비밀을 지키기 위해 수송기의 외부를 위장하고 표식을 지워 일반 상업수송기처럼 보이게 했다. 비행기는 22시간을 연속 비행하면서 공중에서 급유하고 중도에 어느 곳에도 착륙하지 않았다. 이번 방문은 심지어 70년대 헨리 키신저의 방문 때보다도 더 철저히 비밀에 부쳐졌다. 중국의 비밀보안조치도 엄격했다. 대통령 특사가 탈 차량과 머물 호텔을 포함하여 모든 회견과 회담장소, 연회 장소에 국기를 꽂지 않았으며 미국 대표단의 베이징 도착과 출경 소식도 발표하지 않았다. 7월 2일 오전, 덩샤오핑이 스코크로프트 특사를 회견하는 자리에서 "결자해지"(結者解之, 방울을 풀어내는 건 방울을 단 사람이 해야 한다)라고 미국이 "불난 집에 부채질하지 말고 실제 행동을 취해 중국 인민의 신뢰를 얻을 수 있기를 바란다."고 지적했다. 그러나 이제 막 호전되기 시작하던 중-미 관계는 그 해 말 동유럽의 격변으로 인해 또 다소 후진했다. 1990년 여름 걸프만 위기가 발발하자 유엔 안보리에서 미국의 이라크 파병에 대한 중국의 지지가 필요했던 미국은 또 중국과의 관계 개선을 타진하기 시작했다. 1991년 제임스 베이커(James Addison Baker III) 미 국무장관이 중국을 방문했다. 이는 미국과 서양세계가 2년 남짓 지속해온 중국에 대한 제재가 깨졌음을 의미한다.

냉전이 종결된 후, "일초다강"(一超多强, 하나의 초강대국 미국[일초]과 유럽·일본·중국·러시아 등 여러 개의 강대국[다강]을 가리킴)의 새로운 국제구도가 형성되게 되었고, 중-미 관계는 일파만파를 겪었다. 그 동안 '은하호(銀河號)'사건, 대만해협 위기 및 유고슬라비아 대사관 폭격 등 몇 차례의 "중대한 사건"을 겪기도 했다.

1999년 현지시간으로 5월 7일 밤, 베이징시간으로 5월 8일 오전 5시경 나토(NATO)의 미국 B-2폭격기가 합동정밀직격탄 5발을 연발하여 베오그라드에 위치한 유고슬라비아 주재 중국대사관을 폭격했다. 폭격으로 신화사의 사오윈환(邵雲環)·『광명일보』(光明日報)의 쉬싱후(許杏虎)·주잉(朱穎) 3명의 중국 기자가 현장에서 폭사하고 수십 명이 부상을 당했으며 대사관 건물이 크게 파손되는 피해를 입었다. 갑작스러운 변고에 중국공산당 정책결정 기관은 국제와 국내 정세 및 이번 사건의 성격과 영향에 대해 깊이 분석한 뒤 엄정하게 교섭하고 국가의 주권과 민족의 존엄을 확고부동하게 수호할 뿐만 아니라, 개혁개방의 전반적인 국면을 총괄적으로 고려하여 중화민족의 근본적인 이익과 깊은 발전을 수호하는 데 주안점을 두기로 결단성 있게 결정했다. 중앙은 즉각 미국에 엄정교섭과 가장 강렬한 항의를 제기하기로 결정하고 전문팀을 파견하여 전용기를 이용해 베오그라드에 가서 대사관 습격사건을 처리하게 했다. 전용기를 이용해 3명의 유골을 귀국시키고, 거동이 가능한 부상자들을 전부 귀국시켰다. 대사관이 폭격을 당하고 많은 동포들이 사상했다는 소식을 접한 국내 민중들은 격분했다. 그들은 분분히 시위행진을 단행하면서 미국의 폭행을 엄하게 규탄하고 미국을 위수로 하는 나토에 항의하는 목소리가 점점 높아져갔다. 이는 미국과 나토에 강대한 민의적 압력을 형성했다. 중국의 적극적인 조율 하에 유엔안전보장이사회는 14일 정식회의를 열고 나토의 중국대사관 폭격문제에 대해 토론했으며, 회의에서는 나토의 유고슬라비아 주재 중국대사관 폭격에 관한 의장 성명을 발표했다. 안보리는 또 관례를 깨고 정식회의에 앞서 "대사관 피폭사건"의 중국 희생자를 추모하는 묵도를 했다. 대사관 피폭 후, 중국은 일련의 강렬한 반응을 보였는데 그 격렬함이 미국은 미처 예상치 못할 정도였다. 결국 미국은 중국에 사과하고, 미국 정보당국의 8명 인원에 대해 처벌을 가하는 한편, 중국에 상응한 경제적 배상을 했다. 탕자쉬안(唐家璇) 당시 외교부 부부장의 말처럼 "우리에게 최대의 수확은 오늘날 중국, 오늘날 중국인민은 업신여김을 받아서는 안 된다는 것과 중국인민은 귀신도 두려워하지 않고 사악한 것에도 굴복하지 않는다는 것, 그리고 국가의 주권과 민족의 존엄을 수호하기 위해서는 모든 것을 희생시키는 것도 불사할 수 있다는 것, 우리는 패권주의 행각에 단호히 반대한다는 것을 미국에 명확하게 알린 것"이다.[125]

장쩌민 동지를 핵심으로 하는 3세대 중앙지도집단은 덩샤오핑의 외교사상을 창조적으로 계승 발전시킴으로써 중국의 외교를 계속해서 앞으로 떠밀고 나아가면서 새로운 성과를 거두었다. 대국관계의 기틀을 구축하는 면에서 여러 대국과 21세기를 지향하는 신형의 협력관계 구축을 추진했고, 선린우호관계를 적극 발전시키는 면에서 중

---

125) 탕자쉬안(唐家璇), 『강우와 훈풍』(強雨煦風), 세계지식출판사 2009년판, 192쪽.

국은 아시아 국가들과 전면적인 수교를 실현하여 유리한 주변 환경을 조성했으며, 개발도상국과의 단합과 협력을 강화하는 면에서 중국은 국제사무에 광범위하게 참여하여 세계평화를 수호하고 공동발전을 촉진했다.

2002년부터 2012년까지의 10년간 국제정세가 여전히 큰 변화를 거듭했다. 후진타오를 총서기로 하는 중앙지도부는 국내외 정세에 대한 냉정한 분석을 진행한 뒤 전략적 기회를 확실히 파악하고 평화·발전·협력의 기치를 높이 들고 평화적 발전의 길을 견지하여 중국의 대외 업무에서 새로운 중대한 진전을 이룩했다.

그 시기 중국은 주요 대국과의 관계에서나 주변 국가와의 관계에서나 모두 안정적인 발전을 실현했다. 중국과 러시아 양국의 전략적 협력동반자관계가 전면적으로 깊이 있고 빠르게 발전했다. 중-미 양국은 21세기의 건설적인 협력관계를 전면적으로 추진하는데 동의했다. 중국은 유럽연합 및 그 주요 회원국과 전면 전략적 동반자관계를 구축했다. 2008년 5월 후진타오 주석은 성공적으로 일본에 대한 "따스한 봄" 방문을 진행하여 중일 양국 간 전략적 호혜관계의 새로운 국면을 개척했다. 중국은 주변 국가들과의 선린우호협력관계를 더 한층 확대하고 심화했다. 중국은 인도·인도네시아 등 나라들과 서로 다른 형태의 전략적 동반자 관계를 맺었고, 카자흐스탄 등 나라들과 우호협력조약을 체결했다. 상하이협력기구 회원국들 간의 장기적인 선린우호협력조약을 체결하도록 추진하여 상하이협력기구가 전면적이고 실무적인 협력단계에 들어섰다. 중국은 아세안(ASEAN, 동남아시아국가연합) 회원국 이외의 국가로는 최초로 「동남아 우호협력조약」에 가입했으며 아세안-중국 (10+1), 아세안-중일한 (10+3) 협력에서 뚜렷한 성과를 거두었다.

중국과 개발도상국의 연대와 협력도 중요한 진전을 거두었다. 2006년에 열린 "중국-아프리카 협력 포럼" 베이징 정상회담이 하이라이트 중의 하나였다. 2006년 11월 4일 48개 아프리카 국가의 대표들이 인민대회당에 모였다. 그들 중에는 35명의 국가 정상, 6명의 정부 총리, 1명의 부대통령, 6명의 고위급 대표 그리고 아프리카연합 위원회 위원장이 포함되었다. 타보 음베키(Thabo Mbeki) 남아프리카공화국 대통령이 "일부 아프리카 국가의 지도자들은 몇 년 동안이나 아프리카연합 정상회담에 참가하지 않았었는데 의외로 이번에 베이징에 왔다"며 "아프리카연합 자체 회의가 열렸을 때보다도 더 많이 모였다"고 감탄했다.[126] 그 정상회담은 신중국 외교 역사상 주최 규모가 가장 크고 참가한 지도자 인원수가 가장 많은 국제회의로서 중국과 아프리카 국가 간의 우호관계를 공고히 하고 발전시키는 데 중대한 의의가 있다.

중국의 국제족 지위가 끊임없이 상승함에 따라 공공외교와 문화외교의 무대에서도 중국의 모습을 더욱 많이 볼 수 있었다. "문화의 해", "문화축제" 등 대외적인 문화 활동의 주최와 "공자학원"·해외문화센터의 설립을 통해 베이징올림픽, 상하이엑스포 등 중대한 행사의 주최를 계기로 다차원·다분야의 공공외교활동을 대대적으로 전개했

---

126) 탕자쉬안(唐家璇), 『강우와 훈풍』(强雨煦風), 세계지식출판사 2009년판, 449쪽.

으며, 중국에 대한 국외 대중들의 이해와 우호적인 감정을 증진시켰다. 이로써 평화·민주·문명·진보의 중국 국가 이미지가 더 한층 수립되었다.[127]

잦은 대외교류와 더불어 국외에서 중국 공민과 법인의 합법적 권익을 수호하는 것이 외교업무 임무의 하나가 되었다. 해외에 있는 중국 공민과 기구 안전문제 부서 간 연석회의제도를 제정하고 해외안전위험평가 및 방어조기경보 메커니즘을 구축하고 완성시켰다. 우리나라 인원의 해외 피습사건을 타당성 있게 처리했다. 외교부 영사보호센터를 설립하여 영사보호 메커니즘 건설을 꾸준히 강화했다. 특히 동란이 발생한 국가로부터 대규모 교민 철수 행동을 여러 차례 성공적으로 실시하여 중국의 강대한 국가 실력을 과시했다.

2011년 리비아로부터의 교민 철수 행동은 신중국 창건 후 최대 규모의 교민 철수 행동 중의 하나였다. 그 교민 철수 행동은 중국이 처음으로 군사력을 동원하여 참여한 교민 철수행동이었다. 2011년 1월 리비아 내전이 발발했고 순식간에 정세가 걷잡을 수 없이 악화되었다. 폭도들이 중국의 공사현장을 무차별 습격하면서 리비아 입주 중국기업들이 생산을 중단했다. 그때 당시 리비아에는 약 3만 명의 중국인이 있었다. 그들은 주로 리비아 동부와 서부·남부 그리고 수도권에 분포되어 있었고, 대다수가 철도·통신·유전 등 업종의 공사 노무 인원이었다. 그 이외에 또 일부 중국 요식업체 경영자와 유학생 등도 있었다. 중국정부는 국가 1급 대응조치를 가동하여 리비아에 있는

---

127) 양제츠(楊潔篪), 「개혁개방 이후의 중국외교」, 『구시』(求是), 2008년 제17기.

중국공민들을 한 사람도 빠짐없이 철수시키기로 결정했다. 교민철수 행동이 가장 급박했을 때, 중앙군사위원회의 비준을 거쳐 공군은 4대의 IL-76(伊爾-76) 비행기를 파견하여 2011년 2월 27일 리비아로 날아가 리비아에 있는 중국 인원을 수송하는 임무를 수행했다. 중국이 군사력을 동원하여 교민 철수 임무에 참여시킨 것은 이번이 처음이다. 4대의 IL-76 수송기는 연속 12편 비행하여 수송기 1대당 총 비행 거리가 2만 9,397킬로미터에 달했으며 1,655명을 수단의 수도 카르툼으로 수송했고, 287명을 베이징까지 안전하게 수송했다. 이와 동시에 중국 해군 제7진 호위 편대인 쉬저우(徐州)함이 2011년 3월 2일 리비아 부근 해역에 당도하여 교민 철수 임무를 수행했다.

리비아에서의 대규모 교민 철수는 중국의 군사·경제·외교 실력을 전면적으로 보여준 사례로 평가되고 있다. 그 행동에서 중국정부는 총 91편의 중국 민용 항공 전세기, 35편의 외국 항공 전세기, 12편의 군용기를 동원했고, 외국 크루즈선박 11척을 임대했으며, 국유상업선박 5척, 군함 1척을 동원하여 12일간에 걸쳐 리비아 주재 중국인원 3만 5,860명을 철수시켰으며, 또 12개국의 2,100명 외국 공민의 철수를 도왔다. 그 후 중국인민해방군은 또 여러 차례 교민 철수 임무를 수행했다. 2015년 3월 29일 중국해군 함정편대가 예멘에 파견되어 중국 공민을 철수하는 임무를 수행했는데, 총 621명의 중국 공민과 15개국 외국 공민 279명을 철수시켰다.[128]

---

128) 메이스슝(梅世雄), 양쭈룽(楊祖榮), 「최초로 군사력 투입해 교민 철수: 2011년 리비아에서 대규모 교민 철수」, 신화사 2017년 8월 15일 통신.

세계무대의 중앙에 접근하다

2012년 11월 18차 당 대회 개최 이래 중국 외교는 개혁개방의 연속성과 대외 국정 방침의 안정성을 유지하는 토대 위에서 실천·이념·제도 등 다방면의 혁신을 실현했다. 예를 들면 '일대일로' 제안의 제기와 실시, 아시아인프라투자은행의 창설, 인류운명공동체 이념의 제기 및 국가안보위원회의 창설 등이다. 총체적 외교의 중요한 구성부분으로서 중국의 주변외교는 주변 환경이 큰 압력에 직면한 배경에서 많은 성과와 경험을 거두었다. 중국외교는 갈수록 뚜렷한 중국의 특색, 중국의 풍격, 중국의 기백을 드러내고 있다.

18차 당 대회 이래, 시진핑 동지를 핵심으로 하는 당 중앙은 일련의 외교사상을 제기했다. 주요 내용은 다음과 같은 몇 개 부분이 포함된다.

첫째, 신형의 대국관계 수립 이념. 중국의 굴기 및 미국과의 경제 실력 차이의 축소에 따라 일부 사람들은 역사상 신흥대국과 기존 대국 사이에 여러 차례 대항과 전쟁이 발생했던 경력에 근거해 중-미 양국 간에 대항 심지어는 군사충돌이 발생할까봐 우려했다. 그런 상황에 비추어 시진핑 총서기는 2013년 6월 버락 오바마(Barack Obama) 미국 대통령과 회담하는 자리에서 "충돌하지 않고 대항하지 않으며, 서로 존중하고, 협력하여 공동으로 번영하자"는 원칙에 따라 중-미 신형대국관계를 구축할 것을 제기했다. 이 주장은 중-미 관계를 발전시키고 안정시키는 중국의 목표와 지도사상이 되었다. 2014년 11월 중앙외교사무회의에서 시진핑 총서기는 "호리(互利, 서로 이득이 됨) 상생(共贏)의 개방전략을 견지하고 협력 상생의 이념을 정치·경제·안보·문화 등 대외협력의 제반 분야에 구현시켜 협력 상생을 핵심으로 하는 신형의 국제관계의 구축을 추진할 것”을 강조했다. 이는 국제질서 관념에 대한 혁신과 발전으로서 국제관계의 새로운 미래상을 개척한 것이다. 이러한 이념의 지도하에 대국관계는 건전하고 평온하게 발전했다. 2013년 이래 중-미 정상은 여러 차례 회동을 갖고 중-미 신형 대국관계 건설을 추진하여 중요한 성과를 거두었다. 미국의 새 정부가 출범한 후 시진핑 총서기는 도널드 트럼프(Donald Trump) 미국 대통령과 2017년 4월 플로리다 주 마라라고 리조트(Mar-a-Lago)에서 성공적인 첫 회담을 갖고 중-미 관계의 발전방향과 원칙을 명확히 하고 양자 협력의 우선 분야와 메커니즘을 계획했으며 국제 지역 사무에 대한 소통과 조율을 강화했다. 회동을 거쳐 중-미 관계가 평온한 시대를 실현한 것은 양국관계가 바른 궤도를 따라 앞으로 발전하도록 추진하는 데서 중요한 의의를 가진다. 중-러 양국 간 고위층 교류가 잦아졌다. 시진핑 총서기과 블라디미르 푸틴(Vladimir Putin) 대통령은 이미 20여 차례 회동을 가지면서 전략적 상호 신뢰가 깊어지고, ‘일대일로’와 유라시아 경제연맹 건설의 연결 협력이 질서 있게 추진되고 있으며, 대형 프로젝트 협력에서 획기적인 진전을 이루고 중-러의 전면적인 전략적 협력 동반자 관계가 꾸준히 더 높은 수준으로 발전하고 있으며, 세계평화와 안정을 수호하는 중요한 “밸러스트(ballast, 선체의 안정을 유지하기 위해 배의 바닥에 싣는 물이나 모래 따위의 중량물)” 역할을 하고 있다.

둘째, 인류운명공동체의 구축을 추진하는 것과 관련하여. 2013년 3월 시진핑이 국가주석으로 당선된 후 첫 해외 방문길에 올랐을 때 "세계에서 각국 간에 서로 연계하고 서로 의존하는 정도가 전례 없이 깊어지고 있다.……갈수록 '네 안에 내가 있고 내 안에 네가 있는' 운명공동체가 되어가고 있다."라고 재차 강조했다. 2015년 9월 제70차 유엔총회 일반 변론에서 시진핑 주석은 "우리는 유엔 헌장의 취지와 원칙을 계승 발양하여 협력과 상생을 핵심으로 하는 신형의 국제관계를 구축하고 인류운명공동체를 형성해야 한다."라고 재차 강조했다. 2017년 1월 유엔 제네바본부에서 연설을 발표하면서 시진핑은 세계문제에 대하여 "세계의 운명은 각국이 공동으로 장악해야 하고, 국제규칙은 각국이 공동으로 정해야 하며, 세계 사무는 각국이 공동으로 운영 관리해야 하고, 발전의 성과는 각국이 공동으로 누려야 한다."라고 강조했다. 그는 한걸음 더 나아가 "인류운명공동체를 구축하는 데서 키포인트는 행동"이라고 지적했다. 아울러 "반드시 대화와 협상의 원칙을 견지하여 항구적 평화의 세계를 건설해야 하고, 공동으로 건설하고 공동으로 누리는 원칙을 견지하여 보편적으로 안전한 세계를 건설해야 하며, 협력과 상생의 원칙을 견지하여 공동으로 번영하는 세계를 건설해야 하고, 교류와 상호 참조의 원칙을 견지하여 개방적이고 포용적인 세계를 건설해야 하며, 녹색 저탄소 발전의 원칙을 견지하여 깨끗하고 아름다운 세계를 건설해야 한다."라고 제기했다. 인류운명공동체사상에는 아름다운 세계를 건설하려는 중국의 숭고한 이상과 끊임없는 추구가 들어 있고, 평화롭고 공정한 새 질서에 대한 세계 각국 인민의 아름다운 기대가 반영되어 있다. 그렇기 때문에 인류운명공동체사상은 국제사회 특히 광범위한 개발도상국들의 보편적인 환영과 강렬한 지지를 받고 있다. 2017년 2월 10일 유엔사회개발위원회는 "아프리카개발 신 파트너십(NEPAD)의 사회적 차원"의 결의를 채택하여 "협력 상생과 인류운명공동체 구축의 정신에 따라 아프리카 경제와 사회 발전에 대한 지원을 강화할 것을 국제사회에 호소"했다. "인류운명공동체 구축" 이념이 유엔 결의에 정식으로 기입된 것은 그 이념이 국제사회의 광범위한 인정을 받고 있음을 의미한다. 인류운명공동체란 무엇인가? 시진핑 총서기는 19차 당 대회 보고에서 "인류운명공동체를 구축하여 항구적인 평화, 보편적인 안보, 공동 번영, 개방적 포용적, 청결하고 아름다운 세계를 건설해야 한다."라고 강조했다. 그는 이어 다음과 같은 "5가지 요구"를 제시하여 인류운명공동체를 어떻게 구축할 것인지에 대해 체계적으로 논술했다. 즉, "서로 존중하고 평등하게 협상하며 냉전사유와 강권정치를 단호히 지양해야 한다. 대화로 분쟁을 해결하고 협상으로 의견 차이를 해소하는 원칙을 견지해야 한다. 일심협력하여 무역과 투자의 자유화와 편리화를 촉진해야 한다. 세계문명의 다양성을 존중해야 한다. 인류가 의지하여 생존하는 삶의 터전인 지구를 잘 보호해야 한다."라는 것이다.

셋째, '일대일로'의 제안에 관하여. 2013년 시진핑 총서기는 중국 대외개방 국내외 환경의 새로운 변화를 정확하게 파악하여 '일대일로' 건설이라는 중대한 제안을 제기했다. 이는 시대의 요구에 순응하는

토대 위에서 고대 실크로드를 전승하고 발전시킨 것이다. '일대일로'
는 아시아태평양경제권과 유럽경제권을 연결시키기 위해 관련국 간에
함께 의논하고 공동으로 건설하며 공유하는 포용적 발전의 플랫폼을
제공했다. '일대일로'의 연선에 있는 각국 간의 정책 소통, 시설 상통,
무역 창달, 자금 융통, 민심 상통을 추구한다. 몇 년 동안 '일대일로'
의 공동 건설은 제안에서 점차 행동으로 바뀌고, 이념에서 점차 실천
으로 바뀌면서 개방적 포용적인 국제협력 플랫폼과 각국의 보편적 환
영을 받는 글로벌 공공재가 되었고, 100여 개 나라와 국제기구가 적
극적으로 지지하고 참여했으며, 영향력 있고 상징적 의미가 있는 수
많은 프로젝트가 순조롭게 정착했으며, 중국과 많은 국가의 발전전략
이 순조롭게 연결되었고, 인프라의 상통 수준이 빠르게 향상되었다.
2014년부터 2016년까지 중국과 '일대일로' 연선 국가들과의 무역총액
이 3조 달러를 넘어섰고, '일대일로' 연선 국가에 대한 투자가 500억
달러를 넘어섰다. 2017년 5월에 개최된 '일대일로' 국제협력정상포럼에
서 140여 개 국가와 80여 개 국제기구의 1600여 명 대표가 참가하여
5대 유형, 76대의 프로젝트, 270여 가지의 협력성과를 거두었고, 국제
사회가 광범위하게 참여하고 함께 협력하여 '일대일로' 건설을 추진하
는 드높은 기세가 형성되었다. 각 관계측은 '일대일로' 건설이 개방형
세계경제를 구축하고 글로벌 거버넌스를 개선·강화하기 위한 중국
방안을 제공했다고 찬사를 아끼지 않았다.

넷째, 글로벌 파트너십을 목표로 하는 전 방위적인 외교적 배치. 시
진핑 총서기는 뛰어난 정치가와 전략가의 거시적 시야와 전략적 사유

로 대외사업의 전반적인 국면을 전략적으로 계획하고 실행했으며, 5대주의 서로 다른 유형의 국가 및 주요 국제협력기구와 지역협력기구들을 직접 두루 방문했다. 시진핑 총서기는 각국 지도자, 각계 인사, 사회 민중들과 광범위하고 깊이 있는 접촉과 교류를 진행하면서 중외 호혜협력의 대표적 사례와 인민 왕래의 우호적인 미담을 이야기하고, 각국과 각국 인민들이 함께 나아가며 아름다운 미래를 함께 창조해야 한다는 중대한 의의를 강조했다. 18차 당 대회 이래 우리는 주변국과 대국을 중점으로 삼고 개발도상국을 토대로 하며, 다자화를 무대로 하여 실무협력의 심화, 정치적 상호 신뢰의 강화, 사회적 토대의 공고화, 메커니즘 건설의 보완을 경로로 하여, 각국과의 우호협력을 전면적으로 발전시켰다. 2016년 말까지 중국은 이미 97개 국가 및 국제기구와 다양한 형태의 파트너십을 구축하여 대국·주변국·개발도상국과의 파트너십을 전면 실현했다.

다섯째, "친절(親)·성실(誠)·은혜(惠)·포용(容)"의 주변 외교이념과 "진실(眞)·실제(實)·친절(親)·성실(誠)"의 대(對) 아프리카국가에 대한 외교사상. 주변의 국가와 지역은 중국이 근심 없이 의지하여 생활할 수 있는 안식처이자 발전과 번영의 기반이다. 2013년 10월 중앙에서 주변 외교 업무 좌담회를 열었다. 시진핑이 회의에서 "주변국과의 관계에서 중국은 이웃나라와 우호적 동반자관계를 견지하고 이웃나라를 화목하고 안정되게 부유하게 하는 원칙을 견지하며 "친절(親)·성실(誠)·은혜(惠)·포용(容)"의 이념을 중점적으로 구현해야 한다. 선린우호관계를 유지하고 서로 살펴주다가 비상시에는 서로 도와주어야 한다. 평등하게 대하며 감정을 중히 여겨야 한다. 자주 만나고 많이 왕래해야 한다. 사람들의 마음을 따뜻하게 하고 인심을 얻는 일을 많이 하여 주변 국가들이 우리를 더욱 우호적으로 친근하게 대해주고 더욱 인정하고 더욱 지지하도록 하여 친화력, 감화력, 영향력을 증강시켜야 한다."라고 강조했다. 2013년, 시진핑 주석은 첫 아프리카 방문기간에 "진실(眞)·실제(實)·친절(親)·성실(誠)"이라는 대(對) 아프리카국가 외교에서의 4자 경구를 제기했다. 즉, "아프리카 친구들을 대할 때 우리는 '진실(眞)'을 중시할 것"이고, "아프리카와의 협력을 전개함에 있어서 우리는 '실제(實)'적인 것을 중시할 것"이며, "중국과 아프리카의 우호관계를 강화함에 있어서 우리는 '친절(親)'을 중시할 것"이고, "협력 과정의 문제를 해결함에 있어서 우리는 '성실(誠)'을 추구할 것"이라는 것이다. 그 이념은 중국이 아프리카에 대한 사업을 전개하는 새로운 이념으로 되었다. 상기 이념들은 새 시대 중국이 주변국가 및 개발도상국과의 관계를 발전시키는 지도사상으로 되었다.

여섯째, 글로벌 거버넌스를 혁신하다. 글로벌 거버넌스가 직면한 중대한 현실문제와 도전에 비추어 시진핑 총서기는 글로벌 거버넌스관·신 안보관·신 발전관·바른 의리관·글로벌화관 등 일련의 새로운 이념과 주장을 제기하여 더욱 공정하고 합리적이며 혜택의 보편화와 균형화를 실현한 글로벌 거버넌스체계를 구축하는 것을 추진했다. 18차 당 대회 이래 중국은 글로벌 거버넌스체계의 변혁을 선도하는데 적극 참여하여 멋진 '3부곡'을 연출했다. 하나, 아시아태평양경제협력체(APEC) 지도자 베이징회의를 성공적으로 개최하여 아태자유무역구 행정을 가동하고' 관련 로드맵을 확정함으로써 아태지역협력을 위한 중요한 선도역할을 발휘했다. 둘, 주요 20개국(G20) 지도자 항쩌우 정상회의를 성공적으로 개최하여 처음으로 혁신을 글로벌 성장 회복의 새로운 동력으로 삼았고, 처음으로 구조적 개혁을 세계경제 난제를 해결하는 주요 방향으로 삼았으며, 처음으로 발전을 거시적 정책 조정의 중점 위치에 올려놓았고, 처음으로 글로벌 다자 간 투자규칙의 틀을 형성하여 G20이 위기 대처에서 장기 효과관리메커니즘으로 전환할 수 있도록 힘 있게 추동함으로써 혁신적이고 선도적이며 체제적 특성을 갖춘 일련의 중요한 성과를 거두었다. 셋, 시진핑 총서기는 2017년 초에 세계경제 포럼 연례회의에 참석하고 또 유엔 제네바 본부를 방문하여 경제의 글로벌화를 개방·포용·보편적 혜택·균형·상생의 방향으로 발전하도록 추진하고, 인류운명공동체의 공동 건설을 추진하려는 중국의 결심과 약속을 널리 알려 인류사회의 발전과 진보를 위한 청사진을 그려내고 자신감을 불러일으켰다. 이에 대해 국제사회는 높은 평가와 일치한다는 찬사를 보냈다. 중국의 이념이 점차 국제적인 공감대로 자리 잡기 시작했다.[129] 현재 유엔 전문기구와 중요한 국제기구의 수장을 맡고 있는 중국인들이 갈수록 많아지고 있고, 중국이 국제통화기금(IMF)에서 차지하는 지분은 6위에서 3위로 뛰어올랐으며, 위안화가 IMF 특별인출권 통화바스켓에 편입되었다. 세계에서 중국의 발언권과 영향력이 뚜렷이 향상되고 있다.

---

129) 왕이(王毅), 「18차 당 대회 이래 중국 외교의 새로운 성과와 새로운 경험」, 『당 건설 연구』(黨建研究), 2017년 제6기.

새 시대 중국은 외교사업을 통해 중국특색의 초점과 글로벌 문제의 해법을 모색하여 세계에 더 큰 기여를 하기 위해 노력하고 있다. 시진핑 총서기는 "중국은 시종일관 세계평화의 건설자가 되어 각국과 공동으로 평화를 도모하고 평화를 수호하며 평화를 공유하기 위해 힘쓸 것"이라고 강조했다. 중국은 중국인민의 항일전쟁 및 세계 반파시스트 전쟁 승리 70주년 기념행사를 성공적으로 개최하여 제2차 세계대전 승리의 성과를 수호하고 세계평화를 수호해야 한다는 시대의 우렁찬 목소리를 냈다. 중국은 국제와 지역의 초점문제를 정치적으로 해결하는데 진력하고 의견 차이를 좁히고, 중재와 화해를 촉진하는 건설적 역할을 발휘하기 위해 노력했다. 조선반도 비핵화목표의 실현을 견지하고 대화와 협상을 통해 조선반도(한반도) 핵문제를 해결하는 원칙을 견지했으며, "쌍궤병행"(雙軌竝行, 조선반도 비핵화 프로세스와 북·미 평화협정체제 협상을 병행 추진하는 것을 의미함) 사고 방향과 "쌍중단"(雙暫停, 북한의 핵·미사일 개발 활동과 대규모 한·미 연합훈련을 동시에 중단하는 것을 뜻함) 방안을 제시하여 반도의 긴장국면을 완화하고, 접촉과 대화의 재개를 추진하며, 지역의 평화와 안녕을 수호하기 위해 계속 중요한 기여를 했다. 2018년 시진핑 총서기는 김정은 조선 최고지도자와 두 차례 회담을 갖고 중-조 관계의 건전한 발전을 위한 양호한 기반을 마련했다. 중국은 이란 핵문제·시리아·남수단·아프가니스탄 등의 문제를 해결하는데 적극 참여했고, 유엔 평화발전기금을 창설했으며, 상비편제 평화유지경찰부대 및 8,000명 규모의 평화유지대기부대를 솔선 편성하여 책임감 있는 대국다운 중국의 모습을 보여주었다. 중국은 또 세계 각국과 힘을 합쳐 테러리즘·인터넷안보·공공보건·난민 등 세계적 도전에 대응하고, 기후변화 「파리협정」 달성 추진, 에볼라 사태 대처 등에도 중요한 역할을 하였다.

보호무역주의가 머리를 쳐드는 정세에서 중국은 글로벌화 시대 발전의 조류에 순응하여 제로섬 사고와 근린궁핍화 사고를 단호히 폐기했다. 상하이협력기구 칭다오 정상회의에서 시진핑 총서기는 "비록 일방주의·보호무역주의·역 글로벌화 사조가 끊임없이 새로운 모습으로 나타나고 있지만, '지구촌'인 세계가 각국의 이익이 날로 융합되고 운명을 같이하게 됨을 결정했으며, 협력 상생은 대세"라고 주장했다. 이처럼 높은 곳에 서서 멀리 바라보는 외교의 큰 지혜는 갈수록 많은 국가의 인정을 받고 있다.

중국의 외교는 인민을 근본으로 해야 한다고 강조하고 있다. 현재 중국은 매년 출국인원이 연인수로 약 1억 3천만 명에 이르고, 수백만 명의 중국 공민이 세계 각 지에서 일하고 생활하고 공부하고 있으며, 3만여 개의 중국기업이 세계 각지에 분포되어 있다. 새로운 정세와 새로운 임무에 직면하여 외교는 영사보호능력 건설을 꾸준히 강화하고, 해외 민생프로젝트를 적극 구축했다. 최근 몇 년간 성공적으로 해외 공민 철수 행동을 9차례 성공적으로 조직했고, 여러 가지 유형의 영사보호구조사건 약 30만 건 가까이 취급했다. 그중에는 중국 공민이 해외에서 납치 또는 습격을 당한 100여 건의 중대사건에 대한 처리도 포함된다. 중국 외교부는 또 신판 중국영사서비스 관영 사이트·12308핫라인·"영사직행차" 위챗 공식계정 등 영사 정보와 서비스 플랫폼을 건립하여 전천후·제로 시차·무장애 영사서비스를 적극 제공했다. 현재 일반 여권을 소지한 중국인에 대해 조건부 무비자 또는 도착비자를 발급하는 국가와 지역이 64개에 이르고, 중국과 사증수속의 간소화 협의를 체결한 국가가 41개에 이르며, 중국 여권의 "함금량"이 꾸준히 높아지고 있어 국문을 나서는 동포들의 안전과 편리가 더욱 잘 보장되고 있다.

시진핑 총서기는 우리는 얻어맞고 굶주림에 시달리던 문제를 해결했는데 욕먹는 문제도 해결해야 한다고 지적했다. 일을 잘하는 것도 중요하지만 말도 잘해야 한다. 시진핑 총서기는 몸소 앞장서서 진실하고 멋진 중국 이야기를 들려주었다. 외국을 방문하고 다자회의에 참가하거나 중국을 방문한 외국 지도자를 접견하는 기간에 회담과 연설을 통해, 그리고 인터뷰를 받거나 글을 발표하는 등 다양한 방식으로 우리나라 사회제도·발전의 길 및 가치이념을 국제사회에 적극 홍보하고 소개하여 중국에 대한 외부의 인식을 인도하고 증진시켰으며, 중국 특색의 사회주의 길에 대한 자신감, 이론에 대한 자신감, 제도에 대한 자신감과 문화에 대한 자신감을 충분히 구현하고, 중화문명의 두터운 바탕을 보여주었으며, 중외 우호적 민의의 기반을 튼튼히 다지고, 중국의 개방·포용·협력의 양호한 이미지를 수립했다.

70년간 중국외교는 국제 풍운변화의 준엄한 시련을 이겨내고, 보완과 조정 및 발전을 거쳐 중국 특색의 일련의 외교이론체계를 형성했으며, 일련의 우수한 전통과 선명한 특색을 형성했다. 독립자주는 중국외교의 초석이고 온 세상이 인민의 것(天下爲公)이라는 것은 중국외교의 포부이며, 공평과 정의는 중국 외교가 지켜나가는 원칙이고, 호혜 상생은 중국외교가 추구하는 것이며, 발전을 위한 서비스는 중국외교의 사명이고 인민을 위한 외교는 중국외교의 취지이다.

70년간 중국공산당의 강인하고 정확한 지도하에 중국인민은 단합분투하고 고무격려하면서 전진하여 세계가 주목하는 거대한 성과를 이룩했다. 중국외교는 진취적이고 개척하며 난관을 돌파하면서 파란만장한 역사과정을 걸어왔다. 시진핑 총서기가 지적한 바와 같이 중국은 갈수록 세계무대의 중앙에 접근하고 있으며, 중화민족의 위대한 부흥을 실현하는 중국의 꿈에 전례 없이 접근하고 있다. 그 파란만장한 위대한 행정에서 당 중앙은 중국의 외교를 이끌어 적극 진취하고 주동적으로 실천하면서 민족의 부흥을 위해 책임을 다하고 인류의 진보를 담당하고 있으며, 세계 속의 질서가 없는 혼란한 상태에서 중국의 발전을 위한 양호한 외부환경을 수호하고, 국제정세의 급변하는 과정에서 중국의 국제적 지위와 영향을 향상시키고 있으며, 중국 특색의 대국 외교의 훌륭한 역사를 엮어가고 있다.

후기

후기

　중국공산당은 70년간 집권하면서 중국을 크게 변화시켰고 세계에 영향을 주었다. 이 책은 경제건설·민주정치건설·법치건설·문화건설·인민생활개선·생태문명건설·국방과 군대건설·국가통일대업·외교사업 등 방면에서 중국공산당이 중국을 어떻게 변화시켰는가를 분석한 것이다.

이 책의 편집자는 중공중앙 당학교(국가행정학원)의 교수와 연구 인원들이다. 셰춘타오(謝春濤)가 편집장을 맡고, 리칭깡(李慶剛)이 제1장을, 한샤오칭(韓曉靑)이 제2장을, 쥐쩌위안(卓澤淵)이 제3장을, 선촨량(沈傳亮)이 제4장과 제6장을, 장타이위안(張太原)이 제5장을, 녜원팅(聶文婷)이 제7장을, 왕이(王毅)가 제8장을, 동제(董潔)가 제9장을 편집했다.